屋外広告の知識

第五次改訂版

法令編

監修 ▶
国土交通省都市局公園緑地・景観課

編集 ▶
屋外広告行政研究会

ぎょうせい

第五次改訂版法令編の発刊に当たって

　近年，経済社会の成熟化に伴う国民の価値観の変化等により，個性のある美しい街並みや景観の形成が求められるようになっており，各地で良好な景観形成に向けた取組みが進められています。また，政府が推進する観光立国の実現の観点からも，個性と魅力にあふれた美しい国土づくりは喫緊の課題となっています。一方で，政府が推進する生産性革命においては，公共空間を民間経済活動の場に開放し，民間収益の還元により新たな経済活動を創出することで都市の生産性等の向上を図ることとしています。

　このような社会状況の中，屋外広告物については，エリアマネジメント活動の財源確保のための活用や，高度な技術を活用した新たな表現方法であるプロジェクションマッピングの活用といった，新たな活用方法が多くみられるようになって来ました。

　屋外広告物法については，昭和24年の制定以来，主要な改正として，簡易除却制度を創設した昭和38年法改正，屋外広告業の届出制度を創設した昭和48年法改正，広告物の許可対象区域の拡大，簡易除却の対象となる広告物の追加，景観行政団体である普通市町村への条例制定事務の委譲手続き整備など広告物の設置規制の制度の充実とあわせ，屋外広告業の営業について従来の届出制度にかわる登録制度を創設した平成16年法改正が行われています。また，屋外広告物条例ガイドラインにおいては，近年の主要な改正等として，点検の促進等により安全対策を強化した平成28年改正，エリアマネジメント活動推進のための規制を弾力化した平成29年改正が行われ，平成30年にはプロジェクションマッピング等の投影広告物に関して必要な事項を示した新たなガイドラインが策定されています。

　第五次改訂版は，旧版以降の屋外広告物条例ガイドラインの改正等を反映させ，各都道府県，政令市及び中核市で実施されている屋外広告物に関する講習会のテキストとして，屋外広告士資格を取得するための学習のテキストとして，また，屋外広告行政担当者の座右の書としての使用に十分堪えうるものとなるよう企画編集が行われています。

　本書が，屋外広告業に携わる方々の資質のより一層の向上と着実な屋外広告行政の推進の一助となることを願ってやみません。

　　令和元年5月

屋外広告行政研究会

目　次

第1章　屋外広告物の規制

1　規制の必要性 ······························· 2

2　規制の沿革 ······························· 2

3　規制の概要 ······························· 5

第2章　屋外広告物法

1　目的 ······························· 10

　第1条（目的）／10

2　定義 ······························· 11

　第2条（定義）／11

3　屋外広告物等の制限 ······························· 16

　第3条（広告物の表示等の禁止）／16

　第4条（広告物の表示等の制限）／18

　第5条（広告物の表示の方法等の基準）／19

　第6条（景観計画との関係）／20

4　監督 ······························· 26

　第7条（違反に対する措置）／26

　第8条（除却した広告物等の保管，売却又は廃棄）／36

5　屋外広告業の登録等 ······························· 39

　第9条（屋外広告業の登録）／39

　第10条／41

　第11条（屋外広告業を営む者に対する指導，助言及び勧告）／47

6　登録試験機関 ······························· 48

　第12条（登録）／48

　第13条（欠格条項）／48

　第14条（登録の基準）／49

　第15条（登録の公示等）／52

　第16条（役員の選任及び解任）／52

　第17条（試験委員の選任及び解任）／53

　第18条（秘密保持義務等）／53

　第19条（試験事務規程）／54

　第20条（財務諸表等の備付け及び閲覧等）／55

　第21条（帳簿の備付け等）／56

第22条（適合命令）／57

第23条（報告及び検査）／57

第24条（試験事務の休廃止）／58

第25条（登録の取消し等）／59

7 雑則 ···60

第26条（特別区の特例）／60

第27条（大都市等の特例）／60

第28条（景観行政団体である市町村の特例等）／63

第29条（適用上の注意）／65

8 罰則 ···66

第30条／66

第31条／66

第32条／66

第33条／66

第34条／67

9 附則 ···68

第3章 屋外広告物条例ガイドライン

1 屋外広告物のあり方 ···80

第1条（目的）／80

第2条（広告物のあり方）／81

2 屋外広告物が規制される地域等

1 禁止される地域等 ··81

第3条（禁止地域等）／81

第4条／86

2 許可を受けなければならない地域等 ··86

第6条（許可地域等）／86

第7条／88

3 広告物の表示等が禁止される物件 ···88

第5条（禁止物件）／88

4 特別に規制の強化・緩和等が行われる地区 ···89

第8条（広告物活用地区）／89

第9条（景観保全型広告整備地区）／90

第10条（広告物協定地区）／91

5 適用除外となる広告物等 ···93

第11条（適用除外）／93

ii

第12条（経過措置）／102

6　禁止される広告物等 ……………………………………………………………102
第13条（禁止広告物）／102

7　規格の設定 …………………………………………………………………………103
第14条（規格の設定）／103

8　許可等制度 …………………………………………………………………………104
① 許可等の期間及び条件 ……………………………………………………105
第15条（許可等の期間及び条件）／105
② 変更等の許可等 ……………………………………………………………108
第16条（変更等の許可等）／108
③ 許可の基準 …………………………………………………………………108
第17条（許可の基準）／108
④ 許可等の取消し ……………………………………………………………110
第22条（許可等の取消し）／110
⑤ 許可等の表示 ………………………………………………………………111
第18条（許可等の表示）／111

9　広告物を表示する者の義務 ………………………………………………………111
① 管理義務 ……………………………………………………………………111
第19条（管理義務）／111
② 点検 …………………………………………………………………………112
第19条の２（点検）／112
③ 管理者等の設置 ……………………………………………………………113
第26条（管理者の設置）／113
第27条（管理者等の届出）／114
④ 除却義務 ……………………………………………………………………115
第20条（除却義務）／115

10　規制の実施 …………………………………………………………………………115
① 措置命令 ……………………………………………………………………115
第23条（違反に対する措置）／115
② 立入検査 ……………………………………………………………………117
第24条（立入検査）／117

11　除却した広告物の返還・売却等の手続 ………………………………………118
第23条の２（広告物又は掲出物件を保管した場合の公示事項）／118
第23条の３（広告物又は掲出物件を保管した場合の公示の方法）／118
第23条の４（広告物又は掲出物件の価額の評価の方法）／119
第23条の５（保管した広告物又は掲出物件を売却する場合の手続）／119

第23条の6（公示の日から売却可能となるまでの期間）／120

第23条の7（広告物又は掲出物件を返還する場合の手続）／120

12　屋外広告業の登録制度 ……………………………………………121

① 登録の申請及び実施 ……………………………………………122

第30条（屋外広告業の登録）／122

第30条の2（登録の申請）／123

第30条の3（登録の実施）／125

第30条の6（屋外広告業者登録簿の閲覧）／125

第30条の4（登録の拒否）／125

② 登録後の手続 ……………………………………………………126

第30条の5（登録事項の変更の届出）／126

第30条の7（廃業等の届出）／127

第30条の8（登録の抹消）／128

③ 業務主任者の設置 ………………………………………………129

第31条（講習会）／129

第32条（業務主任者の設置）／129

④ その他の屋外広告業者の義務 …………………………………130

第32条の2（標識の掲示）／130

第32条の3（帳簿の備付け等）／131

⑤ 屋外広告業者に対する指導・監督等 …………………………132

第33条（屋外広告業を営む者に対する指導，助言及び勧告）／132

第33条の2（登録の取消し等）／132

第33条の3（監督処分簿の備付け等）／133

第33条の4（報告及び検査）／133

⑥ 指定都市及び中核市の登録の特例（屋外広告物条例ガイドライン運用上の参考事項） …………………………………………133

第33条の2の2（○○県の登録を受けた者に関する特例）／133

13　手数料の納付 ……………………………………………………136

第33条の5（手数料）／136

14　屋外広告物審議会 ………………………………………………137

第34条（審議会）／137

15　景観行政団体である市町村による屋外広告物条例の制定 ……138

第34条の2（景観行政団体である市町村が処理する事務の範囲等）／138

16　その他の規定 ……………………………………………………139

第25条（処分，手続等の効力の承継）／139

第28条（公告）／139

第35条（規則への委任）／140

17　罰則 ………………………………………………………………………………140

　第35条の2（罰則）／140

　第36条／140

　第37条／140

　第38条／140

　第39条（両罰規定）／140

　第39条の2／140

18　適用上の注意 ……………………………………………………………………142

　第40条（適用上の注意）／142

19　附則 ………………………………………………………………………………142

参考様式 ………………………………………………………………………………144

第4章　投影広告物条例ガイドライン

1　投影広告物のあり方 ……………………………………………………………154

　第1条（目的）／154

　第2条（定義）／154

　第3条（投影広告物のあり方）／154

2　投影広告物が規制される地域等 ………………………………………………155

　1　禁止される地域等 …………………………………………………………155

　第4条（禁止地域等）／155

　第5条／156

　2　許可を受けなければならない地域等 ……………………………………157

　第7条（許可地域等）／157

　第8条／159

3　投影広告物の表示等が禁止される物件 ………………………………………159

　第6条（禁止物件）／159

4　特別に規制の強化・緩和等が行われる地区 …………………………………160

　第9条（投影広告物活用地区）／160

　第10条（投影広告物協定地区）／161

5　適用除外となる投影広告物等 …………………………………………………162

　第11条（適用除外）／162

6　禁止される投影広告物等 ………………………………………………………165

　第12条（禁止投影広告物）／165

7　規格の設定 ………………………………………………………………………166

　第13条（規格の設定）／166

8 許可等制度 ·· 167
① 許可等の期間及び条件 ·· 167
第14条（許可等の期間及び条件）／167
② 変更等の許可等 ·· 167
第15条（変更等の許可等）／167
③ 許可の基準 ·· 168
第16条（許可の基準）／168
④ 許可等の取消し ·· 168
第20条（許可等の取消し）／168
⑤ 許可等の表示 ··· 169
第17条（許可等の表示）／169

9 広告物を表示する者の義務 ································· 169
① 管理義務 ·· 169
第18条（管理義務）／169
② 管理者等の設置 ·· 170
第30条（管理者の設置）／170

第31条（管理者等の届出）／170
③ 除却義務 ·· 171
第19条（除却義務）／171

10 規制の実施 ·· 172
① 措置命令 ·· 172
第21条（違反に対する措置）／172
② 立入検査 ·· 173
第28条（立入検査）／173

11 除却した投影機の返還・売却等の手続 ············· 173
第22条（投影機を保管した場合の公示事項）／173

第23条（投影機を保管した場合の公示の方法）／174

第24条（投影機の価額の評価の方法）／174

第25条（保管した投影機を売却する場合の手続）／174

第26条（公示の日から売却可能となるまでの期間）／175

第27条（投影機を返還する場合の手続）／175

12 投影広告物審議会 ·· 175
第33条（審議会）／175

13 景観行政団体である市町村による投影広告物条例の制定 ·········· 176
第34条（景観行政団体である市町村が処理する事務の範囲等）／176

14　その他の規定 ………………………………………………………………177

　　第29条（処分，手続等の効力の承継）／177

　　第32条（公告）／178

　　第35条（規則への委任）／178

15　罰則 …………………………………………………………………………178

　　第36条（罰則）／178

　　第37条／178

　　第38条／178

　　第39条（両罰規定）／179

16　適用上の注意 ………………………………………………………………179

　　第40条（適用上の注意）／179

おわりに ……………………………………………………………………………180

第5章　関係法令

1　景観法・施行令 …………………………………………………………182

2　建築基準法・施行令 ……………………………………………………206

3　道路法・施行令・施行規則 ……………………………………………258

4　労働安全衛生法 …………………………………………………………292

5　建設業法 …………………………………………………………………301

第6章　参考資料

1　屋外広告物法 ……………………………………………………………314

2　屋外広告物法施行規則 …………………………………………………326

3　屋外広告物条例ガイドライン …………………………………………329

4　屋外広告物法の規定に基づく登録試験機関の登録をした件 …………349

**5　屋外広告物法第10条第2項第3号イの試験に合格した者とみな
　す者を定める件** ……………………………………………………………349

6　投影広告物条例ガイドライン …………………………………………349

7　地方公共団体屋外広告物担当課一覧 …………………………………360

第 1 章

屋外広告物の規制

第1章　屋外広告物の規制

1　規制の必要性

良好な景観の形成，風致の維持，危害の防止

　街なかや幹線道路及びその沿線，観光地等の人通りが多かったり，あるいは人が集まるような場所には，必ずと言っていいほど数多くの広告物を見受ける。その種類も，はり紙，ポスターといった簡単なものから，広告板，広告塔，ネオンサインのようなものに至るまで，きわめて多くのものがあり，これらが様々な場所に氾濫している。その表示する内容も，あるものは政党や市民団体の広報活動であったり，またあるものは商品や商店の宣伝広告であったりするなど様々である。

　このような広告物は，ある面では情報の受け手にとって有益なものであったり，あるいは街を活気づけたりするものである。しかしながら，なされるがままに放置しておけば，経済活動の論理等によって広告物がそこらじゅうに無秩序な状態で氾濫しかねない。そうなれば都市の景観や自然の風致をそこなうこととなるので，周囲の景観と調和した適正な広告物の表示が要請されるわけである。

　平成16年に景観法が成立して以降，多くの地方自治体が景観計画や景観条例を策定し，美しい街並みと良好な景観に対する国民の関心が非常に高まってきており，この要請には強いものがある。また，広告板や広告塔などは，その設置や管理が適正に行われないと，ときとして公衆に危害を与えることが予想され，特に最近では地震時，台風時等における広告物の安全性についての関心が高まってきている。さらに，屋外広告物そのものに対する規制とあわせて，屋外広告物の表示活動の大半を担う屋外広告業者について，悪質な業者を排除して良好な業者を育成していかなければ，景観と調和し，かつ安全な屋外広告物の表示という目的の達成が非常に困難となる。

　このため，屋外における広告物については，①良好な景観の形成及び風致の維持並びに②公衆に対する危害の防止という2つの観点から，屋外広告物及び屋外広告業についての規制が必要となる。

　このような観点から，屋外広告物及び屋外広告業については，屋外広告物法及び同法に基づく地方公共団体の条例により，必要な規制がなされているのである。

2　規制の沿革

　現行の屋外広告物法が制定，施行される以前には旧広告物取締法<注1>（明治44年法律第70号）によって広告物の規制がなされていた。昭和24年に旧広告物取締法は新憲法及び地方自治法の精神に照らして全面的に改められ，現行の屋外広告物法が制定，施行された。

　現行の屋外広告物法は，従来国の事務とされていた広告物規制を都道府県及び指定都市の事務として，条例で定めるところにより行うこととするとともに，従来は比較的広汎な観点から規制がなされていたものを美観風致の維持及び公衆に対する危害の防止の観点に限定し，都道

2

2 規制の沿革

府県及び指定都市が条例を制定する場合の基準となる事項を定めるものとして，昭和24年法律第189号として制定されたものである。[注2]

屋外広告物法は，その後何度も改正されるが，主なものは次の４回である。[注3]

まず，第１次改正（昭和27年）により，公告を前提とする略式の代執行の規定等が追加され，次いで第２次改正（昭和38年）により，違反はり紙について違反の現状等を勘案して行政代執行法の手続によらないで速やかに除却できる簡易除却の規定が追加され，さらに第３次改正（昭和48年）により，同様の簡易除却措置をはり札及び立看板についても認めるとともに，屋外広告業者の届出制度を条例で創設することができることとされた。

さらに，第４次改正（平成16年）により，簡易除却についてその対象ののぼり旗等への拡大と要件の緩和が行われるとともに，許可対象区域が全国へ拡大され，景観行政団体である市町村が屋外広告物条例を策定することが可能となり，さらに屋外広告業について登録制が導入されることとなった。なお，この第４次改正に伴い，屋外広告業を営もうとする者に，その営業所ごとに，国土交通大臣の登録した登録試験機関の行う試験に合格した者又は都道府県知事の行う講習会の修了者等を設置することを条例により義務付けることとなった。そして，これに基づいて屋外広告物の表示及び掲出物件の設置に関し必要な知識について試験が行われるとともに，各地で屋外広告物の法令，表示，施工についての講習会が開催されている。

次に屋外広告物条例ガイドラインは，当初は屋外広告物標準条例（案）という名称で，昭和39年（1964年）に，各都道府県及び指定都市の条例の規定を勘案して，建設省都市局都市総務課長通達として定められたものである。その後，主要なものとして，法の第３次改正に伴う改正（昭和48年（1973年）），平成６年（1994年）の改正を経て，法の第４次改正に伴う改正（平成16年（2004年））の際の名称の変更，平成28年（2016年）４月の屋外広告物の所有者等による点検の促進等に係る改正，平成29年（2017年）３月の広告料収入の活用による公益上必要な施設の設置等の規制弾力化に係る改正，平成29年（2017年）12月の広告料収入を地域における公共的な取組の費用に充てる広告物の規制弾力化に係る改正，及び都市緑地法等の一部を改正する法律（平成29年法律第26号）による屋外広告物法の一部改正（平成30年４月１日施行）を踏まえ，田園住居地域を禁止地域に追加したことに伴う改正，平成30年（2018年）３月のプロジェクションマッピングの取扱いを定めた「投影広告物条例ガイドライン」の策定に伴う改正，平成30年（2018年）９月の屋外広告業者の手続的・経済的な負担の軽減と登録事務の効率化の必要性を踏まえた様式の変更に伴う改正が行われ，現在に至っている。

「投影広告物条例ガイドライン」は，近年，プロジェクションマッピングが世界の様々な都市において盛んに行われていることを踏まえ，その活用を促進するため，平成30年３月に新たに策定したものである。

平成29年３月及び12月の改正に見られるように，近年は規制の弾力化が進んでいる。平成30年３月に策定された投影広告物条例ガイドラインもまた，高度な技術を駆使した新たな表現方法であるプロジェクションマッピング等を活用するために，これまでの屋外広告物条例ガイドラインと比較して大幅な規制の弾力化を図ったものである。このように，屋外広告物については，まちの活性化等のために積極的に活用していく動きが生じている。なお，当初，屋外広告

第1章　屋外広告物の規制

物標準条例（案）は，各都道府県及び指定都市によって千差万別であった屋外広告物規制の地域間の調整を図るための国の指導という性格を有していたが，時代の変化に伴い，地方分権の要請のもと，現在の屋外広告物条例ガイドラインは，地方公共団体が屋外広告物条例を制定・改正する際の一つの参考資料として位置づけられており，また，平成30年３月に新たに策定された投影広告物条例ガイドラインも同様である。

＜注＞

1　旧広告物取締法の全文は次の通り。

廣告物取締法　　　　　　　　　　　　　　　　　　　　（明治44年４月法律第70號）

第１條　行政官廳ハ美觀又ハ風致ヲ保存スル爲必要ナリト認ムルトキハ命令ヲ以テ廣告物ノ表示其ノ他之ニ調スル物件ノ設置ヲ禁止若ハ制限スルコトヲ得

第２條　前條ノ規定ニ基キテ發スル命令ニ違反シタル物件ニ對シ行政官廳ハ除却ヲ命ジ其ノ他必要ナル處分ヲ爲スコトヲ得

第３條　廣告物，看板其ノ他之ニ關スル物件ニシテ危瞼の虞アリ又ハ安寧秩序ヲ害シ若ハ風俗ヲ紊ルノ虞アリト認ムルモノハ都道府縣公安委員會市町村公安委員會（特別區公安委員會ヲ含ム）ニ於テ除却ヲ命シ其ノ他必要ナル處分ヲ爲スコトヲ得

第４條　第２條第３條ノ規定ニ依ル行政官廳又ハ都道府縣公安委員會若ハ市町村公安委員會（特別區公安委員會ヲ含ム）ノ處分ニ違反シタルトキハ拘留又ハ科料ニ處ス

2　現行屋外広告物法と旧広告物取締法との違い

（ア）　旧法は，①美観風致の維持，②安寧秩序の維持，③善良風俗の保持，④危害防止の４つの観点から広告物の規制を行っていた。これに対し現行法は，規制の目的を①美観風致の維持（第４次改正（平成16年）後は良好な景観の形成及び風致の維持），②危害防止の２点に限定している。

（イ）　旧法では，広告物の規制に関する事務は，国の事務とされていた。そして規制の実質を包括的に行政官庁の命令に委任しており，これに基づいて実際には国の機関としての都道府県知事に委任され，知事が規則を定めて規制を行っていた。これに対し現行法は，以下の考え方に基づき昭和24年に制定されたものである。

即ち，屋外広告物の規制に関する事務は都道府県の事務として都道府県条例に基づいて行わせることとし，法は条例の基準を示すにとどめた。

これは，第１に美観風致を維持するために直接に法律で全国一律の規制を行うことは妥当ではなく，第２に規制の実質を行政命令へ包括的に委任することは，国民の基本的人権を保障している新憲法の趣旨に添うものではなく，第３に機関委任事務として都道府県知事が都道府県議会の関与なしに規制を行うよりも，都道府県の事務として，都道府県の条例に基づいた規制を行う方が地方自治の本旨にかなうものであり，しかしながら第４に各都道府県の規制の内容が余りに異なるものとなってしまったのでは規制を受ける国民にとって不都合であるためである。

3　改正経過については，77ページを参照のこと。

3 規制の概要

　屋外広告物法及びこれに基づく条例による規制の概要は次のとおりである。

屋外広告物法		地方公共団体が制定する屋外広告物条例の例	
屋外広告物法の条項	法が想定する規制の態様の例	条例の条文見出しの例	条例で定める内容の例
第3条第1項	条例で広告物の表示等を禁止する区域を定める	禁止区域	次に掲げる地域又は場所においては，広告物等を表示・設置してはならない。
			・ 住居専用地域，景観地区，風致地区等
			・ 重要文化財等周辺地域
			・ 保安林
			・ 高速道路，道路及び鉄道等の知事が指定する区間，道路及び鉄道等に接続する地域で知事が指定する区域
			・ 公園，緑地，古墳，墓地
			・ 港湾，空港，駅前広場及びこれらの附近地で知事が指定する区域
			・ 官公署，学校，図書館，公会堂，公民館，体育館及び公衆便所の建物・敷地
			・ ○○○○
第3条第2項	条例で広告物の表示等を禁止する物件を定める	禁止物件	次に掲げる物件には，広告物等を表示・設置してはならない。
			・ 橋梁，トンネル，高架構造及び分離帯
			・ 街路樹・路傍樹
			・ 信号機，道路標識，ガードレール等
			・ 電話ボックス，郵便ポスト及び路上変圧器等
			・ 電柱，街路灯その他電柱の類で知事が指定するもの
			・ 銅像・記念碑
			・ ○○○○

第1章　屋外広告物の規制

第4条	条例で広告物の許可等の制限を加える区域を定める	許可区域	次に掲げる地域又は場所において広告物等を表示・設置しようとする者は，許可を受けなければならない。	
			・	道路，鉄道等に接続する地域で知事が指定する区域
			・	河川，湖沼，山等及びこれらの附近の地域で知事が指定する区域
			・	港湾，空港，駅前広場及びこれらの附近地で知事が指定する区域
			・	○○○○
			・	○○市（全域）
			・	○○町（全域）
			・	○○町大字○○
第5条	条例で広告物等の形状，面積，色彩，意匠その他の表示・設置の方法を定める	広告物等の規格（又は許可基準等）	次に定める広告物等を表示・設置しようとするときは，規則で定める規格に適合しなければならない。	
			・	はり紙
			・	立看板
			・	置看板
			・	広告幕
			・	突出広告
			・	野立広告
			・	○○○○
			{規則で，形状，面積，色彩，意匠その他の具体的な規格を定める。}	
		適用除外	次に掲げる広告物等については，禁止地域等の規定は適用しない。	
			・	法令の規定により表示する広告物等
			・	公職選挙法による選挙運動のために使用するポスター等

3 規制の概要

				·	自家用広告物等であって，規則で定める基準に適合するもの
			·	冠婚葬祭又は祭礼のため一時的に表示する広告物等
			·	国又は地方公共団体が公共目的を持って表示する広告物等
			·	○○○○

（注）本表は，屋外広告物法と屋外広告物条例ガイドラインの主要な一部分との対応を示したものである。

第 2 章

屋外広告物法

第2章　屋外広告物法

1　目　的

> **（目的）**
>
> **第1条**　この法律は，良好な景観を形成し，若しくは風致を維持し，又は公衆に対する危害を防止するために，屋外広告物の表示及び屋外広告物を掲出する物件の設置並びにこれらの維持並びに屋外広告業について，必要な規制の基準を定めることを目的とする。
>
> 　　　　（平16法111・一部改正）

【解　説】

　この法律は，良好な景観を形成し，若しくは風致を維持し[注1]，又は公衆に対する危害を防止する[注2]ために，屋外広告物の表示及び屋外広告物を掲出する物件の設置並びにこれらの維持並びに屋外広告業[注3]について，必要な規制の基準[注4]を定めることを目的とする。

　このことは，屋外広告物規制が，①良好な景観の形成又は風致の維持と②公衆に対する危害の防止という観点からのみ行われるべきものであり，屋外広告物の表示する内容に立ち入って行われてはならないことを示すとともに，屋外広告物規制が，各地域の特性に応じて行われるべきものであり，屋外広告物法（以下「法」という。）は，その規制の基準（＝最高限度）を定めているのにすぎないことを示している。

　しかしながら，屋外広告物に関する規制が各地域においてまったく異なるのでは，国民の側からしても規制を行う地方公共団体の側からしても不都合な面もあるので，国土交通省では，屋外広告物条例ガイドラインを地方公共団体が屋外広告物条例を制定・改正する際の1つの参考資料として示している。

　また，適用上の注意として，この法律及びこの法律の規定に基づく条例の適用に当たっては，国民の政治活動の自由その他国民の基本的人権を不当に侵害しないように留意しなければならないとされている（法29条参照）。

<注>

　　1　良好な景観の形成若しくは風致の維持　　本法では，制定当初の目的であった「美観風致の維持」を，平成16年改正において「良好な景観の形成若しくは風致の維持」に改正している。これは，景観法の制定に併せ，良質で地域の景観に調和した屋外広告物の表示・掲出により良好な景観の形成を目指すことを明らかにしたものである。すなわち，屋外広告物は，景観の重要な構成要素であるとともに，経済活動や日常の市民活動に欠くことのできないものであることから，単に景観阻害要因として排除すべきものではなく，良質で地域の景観に調和した屋外広告物の表示・掲出を通じて地域の良好な景観の形成に寄与することも重要な役割であると認識されたためである。なお，自然美を指す「風致」については，景観のように屋外広告物により形成されうるものではないことから，従前どおり「維持」とされてい

2 定　　義

2　公衆に対する危害　　本法にいう「公衆に対する危害」とは，単に屋外広告物又は屋外広告物を表示若しくは掲出する物件の設置管理の瑕疵等により生ずる倒壊等の物理的現象による直接的な危害のみならず，屋外広告物又は屋外広告物を表示若しくは掲出する物件の設置により，見通しの不良又は信号機，道路標識の妨害等によって生ずる危害も含まれる。

3　屋外広告業についての必要な規制の基準　　平成16年改正において，屋外広告業の登録制度が導入されたことから，目的に「屋外広告業についての必要な規制の基準を定める」ことが追加された。これにより，屋外広告物に対する規制と屋外広告業者に対する規制が，屋外広告物法上の施策の二本柱，いわば車の両輪と明確に位置づけられた。

4　必要な規制の基準　　都道府県，指定都市，中核市及び第28条の規定により屋外広告物条例を制定・改廃する景観行政団体である市町村が，当該地方公共団体の事務として屋外広告物について必要な規制をするために条例を制定する場合の基準ということである。

　これは，地方公共団体が屋外広告物の規制について条例を制定する場合に，各地方公共団体により著しい相違が出たのでは，広告物を表示する者にとって迷惑であるため，これを最小限度に止めるためのものである。

　したがって，ここにいう「基準」とは最高限度としての枠であり，屋外広告物に関してこの法律で定める基準を超えての厳しい規制をすることは許されない。

2　定　　義

（定義）

第2条　この法律において「屋外広告物」とは，常時又は一定の期間継続して屋外で公衆に表示されるものであつて，看板，立看板，はり紙及びはり札並びに広告塔，広告板，建物その他の工作物等に掲出され，又は表示されたもの並びにこれらに類するものをいう。

2　この法律において「屋外広告業」とは，屋外広告物（以下「広告物」という。）の表示又は広告物を掲出する物件（以下「掲出物件」という。）の設置を行う営業をいう。

（昭48法81・平16法111・一部改正）

【解　説】

(1)　屋外広告物の定義（第1項）

　屋外広告物法において規制の対象とされる「屋外広告物」とは，常時又は一定の期間継続して屋外で公衆に表示されるものであって，看板，立看板，はり紙及びはり札並びに広告塔，広告板，建物その他の工作物等に掲出され，又は表示されたもの並びにこれらに類するものをいう。すなわち，屋外広告物法上の屋外広告物に該当するためには，それが次の4つの要件のす

11

第2章 屋外広告物法

べてを満たしていることが必要である。
① 常時又は一定の期間継続して表示されるものであること。
② 屋外で表示されるものであること。
③ 公衆に表示されるものであること。
④ 看板，立看板，はり紙及びはり札並びに広告塔，広告板，建物その他の工作物等に掲出され，又は表示されたもの並びにこれらに類するものであること。

このように，営利的な商業広告だけでなく，非営利的なものであっても，これら4つの要件をすべて満たしているものであれば，その表示する内容の如何にかかわらず，屋外広告物ということになる。<注1><注2>

次に，4つの要件のそれぞれについて詳しく検討してみよう。

まず①の要件であるが，これは定着して表示されるものに限る趣旨であり，したがって，街頭で散布されるビラやチラシの類は屋外広告物にはならない。これらは電柱や塀などに貼付されたとき，初めて定着性を有し，屋外広告物に該当することになる。

②は，その広告物が建築物等の外側にあることを必要とし，屋外にいる不特定多数の公衆に対して表示されるものであっても，屋内に存在する広告物であれば，屋外広告物法の規制の対象からは排除する趣旨である。たとえば，建物や自動車等の外側に表示されたものは，一般に屋外広告物に当たることになるが，自動車の内側の後部小荷物棚に取り付けて，リヤウインドーを通して歩行者

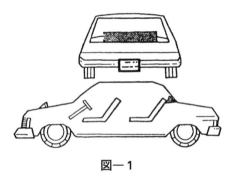

図―1

等に対して表示するものや（図―1参照），自動車の窓ガラスの内側に表示面を外へ向けて貼付したはり紙やステッカー等は屋外広告物には当たらないことになる。また，商店等のショーウインドー内に表示されるものであっても，そのショーウインドーが建物の内側から内部の展示物を出し入れするものであるなど建築物の内側に設けられたものであるならば，当該広告物は屋内の広告物であることになり，建物の外側から出し入れするものであるなど建築物の外側に附属して設けられたものであるならば，当該広告物は屋外広告物に当たることになる。

③の「公衆に表示」とは，単に「不特定多数に対して表示する」という意味ではなく，屋外広告物法の趣旨に照らして，建物の管理権等から総合的に判断すべきものである。たとえば，建物の外側に表示されているものであっても，その建物が閉鎖的な中庭を有しており，その中庭に向って表示されているようなものは，「公衆に表示」されているとは言えない。また，駅，乗船場，空港等の改札口の内側の人に対して表示されている改札口の内側にある広告物<注3>も，「公衆に表示」されているとは言えない。なお，「表示」してあると言いうるためには，そこに一定の観念，イメージ等が表示されていることが必要で，何らの観念，イメージ等も表示されていないものは屋外広告物には当たらないと解されている。

最後に④の要件だが，このうち，「その他の工作物等」とは，元来広告物の表示又は掲出の

12

2 定　　義

目的を持ったものではない煙突や塀のようなものや，工作物とは言えないような岩石や樹木等を意味し，これらを利用したものも屋外広告物に含める趣旨のものである。

　以上のように，屋外広告物とは，看板，立看板，はり紙，はり札，広告塔，広告板等の典型的な「広告」だけでなく，ネオンサイン，アドバルーン，プロジェクションマッピングをはじめとした投影広告物などの建物等の外壁に表示されるもの等までも含んだ幅広い概念なの<注4><注5>である。

- -

<注>

1　屋外広告物に該当するものの例

(1)　いわゆるスタンド式広告等の可動式広告や自動車，電車等の車体に表示される広告物，屋外に設置されたラックに差し込んで公衆に表示されているパンフレットも「常時又は一定の期間継続して」表示されていると解され，屋外広告物に該当する。

(2)　いわゆる地下道や地下街（「地下街」とは，一般公共の用に供される地下歩道（地下駅の改札口外の通路，コンコース等を含む。）と当該地下歩道に面して設けられる店舗，事務所その他これらに類する施設とが一体となった地下施設であって，通常の場合公共の用に供されている道路又は駅前広場の区域に係るものであることを例とするものをいう。）のうち一般公共の用に供される地下歩道の部分については建築物ではなく地下の工作物と解され，これらの場所に表示されているものは屋外広告物に該当しうるものと解される。

　　　なお，これらの場所を禁止・制限地域とする場合にはこれらの場所についての明示の指定行為等が必要であり，たとえば公道を地下占用した地下街のうち地下歩道の部分は，当該公道が禁止・制限地域として指定されただけでは，禁止・制限地域とはならないと解される。

(3)　建築物の外側等における絵画又は写真の表示は，通常の場合，絵画又は写真の内容とこれを表示する者の事業等との関係の有無にかかわりなく，一定の観念，イメージ等を伝達することを目的として「公衆に表示」されていると認められ，屋外広告物に該当する。

(4)　建築物の外壁等に光を投影することによって表示する広告は，時間的には夜に限られるものの，「常時又は一定の期間継続して」表示されるものと認められ，屋外広告物に該当する。もっとも，有体物に投影しない単なる光のみのものは，「常時又は一定の期間継続して」表示されているとは言えない。

2　屋外広告物に該当しないものの例

(1)　ベニヤ板等にペンキ等を塗りたくってあるもので，絵画とは認められないようなものは，一定の観念，イメージ等を表示しているとは認められず，屋外広告物には該当しない。

(2)　音響による広告は，④の要件を満たしておらず，屋外広告物には該当しない。

3　駅等の改札口を設けた者に対する関係では，当該改札口の内側の人は「公衆」とは言えず，したがって，当該施設の管理者の管理権に基づき，改札口の内側の人に対して表示された広告は屋外広告物に該当しない。逆に言えば，これらの人に対して当該施設の外側から表示した広告は屋外広告物に該当する。また，これらの人に対して表示される当該施設の内側に表示された広告であっても，当該施設の管理者の管理権に基づかず，当該管理者以外の者

第2章　屋外広告物法

が勝手に表示したものは，屋外広告物法の問題というよりも，むしろ当該管理者の管理権の問題として処理されることが通常であろう。

4　本文で述べたとおり，屋外広告物法第2条第1項の屋外広告物とは極めて広い概念であるが，法の屋外広告物の定義は屋外広告物条例により規制しうる最大の範囲を定めたものであり，これらすべてを規制の対象とするのは現実的ではない面もある。そこで，屋外広告物条例ガイドライン第11条は適用除外される広告物を規定しているが，それ以外にも各地方公共団体の実情に応じて適宜適用を除外することも差し支えない。

5　広告物と広告物を掲示する物件

厳密にいえば，第2条第1項の定義を見てもわかるとおり，屋外広告物と屋外広告物を掲出する物件とは概念上異なるものである。すなわち，同項に例示されているものでいえば，看板，立看板，はり紙及びはり札は屋外広告物そのものであり，広告塔，広告板，建物その他の工作物等は屋外広告物を掲出する物件ということになる。

この場合，第3条以下で規制の対象としている「掲出物件（＝広告物を掲出する物件）」とは，第2条第1項で屋外広告物を掲出する物件として位置づけられているものより狭い概念と解すべきである。すなわち，第2条第1項で屋外広告物を掲出する物件として位置づけられているもののうち，主として屋外広告物を掲出する目的で設置されるものでないもの（樹木，建物等）は，第3条以下で規定している「掲出物件」には該当せず，これらの物件に広告物を表示する場合には広告物そのものが規制の対象となるが，これらの物件単独では屋外広告物法上は規制できないものと解すべきである。なお，建物等第3条以下の規制の対象とならない物件に装置を設けて，これに広告物を掲出するような場合には，当該装置は第3条以下の規制の対象となる「掲出物件」に該当する。

以上のように，通常，広告物は何らかの物件に掲出されるものであるが，この場合，①屋外広告物法上は広告物そのもののみが規制の対象となる場合（樹木，建物等にはり紙・はり札等の広告物を表示，掲出する場合）と，②掲出物件のみが規制の対象となる場合（広告物が表示されていない広告板のみを先に設置する場合），③広告物そのものと掲出物件の両方ともが規制の対象となる場合（広告板に広告物を表示する場合，掲示板のようなものにはり紙を掲出する場合等）とがあることになる。③の場合には屋外広告物の許可制度と関連して，運用上若干の問題が生じることとなる。

具体的な事例を挙げて考えてみよう。ある業者が同時に複数の広告主の広告物を表示する目的で1枚の巨大な広告板を許可地域内に設置しようとしているが，その複数の広告物のうちの一部の表示内容が未決定であるとしよう。そこでとりあえず許可を受けて設置，表示をした後に，未決定であったものの表示内容が決定して，広告物を表示しようとしている。この場合に受けるべき許可は，広告板の設置に係る変更の許可であるか，あるいは広告物の表示に係る新規の許可であるか。

この問題は，個別条例の具体的な規定のあり方や考え方，運用の仕方によって結論が変わりうるものであり，ある特定の結論だけが正しいと一概に言えるものではない。条例，規則とその運用方法が，広告物の表示の許可と掲出物件の設置の許可とを峻別しており，掲出物件の設置と広告物の表示が一体となっている場合も，概念上は設置許可と表示許可とを別個

2 定 義

のものとして取り扱っているのであれば，この事例の場合も，当初の許可は広告板の設置の許可と表示内容が既に決定していて当初から表示される広告物の表示の許可とを受けるべきであり，追加して表示される場合は，追加分の広告物の表示の許可を新規に受けるべきことになる。しかし，広告物の表示の許可と掲出物件の設置の許可とを峻別していない場合には，当初の許可は未決定分も含めた広告板全体について設置及び表示の許可を受け，さらに追加して表示される場合は，変更の許可を受けるという方法も考えられる。

　いずれにせよ，どのような考え方及び運用方法を採用するかによって，実務上個別の事例ごとに，許可を受けるべき広告物の種類（広告板か，ポスターか等），許可の種類（新規か，継続か，変更か），表示面積の算定等に相違がでてくることとなり，結果として手数料の額に影響を与える。したがって，個別の条例，規則の枠組みの中で，掲出物件の設置と広告物の表示とが一体となっている場合とそうでない場合（先程のような事例のほかにも，掲示板等表示される広告物の内容が次々に変わることが前提されているような場合等が考えられる）とで手数料の額等に不均衡を生じさせないような運用方法を各個別条例ごとに工夫すべきである。

　以上，法が広告物と掲出物件とを一応区別していることにより各個別条例における考え方の相違が生じうることを説明してきたが，このほかは，この両者を区別する実益は法第7条第2項及び第8条第3項並びにこれらに基づく屋外広告物条例ガイドライン第23条第2項及び第23条の6にしかないものである（この点については，法第7条第2項の解説「(2)相手方が確知できない場合の略式の代執行手続（第2項）」(28ページ）及び第8条第3項「(3)保管した広告物等の売却等（第3項）」(37ページ）の解説を参照）。

(2) 屋外広告業の定義 (第2項)

　昭和24年に制定された当初の屋外広告物法は，屋外広告物そのものの規制について規定していただけであり，屋外広告業の規制や指導についての規定はなかった。しかし，屋外広告活動の活発化に伴い，屋外広告活動の大半を担う屋外広告業者の規制，指導と一体として行うのでなければ，屋外広告物の規制は実効を期しがたい点もあったため，昭和48年の法改正によって屋外広告業者の届出制度等が創設された。これに伴って，屋外広告業の定義が法に明定されることとなったのである。

　屋外広告物法において，「屋外広告業」とは，屋外広告物の表示又は掲出物件の設置を行う営業をいう。すなわち，屋外広告物の広告主から屋外広告物の表示又は掲出物件の設置に関する工事を請け負い，屋外で公衆に表示することを業として行う営業をいうのである。この場合，元請け又は下請けといった立場の形態の如何は問わないが，屋外広告物の表示又は掲出物件の設置に関する工事を業として請け負わないような広告代理業等は屋外広告業に該当しない。これと同様の趣旨から，単に屋外広告物の印刷，製作等を行うだけで，現実に屋外広告物を表示したり，掲示物件の設置を行わないものも，屋外広告業には該当しない。

　なお，平成16年の法改正によって，屋外広告業を営もうとする者は，各都道府県，指定都市又は中核市の条例で定めるところにより，都道府県知事又は指定都市若しくは中核市の市長の登録を受けなければならないこととされている。

第2章　屋外広告物法

　また，屋外広告業者が同時に建設業法（昭和24年法律第100号）に規定する建設業に該当する場合には，建設業法で定めるところにより，国土交通大臣又は都道府県知事の許可を受けなければならないこととされている（建設業法第3条）。ただし，建築一式工事以外の工事にあっては工事1件の請負代金の額が500万円に満たない工事のみを請け負うことを営業とする者の場合には，この限りではない（建設業法第3条第1項本文ただし書及び同法施行令第1条の2）。

3　屋外広告物等の制限

（広告物の表示等の禁止）

第3条　都道府県は，条例で定めるところにより，良好な景観又は風致を維持するために必要があると認めるときは，次に掲げる地域又は場所について，広告物の表示又は掲出物件の設置を禁止することができる。

　一　都市計画法（昭和43年法律第100号）第2章の規定により定められた第1種低層住居専用地域，第2種低層住居専用地域，第1種中高層住居専用地域，第2種中高層住居専用地域，田園住居地域，景観地区，風致地区又は伝統的建造物群保存地区

　二　文化財保護法（昭和25年法律第214号）第27条又は第78条第1項の規定により指定された建造物の周囲で，当該都道府県が定める範囲内にある地域，同法第109条第1項若しくは第2項又は第110条第1項の規定により指定され，又は仮指定された地域及び同法第143条第2項に規定する条例の規定により市町村が定める地域

　三　森林法（昭和26年法律第249号）第25条第1項第11号に掲げる目的を達成するため保安林として指定された森林のある地域

　四　道路，鉄道，軌道，索道又はこれらに接続する地域で，良好な景観又は風致を維持するために必要があるものとして当該都道府県が指定するもの

　五　公園，緑地，古墳又は墓地

　六　前各号に掲げるもののほか，当該都道府県が特に指定する地域又は場所

2　都道府県は，条例で定めるところにより，良好な景観又は風致を維持するために必要があると認めるときは，次に掲げる物件に広告物を表示し，又は掲出物件を設置することを禁止することができる。

　一　橋りよう

　二　街路樹及び路傍樹

3 屋外広告物等の制限

　三　銅像及び記念碑

　四　景観法（平成16年法律第110号）第19条第1項の規定により指定された景観重
　　　要建造物及び同法第28条第1項の規定により指定された景観重要樹木

　五　前各号に掲げるもののほか，当該都道府県が特に指定する物件

3　都道府県は，条例で定めるところにより，公衆に対する危害を防止するために必
　要があると認めるときは，広告物の表示又は掲出物件の設置を禁止することができ
　る。

　　（昭25法214・昭27法71・昭29法131・昭38法92・昭43法101・昭45法109・昭50法49・平4法82・

　　平11法87・一部改正，平16法111・旧第4条繰上・一部改正，平16法61・平29法26・一部改正）

【解　説】

　本条は，屋外広告物の表示等の禁止について定める規定である。第1項で，都道府県は，条
例で定めるところにより，良好な景観又は風致の維持のため，地域又は場所について広告物の
表示又は掲出物件の設置を禁止できる旨規定している。[注1]第2項は，都道府県は，条例で定める
ところにより，良好な景観又は風致の維持のため，本来広告物の表示等のために利用されるも
のではない物件について，広告物の表示又は掲出物件の設置を禁止できる旨規定している。更
に第3項においては，都道府県は，条例で定めるところにより公衆に対する危害を防止するた
め，広告物の表示又は掲出物件の設置を禁止することができる旨規定している。

①　景観・風致目的のための禁止地域の設定（第1項）

　　第1項各号に掲げられている地域又は場所は，その地域又は場所の性格上広告物の表示
　　等を規制することによって良好な景観又は風致を維持する必要性の高い地域又は場所であ
　　る。各都道府県は，本項に示された基準に従って，禁止地域を定めることになる。

②　景観・風致目的のための禁止物件の設定（第2項）

　　第2項各号に掲げられている物件は，これらの物件に広告物が表示されたり，掲出され
　　たりすると，景観又は風致が害されることになるか，又はその物件が本来持っている機
　　能，効用をも害することになるような物件である。各都道府県は本項に示された基準に
　　従って，禁止物件を定めることになる。

③　安全目的のための広告物の表示等の禁止（第3項）

　　第3項は，公衆に対する危害の防止の観点から，都道府県が広告物の表示及び広告物を
　　掲出する物件の設置を禁止することができる旨を定めた規定である。

- -

<注>

　1　第1項及び第2項は，屋外広告物法は，景観・風致目的のための禁止については，地域・
　　　場所又は物件を限定して規制を行うことを想定しており，他方法第4条は特段の限定なく許
　　　可制その他の制限を行うことができることを規定していることから，景観・風致目的で市町
　　　村全域などの広域にわたって広告物の表示等を禁止することはできないと解すべきである。

第2章　屋外広告物法

（広告物の表示等の制限）

第4条　都道府県は，条例で定めるところにより，良好な景観を形成し，若しくは風致を維持し，又は公衆に対する危害を防止するために必要があると認めるときは，広告物の表示又は掲出物件の設置（前条の規定に基づく条例によりその表示又は設置が禁止されているものを除く。）について，都道府県知事の許可を受けなければならないとすることその他必要な制限をすることができる。

（平16法111・追加）

【解　説】

　都道府県は，条例で定めるところにより，良好な景観を形成し，若しくは風致を維持し，又は公衆に対する危害を防止するために必要があると認めるときは，広告物の表示又は掲出物件の設置について，許可制とすることその他必要な制限をすることができる。[注2]

　本法第3条が屋外広告物の表示等の禁止をすることができる旨を定めるのに対し，本条は，屋外広告物の表示等についての許可制その他の制限という手続的制限[注3]を課すことができる旨を定めるものである。本条の場合の規制の目的は，美観・風致目的又は安全目的のどちらでもよい。

　本条の規制は，本法第3条第1項及び第2項が具体的な地域・場所又は物件について屋外広告物の表示等を禁止することができる，としているのとは異なり，市町村全域等の広域にわたって屋外広告物の許可制その他の必要な制限を定めることもできるという趣旨である。たとえば，A市を都市の美観を維持したり，観光価値を保全する必要がある市であるとA市について屋外広告物条例を制定する権限を有する者が認めるならば，当該A市の全域にわたって広告物の表示等をしようとする者は知事又は市長の許可を受けなければならない旨の条例を定めることができることになっている。

　もちろん，本条に基づき，具体的な地域・場所又は物件に限定して許可制その他の必要な制限を定めることも可能である。

　平成16年改正前においては，美観風致の維持のための屋外広告物の表示等の制限については，一定の地域・場所又は物件に限定して行う場合のほか，市（都の特別区を含む。）についてはそのすべてについて許可制とすることを認めていたが，町村については人口5,000人以上の市街的町村[注4]についてのみこれを認めていた。[注5]

　なお，高さが4mを超える広告塔，広告板等については建築基準法の規定が適用される（同法第88条第1項及び同法施行令第138条第1項第3号）。具体的にはこれらを設置しようとするときには建築主事の確認を受けなければならず（同法第6条），工事完了後は建築主事等の検査を受けることとされている（同法第7条）。また，設計図書の作成に当たっては，構造計算によりその構造の安全性を確認しなければならない（同法第20条）等の規制を受けることとされている。

3　屋外広告物等の制限

<注>

2　許可制その他の必要な制限　　屋外広告物法は，本法第3条では「禁止」と規定し，本条では「知事の許可を受けなければならないとすることその他必要な制限」とのみ規定していることから，本条によっては屋外広告物の表示等を禁止することは許されないと解すべきである。

3　手続的制限　　本条に基づく許可制以外の手続的制限の態様としては，届出制度，確認制度等が考えられる。

4　平成16年改正による許可制の対象区域の拡大　　平成16年改正前においては，美観風致を維持する必要の特に強い所は都市及び観光地等多くの人の目にさらされる場所であるが，市又は人口5,000人以上の市街的町村以外の場所（都市以外の場所）では，面的規制ではなく点的（たとえば，名所，旧跡等及びその周辺）あるいは線的（たとえば風光明媚な道路の沿線）な規制で足りると考えられていたことから，市町村全体に許可制等を導入することができる地域を市及び人口5,000人以上の市街的町村に限定していた。しかし，良好な景観の形成は，美しく風格のある国土の形成と潤いのある豊かな生活環境の創造に不可欠なものであり，また，地域の住民の意向を踏まえ，それぞれの地域の個性及び特性の伸長に資するよう，その多様な形成が図られるべきであることを考慮すれば，良好な景観の形成の必要性の高い地域として許可制を採ることができる地域を法律で限定することは適当ではないことから，平成16年改正において，「市及び人口5,000人以上の市街的町村」との要件を撤廃した。

5　本条により規制を行う市町村　　平成16年改正により，全国どの市町村でもその全域にわたり許可制その他必要な制限を定めることができることとしたが，これにより直ちに全国全ての市町村の全域に許可制その他必要な制限を導入すべきものでは必ずしもなく，どの市町村のどの区域に許可制その他必要な制限を導入すべきかは，地域の実情に応じて導入の必要性が判断されるべきものである。けだし，屋外広告物の規制は憲法で保障されている「表現の自由」と密接な関連を有するものであり，公共の福祉の実現のため最小限度でなければならないからである。

（広告物の表示の方法等の基準）

第5条　前条に規定するもののほか，都道府県は，良好な景観を形成し，若しくは風致を維持し，又は公衆に対する危害を防止するために必要があると認めるときは，条例で，広告物（第3条の規定に基づく条例によりその表示が禁止されているものを除く。）の形状，面積，色彩，意匠その他表示の方法の基準若しくは掲出物件（同条の規定に基づく条例によりその設置が禁止されているものを除く。）の形状その他設置の方法の基準又はこれらの維持の方法の基準を定めることができる。

　　（平16法111・全改）

第2章　屋外広告物法

【解　説】

　本条は，都道府県は，良好な景観を形成し，若しくは風致を維持し，又は公衆に対する危害を防止するために必要があると認めるときは，

① 広告物の形状，面積，色彩，意匠その他表示<注6>の方法の基準を定める。

② 掲出物件の形状その他の設置の方法の基準を定める。

③ 広告物又は掲出物件の維持の方法の基準を定める。

ことができる旨を定める規定である。

　本法第4条が屋外広告物の表示等についての許可制その他の制限という手続的制限を課すことができる旨を定めるのに対し，本条は屋外広告物の表示等の方法について具体的な基準を定めて直接に規制することができる旨を定めるものである。

　本条に基づき都道府県は，表示又は設置の方法については，たとえば広告塔や広告板の高さ，幅，面積，設置位置，構造，色彩，材質や，蛍光塗料の使用，電光広告の点滅等について遵守すべき基準を定めることができる。また，維持の方法については，都道府県は，たとえば管理者を設置すること，補修等により良好な状態に保持すること等の基準を定めることができる。

　なお，本条の運用に際しては，特に表示又は設置の基準の設定やその適用について，景観を阻害するか否かにつき判断が分かれる場合も十分予想されるところである。このような場合，行政が恣意的になることのないよう屋外広告物審議会等に諮る等慎重な扱いをすべきである。

<注>

6　ネオンサインの時間制限は可能か　これについては本条にいう表示の方法の基準に当たるかどうかによって，またどういう目的で，どういう内容の時間制限をするかによっても結論が異なってくることが考えられる。良好な景観の形成若しくは風致の維持又は公衆に対する危害の防止の目的でないとき（ネオンサインの時間制限は，通常この場合になされるものと考えられる。）には不可能であることは言うまでもないが，良好な景観の形成若しくは風致の維持又は公衆に対する危害の防止が目的の場合であれば，一般には可能であろう。

（景観計画との関係）

第6条　景観法第8条第1項の景観計画に広告物の表示及び掲出物件の設置に関する行為の制限に関する事項が定められた場合においては，当該景観計画を策定した景観行政団体（同法第7条第1項の景観行政団体をいう。以下同じ。）の前3条の規定に基づく条例は，当該景観計画に即して定めるものとする。

（平16法111・全改）

【解　説】

　景観法に基づき，景観計画には任意的記載事項として，「屋外広告物の表示及び屋外広告物を掲出する物件の設置に関する行為の制限に関する事項」<注7>を定めることができる。本条は，景観計画に当該事項が定められた場合においては，当該景観計画を策定した景観行政団体の本法<注8>

20

3　屋外広告物等の制限

第3条から第5条までの規定に基づく屋外広告物条例は，当該景観計画に即して定めることとするものである。

これは，屋外広告物が景観の重要な構成要素であることから，景観に関する総合的な計画である景観計画において，屋外広告物の表示等の制限についても定めることにより，景観行政と屋外広告物行政の一体性を高める一方，具体の屋外広告物の規制については，二重規制を排除するため，屋外広告物法に基づく屋外広告物条例により行うこととし，両者の整合性を図るため，本条の規定を置くこととしたものである。このため，屋外広告物条例の規定に適合する屋外広告物の表示又は屋外広告物を掲出する物件の設置については，景観法に基づく景観計画区域内の行為の届出，並びに景観地区及び準景観地区内の工作物の形態意匠の制限の適用除外<注9>とされており，これら景観法に基づく規制手法では原則として屋外広告物規制を行うことができないこととされている。

なお，本法第28条においては，景観行政団体である指定都市及び中核市以外の市町村が屋外広告物条例を制定・改廃することを可能としている。<注10>

＜注＞

7　＜景観法＞

（景観計画）

第8条　景観行政団体は，都市，農山漁村その他市街地又は集落を形成している地域及びこれと一体となって景観を形成している地域における次の各号のいずれかに該当する土地（水面を含む。以下この項，第11条及び第14条第2項において同じ。）の区域について，良好な景観の形成に関する計画（以下「景観計画」という。）を定めることができる。

一～五　略

2　景観計画においては，次に掲げる事項を定めるものとする。

一～三　略

四　次に掲げる事項のうち，良好な景観の形成のために必要なもの

イ　屋外広告物の表示及び屋外広告物を掲出する物件の設置に関する行為の制限に関する事項

ロ～ホ　略

3～11　略

8　景観行政団体　景観法第7条第1項の景観行政団体をいう。

景観法においては，良好な景観は地域の固有の特性と密接に関連するものであり，地域住民の意向を踏まえて形成されるべきものであることから，景観行政を担うべき主体は基礎的自治体である市町村が基本という発想に立っており，景観計画の策定等景観行政を行う地方公共団体を景観行政団体と定めている。しかしながら，景観法制定までの地方公共団体の景観行政の運用状況，市町村の中にはその組織，体制等から景観行政を担うことが難しいものもあるという実態を踏まえつつ，二重行政を回避するため，都道府県又は市町村のいずれかが景観行政を一元的に担うこととされている。具体的には，指定都市，中核

第2章　屋外広告物法

市の区域については，当該市が景観行政団体となり，その他の市町村の区域については，市町村が都道府県と協議し，景観行政団体となることができることとされており，都道府県はこれらの市町村以外の区域について景観行政団体となることとされている。

＜景観法＞

（定義）

第7条　この法律において「景観行政団体」とは，地方自治法（昭和22年法律第67号）第252条の19第1項の指定都市（以下この項及び第98条第1項において「指定都市」という。）の区域にあっては指定都市，同法第252条の22第1項の中核市（以下この項及び第98条第1項において「中核市」という。）の区域にあっては中核市，その他の区域にあっては都道府県をいう。ただし，指定都市及び中核市以外の市町村であって，第98条第1項の規定により第2章第1節から第4節まで，第4章及び第5章の規定に基づく事務（同条において「景観行政事務」という。）を処理する市町村の区域にあっては，当該市町村をいう。

2～6　略

9　景観法に基づく規制の適用除外

①景観計画区域

＜景観法＞

（届出及び勧告等）

第16条　景観計画区域内において，次に掲げる行為をしようとする者は，あらかじめ，国土交通省令（第4号に掲げる行為にあっては，景観行政団体の条例。以下この条において同じ。）で定めるところにより，行為の種類，場所，設計又は施行方法，着手予定日その他国土交通省令で定める事項を景観行政団体の長に届け出なければならない。

　　一　建築物の新築，増築，改築若しくは移転，外観を変更することとなる修繕若しくは模様替又は色彩の変更（以下「建築等」という。）

　　二　工作物の新設，増築，改築若しくは移転，外観を変更することとなる修繕若しくは模様替又は色彩の変更（以下「建設等」という。）

　　三　都市計画法第4条第12項に規定する開発行為その他政令で定める行為

　　四　前3号に掲げるもののほか，良好な景観の形成に支障を及ぼすおそれのある行為として景観計画に従い景観行政団体の条例で定める行為

2　前項の規定による届出をした者は，その届出に係る事項のうち，国土交通省令で定める事項を変更しようとするときは，あらかじめ，その旨を景観行政団体の長に届け出なければならない。

3　景観行政団体の長は，前2項の規定による届出があった場合において，その届出に係る行為が景観計画に定められた当該行為についての制限に適合しないと認めるときは，その届出をした者に対し，その届出に係る行為に関し設計の変更その他の必要な措置をとることを勧告することができる。

4　前項の勧告は，第1項又は第2項の規定による届出のあった日から30日以内にしなければならない。

3　屋外広告物等の制限

5　前各項の規定にかかわらず，国の機関又は地方公共団体が行う行為については，第1項の届出をすることを要しない。この場合において，当該国の機関又は地方公共団体は，同項の届出を要する行為をしようとするときは，あらかじめ，景観行政団体の長にその旨を通知しなければならない。

6　景観行政団体の長は，前項後段の通知があった場合において，良好な景観の形成のため必要があると認めるときは，その必要な限度において，当該国の機関又は地方公共団体に対し，景観計画に定められた当該行為についての制限に適合するようとるべき措置について協議を求めることができる。

7　次に掲げる行為については，前各項の規定は，適用しない。

一　通常の管理行為，軽易な行為その他の行為で政令で定めるもの

二　非常災害のため必要な応急措置として行う行為

三　景観重要建造物について，第22条第1項の規定による許可を受けて行う行為

四　景観計画に第8条第2項第4号ロに掲げる事項が定められた景観重要公共施設の整備として行う行為

五　景観重要公共施設について，第8条第2項第4号ハ(1)から(7)までに規定する許可（景観計画にその基準が定められているものに限る。）を受けて行う行為

六　第55条第2項第1号の区域内の農用地区域（農業振興地域の整備に関する法律第8条第2項第1号に規定する農用地区域をいう。）内において同法第15条の2第1項の許可を受けて行う同項に規定する開発行為

七　国立公園又は国定公園の区域内において，第8条第2項第4号ホに規定する許可（景観計画にその基準が定められているものに限る。）を受けて行う行為

八　第61条第1項の景観地区（次号において「景観地区」という。）内で行う建築物の建築等

九　景観計画に定められた工作物の建設等の制限の全てについて第72条第2項の景観地区工作物制限条例による制限が定められている場合における当該景観地区内で行う工作物の建設等

十　地区計画等（都市計画法第4条第9項に規定する地区計画等をいう。以下同じ。）の区域（地区整備計画（同法第12条の5第2項第1号に規定する地区整備計画をいう。第76条第1項において同じ。），特定建築物地区整備計画（密集市街地における防災街区の整備の促進に関する法律（平成9年法律第49号）第32条第2項第1号に規定する特定建築物地区整備計画をいう。第76条第1項において同じ。），防災街区整備地区整備計画（同法第32条第2項第2号に規定する防災街区整備地区整備計画をいう。第76条第1項において同じ。），歴史的風致維持向上地区整備計画（地域における歴史的風致の維持及び向上に関する法律（平成20年法律第40号）第31条第2項第1号に規定する歴史的風致維持向上地区整備計画をいう。第76条第1項において同じ。），沿道地区整備計画（幹線道路の沿道の整備に関する法律（昭和55年法律第34号）第9条第2項第1号に規定する沿道地区整備計画をいう。第76条第1項において同じ。）又は集落地区整備計画（集落地域整備法（昭和62年法律第63号）第5条第3項に規定する集落地区整備計画をいう。第76条

第2章　屋外広告物法

第1項において同じ。）が定められている区域に限る。）内で行う土地の区画形質の変更，建築物の新築，改築又は増築その他の政令で定める行為

十一　その他政令又は景観行政団体の条例で定める行為

＜景観法施行令＞

（届出を要しないその他の行為）

第10条　法第16条第7項第11号の政令で定める行為は，次に掲げる行為とする。

一～三　略

四　屋外広告物法（昭和24年法律第189号）第4条又は第5条の規定に基づく条例の規定に適合する屋外広告物の表示又は屋外広告物を掲出する物件の設置

②景観地区

＜景観法＞

（工作物の形態意匠等の制限）

第72条　市町村は，景観地区内の工作物について，政令で定める基準に従い，条例で，その形態意匠の制限，その高さの最高限度若しくは最低限度又は壁面後退区域（当該景観地区に関する都市計画において壁面の位置の制限が定められた場合における当該制限として定められた限度の線と敷地境界線との間の土地の区域をいう。第4項において同じ。）における工作物（土地に定着する工作物以外のものを含む。同項において同じ。）の設置の制限を定めることができる。この場合において，これらの制限に相当する事項が定められた景観計画に係る景観計画区域内においては，当該条例は，当該景観計画による良好な景観の形成に支障がないように定めるものとする。

2～6　略

＜景観法施行令＞

（条例で景観地区内の工作物の形態意匠等の制限を定める場合の基準）

第20条　法第72条第1項の政令で定める基準は，次のとおりとする。

一～五　略

六　景観地区工作物制限条例には，次に掲げる法第72条第1項の制限の適用の除外に関する規定を定めること。

イ・ロ　略

ハ　屋外広告物法第4条又は第5条の規定に基づく条例の規定に適合する屋外広告物の表示又は屋外広告物を掲出する物件の設置についての適用の除外に関する規定

③準景観地区

＜景観法＞

（準景観地区内における行為の規制）

第75条　市町村は，準景観地区内における建築物又は工作物について，景観地区内におけるこれらに対する規制に準じて政令で定める基準に従い，条例で，良好な景観を保全するため必要な規制（建築物については，建築基準法第68条の9第2項の規定に基づく条例により行われるものを除く。）をすることができる。

2　市町村は，準景観地区内において，開発行為その他政令で定める行為について，政令で

3 屋外広告物等の制限

定める基準に従い，条例で，良好な景観を保全するため必要な規制をすることができる。

3 略

＜景観法施行令＞

（条例で準景観地区内における建築物又は工作物について規制をする場合の基準）

第23条 法第75条第1項の政令で定める基準は，次項に定めるもののほか，次のとおりとする。

一 法第75条第1項の規定に基づく条例で，イに掲げる制限を定めるほか，ロからニまでに掲げる制限のうち，当該準景観地区における良好な景観の保全を図るために必要と認められるものを定めて行うこと。

　イ 建築物の形態意匠の制限

　ロ 工作物の形態意匠の制限

　ハ 工作物の高さの最高限度又は最低限度

　ニ 建築基準法（昭和25年法律第201号）第68条の9第2項の規定に基づく条例で壁面の位置の制限が定められた場合における当該制限として定められた限度の線と敷地境界線との間の土地の区域における工作物（土地に定着する工作物以外のものを含む。）の設置の制限

二 法第75条第1項の規定に基づく条例で前号イ又はロに掲げる制限を定めたものには，当該条例の施行に必要な法第63条，第64条，第66条，第68条，第70条及び第71条の規定の例による建築物の建築等又は工作物の建設等についての市町村長による計画の認定，違反建築物又は違反工作物に対する違反是正のための措置その他の措置のうち，当該制限の内容，当該準景観地区における土地利用の状況等からみて必要と認められるものを定めること。

三 法第75条第1項の規定に基づく条例で第1号ハ又はニに掲げる制限を定めたものには，当該条例の施行に必要な法第64条又は第71条の規定の例による工作物の建設等についての市町村長による違反工作物に対する違反是正のための措置その他の措置のうち，当該制限の内容，当該準景観地区における土地利用の状況等からみて必要と認められるものを定めること。

2 第20条の規定は，前項第1号の制限について準用する。この場合において，同条第1号中「工作物の形態意匠の制限は，当該景観地区に関する都市計画において定められた建築物の形態意匠の制限と相まって」とあるのは「建築物又は工作物の形態意匠の制限は」と，同条第2号から第5号までの規定中「形成」とあるのは「保全」と，同条第2号中「市街地」とあるのは「地域」と，同条第4号中「壁面後退区域における」とあるのは「第23条第1項第1号ニの区域における」と，「当該壁面後退区域」とあるのは「当該区域」と，同条第5号及び第6号ロ中「工作物」とあるのは「建築物又は工作物」と，同条第5号中「景観地区」とあるのは「準景観地区」と，同条第6号中「景観地区工作物制限条例」とあるのは「法第75条第1項の規定に基づく条例」と，「法第72条第1項」とあるのは「第23条第1項第1号」と，同号イ中「工作物又はその」とあるのは「建築物若しくは工作物又はこれらの」と読み替えるものとする。

10 63〜65ページを参照のこと。

第2章　屋外広告物法

4　監　督

（違反に対する措置）

第7条　都道府県知事は，条例で定めるところにより，第3条から第5条までの規定に基づく条例に違反した広告物を表示し，若しくは当該条例に違反した掲出物件を設置し，又はこれらを管理する者に対し，これらの表示若しくは設置の停止を命じ，又は相当の期限を定め，これらの除却その他良好な景観を形成し，若しくは風致を維持し，又は公衆に対する危害を防止するために必要な措置を命ずることができる。

2　都道府県知事は，前項の規定による措置を命じようとする場合において，当該広告物を表示し，若しくは当該掲出物件を設置し，又はこれらを管理する者を過失がなくて確知することができないときは，これらの措置を自ら行い，又はその命じた者若しくは委任した者に行わせることができる。ただし，掲出物件を除却する場合においては，条例で定めるところにより，相当の期限を定め，これを除却すべき旨及びその期限までに除却しないときは，自ら又はその命じた者若しくは委任した者が除却する旨を公告しなければならない。

3　都道府県知事は，第1項の規定による措置を命じた場合において，その措置を命ぜられた者がその措置を履行しないとき，履行しても十分でないとき，又は履行しても同項の期限までに完了する見込みがないときは，行政代執行法（昭和23年法律第43号）第3条から第6条までに定めるところに従い，その措置を自ら行い，又はその命じた者若しくは委任した者に行わせ，その費用を義務者から徴収することができる。

4　都道府県知事は，第3条から第5条までの規定に基づく条例（以下この項において「条例」という。）に違反した広告物又は掲出物件が，はり紙，はり札等（容易に取り外すことができる状態で工作物等に取り付けられているはり札その他これに類する広告物をいう。以下この項において同じ。），広告旗（容易に移動させることができる状態で立てられ，又は容易に取り外すことができる状態で工作物等に取り付けられている広告の用に供する旗（これを支える台を含む。）をいう。以下この項において同じ。）又は立看板等（容易に移動させることができる状態で立てられ，又は工作物等に立て掛けられている立看板その他これに類する広告物又は掲出物件（これらを支える台を含む。）をいう。以下この項において同じ。）であるとき

26

4 監 督

は，その違反に係るはり紙，はり札等，広告旗又は立看板等を自ら除却し，又はその命じた者若しくは委任した者に除却させることができる。ただし，はり紙にあつては第1号に，はり札等，広告旗又は立看板等にあつては次の各号のいずれにも該当する場合に限る。

一 条例で定める都道府県知事の許可を受けなければならない場合に明らかに該当すると認められるにもかかわらずその許可を受けないで表示され又は設置されているとき，条例に適用を除外する規定が定められている場合にあつては当該規定に明らかに該当しないと認められるにもかかわらず禁止された場所に表示され又は設置されているとき，その他条例に明らかに違反して表示され又は設置されていると認められるとき。

二 管理されずに放置されていることが明らかなとき。

（昭27法71・昭38法92・昭48法81・平16法111・一部改正）

【解 説】

(1) 措置命令（第1項）

　本項は，都道府県が定める条例に違反した広告物又は掲出物件について，都道府県知事が条例で定めるところにより必要な措置を命ずることができる旨を定める規定である。

　すなわち，都道府県は，法第3条から第5条までの規定に基づき広告物の表示及び掲出物件の設置について種々の点につき規制するための条例を制定できるのであるが，①こうして制定された条例に違反した広告物若しくは掲出物件が表示，設置された場合又は②表示，設置したときには違反ではなかったが，その後何らかの理由で違反状態を呈するに至った場合には，都道府県知事は条例で定めるところにより，これらの表示若しくは設置の停止を命じ，又は相当な期限を定め除却その他の必要な措置を命ずることができるわけである。「表示若しくは設置の停止」とは，表示又は設置を現に行っている者に対し，その表示又は設置行為を停止することを命ずる場合等がこれに当たる。「必要な措置」とは，除却以外に，改修，移転，修繕，許可の取消し，口頭による指導指示等が考えられる。たとえば，木製の広告板が古くなって腐蝕したような場合に，改修を命ずる等がこれに当たる。

　違反に対する措置を命ぜられる相手方は，「条例に違反した広告物を表示し，若しくは当該条例に違反した掲出物件を設置し，又はこれらを管理する者」である。すなわち，広告物又は広告物を掲出する物件を自ら表示又は設置した本人は勿論のこと，広告物を表示することを決定し屋外広告業者等に委託することにより広告物を表示しようとするいわゆる広告主，他人の依頼を受けて，又は他人のために広告物又は掲出物件を表示又は設置した屋外広告業者（元請けと下請けがある場合には両方）や，広告物又は掲出物件の管理者も措置命令の相手方となりえるのである。

　措置命令についての詳細は条例で定められる。

第2章　屋外広告物法

なお，都道府県知事から除却その他の必要な措置が命ぜられても，相手方がその措置に係る義務を履行しないときは，原則として，都道府県知事は行政代執行の手続きをとることができる。行政代執行の手続きは，行政代執行法に規定されているが，本条第3項においては同法に定める要件の明確化を行っている。また，一定の場合には，例外的に行政代執行法に規定する手続きよりも簡易な手続きによることがあり，これについては本条第2項及び第4項に規定されている。

　＜注＞

　　1　相当の期限　　平成16年の改正で，本条第3項を追加したことから，除却その他必要な措置を命ずるに当たって，履行に必要な相当の期限を定めて命ずることとされた。なお，停止を命ずるときは，必ずしも期限を定める必要はなく，即時停止命令も可能である。

⑵　相手方が確知できない場合の略式の代執行手続（第2項）

　都道府県知事は，違反広告物を表示し，若しくは違反掲出物件を設置し，又はこれらを管理する者に対して，違反広告物の除却その他必要な措置を命じようとする場合において，当該広告物を表示し，若しくは当該掲出物件を設置し，又はこれらを管理する者を過失なくして確知することができないとき<注2>には，これらの措置を自ら行い，又はその命じた者若しくは委任した者に行わせることができることとされている<注3>。

　これは，相手方を確知できない場合にまで戒告→代執行令書による通知→代執行という行政代執行法どおりの手続きで行ったのでは，かえって手続きが繁雑になりすぎて実際的ではない<注4>ために，略式の手続きの特例が認められている。しかしながら，広告板，広告塔等の掲出物件を除却する場合に限っては<注5>，通常これらの物件はある程度以上の財産価値を有することから，戒告及び代執行令書による通知という相手方に対する行政庁の意思表示を完全に省略してしまうのでは行政代執行法の精神にもとることにかんがみ，条例で定めるところにより，相当の期限を定め，これを除却すべき旨及びその期限までに除却しないときには，自ら又はその命じた者若しくは委任した者が除却する旨を公告<注6>しなければならないこととされている。なお，この略式の行政代執行の手続きの特例を，通称「略式代執行」と呼んでいる。

　＜注＞

　　2　相手方が確知できないとき　　これは，相手方の氏名及び所在の双方が不明であるときばかりでなく，氏名はわかっているが所在が不明であるときも含まれると解される（民法第98条第1項参照）。

　　3　除却の主体　　これについては，注12を参照のこと。

　　4　昭和27年の改正で第7条第2項が追加されるまでは，相手方を確知できないときの意思表示は，民法第97条の2（現在の民法第98条）の公示による意思表示の方法によるしかなかった。

　　5　事前の公告が必要であるのは，掲出物件を除却する場合に限られる。したがって，掲出物件の除却を伴わないで広告物のみを除却する場合や，掲出物件について除却以外の措置をとる場合には，事前の公告は不要である。

　　6　公告の方法　　公告の方法には法律上特段の制限はない。

4　監　督

⑶　行政代執行の要件の明確化（第３項）

　本項は，違反広告物を表示し，若しくは違反掲出物件を設置し，又はこれらを管理する者を確知することができ，その者に対して第１項の規定による必要な措置を命じた場合において，その者がその措置を履行しないとき，履行しても十分でないとき，又は履行しても命じた期限までに完了する見込みのないときは，都道府県知事は行政代執行を行うことができるという規定である。<注7>

　行政代執行法においては，代執行を行う要件として，当該義務の不履行について，次の２つの要件が両方とも満たされることが必要であるとされている（行政代執行法第２条）。

　①　他の手段によって履行を確保することが困難であること。

　②　その不履行を放置することが著しく公益に反すると認められること。

　しかしながら，違反広告物や違反掲出物件が大量に発生している実情にかんがみれば，違反広告物や違反掲出物件の全てについて上記①及び②の要件を個別に厳密に証明することは容易ではなく，違反状態の迅速かつ適正な是正の観点からは適当ではない。措置命令を行っても相手方が履行しない等上記の要件に該当する場合は，他の手段によってその措置の履行を確保することは困難であり，また，違反広告物等は放置することにより景観・風致又は公衆の安全を阻害しつづけるとともに，違反状態のまま表示・設置の目的を達成してしまうことから，不履行を放置することは著しく公益に反する。このため，違反屋外広告物等について行政代執行の要件を明確化したものである。

　なお，類似の規定としては，建築基準法第９条第12項，土地収用法第102条の２第２項等がある。

＜注＞

　　7　行政代執行手続

　　⑴　代執行の対象となる義務

　　　代執行の対象となるのは，法令（条例を含む）により直接に命ぜられた義務又は法令に基づいて行政庁により命ぜられた行為を行う義務である（行政代執行法第２条）。

　　　屋外広告物条例ガイドライン上行政代執行の対象となるのは，同ガイドライン第23条第１項の違反に対する措置の命令に違反した場合である。

　　　代執行の対象となる義務は，具体的特定的な行為を行う義務と解される。したがって，たとえば屋外広告物条例ガイドライン第19条の管理義務，第19条の２の点検や第20条第１項の除却義務は，ある特定人に対し，特定の広告物の管理，点検や除却を命じている規定ではないので，これらの義務について，同条例ガイドライン第23条第１項の命令をしないで直ちに代執行を行うことはできないと解される。すなわち，命令を発することによって初めて代執行の対象となる義務が発生すると解されるのである。

　　⑵　代執行を行う主体

　　　代執行を行う主体は，行政代執行法上は「当該行政庁」とされている（第２条）。「当該行政庁」とは，法令に基づいて行政庁により命ぜられる行為を行う義務についての代執行にあっては，義務を課す行政処分を行う権限を有する行政庁のことである。具体的には，措置

第2章　屋外広告物法

の命令を出す権限を有する者，すなわち，都道府県知事又は指定都市若しくは中核市の市
長，あるいはこれらの者から事務委任を受けている土木事務所長，市町村長等である。

(3)　代執行の手続

①　戒告　　相当の履行期限を定め，この期限までに履行がなされないときは代執行をな
すべき旨を，予め文書で戒告する。

②　代執行令書による通知　　①の戒告を受けた義務者が履行期限までに義務の履行をし
ないときに行う。通知事項は，(i)代執行をなすべき時期，(ii)代執行のために派遣する執
行責任者の氏名，(iii)代執行に要する費用の概算による見積額の3つである。

③　特例　　非常の場合又は危険切迫の場合において，当該義務の履行について緊急の必
要があって①②の手続をとる暇がない場合には，①②の手続を省略することができる。

④　代執行　　現実の代執行は，当該行政庁が自ら行うか，又は第三者に行わせる。第三
者に行わせる場合とは，当該行政庁と独立な地位にある建設業者等の第三者に委託して
行わせるような場合をいい，行政庁がその所属の職員に命じて，その所属の職員を実行
部隊として行わせたり，その所属の職員に命じて，建設業者等を補助力として庸って行
わせるような場合は，当該行政庁が自ら行う場合にあたるものである。

代執行のために現場に派遣される執行責任者は，その者が執行責任者たる本人である
ことを示す証明書を携帯して，要求があるときは何時でもこれを呈示しなければならな
いこととされている。

⑤　物件の引渡し

⑥　費用の納付命令　　実際に要した費用の額と納付期日を定めて，義務者に対し文書で
納付を命じなければならない。

⑦　強制徴収　　義務者が納付日までに費用を納付しないときは，国税滞納処分の例によ
りこれを徴収することができる。

(4)　簡易除却（第4項）

屋外広告物条例に違反している広告物又は掲出物件がはり紙，はり札等，広告旗又は立看板
等の簡易な広告物又は掲出物件であるときには，当該広告物又は掲出物件を表示した者がわ
かっている場合でも簡易な除却措置が認められている。これを，通称「簡易除却」と呼んでい
る。

都道府県知事は，条例に違反した広告物又は掲出物件がはり紙であるときは，以下①の要件
を満たすときに限り，はり札等，広告旗又は立看板等であるときは，以下の①及び②の要件を
満たすときに限り，その違反に係る広告物又は掲出物件を自ら除却し，又はその命じた者若し
くは委任した者に除却させることができる。

①　次の3つのいずれかの要件に該当すること。

(i)　条例で定める都道府県知事の許可を受けるべき場合に明らかに該当すると認められる
にかかわらず，その許可を受けないで表示又は設置されているとき。

(ii)　条例で適用除外が定められている場合にあっては当該適用除外に明らかに該当しない

30

4 監　督

と認められるにかかわらず，禁止された場所に表示又は設置されているとき。

(iii)　その他第3条から第5条までの規定に基づく条例に明らかに違反して表示又は設置されていると認められるとき。

②　管理されずに放置されていることが明らかであること。<注15>

＜注＞

8　はり札等　本項の措置が認められるはり札等とは，容易に取り外すことができる状態で工作物などに取り付けられているはり札その他これに類する広告物である。すなわち，概ね，ベニヤ板，プラスチック板等に紙その他のものをはり，若しくは差し込む等により定着させ，又は直接塗装・印刷をして，工作物等にひも，針金等でつるし，又はくくりつける等容易に取り外すことができる状態で取り付けられているようなものが該当する。

なお，平成16年の第4次改正前までは，ベニヤ板，プラスチック板その他これらに類するものに紙をはったはり札に対象が限定されていた。このため，例えばベニヤ板等に直接塗装・印刷してあるはり札については，簡易除却の対象となるはり札に類するものであっても，簡易除却は認められていなかった。

9　広告旗　本項の措置が認められる広告旗とは，広告の用に供するいわゆるのぼり旗で，容易に移動させることができる状態で立てられ，又は容易に取り外すことができる状態で工作物に取り付けられているものである。また，これを支える台についても，容易に移動させ，又は取り外すことができるものについては，本項の措置の対象となる。なお，広告旗は，平成16年の第4次改正により簡易除却の対象に追加された。

10　立看板等　容易に取り外すことができる状態で立てられ，又は工作物等に立て掛けられている立看板その他これに類する広告物又は掲出物件である。このため，概ね以下のようなものが該当する。

①　木・ビニールパイプなどの枠に紙張り，布張り等をした立看板

②　ベニヤ板，プラスチック板等に紙その他のものを張り，又は直接塗装・印刷した立看板

③　立看板に類似の形状で，屋外広告物となるパンフレットやチラシ等を掲出する物件

④　いわゆるベンチに直接塗装・印刷する等により広告物を表示した掲出物件

なお，容易に取り外すことができる状態で立てられ，又は工作物等に立て掛けられているものであることが必要であることから，いわゆる野立て看板のように土地に固定された状態で建植されたものについては，本項による除却は認められていない。

なお，平成16年の第4次改正前までは，木枠に紙張り若しくは布張りをし，またはベニヤ板，プラスチック板その他これらに類するものに紙をはり，容易に取り外すことができる状態で立て，又は工作物等に立て掛けられたものに対象が限られていた。このため，例えば枠の材質が金属やプラスチックであるもの，ベニヤ板等に直接塗装・印刷してあるもの，上記の③や④のようなものについては，簡易除却の対象となる立看板に類するものであっても，簡易除却は認められていなかった。

11　平成16年の第4次改正前においては，はり札及び立看板の簡易除却については，上記のほか「表示されてから相当の期間が経過していること」が要件とされていた。しかしながら，違反広告物が氾濫していた状況にかんがみ，表示されてから相当の期間是正措置を講じない

第2章　屋外広告物法

場合，いわゆる捨て看板のようなもともと長期間の表示を想定していない安価な広告物を典型として，その間に広告の効果が発生することとなり，違反広告物を抑制するという効果が得られにくくなっていたことから，「表示されてから相当の期間が経過していること」という要件が撤廃された。

12　この措置を行うことができる主体は，次のような3類型に分けられる。

①　知事自身

②　知事の命じた者　屋外広告物に関する事務の執行一般について知事の指揮監督を受ける者（通常は，所属の職員であろう）で，知事から本条の事務を行うよう命令を受けた者をいう。この場合，知事は，担当職員に対して当該業務を行うことを特に命ずることを要するが，個々の対象物件ごとにこれを行う必要はない。なお，当該職員に対しては，通常の職員証のほか，上記の業務を行うことを命ぜられた者であることを証する証明書を交付し，携行させることが望ましい（行政代執行法第4条参照）。

③　知事の委任した者　屋外広告物に関する事務の執行一般について知事の指揮監督を受ける者以外の者で，知事から本条の業務を行うことについて委任を受けた者をいう。たとえば，電気事業者や電気通信事業者，ボランティア等が想定される。なお，この場合には，委任事務の範囲を明確にするとともに，講習等により受任者に対し本法や屋外広告条例を周知徹底する等その実施について適正を期することが望まれる。

　　なお，①及び②の場合は，知事又は知事の命じた職員の監督の下に，除却作業等の事実行為を第三者に委託することができる。委託の対象としては，たとえば，民間清掃事業者やボランティア等が想定される。

　　また，地方自治法第252条の17の2に基づき，都道府県は，条例により，本項の簡易除却の事務について市町村（指定都市及び中核市を除く。）が処理することとすることができる。なお，この場合には，都道府県知事は，あらかじめ市町村長に協議しなければならない。法第28条の解説の注9（64ページ）参照。

　　この規定により市町村長が簡易除却を行うこととなった場合においては，上記の①〜③と除却作業等の事実行為の第三者への委託については，「知事」を「市町村長」と読み替えればよい。

13　本項の規定に基づく除却については，行政不服審査法（昭和37年法160）による不服の申立てはできないと解される。

14　本項の規定に基づく除却は，本項をうけた条例の規定によってではなく直接本項の規定に基づいて行われるものである。

15　管理されずに放置されている　　「管理されずに放置されている」とは，補修その他必要な管理をなさず，良好な状態に保持されていない場合又は行政庁が違反を発見し，除却すべき旨を通告したにもかかわらず，除却に必要と認められる期間（通常5日間程度）を経過した後もそのまま放置されている場合をいう。

4　監　督

⑸　構造改革特別区域制度

　平成15年6月，構造改革特別区域法（平成14年法律第189号）が改正され，「屋外広告物条例に違反した屋外広告物の除却による美観風致維持事業」[注16]が導入された。これは，都道府県，指定都市又は中核市が，その全部又は相当部分が住居専用地域，美観地区，風致地区，重要文化財の周辺地域，史跡名勝天然記念物の指定地域等である構造改革特別区域について認定を受けた場合においては，以下の措置が適用されることとなっていたものである。

① 　簡易除却の対象につき，平成16年の改正前の屋外広告物法では，(i)はり紙，(ii)ベニヤ板，プラスチック板その他これらに類するものに紙をはったはり札及び(iii)木枠に紙張り若しくは布張りをし，またはベニヤ板，プラスチック板その他これらに類するものに紙をはり，容易に取りはずすことができる状態で立て，又は工作物等に立て掛けられた立看板に限定されていたが，これを現在の屋外広告物法で認められている範囲と同様のはり紙，はり札等，広告旗及び立看板等に拡大すること。

② 　はり札及び立看板の簡易除却の要件につき，平成16年の改正前の屋外広告物法で必要とされていた「表示されてから相当の期間が経過していること」という要件を不要とすること。

　そして，平成16年12月15日現在，9団体が認定を受けていた。

　平成16年の屋外広告物法の改正においては，この構造改革特別区域において認められていた措置が全国化されることとなった。このため，「屋外広告物条例に違反した屋外広告物の除却による美観風致維持事業」は，平成16年の屋外広告物法の改正に合わせて，廃止された。

- -

＜注＞

16　＜構造改革特別区域法＞（平成16年法律第111号による改正前のもの）

（屋外広告物法の特例）

第18条　都道府県が，その設定する構造改革特別区域の全部又は相当部分が屋外広告物法（昭和24年法律第189号）第4条第1項第1号又は第2号に掲げる地域又は場所である場合における当該構造改革特別区域について，同法第3条から第6条までの規定に基づく条例（以下この条及び別表第8号において「屋外広告物条例」という。）に違反した屋外広告物（同法第2条第1項に規定する屋外広告物をいう。以下この条及び別表第8号において同じ。）の表示の状況又は屋外広告物条例に違反した屋外広告物を掲出する物件の設置の状況その他の事情に照らし，美観風致を維持するために特に必要があると認めて内閣総理大臣の認定を申請し，その認定を受けたときは，当該認定の日以後は，同法第7条第4項ただし書中「表示されてから相当の期間を経過し，かつ，管理されずに」とあるのは，「管理されずに」とする。この場合において，同法第12条及び第13条中「この法律」とあるのは「構造改革特別区域法（平成14年法律第189号）第18条第1項の規定により読み替えて適用するこの法律」と，同法第15条中「この法律及び」とあるのは「構造改革特別区域法第18条第1項の規定により読み替えて適用するこの法律及び」とする。

2　前項の規定による認定の日以後は，都道府県知事は，屋外広告物法第7条第2項から第4項まで及び前項の規定によるもののほか，屋外広告物条例に違反した屋外広告物又は屋

第2章 屋外広告物法

外広告物を掲出する物件が，容易に取り外すことができる状態で工作物等に取り付けられているはり札その他これに類する屋外広告物（同法第7条第4項に規定するはり札を除く。以下この条において「はり札類」という。），容易に移動させることができる状態で立てられ，若しくは容易に取り外すことができる状態で工作物等に取り付けられている広告の用に供する旗（これを支える台を含む。以下この条において「広告旗」という。）又は容易に移動させることができる状態で立てられ，若しくは工作物等に立て掛けられている立看板その他これに類する屋外広告物若しくは屋外広告物を掲出する物件（これらを支える台を含み，同項に規定する立看板を除く。以下この条において「立看板類」という。）であるときは，その違反に係るはり札類，広告旗又は立看板類を自ら除却し，又はその命じた者若しくは委任した者に除却させることができる。ただし，そのはり札類，広告旗又は立看板類が，管理されずに放置されていることが明らかであつて，屋外広告物条例で定める適用除外例に明らかに該当しないと認められるにもかかわらず禁止された場所に表示され，又は設置されているとき，屋外広告物条例で定める行政庁の許可を受けるべき場合に明らかに該当すると認められるにもかかわらずその許可を受けないで表示され，又は設置されているとき，その他屋外広告物条例に明らかに違反して表示され，又は設置されていると認められるときに限る。

3 屋外広告物法第12条及び第15条の規定は前項の場合について，同法第13条の規定は前2項の場合について準用する。

＜構造改革特別区域法施行令＞（平成16年政令第399号による改正前のもの）

（屋外広告物法の特例に係る地方自治法施行令の読替え）

第3条 法別表第8号の屋外広告物条例に違反した屋外広告物の除却による美観風致維持事業に関する地方自治法施行令（昭和22年政令第16号）第174条の40及び第174条の49の19の規定の適用については，同令第174条の40中「屋外広告物法（昭和24年法律第189号）」とあるのは「構造改革特別区域法（平成14年法律第189号）第18条第1項の規定により読み替えて適用する屋外広告物法（昭和24年法律第189号）並びに同項及び同条第2項」と，同条及び同令第174条の49の19中「同法」とあるのは「これらの規定」と，同条中「屋外広告物法」とあるのは「構造改革特別区域法第18条第1項の規定により読み替えて適用する屋外広告物法並びに同項及び同条第2項」とする。

＜屋外広告物法＞（平成16年法律第111号による改正以前のもの）

第4条 都道府県は，条例で定めるところにより，美観風致を維持するために必要があると認めるときは，次に掲げる地域又は場所について，広告物の表示及び広告物を掲出する物件の設置を禁止し，又は制限することができる。

一 都市計画法（昭和43年法律第100号）第2章の規定により定められた第1種低層住居専用地域，第2種低層住居専用地域，第1種中高層住居専用地域，第2種中高層住居専用地域，美観地区，風致地区又は伝統的建造物群保存地区

二 文化財保護法（昭和25年法律第214号）第27条又は第56条の10第1項の規定により指定

4 監 督

された建造物の周囲で，当該都道府県が定める範囲内にある地域，同法第69条第1項若しくは第2項又は第70条第1項の規定により指定され，又は仮指定された地域及び同法第83条の3第2項に規定する条例の規定により市町村が定める地域

三　森林法（昭和26年法律第249号）第25条第1項第11号に掲げる目的を達成するため保安林として指定された森林のある地域

四　道路，鉄道，軌道，索道又はこれらに接続する地域で，美観風致を維持するために必要があるものとして当該都道府県が指定するもの

五　公園，緑地，古墳又は墓地

六　前各号に掲げるもののほか，当該都道府県が特に指定する地域又は場所

2　都道府県は，条例で定めるところにより，美観風致を維持するために必要があると認めるときは，左の各号に掲げる物件に広告物を表示し，若しくは広告物を掲出する物件を設置することを禁止し，又は制限することができる。

一　橋りよう

二　街路樹及び路傍樹

三　銅像及び記念碑

四　前各号に掲げるものの外，当該都道府県が特に指定する物件

（違反に対する措置）

第7条　都道府県知事は，条例で定めるところにより，前4条の規定に基く条例に違反した広告物を表示し，若しくはこれに違反する広告物を掲出する物件を設置し，又はこれらを管理する者に対し，これらの除却その他美観風致を維持し，又は公衆に対する危害を防止するために必要な措置を命ずることができる。

2　都道府県知事は，前項の規定による措置を命じようとする場合において，当該広告物を表示し，若しくは当該広告物を掲出する物件を設置し，又はこれらを管理する者を過失がなくて確知することができないときは，これらの措置を自ら行い，又はその命じた者若しくは委任した者に行わせることができる。但し，広告物を掲出する物件を除却する場合においては，条例で定めるところにより，相当の期限を定め，これを除却すべき旨及びその期限までに除却しないときは，自ら又はその命じた者若しくは委任した者が除却する旨を公告しなければならない。

3　都道府県知事は，第3条から第5条までの規定に基づく条例に違反した広告物がはり紙であるときは，その違反に係るはり紙をみずから除却し，又はその命じた者若しくは委任した者に除却させることができる。ただし，そのはり紙が，条例で定める適用除外例に明らかに該当しないと認められるにかかわらず，はることを禁止された場所にはられているとき，条例で定める行政庁の許可を受けるべき場合に明らかに該当すると認められるにかかわらず，その許可を受けないではられているとき，その他そのはり紙が第3条から第5条までの規定に基づく条例に明らかに違反してはられていると認められるときに限る。

4　都道府県知事は，前4条の規定に基づく条例に違反した広告物がはり札（ベニヤ板，プラスチック板その他これらに類するものに紙をはり，容易に取りはずすことができる状態で工作物等に取りつけられているものに限る。以下この項において同じ。）又は立看板（木

第2章　屋外広告物法

わくに紙張り若しくは布張りをし，又はベニヤ板，プラスチック板その他これらに類する
ものに紙をはり，容易に取りはずすことができる状態で立てられ，又は工作物等に立て掛
けられているものに限る。以下この項において同じ。）であるときは，その違反に係るはり
札又は立看板をみずから除却し，又はその命じた者若しくは委任した者に除却させること
ができる。ただし，そのはり札又は立看板が表示されてから相当の期間を経過し，かつ，
管理されずに放置されていることが明らかなものであつて，条例で定める適用除外例に明
らかに該当しないと認められるにかかわらず，表示することを禁止された場所に表示され
ているとき，条例で定める行政庁の許可を受けるべき場合に明らかに該当すると認められ
るにかかわらず，その許可を受けないで表示されているとき，その他そのはり札又は立看
板が前四条の規定に基づく条例に明らかに違反して表示されていると認められるときに限
る。

（除却した広告物等の保管，売却又は廃棄）

第8条　都道府県知事は，前条第2項又は第4項の規定により広告物又は掲出物件を
除却し，又は除却させたときは，当該広告物又は掲出物件を保管しなければならな
い。ただし，除却し，又は除却させた広告物がはり紙である場合は，この限りでな
い。

2　都道府県知事は，前項の規定により広告物又は掲出物件を保管したときは，当該
広告物又は掲出物件の所有者，占有者その他当該広告物又は掲出物件について権原
を有する者（以下この条において「所有者等」という。）に対し当該広告物又は掲
出物件を返還するため，条例で定めるところにより，条例で定める事項を公示しな
ければならない。

3　都道府県知事は，第1項の規定により保管した広告物若しくは掲出物件が滅失
し，若しくは破損するおそれがあるとき，又は前項の規定による公示の日から次の
各号に掲げる広告物若しくは掲出物件の区分に従い当該各号に定める期間を経過し
てもなお当該広告物若しくは掲出物件を返還することができない場合において，条
例で定めるところにより評価した当該広告物若しくは掲出物件の価額に比し，その
保管に不相当な費用若しくは手数を要するときは，条例で定めるところにより，当
該広告物又は掲出物件を売却し，その売却した代金を保管することができる。

一　前条第4項の規定により除却された広告物　2日以上で条例で定める期間

二　特に貴重な広告物又は掲出物件　3月以上で条例で定める期間

三　前2号に掲げる広告物又は掲出物件以外の広告物又は掲出物件　2週間以上で
条例で定める期間

4　都道府県知事は，前項に規定する広告物又は掲出物件の価額が著しく低い場合に
おいて，同項の規定による広告物又は掲出物件の売却につき買受人がないとき，又

4 監 督

は売却しても買受人がないことが明らかであるときは，当該広告物又は掲出物件を廃棄することができる。

5　第3項の規定により売却した代金は，売却に要した費用に充てることができる。

6　前条第2項及び第4項並びに第1項から第3項までに規定する広告物又は掲出物件の除却，保管，売却，公示その他の措置に要した費用は，当該広告物又は掲出物件の返還を受けるべき広告物又は掲出物件の所有者等（前条第2項に規定する措置を命ずべき者を含む。）に負担させることができる。

7　第2項の規定による公示の日から起算して6月を経過してもなお第1項の規定により保管した広告物又は掲出物件（第3項の規定により売却した代金を含む。以下この項において同じ。）を返還することができないときは，当該広告物又は掲出物件の所有権は，当該広告物又は掲出物件を保管する都道府県に帰属する。

（平16法111・追加）

【解　説】

(1)　除却した広告物等の保管（第1項）

　本項は，都道府県知事が，略式代執行又は簡易除却により除却した広告物又は掲出物件については，はり紙を除き保管しなければならないこととする規定である。このため，本項及び第2項以下の手続きの対象となる広告物等としては，はり札等，広告旗，立看板等のほか，いわゆる野立看板等の大規模な広告物も想定される。また，都道府県知事が除却した広告物等のほか，法第7条第2項又は第4項の規定により都道府県知事の命じた者又は委任した者が略式代執行又は簡易除却により除却した広告物等及び地方自治法第252条の17の2に基づき略式代執行又は簡易除却に関する事務を処理することとされた指定都市及び中核市以外の市町村の長が除却した広告物等も，本項の保管及び第2項以下の手続きの対象となる。

(2)　保管した広告物の返還のための公示（第2項）

　本項は，本条第1項の規定により都道府県知事が保管した広告物等について，その所有者等に返還するため，公示を行わなければならない旨定める規定である。

　公示の方法及び公示を行う事項は都道府県の条例で定められる。

(3)　保管した広告物等の売却等（第3項）

　本項は，第1項の規定により都道府県知事が保管した広告物等について，一定の要件を満たす場合には，売却し，その売却代金を保管することができる旨を定める規定である。

　一定の要件とは，以下のいずれかを満たす場合である。

①　広告物等が滅失し，又は破損するおそれがあるとき。<注18>

②　以下の2つを満たすとき。

　（ⅰ）本条第1項の規定による公示の日から以下の期間を経過してもなお広告物等を返還することができないとき。

　　a）簡易除却により除却されたはり札等，広告旗又は立看板等（これらを支える台その

第2章　屋外広告物法

他の掲出物件を除く。）…2日以上で条例で定める期間

b)　特に貴重な広告物又は掲出物件…3ヶ月以上で条例で定める期間

c)　a又はb以外の広告物又は掲出物件（広告旗又は立看板等の台その他の掲出物件を含む。）…2週間以上で条例で定める期間

(ii)　広告物等の価額に比しその保管に不相当な費用又は手数を要するとき。[注19][注20]

なお，保管した広告物等の評価の方法及び売却の手続は都道府県の条例で定められる。

<注>

17　はり紙を除き　　はり紙は，その財産的価値が低いこと，及び除却に際し破損し返還できる状態ではないことが一般的であることによる。

18　滅失し，又は破損するおそれがあるとき　　通常の管理による保管を継続する場合に，物件の価値が著しく減少する恐れがあるときをいう。なお，鉄骨等を屋外の資材置場等で保管する場合に傷みが生じることをもって直ちに滅失・破損の恐れがあるとは認められないと考えられる。

19　保管に不相当な費用を要するとき　　その時点までの保管費用又は手数と条例に定める方法による当該広告物等の評価額を比較し，前者が大きいことが明らかなことをいう。

20　保管に不相当な手数を要するとき　　保管に特別に勤務や人数を必要とする場合をいう。

⑷　保管した広告物等の廃棄（第4項）

本項は，本条第3項の規定により売却しようとする広告物等について，一定の要件を満たす場合には，当該広告物等を廃棄することができる旨を定める規定である。

一定の要件とは，以下の全てを満たす場合である。

(1)　広告物又は掲出物件の価額が著しく低い場合[注21]

(2)　以下のいずれかを満たす場合

①　売却について買受人がないとき。

②　売却しても買受人がないことが明らかであるとき。

<注>

21　価額が著しく低い場合　　売却に要する費用が売却予想価額を上回ることが明らかである場合等が該当する。

⑸　売却費用の支弁（第5項）

本項は，保管した広告物等を売却した代金は，売却に要した費用に充てることができる旨定める規定である。

⑹　除却等に要した費用の負担（第6項）

本項は，違反広告物の除却，保管，売却，公示等に要した費用について，広告物等の所有者等に負担させることができる旨を定める規定である。

本項により所有者等に負担させることができる費用は，以下の費用である。

①　本法第7条第2項の規定による略式代執行に要した費用

5　屋外広告業の登録等

② 本法第7条第4項の規定による簡易除却に要した費用

③ 本法第8条の規定による保管，売却，公示その他の措置に要した費用

また，費用を負担させることができる対象者は，以下の者である。

① 違反広告物の所有者

② 違反広告物の占有者

③ その他違反広告物につき権原を有する者

さらに，以上に該当しない者であっても，第7条第1項の措置を命ずべき者である以下の者も含まれる。

④ 広告物又は掲出物件を自ら表示又は設置した本人

⑤ 広告物を表示することを決定し屋外広告業者等に委託することにより広告物を表示しようとするいわゆる広告主

⑥ 他人の依頼を受けて，又は他人のために広告物又は掲出物件を表示又は設置した屋外広告業者（元請けと下請けがある場合はその両方）

⑦ 広告物又は掲出物件の管理者

なお，本項に基づく負担額の収入の方法は，地方自治法，同法施行令等の定めるところによることとなると考えられる。

⑺　保管した広告物等の所有権の帰属（第7項）

本項は，本条第2項の公示の日から6ヶ月を経過してもなお保管した広告物等（本条第3項の規定により売却した代金を含む。）を返還することができないときは，当該広告物等又は売却代金の所有権は都道府県に帰属する旨を定める規定である。

都道府県に帰属した後の広告物等は，当該都道府県の財産として扱われることになると考えられる。

- -

＜注＞

22 本条に基づく除却した広告物等の保管，売却，廃棄等の手続きは，本条第2項の公示及び第3項の売却等も含め，本条をうけた条例の規定によってではなく，直接本条の規定に基づいて行われるものである。

5　屋外広告業の登録等

（屋外広告業の登録）

第9条　都道府県は，条例で定めるところにより，その区域内において屋外広告業を営もうとする者は都道府県知事の登録を受けなければならないものとすることができる。

（昭48法81・追加，平16法111・旧第8条繰下・一部改正）

第2章　屋外広告物法

【解　説】

　都道府県は，条例で定めるところにより，その区域内において屋外広告業を営もうとする者は，都道府県知事に氏名又は名称，営業所の名称及び所在地その他必要な事項を届け出なければならないものとすることができる。

　全国に膨大な違反広告物のある状況下において屋外広告物行政をより実効的なものとするためには，屋外広告物の表示等の直接規制や違反広告物対策等の屋外広告物に対する施策とあいまって，屋外広告活動の大半を担う屋外広告業者に対する施策を講じることが効果的である。このため，不良業者を排除して良質な業者を育成することによって，その業務の適正な運営の確保を図り，もって，違反広告物等が表示されない体制を構築するため，平成16年の法改正により屋外広告業を営む者の登録制度に関する規定が創設されたものである。すなわち，従前の屋外広告業の届出制<注1>のもとでは，たとえ屋外広告業者が屋外広告物条例違反を繰り返したとしても営業上はペナルティーを受けないことから，このような不良業者について営業停止等の監督処分を行うことが可能な登録制度を導入することとしたものである<注2>。

　また，屋外広告業の登録は，原則としてその営業を行う都道府県，指定都市又は中核市<注3>ごとに行うこととなる。すなわち，ある地方公共団体の屋外広告物条例の適用される区域内で屋外広告業者が広告物の表示又は掲出物件の設置の工事等を行おうとする場合であれば，当該区域内に営業所を有しているか否かにかかわらず，他の地方公共団体の屋外広告物条例の適用される区域に所在する営業所であっても，登録制度の対象となる。これは，屋外広告業の登録制度は，地方公共団体の屋外広告物条例の適用される区域内で活動する屋外広告業者をより的確に把握し，その指導・育成に資することもまた目的とするものであるためである。なお，屋外広告業者の活動が他の地方公共団体の屋外広告物条例の適用区域に及ぶ場合は，関係地方公共団体間で連絡調整を密にし，その活動全体の把握に努めることが必要であろう。

＜注＞

1　屋外広告業の届出制　　屋外広告業の届出制は，屋外広告業者を営む者の実態を的確に把握し，その指導育成に資するため，昭和48年の改正により導入された。

2　屋外広告業の登録制の導入　　平成16年改正法の附則により，平成16年の改正法の施行前に屋外広告業の届出制を定めた屋外広告物条例は，同条例が改正され登録制度が導入されるまでの間は，なおその効力を有することとされている。

＜景観法の施行に伴う関係法律の整備に関する法律＞（平成16年法律第111号）

附則

（屋外広告物法の一部改正に伴う経過措置）

第3条　略

2　この法律の施行の際現に旧屋外広告物法第8条及び第9条の規定に基づく条例（以下この条において「旧条例」という。）を定めている都道府県（旧屋外広告物法第13条の規定によりその事務を処理する地方自治法（昭和22年法律第67号）第252条の19第1項の指定都市及び同法第252条の22第1項の中核市を含む。）が，新屋外広告物法第9条の規定に基づく条例（以下この条において「新条例」という。）を定め，これを施行するまでの間は，旧屋

5　屋外広告業の登録等

外広告物法第8条，第9条及び第14条（第9条第2項に係る部分に限る。）の規定は，なおその効力を有する。

＜屋外広告物法＞（平成16年法律第111号による改正以前のもの）
（屋外広告業の届出）
第8条　都道府県は，条例で定めるところにより，その区域内において屋外広告業を営もうとする者は都道府県知事に氏名又は名称，営業所の名称及び所在地その他必要な事項を届け出なければならないものとすることができる。
（講習会修了者等の設置）
第9条　都道府県は，条例で定めるところにより，屋外広告業について，営業所ごとに広告物の表示及び広告物を掲出する物件の設置に関し必要な知識を修得させることを目的として都道府県の行なう講習会の課程を修了した者又はこれと同等以上の知識を有するものとして条例で定める者（以下「講習会修了者等」という。）が置かれていなければならないものとすることができる。
2　都道府県知事は，条例で定めるところにより，講習会修了者等の置かれていない営業所について，当該営業所の属する屋外広告業を営む者に対し，期間を定めて，講習会修了者等を置くべきことを命ずることができる。
（罰則）
第14条　第3条から第8条まで及び第9条第2項の規定に基く条例には，罰金のみを科する規定を設けることができる。

3　原則としてその営業を行う都道府県，指定都市又は中核市ごとに　　実際は，指定都市・中核市においては一定の場合登録は不要であるが，届出を行う必要がある等の運用が行われる場合もある。屋外広告物条例ガイドライン第33条の2の2の解説（135ページ）参照。

第10条　都道府県は，前条の条例には，次に掲げる事項を定めるものとする。
一　登録の有効期間に関する事項
二　登録の要件に関する事項
三　業務主任者の選任に関する事項
四　登録の取消し又は営業の全部若しくは一部の停止に関する事項
五　その他登録制度に関し必要な事項
2　前条の条例は，前項第1号から第4号までに掲げる事項について，次に掲げる基準に従つて定めなければならない。
一　前項第1号に規定する登録の有効期間は，5年であること。
二　前項第2号に掲げる登録の要件に関する事項は，登録を受けようとする者が次のいずれかに該当するとき，又は申請書若しくはその添付書類のうちに重要な事

第2章 屋外広告物法

項について虚偽の記載があり，若しくは重要な事実の記載が欠けているときは，その登録を拒否しなければならないものとすること。

- イ 当該条例の規定により登録を取り消され，その処分のあつた日から2年を経過しない者
- ロ 屋外広告業を営む法人が当該条例の規定により登録を取り消された場合において，その処分のあつた日前30日以内にその役員であつた者でその処分のあつた日から2年を経過しない者
- ハ 当該条例の規定により営業の停止を命ぜられ，その停止の期間が経過しない者
- ニ この法律に基づく条例又はこれに基づく処分に違反して罰金以上の刑に処せられ，その執行を終わり，又は執行を受けることがなくなつた日から2年を経過しない者
- ホ 屋外広告業に関し成年者と同一の能力を有しない未成年者でその法定代理人がイから二まで又はへのいずれかに該当するもの
- ヘ 法人でその役員のうちにイから二までのいずれかに該当する者があるもの
- ト 業務主任者を選任していない者

三 前項第3号に掲げる業務主任者の選任に関する事項は，登録を受けようとする者にあつては営業所ごとに次に掲げる者のうちから業務主任者となるべき者を選任するものとし，登録を受けた者にあつては当該業務主任者に広告物の表示及び掲出物件の設置に係る法令の規定の遵守その他当該営業所における業務の適正な実施を確保するため必要な業務を行わせるものとすること。

- イ 国土交通大臣の登録を受けた法人（以下「登録試験機関」という。）が広告物の表示及び掲出物件の設置に関し必要な知識について行う試験に合格した者
- ロ 広告物の表示及び掲出物件の設置に関し必要な知識を修得させることを目的として都道府県の行う講習会の課程を修了した者
- ハ イ又はロに掲げる者と同等以上の知識を有するものとして条例で定める者

四 前項第4号の登録の取消し又は営業の全部若しくは一部の停止に関する事項は，登録を受けた者が次のいずれかに該当するときは，その登録を取消し，又は6月以内の期間を定めてその営業の全部若しくは一部の停止を命ずることができるものとすること。

- イ 不正の手段により屋外広告業の登録を受けたとき。
- ロ 第2号ロ又は二からトまでのいずれかに該当することとなつたとき。

5 屋外広告業の登録等

ハ この法律に基づく条例又はこれに基づく処分に違反したとき。

（平16法111・追加，平23法61・一部改正）

【解　説】

　本条は，屋外広告業の登録制を定める条例の基準を定める規定である。屋外広告業の登録制は，都道府県の条例により定められるものであるが，法で登録制度を導入した趣旨にかんがみ，その根幹的な部分は法律で基準を定めることとし，その他の部分については都道府県の条例にゆだねることとしたものである。

(1)　登録の有効期間

　屋外広告業の有効期間は，5年と条例で定めることとされている。これは，有効期間をごく短い期間とすることによる屋外広告業者の営業の継続性や屋外広告業者への手続等の負担を考慮する一方，有効期間があまりに長期にわたると，条例により変更の届出を行わせたり登録の取消しを行うことができるとしても，登録業者の営業所や業務主任者の変更，廃業等の実態を把握することが困難になり，適切な指導や監督に支障を生じることとなるためである。

　なお，建設業の許可の期間（建設業法第3条第3項），宅地建物取引業の免許の有効期間（宅地建物取引業法第3条第2項），マンション管理業の登録の有効期間（マンションの管理の適正化の推進に関する法律第44条第2項），解体工事業の登録の有効期間（建設工事に係る資材の再資源化等に関する法律第21条第2項）等も5年とされている。

(2)　登録の要件

　以下のいずれかに該当する場合は，都道府県知事は登録を拒否する旨を条例で定めることとされている。

①　申請書又はその添付書類のうち重要な事項について虚偽の記載があり，又は重要な事実の記載が欠けているとき。

②　当該都道府県の屋外広告物条例に基づき登録を取り消された者が，当該取消し処分の日から2年を経過しない間に申請したとき。

③　屋外広告業を営む法人が，当該都道府県の屋外広告物条例に基づき登録を取り消された場合において，その取消し処分の日より前30日以内にその役員であった者がその取消し処分の日から2年を経過しない間に申請したとき。

④　当該都道府県の屋外広告物条例に基づき営業停止を命ぜられている者が営業停止期間中に申請したとき。

⑤　本法に基づく条例又はこれに基づく処分に違反して罰金以上の刑に処せられた者が，その執行を終わり，又は執行を受けることがなくなった日から2年を経過しない間に申請したとき。

⑥　未成年者の申請で，その法定代理人が①〜⑤まで又は⑦のいずれかに該当するとき。

⑦　法人の申請でその役員のうちに①〜⑤までのいずれかに該当する者がいるとき。

⑧　業務主任者を選任していないとき。

43

第2章　屋外広告物法

<注>

4　本法に基づく条例　　当該登録の申請を受けた都道府県の条例のみならず，他の都道府県の条例に違反している場合も含まれる。

5　未成年者　　屋外広告業に関し成年者と同一の能力を有する未成年者の場合は該当しない。この場合は，法定代理人ではなく，本人が本文(2)の①〜⑤のいずれかに該当するかどうかで登録を拒否するか否かが決せられる。

(3)　業務主任者の選任

　屋外広告業に係る業務の適正化のためには，一定の知識を有する者を営業所ごとに置くこととし，法令の遵守その他業務の適正な実施を確保するため役割を担わせることが効果的である。このため，屋外広告業の登録を受けようとする者は，営業所ごとに，以下のいずれかを満たす者を業務主任者として選任しなければならない旨を条例で定めることとされている。[注6] [注7] [注8]

①　登録試験機関の行う試験に合格した者

②　都道府県の行う講習会の課程の修了者 [注9]

③　これらと同等以上の知識を有するものとして条例で定める者

　これは，屋外広告業者の営業所における業務の適正な実施のための責任者を明確にすることを狙った規定である。

　また，屋外広告業者は，業務主任者に，広告物等に係る法令の規定の遵守その他業務の適正な実施を確保するため必要な業務を行わせるものとする旨を条例で定めることとされている。[注10]

　なお，平成16年改正法の附則により，登録制を定める都道府県の条例の施行の時点での従前の講習会修了者等については，新しい条例において業務主任者となる資格を有する者とみなす旨を定めることとされている（景観法の施行に伴う関係法律の整備に関する法律（平成16年法律第111号）附則第3条第4項（73ページ）参照）。すなわち，届出制の時代に講習会を受けた者については，登録制に条例が改正されても，新たに講習会を受けなおす必要はない。

①　登録試験機関の行う試験

　　登録試験機関の行う試験は，国土交通大臣の登録を受けた法人が広告物の表示及び掲出物件の設置に関し必要な知識について行う試験である。これは，民間主体が自主的に行う屋外広告物の表示等に関する試験のうち適切な試験内容と信頼性が確保された試験に合格した者は，相当の水準の知識を有する者として，都道府県の条例により改めて講習会を受けることなく，全国どこでも業務主任者となる資格を有する者として法律に定めたものである。屋外広告業者が自主的にその知識を向上させることは，屋外広告業の適正な運営に大きく寄与するものであるとの考え方に基づく。

　　登録試験機関の登録の手続及び試験の内容については，法第12条以下を参照。

　　なお，平成31年4月1日現在，登録試験機関として国土交通大臣の登録を受けている法人として，（一社）日本屋外広告業団体連合会があり，同法人の行う試験として，屋外広告士試験がある。

　　また，平成16年改正法の附則及び国土交通省告示により，以下の者については，登録試

5 屋外広告業の登録等

験機関の行う試験に合格した者とみなされることとされている（景観法の施行に伴う関係法律の整備に関する法律（平成16年法律第111号）附則第3条第5項（73ページ参照）及び平成16年国土交通省告示第1590号）。

(i) 平成16年以前に同年の改正前の建設業法施行規則第17条の2に規定する屋外広告士資格審査・証明事業として行われた試験に合格した屋外広告士

(ii) 平成13年以前に「屋外広告物に係る色彩，意匠，素材等に関する知識及び技術の審査・証明事業認定規程」に基づき認定された「屋外広告士資格審査・証明事業」として行われた試験に合格した屋外広告士（特別講習を受講し，修了考査に合格して屋外広告士となった者を含む。）

② 都道府県の行う講習会

この講習会は，屋外広告物の表示及び屋外広告物を掲出する物件の設置に関し，営業所の責任者にふさわしい知識を修得させるために，都道府県が行う[注11]ものである。

講習会に関する事項は，具体的には条例において定められている[注12]。

<注>

6 営業所　広告物の表示又は掲出物件の設置に関し常時請負契約を締結する等営業の場所的中心となる事務所をいい，その主従を問わない。また，必ずしもその代表者が契約書上の名義人であるかを問うものではないが，単なる作業所，連絡事務所等は含まれない。また，営業所であるか否かの判断は，当該営業所の実態に応じて行うべきであるが，契約締結等の営業に関する権限を委任されており，かつ，事務所等の営業を行うべき場所を有し，電話，机等機器備品を備えていることは必要であろう。

7 営業所ごとに　他の都道府県に存在する営業所についても，当該都道府県で行う広告物の表示等に係る工事を管轄する営業所については，業務主任者を選任しなければならない。第9条の解説（40ページ）参照。

8 営業所ごとに　当該講習会修了者等が必ずしもその営業所に専任の者であることは要しないが，雇用契約等により事業主体と継続的な関係を有し，通常勤務時間中はその事業所の業務に随時従事し得るものを置くべきことを言うものである。

9 講習会の課程の修了者　講習会の開始時から終了時まで継続して在席し聴講した者を言い，遅刻，退席等があった者は原則としてこれに当たらないと解すべきであるが，その程度が極めて軽微な者については認定しうると解される。

講習会を修了した者については，修了証明書を交付し，講習会修了者等台帳に記載整理すべきである。

10 法令の規定の遵守　屋外広告業者が遵守すべき法令の代表的なものとしては，屋外広告物条例の他，建築基準法，道路法，労働基準法，労働安全衛生法，建設業法，景観法等がある。

11 都道府県が行う　いくつかの都道府県が共同して開催する場合もある。

12 講習会の課程

第2章　屋外広告物法

(1)　講習会の講習科目及び内容は，次のように考えられている。

①　屋外広告物に関する法令

屋外広告物法の趣旨を周知徹底させるとともに，屋外広告物条例及び同規則，都市計画法，建築基準法，道路法等について一般的知識を修得させることを目標として，6時間程度とすること。

②　屋外広告物の表示の方法に関する事項

都市の景観・風致と広告物の意匠，色彩及び形状との調和のあり方について一般的知識を修得させることを目標として，4時間程度とすること。

③　屋外広告物の施工に関する事項

屋外広告物の種類ごとに材料，構造，設置方法等について一般的な知識を修得させることを目標として，8時間程度とすること。

(2)　本文で述べた趣旨にかんがみ，すでに講習会の課程の一部について必要な知識を有すると認められる者については，その者の申請により，講習会の課程の一部を免除して差支えないものとされている。

特に，以下に掲げる者については，講習科目の③「屋外広告物の施工に関する事項」の課程の全部又は一部を免除することとされている。

①　建築士法（昭和25年法律第202号）第2条第1項に規定する建築士の資格を有する者

②　電気工事士法（昭和35年法律第139号）第2条第4項に規定する電気工事士の資格を有する者

③　電気事業法（昭和39年法律第170号）第44条第1項に規定する第一種電気主任技術者免状，第二種電気主任技術者免状又は第三種電気主任技術者免状の交付を受けている者

④　職業能力開発促進法（昭和44年法律第64号）に基づく職業訓練指導員免許所持者，技能検定合格者又は職業訓練修了者であって帆布製品製造取付けに係るもの

⑷　登録の取消し及び営業の停止

不良業者をなくしていくためには，ある違法行為についての個別的な措置命令や罰則の適用のみではなく，当該屋外広告業者に対し一定期間営業を行わせないという継続的な営業上のペナルティーを科すことが効果的である。このため，屋外広告業の登録制を導入し，登録された屋外広告業者に対し登録の取消し又は営業の停止を命ずることができることとしたものである。

具体的には，登録を受けた屋外広告業者が次のいずれかに該当するときは，(i)登録の取消し，又は(ii)6ヶ月以内<注13>の期間を定めたその営業の全部若しくは一部<注14><注15>の停止<注16>を命ずることができる旨条例で定めることとされている。

①　不正の手段により屋外広告業の登録を受けたとき。

②　従前，当該都道府県の屋外広告物条例に基づき登録を取り消された法人の役員で，当該取消し処分の日から2年を経過しない者が法人屋外広告業者の役員又は未成年者<注17>である屋

5 屋外広告業の登録等

外広告業者の法定代理人となったとき。

③ 本法に基づく条例<注18>又はこれに基づく処分に違反して罰金以上の刑に処せられ，その執行を終わり，又は執行を受けることがなくなった日から２年を経過しない者が法人屋外広告業者の役員又は未成年者<注17>である屋外広告業者の法定代理人となったとき。

④ 営業所ごとに業務主任者が選任されていない状態となったとき。

⑤ 本法に基づく条例<注18>又はこれに基づく処分に違反したとき。

＜注＞

13 **営業停止の期間**　屋外広告業者の過失の程度及び事後の措置状況等を総合的に勘案し，他の事案との均衡を図りつつ，６ヶ月以内で都道府県知事の判断により期間が定められることとなろう。

14 **その営業の一部の停止**　例えば，特定の地域，特定の営業所等に対して行われることが考えられる。

15 **営業の停止**　請負契約の締結及び入札，見積もり等これに付随する行為の停止と解すべきであり，停止命令の到達以前に締結した請負契約に係る工事については，引き続き施工できる。

16 **登録の取消し又は営業停止の命令**　行政手続法（平成５年法律第88号）に規定する不利益処分に該当すると考えられる。同法の不利益処分に関する規定は屋外広告物条例に基づく処分には適用はないが，登録の取消し又は営業停止の命令の前には，各都道府県の行政手続条例等に基づき，聴聞又は弁明の機会の付与が行われることが一般的であろう。

17 **未成年者**　屋外広告業に関し成年者と同一の能力を有する未成年者の場合は該当しない。

18 **本法に基づく条例**　当該登録を行った都道府県の条例のみならず，他の都道府県の条例に違反している場合も含まれる。したがって，例えば監督処分の対象となる屋外広告業者の主たる営業区域が他の都道府県の区域にある場合等１つの都道府県のみの登録取消しや営業停止では監督処分の実効性がないと考えられる場合においては，周辺都道府県と連携して登録の取消しや営業停止の命令を行うことが考えられる。

（屋外広告業を営む者に対する指導，助言及び勧告）

第11条　都道府県知事は，条例で定めるところにより，屋外広告業を営む者に対し，良好な景観を形成し，若しくは風致を維持し，又は公衆に対する危害を防止するために必要な指導，助言及び勧告を行うことができる。

（昭48法81・追加，平16法111・旧第10条繰下・一部改正）

【解　説】

都道府県知事は，条例で定めるところにより，屋外広告業を営む者に対し，良好な景観を形成し，若しくは風致を維持し，又は公衆に対する危害を防止するために必要な指導，助言及び勧告を行うことができることになっている。

具体的には，屋外広告物条例に違反し，又は違反の恐れがある屋外広告業者に対する指導・

第2章　屋外広告物法

助言・勧告のほか，屋外広告業者の組織する地域的団体との連絡会議の開催，屋外広告物の意匠，色彩等に関するコンクールの開催，屋外広告物の表示方法等に関する審議会の答申に基づく指導及び助言，屋外広告物法及び条例の周知徹底，屋外広告行政に関する普及啓発等が考えられる。

6　登録試験機関

（登録）

第12条　第10条第2項第3号イの規定による登録は，同号イの試験の実施に関する事務（以下「試験事務」という。）を行おうとする者の申請により行う。

　　　（平16法111・追加）

【解　説】

　法第12条から法第25条までの規定は，広告物の表示等に関し必要な知識について行う試験を行う主体である登録試験機関について，登録の基準，手続き，運営方法等を定める規定である。登録試験機関とは，法令に明示された一定の客観的要件に適合することから，法令に定められた業務を行う者として行政の登録を受けた機関である。登録に際しては，客観的要件に適合するかどうかについて行政の裁量の余地がなく判断されることとされている。このため，登録される登録試験機関の数は，1つには限られない。

　本条により，登録試験機関の登録は，試験事務を行おうとする者の申請によるものとされている。

　なお，屋外広告物法に基づく登録試験機関となることができるのは，法人だけに限られており，個人が登録試験機関の申請を行うことはできない（法第10条第2項第3号参照）。

（欠格条項）

第13条　次の各号のいずれかに該当する法人は，第10条第2項第3号イの規定による登録を受けることができない。

　一　この法律の規定に違反して，刑に処せられ，その執行を終わり，又は執行を受けることがなくなつた日から起算して2年を経過しない者であること。

　二　第25条第1項又は第2項の規定により登録を取り消され，その取消しの日から起算して2年を経過しない者であること。

　三　その役員のうちに，第1号に該当する者があること。

　　　（平16法111・追加）

48

6　登録試験機関

【解　説】

　本条は，登録試験機関の登録についての欠格事由を定めている。申請者が本条各号に該当する場合には，登録を受けることはできない。

（登録の基準）

第14条　国土交通大臣は，第12条の規定により登録を申請した者が次に掲げる要件のすべてに適合しているときは，第10条第2項第3号イの規定による登録をしなければならない。この場合において，登録に関して必要な手続は，国土交通省令で定める。

一　試験を別表の上欄に掲げる科目について行い，当該科目についてそれぞれ同表の下欄に掲げる試験委員が問題の作成及び採点を行うものであること。

二　試験の信頼性の確保のための次に掲げる措置がとられていること。

　　イ　試験事務について専任の管理者を置くこと。

　　ロ　試験事務の管理（試験に関する秘密の保持及び試験の合格の基準に関することを含む。）に関する文書が作成されていること。

　　ハ　ロの文書に記載されたところに従い試験事務の管理を行う専任の部門を置くこと。

三　債務超過の状態にないこと。

　　　（平16法111・追加）

別表（第14条関係）

　　　（平16法111・追加，平17法83・一部改正）

科目	試験委員
1　この法律，この法律に基づく条例その他関係法令に関する科目	1　学校教育法（昭和22年法律第26号）による大学（以下「大学」という。）において行政法学を担当する教授若しくは准教授の職にあり，又はこれらの職にあつた者 2　前号に掲げる者と同等以上の知識及び経験を有する者
2　広告物の形状，色彩及び意匠に関する科目	1　大学において美術若しくはデザインを担当する教授若しくは准教授の職にあり，又はこれらの職にあつた者 2　前号に掲げる者と同等以上の知識及び

第2章　屋外広告物法

	経験を有する者
3　広告物及び掲出物件の設計及び施工に関する科目	1　大学において建築学を担当する教授若しくは准教授の職にあり，又はこれらの職にあつた者
	2　前号に掲げる者と同等以上の知識及び経験を有する者

＜屋外広告物法施行規則＞

（登録の申請）

第1条　屋外広告物法（以下「法」という。）第10条第2項第3号イの規定による登録を受けようとする者は，別記様式第1号による申請書に次に掲げる書類を添えて，これを国土交通大臣に提出しなければならない。

一　定款又は寄附行為及び登記簿の謄本

二　申請に係る意思の決定を証する書類

三　役員（持分会社（会社法（平成17年法律第86号）第575条第1項に規定する持分会社をいう。）にあっては，業務を執行する社員をいう。以下同じ。）の氏名及び略歴を記載した書類

四　試験事務（法第12条に規定する試験事務をいう。以下同じ。）以外の業務を行おうとするときは，その業務の種類及び概要を記載した書類

五　登録を受けようとする者が法第13条各号のいずれにも該当しない法人であることを誓約する書面

六　法別表の上欄に掲げる科目について，それぞれ同表の下欄に掲げる試験委員により問題の作成及び採点が行われるものであることを証する書類

七　試験委員の略歴を記載した書類

八　法第14条第2号ロに規定する試験事務の管理に関する文書として，次に掲げるもの

　イ　試験の実施に関する計画の策定方法に関する文書

　ロ　試験に関する秘密の保持の方法を記載した文書

　ハ　問題の作成の方法及び試験の合格の基準に関する事項を記載した文書

　ニ　試験委員の選任及び解任の方法に関する文書

　ホ　試験事務に関する公正の確保に関する事項を記載した文書

九　法第14条第2号ハに規定する専任の部門が置かれていることを説明した書類

十　申請の日の属する事業年度の前事業年度における貸借対照表及び損益計算書

6 登録試験機関

十一　その他参考となる事項を記載した書類

　　　（平18国交令58・一部改正）

（登録試験機関登録簿）

第2条　法第10条第2項第3号イの規定による登録は，登録試験機関登録簿に次に掲げる事項を記載してするものとする。

一　登録年月日及び登録番号

二　登録試験機関（法第10条第2項第3号イに規定する登録試験機関をいう。以下同じ。）の名称

三　主たる事務所の所在地

四　役員の氏名

五　試験委員の氏名

【解　説】

　法第14条及び別表は，登録試験機関の登録についての基準を定める規定である。具体的には，法第14条第1号及び別表1において，以下の科目について試験を行うこととされている。

①　屋外広告物法，屋外広告物法に基づく条例その他関係法令に関する科目

　　屋外広告物法，各都道府県の屋外広告物条例又は屋外広告物条例ガイドライン，建築基準法，道路法，景観法，労働安全衛生法等に関する知識に係る科目である。

②　広告物の形状，色彩及び意匠に関する科目

　　屋外広告物の広告デザインに関する科目であり，主として良好な景観の形成及び風致の維持に関する知識に係る科目である。

③　広告物及び掲出物件の設計及び施工に関する科目

　　広告物等の構造設計及び表示・設置工事の施工に関する科目であり，主として広告物の安全の確保に係る科目である。

　また，当該試験により相当の水準の知識を有することを期待しているものであることから，試験の問題及び採点について適正な水準を確保するため，それぞれの科目について，別表に定める試験委員がそれぞれ試験問題の作成及び採点を行うことを求めている。

　また，第2号では，秘密の保持等信頼性の確保が特に重要な試験という事務を行うことにかんがみ，試験事務の管理について，試験事務を実施する者とは別に専任の管理者を置き，試験に関する秘密の確保，試験の合格の基準等を記載する試験事務の管理に関する文書を試験事務規定（法第19条）とは別にあらかじめ作成し，当該文書に記載されたところに従い，試験の実施部門とは別に試験事務の管理を行う専任の部門を置くことを求めている。

　第3号では，試験事務の適正な実施を確保するため，債務超過の状態にないことを求めている。

　また，登録試験機関の申請書の様式及び添付書類が屋外広告物法施行規則（以下「規則」という。）第1条に，国土交通大臣の行う登録の方法として登録試験機関登録簿に登録する旨及

第2章　屋外広告物法

び登録する事項が規則第2条に定められている。

（登録の公示等）

第15条　国土交通大臣は，第10条第2項第3号イの規定による登録をしたときは，当該登録を受けた者の名称及び主たる事務所の所在地並びに当該登録をした日を公示しなければならない。

2　登録試験機関は，その名称又は主たる事務所の所在地を変更しようとするときは，変更しようとする日の2週間前までに，その旨を国土交通大臣に届け出なければならない。

3　国土交通大臣は，前項の規定による届出があつたときは，その旨を公示しなければならない。

（平16法111・追加）

＜規則＞

（登録事項の変更の届出）

第3条　登録試験機関は，法第15条第2項の規定による届出をしようとするときは，次に掲げる事項を記載した届出書を国土交通大臣に提出しなければならない。

一　変更しようとする事項

二　変更しようとする年月日

三　変更の理由

2　略

3　国土交通大臣は，前2項の規定による届出を受理したときは，当該届出に係る事項が法第13条第3号に該当する場合又は法第14条第1号に掲げる要件に適合しない場合を除き，届出があった事項を登録試験機関登録簿に登録しなければならない。

【解　説】

　法第15条は，申請に基づき登録試験機関の登録をした国土交通大臣が公示を行わなければならない旨（第1項），一定の事項について変更があったときには登録試験機関が変更しようとする日の2週間前までに国土交通大臣に届け出なければならない旨（第2項）及び国土交通大臣は当該変更の届出があったときにはその旨を公示しなければならない旨（第3項）を定める規定である。

　第2項の変更の届出の方法は，規則第3条第1項に定められている。

（役員の選任及び解任）

第16条　登録試験機関は，役員を選任し，又は解任したときは，遅滞なく，その旨を

6 登録試験機関

国土交通大臣に届け出なければならない。

    （平16法111・追加）

（試験委員の選任及び解任）

第17条 登録試験機関は，第14条第1号の試験委員を選任し，又は解任したときは，遅滞なく，その旨を国土交通大臣に届け出なければならない。

    （平16法111・追加）

＜規則＞

（登録事項の変更の届出）

第3条 略

2　登録試験機関は，法第16条又は第17条の規定による届出をしようとするときは，次に掲げる事項を記載した届出書を国土交通大臣に提出しなければならない。

  一　選任又は解任された役員又は試験委員の氏名

  二　選任又は解任の年月日

  三　選任又は解任の理由

  四　選任の場合にあっては，選任された者の略歴

  五　役員の選任の場合にあっては，当該役員が法第13条第3号に該当しない者であることを誓約する書面

  六　試験委員の選任又は解任の場合にあっては，法別表の上欄に掲げる科目についてそれぞれ同表の下欄に掲げる試験委員により問題の作成及び採点が行われるものであることを証する書類

3　国土交通大臣は，前2項の規定による届出を受理したときは，当該届出に係る事項が法第13条第3号に該当する場合又は法第14条第1号に掲げる要件に適合しない場合を除き，届出があった事項を登録試験機関登録簿に登録しなければならない。

【解　説】

  法第16条は，役員を選任又は解任した際は，登録試験機関はその旨を国土交通大臣に届け出なければならない旨を定める規定である。

  また，法第17条は，試験委員を選任又は解任した際は，登録試験機関はその旨を国土交通大臣に届け出なければならない旨を定める規定である。

  この届出の方法は，規則第3条第2項に定められている。

（秘密保持義務等）

第18条 登録試験機関の役員若しくは職員（前条の試験委員を含む。次項において同

第2章　屋外広告物法

じ。）又はこれらの職にあたた者は，試験事務に関して知り得た秘密を漏らしては
ならない。

2　試験事務に従事する登録試験機関の役員及び職員は，刑法（明治40年法律第45
号）その他の罰則の適用については，法令により公務に従事する職員とみなす。

（平16法111・追加）

【解　説】

　本条は，登録試験機関の役員若しくは職員（試験委員を含む。）又はこれらの職にあった者
について，いわゆる秘密保持義務を課すとともに（第1項），試験事務に従事する登録試験機
関の役員若しくは職員（試験委員を含む。）について，刑法その他の罰則の適用について，法
令により公務に従事する職員とみなす旨を定める（第2項）ものである。本条第1項の規定に
違反した者には，罰則の適用がある（法第30条）。

（試験事務規程）

第19条　登録試験機関は，国土交通省令で定める試験事務の実施に関する事項につい
て試験事務規程を定め，国土交通大臣の認可を受けなければならない。これを変更
しようとするときも，同様とする。

2　国土交通大臣は，前項の規定により認可をした試験事務規程が試験事務の適正か
つ確実な実施上不適当となつたと認めるときは，登録試験機関に対して，これを変
更すべきことを命ずることができる。

（平16法111・追加）

＜規則＞

（試験事務規程）

第4条　登録試験機関は，法第19条第1項前段の規定により認可を受けようとすると
きは，試験事務の開始前に，申請書に試験事務規程を添えて国土交通大臣に提出し
なければならない。

2　法第19条第1項の国土交通省令で定める試験事務の実施に関する事項は，次に掲
げるものとする。

　一　試験事務を行う時間及び休日に関する事項

　二　試験事務を行う事務所及び試験地に関する事項

　三　試験の受験の申込みに関する事項

　四　試験の受験手数料の額及び収納の方法に関する事項

　五　試験の日程，公示方法その他の試験の実施の方法に関する事項

　六　終了した試験の問題及び当該試験の合格基準の公表に関する事項

6 登録試験機関

　七　試験の合格証明書の交付及び再交付に関する事項

　八　不正受験者の処分に関する事項

　九　帳簿（法第21条に規定する帳簿をいう。第7条第2項及び第3項において同じ。）その他の試験事務に関する書類の管理に関する事項

　十　その他試験事務の実施に関し必要な事項

【解　説】

　法第19条は，試験事務の適正な実施を確保するため，登録試験機関は，受験手数料の額，試験の日程，試験の合格基準の公表方法等試験事務の実施に関する事項を記載した試験事務規定を定め，国土交通大臣の認可を受けなければならない旨を定めるとともに（第1項），国土交通大臣が当該試験事務規定の変更を命ずることができる旨を定める規定である（第2項）。

　試験事務規定の認可の申請の方法及び同規定内容は，規則第4条に定められている。

（財務諸表等の備付け及び閲覧等）

第20条　登録試験機関は，毎事業年度経過後3月以内に，その事業年度の財産目録，貸借対照表及び損益計算書又は収支計算書並びに事業報告書（その作成に代えて電磁的記録（電子的方式，磁気的方式その他の人の知覚によっては認識することができない方式で作られる記録であって，電子計算機による情報処理の用に供されるものをいう。以下この条において同じ。）の作成がされている場合における当該電磁的記録を含む。次項及び第33条において「財務諸表等」という。）を作成し，5年間登録試験機関の事務所に備えて置かなければならない。

2　試験を受けようとする者その他の利害関係人は，登録試験機関の業務時間内は，いつでも，次に掲げる請求をすることができる。ただし，第2号又は第4号の請求をするには，登録試験機関の定めた費用を支払わなければならない。

　一　財務諸表等が書面をもって作成されているときは，当該書面の閲覧又は謄写の請求

　二　前号の書面の謄本又は抄本の請求

　三　財務諸表等が電磁的記録をもって作成されているときは，当該電磁的記録に記録された事項を国土交通省令で定める方法により表示したものの閲覧又は謄写の請求

　四　前号の電磁的記録に記録された事項を電磁的方法であって国土交通省令で定めるものにより提供することの請求又は当該事項を記載した書面の交付の請求

　　（平16法111・追加，平17法87・一部改正）

第2章　屋外広告物法

＜規則＞

（電磁的記録に記録された事項を表示する方法）

第5条　法第20条第2項第3号の国土交通省令で定める方法は，当該電磁的記録に記録された事項を紙面又は出力装置の映像面に表示する方法とする。

（電磁的記録に記録された事項を提供するための電磁的方法）

第6条　法第20条第2項第4号の国土交通省令で定める方法は，次に掲げるもののうち，登録試験機関が定めるものとする。

一　送信者の使用に係る電子計算機（入出力装置を含む。以下この号及び次条第2項において同じ。）と受信者の使用に係る電子計算機とを電気通信回線で接続した電子情報処理組織を使用する方法であって，当該電気通信回線を通じて情報が送信され，受信者の使用に係る電子計算機に備えられたファイルに当該情報が記録されるもの

二　磁気ディスク，シー・ディー・ロムその他これに準ずる方法により一定の事項を確実に記録しておくことができる物（次条第2項及び第3項において「磁気ディスク等」という。）をもって調製するファイルに情報を記録したものを交付する方法

2　前項各号に掲げる方法は，受信者がファイルへの記録を出力することによる書面を作成することができるものでなければならない。

【解　説】

　法第20条は，登録試験機関に関する情報の透明性を確保するため，登録試験機関に財務諸表等の備え付け義務を課する（第1項）とともに，試験を受けようとする者その他の利害関係人が，当該財務諸表等の閲覧等を請求することができる旨を定める規定である（第2項）。

（帳簿の備付け等）

第21条　登録試験機関は，国土交通省令で定めるところにより，試験事務に関する事項で国土交通省令で定めるものを記載した帳簿を備え，保存しなければならない。

（平16法111・追加）

＜規則＞

（帳簿の備付け等）

第7条　法第21条の国土交通省令で定める事項は，次のとおりとする。

一　試験年月日

二　試験地

6 登録試験機関

　三　受験者の受験番号，氏名，生年月日，住所及び合否の別

　四　合格年月日

2　前項各号に掲げる事項が，電子計算機に備えられたファイル又は磁気ディスク等に記録され，必要に応じ登録試験機関において電子計算機その他の機器を用いて明確に紙面に表示されるときは，当該記録をもって帳簿への記載に代えることができる。

3　登録試験機関は，帳簿（前項の規定による記録が行われた同項のファイル又は磁気ディスク等を含む。）を，試験事務の全部を廃止するまで保存しなければならない。

4　登録試験機関は，次に掲げる書類を備え，試験を実施した日から3年間保存しなければならない。

　一　試験の受験申込書及び添付書類

　二　終了した試験の問題及び答案用紙

【解　説】

　法第21条は，登録試験機関が，受験者の氏名，合否の別等を記載した帳簿を備え，保存しなければならない旨を定める規定である。

　帳簿に記載すべき事項は，規則第7条に定められている。

（適合命令）

第22条　国土交通大臣は，登録試験機関が第14条各号のいずれかに適合しなくなつたと認めるときは，その登録試験機関に対し，これらの規定に適合するため必要な措置をとるべきことを命ずることができる。

　　（平16法111・追加）

【解　説】

　本条は，登録試験機関が法第14条各号の登録の基準に適合しなくなったと認めるときは，国土交通大臣が必要な措置をとるべき旨の命令を行うことができる旨を定める規定である。

（報告及び検査）

第23条　国土交通大臣は，試験事務の適正な実施を確保するため必要があると認めるときは，登録試験機関に対して，試験事務の状況に関し必要な報告を求め，又はその職員に，登録試験機関の事務所に立ち入り，試験事務の状況若しくは設備，帳簿，書類その他の物件を検査させることができる。

2　前項の規定により立入検査をする職員は，その身分を示す証明書を携帯し，関係人の請求があつたときは，これを提示しなければならない。

第2章　屋外広告物法

3　第1項の規定による立入検査の権限は，犯罪捜査のために認められたものと解してはならない。

(平16法111・追加)

＜規則＞

（立入検査を行う職員の証明書）

第8条　法第23条第2項の身分を示す証明書の様式は，別記様式第2号によるものとする。

【解　説】

本条は，試験事務の適正な実施の確保の観点から，国土交通大臣が，登録試験機関に対して，報告を求め，又はその職員に立ち入り検査をさせることができる旨を定める規定である。本条の報告を求められて報告をせず，若しくは虚偽の報告をした場合，又は本条の検査を拒み，妨げ，若しくは忌避したときは，罰則の適用がある（法第32条第2号）。立入検査を行う職員の証明書の様式は，規則第8条に定められている。

（試験事務の休廃止）

第24条　登録試験機関は，国土交通大臣の許可を受けなければ，試験事務の全部又は一部を休止し，又は廃止してはならない。

2　国土交通大臣は，前項の規定による許可をしたときは，その旨を公示しなければならない。

(平16法111・追加)

＜規則＞

（試験事務の休廃止の許可の申請）

第9条　登録試験機関は，法第24条の規定により試験事務の全部又は一部の休止又は廃止の許可を受けようとするときは，次に掲げる事項を記載した申請書を国土交通大臣に提出しなければならない。

一　休止し，又は廃止しようとする試験事務の範囲

二　休止し，又は廃止しようとする年月日

三　休止しようとする場合にあっては，その期間

四　休止又は廃止の理由

【解　説】

法第24条第1項は，登録試験機関は，国土交通大臣の許可を受けなければ，試験事務の休廃止をしてはならない旨を定める規定である。これは，いったん開始した試験をむやみに休廃止

6 登録試験機関

することは，業務主任者になろうとする者の道を閉ざすことになりかねず，また一般に受験者はその準備に相当の期間を要するためである。本条の許可を受けないで登録試験機関が試験事務の全部を廃止した場合には，罰則の適用がある（第32条第3号）。

　国土交通大臣は，試験事務の休廃止の許可をしたときは，その旨を公示しなければならないこととされている（第2項）。試験事務の休廃止の許可の申請方法は，規則第9条に定められている。

（登録の取消し等）

第25条　国土交通大臣は，登録試験機関が第13条第1号又は第3号に該当するに至つたときは，当該登録試験機関の登録を取り消さなければならない。

2　国土交通大臣は，登録試験機関が次の各号のいずれかに該当するときは，当該登録試験機関に対して，その登録を取り消し，又は期間を定めて試験事務の全部若しくは一部の停止を命ずることができる。

　一　第15条第2項，第16条，第17条，第20条第1項，第21条又は前条第1項の規定に違反したとき。

　二　正当な理由がないのに第20条第2項各号の規定による請求を拒んだとき。

　三　第19条第1項の規定による認可を受けた試験事務規程によらないで試験事務を行つたとき。

　四　第19条第2項又は第22条の規定による命令に違反したとき。

　五　不正な手段により第10条第2項第3号イの規定による登録を受けたとき。

3　国土交通大臣は，前2項の規定により登録を取り消し，又は前項の規定により試験事務の全部若しくは一部の停止を命じたときは，その旨を公示しなければならない。

　（平16法111・追加）

【解　説】

　本条は，登録試験機関の登録の取消し又は試験事務の停止について定める規定である。第1項は，登録試験機関が法第13条第1号又は第3号の欠格事由に該当するに至ったときは，国土交通大臣は当該登録試験機関の登録を取り消さなければならない旨を定める。第2項は，以下の場合に，国土交通大臣は当該登録試験機関の登録の取消し又は期間を定めて試験事務の全部又は一部の停止を命ずることができる旨を定める。

　①　法第15条第2項に違反して登録試験機関がその名称又は主たる事務所の所在地の変更を届け出なかったとき。

　②　法第16条に違反して登録試験機関が役員の選任又は解任を届け出なかったとき。

　③　法第17条に違反して登録試験機関が試験委員の選任又は解任を届け出なかったとき。

　④　法第20条第1項に違反して登録試験機関が財務諸表等を作成し，事務所に備えておかな

第2章　屋外広告物法

かったとき。

⑤　法第21条に違反して登録試験機関が帳簿を備え，保存しなかったとき。

⑥　法第24条第1項に違反して登録試験機関が許可を受けずに試験事務の休廃止をしたとき。

⑦　正当な事由がないのに登録試験機関が法第20条第2項各号の財務諸表の閲覧請求等請求を拒んだとき。

⑧　法第19条第1項の規定による認可を受けた試験事務規程によらないで登録試験機関が試験事務を行ったとき。

⑨　法第19条の試験事務実施規程の変更の命令に違反したとき。

⑩　法第22条の適合命令に違反したとき。

⑪　不正な手段により登録試験機関の登録を受けたとき。

　第3項は，国土交通大臣は，第1項又は第2項により登録の取消し又は試験事務の停止を命じたときは，その旨を公示しなければならない旨を定める。

7　雑　　則

（特別区の特例）

第26条　この法律中都道府県知事の権限に属するものとされている事務で政令で定めるものは，特別区においては，政令で定めるところにより特別区の長が行なうものとする。この場合においては，この法律中都道府県知事に関する規定は，特別区の長に関する規定として特別区の長に適用があるものとする。

（昭39法169・追加，昭48法81・旧第7条の3繰下，平16法111・旧第12条繰下）

【解　説】

　屋外広告物法において都道府県知事の権限に属するものとされている事務で政令で定めるものは，特別区においては，政令で定めるところにより特別区の長が行うものとされている。

　ただし，本条の政令は未制定であるため，本条の規定は実際には動いていない。

　なお，本条によらないでも，東京都は，地方自治法第252条の17の2に基づき，特別区の長との協議を経て条例を定めることにより，都知事の権限とされている事務の一部を特別区に処理させることができることとされており，現に東京都においては，東京都屋外広告物条例に基づく屋外広告物の許可，法第7条第4項に基づくはり紙等の簡易除却等の事務については，特別区が処理することとされている。

- -

＜注＞

　1　法第28条の解説注9（64ページ）参照。

（大都市等の特例）

第27条　この法律中都道府県が処理することとされている事務で政令で定めるもの

7 雑 則

は，地方自治法（昭和22年法律第67号）第252条の19第1項の指定都市（以下「指定都市」という。）及び同法第252条の22第1項の中核市（以下「中核市」という。）においては，政令で定めるところにより，指定都市又は中核市（以下「指定都市等」という。）が処理するものとする。この場合においては，この法律中都道府県に関する規定は，指定都市等に関する規定として指定都市等に適用があるものとする。

（昭31法148・追加，昭37法161・旧第8条の2繰上，昭48法81・旧第8条繰下・一部改正，平6法49・平11法87・一部改正，平16法111・旧第13条繰下・一部改正）

【解 説】

　すでに述べてきたが，屋外広告物行政は都道府県の事務とされている。しかしながら，指定都市の区域にあっては指定都市が<注2>，中核市の区域にあっては中核市がそれぞれ屋外広告物条例<注3>の制定・改廃を含め，屋外広告物行政を行うこととされている。

　具体的には，屋外広告物法では，この法律中，都道府県が処理することとされている事務で政令で定めるものは，指定都市及び中核市においては，政令で定めるところにより，指定都市又は中核市が処理するものとされている。

　また，地方自治法においても，指定都市は，屋外広告物の規制に関する事務のうち都道府県が法律で定めるところにより処理することとされているものの全部又は一部で政令で定めるものを，政令で定めるところにより処理することができることとされている（地方自治法第252条の19）。また，中核市についても，指定都市が処理することができる事務のうち，都道府県<注4>がその区域にわたり一体的に処理することが中核市が処理することに比して効率的な事務その他の中核市において処理することが適当でない事務以外の事務で政令で定めるものを，政令で定めるところにより，処理することができるとされている（地方自治法第252条の22）。<注5>

　そして，地方自治法施行令において，屋外広告物法の規定により，都道府県が処理すること<注6>とされている事務について，指定都市及び中核市が処理することとされている。

　なお，このため，本書中の「都道府県」又は「都道府県知事」との記述は，特に指定都市や中核市に関する記述で書き分けられている場合を除き，それぞれ「指定都市」若しくは「中核市」，又は「指定都市の長」若しくは「中核市の長」と読み替えることが可能である。

＜注＞

　　2　指定都市　札幌市　仙台市　さいたま市　千葉市　横浜市　川崎市　相模原市　新潟市　静岡市　浜松市　名古屋市　京都市　大阪市　堺市　神戸市　岡山市　広島市　北九州市　福岡市　熊本市

　　　（地方自治法第二百五十二条の十九第一項の指定都市の指定に関する政令（昭和31年7月31日政令第254号）：平成31年4月現在）

　　3　中核市　旭川市　函館市　青森市　八戸市　盛岡市　秋田市　山形市　郡山市　いわき市　福島市　宇都宮市　前橋市　高崎市　川越市　越谷市　川口市　船橋市　柏市　八王子市　横須賀市　甲府市　長野市　富山市　金沢市　岐阜市　豊田市　豊橋市　岡崎市　福井

第2章　屋外広告物法

市　大津市　高槻市　東大阪市　豊中市　枚方市　八尾市　寝屋川市　姫路市　西宮市　尼崎市　明石市　奈良市　和歌山市　鳥取市　松江市　倉敷市　呉市　福山市　下関市　高松市　松山市　高知市　久留米市　長崎市　佐世保市　大分市　宮崎市　鹿児島市　那覇市

（地方自治法第二百五十二条の二十二第一項の中核市の指定に関する政令（平成7年12月8日政令第408号）：平成31年4月現在）

4　地方自治法第252条の19

（指定都市の権能）

第252条の19　政令で指定する人口50万以上の市（以下「指定都市」という。）は，次に掲げる事務のうち都道府県が法律又はこれに基づく政令の定めるところにより処理することとされているものの全部又は一部で政令で定めるものを，政令で定めるところにより，処理することができる。

一～十二　略

十三　屋外広告物の規制に関する事務

2　指定都市がその事務を処理するに当たつて，法律又はこれに基づく政令の定めるところにより都道府県知事若しくは都道府県の委員会の許可，認可，承認その他これらに類する処分を要し，又はその事務の処理について都道府県知事若しくは都道府県の委員会の改善，停止，制限，禁止その他これらに類する指示その他の命令を受けるものとされている事項で政令で定めるものについては，政令の定めるところにより，これらの許可，認可等の処分を要せず，若しくはこれらの指示その他の命令に関する法令の規定を適用せず，又は都道府県知事若しくは都道府県の委員会の許可，認可等の処分若しくは指示その他の命令に代えて，各大臣の許可，認可等の処分を要するものとし，若しくは各大臣の指示その他の命令を受けるものとする。

5　地方自治法第252条の22

（中核市の権能）

第252条の22　政令で指定する人口20万以上の市（以下「中核市」という。）は，第252条の19第1項の規定により指定都市が処理することができる事務のうち，都道府県がその区域にわたり一体的に処理することが中核市が処理することに比して効率的な事務その他の中核市において処理することが適当でない事務以外の事務で政令で定めるものを，政令で定めるところにより，処理することができる。

2　中核市がその事務を処理するに当たつて，法律又はこれに基づく政令の定めるところにより都道府県知事の改善，停止，制限，禁止その他これらに類する指示その他の命令を受けるものとされている事項で政令で定めるものについては，政令の定めるところにより，これらの指示その他の命令に関する法令の規定を適用せず，又は都道府県知事の指示その他の命令に代えて，各大臣の指示その他の命令を受けるものとする。

6　地方自治法施行令（昭和22年5月3日政令第16号）

（屋外広告物の規制に関する事務）

第174条の40　地方自治法第252条の19第1項の規定により，指定都市が処理する屋外広告物の規制に関する事務は，屋外広告物法（昭和24年法律第189号）の規定により，都道府県が

7 雑 則

処理することとされている事務とする。この場合においては，同法中都道府県に関する規定は，指定都市に関する規定として指定都市に適用があるものとする。

（屋外広告物の規制に関する事務）

第174条の49の19　地方自治法第252条の22第1項の規定により，中核市が処理する屋外広告物の規制に関する事務は，屋外広告物法の規定により，都道府県が処理することとされている事務とする。この場合においては，同法中都道府県に関する規定は，中核市に関する規定として中核市に適用があるものとする。

（景観行政団体である市町村の特例等）

第28条　都道府県は，地方自治法第252条の17の2の規定によるもののほか，第3条から第5条まで，第7条又は第8条の規定に基づく条例の制定又は改廃に関する事務の全部又は一部を，条例で定めるところにより，景観行政団体である市町村又は地域における歴史的風致の維持及び向上に関する法律（平成20年法律第40号）第7条第1項に規定する認定市町村である市町村（いずれも指定都市及び中核市を除く。）が処理することとすることができる。この場合においては，都道府県知事は，あらかじめ，当該市町村の長に協議しなければならない。

（平16法111・追加，平20法40・一部改正）

【解　説】

　屋外広告物条例は，原則として，都道府県，指定都市及び中核市が定めることとされているが，本条は，第3条から第5条まで，第7条及び第8条の規定に基づく屋外広告物規制等を定める条例[注7]について，都道府県の条例で定めるところにより，景観行政団体である指定都市又は中核市以外の市町村がその制定及び改廃を行うことができる旨を定める規定である[注8]。なお，この場合には，都道府県知事はあらかじめ，当該条例の制定及び改廃を行う指定都市又は中核市以外の市町村の長に協議することとされている。

　これは，景観を構成する重要な要素である屋外広告物行政について，許可や簡易除却等の事務の実施のみではなく[注9]，条例の制定・改廃というルール作りも含めて景観計画に基づく規制等の景観行政と一元的に景観行政団体が主体的に行うことを可能にするものである。なお，この場合の景観行政と屋外広告物行政の整合性を図るため，景観に関する総合的な計画である景観計画に「屋外広告物の表示及び屋外広告物を掲出する物件の設置に関する行為の制限に関する事項」を定めることができることとするとともに（景観法第8条第2項第4号イ），屋外広告物法第6条において，当該事項が景観計画に定められた場合においては，当該景観計画を策定した景観行政団体の屋外広告物条例は，当該景観計画に即して定めることとされている[注10]。

　このため，景観計画に「屋外広告物の表示及び屋外広告物を掲出する物件の設置に関する行為の制限に関する事項」を定めた指定都市及び中核市以外の市町村に対しては，当該市町村の体制が明らかに屋外広告物行政を担えない場合等を除き，原則として，都道府県から屋外広告物条例の制定等の権限の移譲が行われ，当該市町村が屋外広告物条例を制定することが望まれ

第2章 屋外広告物法

る。

一方，景観行政団体である指定都市又は中核市以外の市町村すべてが屋外広告物条例の制定を行わなければならないものではない。景観計画の「屋外広告物の表示及び屋外広告物を掲出する物件の設置に関する行為の制限に関する事項」は景観計画の必要的記載事項ではなく，当該事項を定めるかどうかは，簡易除却事務等当該市町村の従前の屋外広告物に関する事務の実施状況その他地域の実情に応じて，それぞれの市町村が判断することが望まれるものである。

本条により都道府県が景観行政団体である市町村に行わせることができる事務の範囲は，第3条から第5条まで，第7条又は第8条に基づく条例の制定又は改廃に関する事務の全部又は一部とされている。したがって，当該市町村の制定する条例の対象については，例えば当該市町村のすべての区域ですべての広告物及び掲出物件を対象とする場合のほか，その対象地域や対象とする広告物等をその一部に限定することも可能である。このため，市町村に行わせる事務の範囲については，都道府県の条例により明確に定められることが望まれる。

なお，このため，本書中の屋外広告物規制に関する部分の「都道府県」又は「都道府県知事」との記述は，特に景観行政団体である指定都市又は中核市以外の市町村に関する記述と書き分けられている場合を除き，原則として，それぞれ「景観行政団体である指定都市又は中核市以外の市町村であって都道府県の条例により屋外広告物条例の制定又は改廃の事務を処理することとされたもの」又は，「景観行政団体である指定都市又は中核市以外の市町村であって都道府県の条例により屋外広告物条例の制定又は改廃の事務を処理することとされたものの長」と読み替えることが可能である。

＜注＞

7 屋外広告物規制等を定める条例 本条により市町村が制定・改廃を行うことができる条例の範囲は，第3条から第5条までに基づく屋外広告物規制を定める条例並びに第7条及び第8条の規定に基づく知事が除却した後の広告物の保管・返還等の手続を定める条例に限られ，第9条に基づく屋外広告業に係る規制を定める条例は含まれない。これは，屋外広告業者は市町村の区域を超えて広域的に活動する業者が多数存在することから，このような者の負担を考慮したものである。

8 本条により指定都市及び中核市以外の市町村が処理することができる事務は，第3条から第5条まで，第7条及び第8条の規定に基づく条例の制定及び改廃に関する事務である。一方，本法第7条第4項の違反広告物の除却及び第8条の除却した広告物の保管，売却，廃棄等は，直接法のこれらの規定に基づいて行われるものである（第7条第4項の解説注14（32ページ）及び第8条の解説注22（39ページ）参照）。このため，本条の規定によりこれらの除却及び保管，返還等の事務を都道府県が景観行政団体である市町村に行わせることはできない。これらの事務を本条により屋外広告物条例を制定・改廃する市町村に行わせる場合は，別途，地方自治法第252条の17の2に基づき，これらの事務を市町村長に処理させるための条例を都道府県が定めることが必要である（注9参照。）。

9 市町村による許可や簡易除却等の事務の実施 屋外広告物条例に基づく屋外広告物の表示等の許可，第7条第4項に基づくはり紙等の簡易除却，第8条に基づく屋外広告物の保管

7 雑 則

・返還等の事務については，都道府県は，地方自治法第252条の17の２に基づき，市町村長との協議を経て条例を定めることにより，市町村に処理させることができることとされている。

＜地方自治法＞

（条例による事務処理の特例）

第252条の17の２　都道府県は，都道府県知事の権限に属する事務の一部を，条例の定めるところにより，市町村が処理することとすることができる。この場合においては，当該市町村が処理することとされた事務は，当該市町村の長が管理し及び執行するものとする。

２　前項の条例（同項の規定により都道府県の規則に基づく事務を市町村が処理することとする場合で，同項の条例の定めるところにより，規則に委任して当該事務の範囲を定めるときは，当該規則を含む。以下本節において同じ。）を制定し又は改廃する場合においては，都道府県知事は，あらかじめ，その権限に属する事務の一部を処理し又は処理することとなる市町村の長に協議しなければならない。

３　市町村の長は，その議会の議決を経て，都道府県知事に対し，第１項の規定によりその権限に属する事務の一部を当該市町村が処理することとするよう要請することができる。

４　前項の規定による要請があつたときは，都道府県知事は，速やかに，当該市町村の長と協議しなければならない。

10　第６条の解説（20～25ページ）を参照。

（適用上の注意）

第29条　この法律及びこの法律の規定に基づく条例の適用に当たつては，国民の政治活動の自由その他国民の基本的人権を不当に侵害しないように留意しなければならない。

（平16法111・追加）

【解　説】

　屋外広告物についての規制は，公共の福祉を実現するため，良好な景観の形成若しくは風致の維持又は公衆に対する危害防止の観点から行われるものであることは，既に説明したとおりである。しかし，他面では，屋外広告物規制の対象は，憲法で保障された国民の政治活動の自由，表現の自由などの国民の基本的人権と密接な関連を有するものである[注11]。

　そこで，この法律及びこの法律の規定に基づく条例の適用に当たっては，国民の政治活動の自由その他国民の基本的人権を不当に侵害しないように留意しなければならないこととされている。このことは，法律に規定されていなくても当然のことであるが，屋外広告物行政が表現の自由に密接に関連する行政であるために，特に確認的な意味で法律に明定されているものである。

- -

＜注＞

11　最高裁判所は，屋外広告物条例と憲法との関係について，以下のような趣旨の判断を下している。

第2章　屋外広告物法

「大阪市屋外広告物条例は，屋外広告物法に基づいて制定されたもので，この法律と条例の両者あいまって，大阪市における美観風致を維持し，および公衆に対する危害を防止するために，屋外広告物の表示の場所および方法ならびに屋外広告物の掲出する物件の設置および維持について必要な規制をしているのである。そして，国民の文化的生活の向上の目途とする憲法の下においては，都市の美観風致を維持することは，公共の福祉を保持する所以であるから，この程度の規制は，公共の福祉のため，表現の自由に対し許された必要且つ合理的な制限と解することができる。」（最高裁判所昭和43年12月18日大法廷判決）

最高裁昭和62年3月3日第3小法廷判決（大分県屋外広告物条例違反事件）も同趣旨である。

8　罰　　　則

第30条　第18条第1項の規定に違反した者は，1年以下の懲役又は100万円以下の罰金に処する。

　　　　（平16法111・追加）

第31条　第25条第2項の規定による試験事務の停止の命令に違反したときは，その違反行為をした登録試験機関の役員又は職員は，1年以下の懲役又は100万円以下の罰金に処する。

　　　　（平16法111・追加）

第32条　次の各号のいずれかに該当するときは，その違反行為をした登録試験機関の役員又は職員は，30万円以下の罰金に処する。

一　第21条の規定に違反して帳簿を備えず，帳簿に記載せず，若しくは帳簿に虚偽の記載をし，又は帳簿を保存しなかつたとき。

二　第23条第1項の規定による報告を求められて，報告をせず，若しくは虚偽の報告をし，又は同項の規定による検査を拒み，妨げ，若しくは忌避したとき。

三　第24条第1項の規定による許可を受けないで，試験事務の全部を廃止したとき。

　　　　（平16法111・追加）

第33条　第20条第1項の規定に違反して財務諸表等を備えて置かず，財務諸表等に記載すべき事項を記載せず，若しくは虚偽の記載をし，又は正当な理由がないのに同条第2項各号の規定による請求を拒んだ者は，20万円以下の過料に処する。

　　　　（平16法111・追加）

【解　説】

8 罰 則

第30条から第33条までの規定は，登録試験機関制度に係る罰則を定める規定である。

第34条 第3条から第5条まで及び第7条第1項の規定に基づく条例には，罰金又は過料のみを科する規定を設けることができる。

(昭48法81・旧第9条繰下・一部改正，平16法111・旧第14条繰下・一部改正)

【解 説】

屋外広告物法に基づく条例のうち，屋外広告物規制に係る条例<注1>には罰金又は過料のみを科す<注2><注3><注4>る規定を設けることができるとされている。

<注>

1 屋外広告物規制に係る条例　屋外広告物法第3条から第5条まで及び第7条第1項に基づく条例をいう。屋外広告物法第9条の屋外広告業の登録制度を定める条例は，これに含まれないことから，屋外広告業の登録制度を定める条例には，屋外広告物法第34条の制限はかからない。このため，地方自治法第14条第3項の規定に基づき，例えば2年以下の懲役を科する規定を設けることもできる。

2 罰金又は過料のみ　地方自治法第14条第3項は，「普通地方公共団体は，法令に特別の定めがあるものを除くほか，その条例中に，条例に違反した者に対し，2年以下の懲役若しくは禁錮，100万円以下の罰金，拘留，科料若しくは没収の刑又は5万円以下の過料を科する旨の規定を設けることができる。」と定めており，屋外広告物法第34条はこの規定の「特別の定め」にあたる。なお，地方自治法第14条第3項の制限により，屋外広告物法第34条に基づく条例で規定しうる罰金の額は100万円以下，過料の額は5万円以下ということになる。

3 罰金又は過料のみ　屋外広告物条例において，同一の目的・同一の要件で罰金と過料を併科することは避けるべきと考えられる。一方，ある条例の違反行為について直接過料を科することができる旨の規定いわゆる直罰規定を条例で定めると同時に，当該違反行為に対して知事が命令を行うことができる旨を定め，当該命令違反に対して罰金刑を科することができる旨の規定を条例で定めることは，何らさしつかえないものと考えられる。

4 過料　屋外広告物条例に基づく過料は，地方自治法により，地方公共団体の長による処分として裁判所による手続を経ずに科することができることとされている。この場合，あらかじめその旨を告知するとともに，弁明の機会を与えなければならない。

＜地方自治法＞

第149条　普通地方公共団体の長は，概ね左に掲げる事務を担任する。

　三　地方税を賦課徴収し，分担金，使用料，加入金又は手数料を徴収し，及び過料を科すること。

（督促，滞納処分等）

第231条の3　分担金，使用料，加入金，手数料，過料その他の普通地方公共団体の歳入を納期限までに納付しない者があるときは，普通地方公共団体の長は，期限を指定してこれを督促しなければならない。

第255条の3　普通地方公共団体の長が過料の処分をしようとする場合においては，過料の処

第2章　屋外広告物法

分を受ける者に対し，あらかじめその旨を告知するとともに，弁明の機会を与えなければ
ならない。

2　普通地方公共団体の長がした過料の処分に不服がある者は，都道府県知事がした処分に
ついては総務大臣，市町村長がした処分については都道府県知事に審査請求をすることが
できる。この場合においては，異議申立てをすることもできる。

3　普通地方公共団体の長以外の機関がした過料の処分についての審査請求は，普通地方公
共団体の長が処分庁の直近上級行政庁でない場合においても，当該普通地方公共団体の長
に対してするものとする。

4　過料の処分についての審査請求（第2項に規定する審査請求を除く。）に対する裁決に不
服がある者は，都道府県知事がした裁決については総務大臣，市町村長がした裁決につい
ては都道府県知事に再審査請求をすることができる。

9　附　　則

　　　附　則

1　この法律は，公布の日から起算して90日を経過した日から施行する。

2　広告物取締法（明治44年法律第70号）は，廃止する。

3　この法律施行前にした広告物取締法に違反する行為に対する罰則の適用に関して
は，なお，従前の例による。

　　　附　則（昭和25年5月30日法律第214号）抄

（施行期日）

第1条　この法律施行の期日は，公布の日から起算して3月を超えない期間内におい
て，政令で定める。

　　　（昭和25年政令第276号で昭和25年8月29日から施行）

　　　（平16法61・旧第113条・一部改正）

　　　附　則（昭和27年4月5日法律第71号）

この法律は，公布の日から施行する。

　　　附　則（昭和29年5月29日法律第131号）抄

1　この法律は，昭和29年7月1日から施行する。

　　　附　則（昭和31年6月12日法律第148号）

1　この法律は，地方自治法の一部を改正する法律（昭和31年法律第147号）の施行
の日から施行する。

　　　（施行の日＝昭和31年9月1日）

2　この法律の施行の際海区漁業調整委員会の委員又は農業委員会の委員の職にある

9 附 則

者の兼業禁止及びこの法律の施行に伴う都道府県又は都道府県知事若しくは都道府県の委員会その他の機関が処理し，又は管理し，及び執行している事務の地方自治法第252条の19第１項の指定都市（以下「指定都市」という。）又は指定都市の市長若しくは委員会その他の機関への引継に関し必要な経過措置は，それぞれ地方自治法の一部を改正する法律（昭和31年法律第147号）附則第４項及び第９項から第15項までに定めるところによる。

　　　　附　　則（昭和37年９月15日法律第161号）抄

1　この法律は，昭和37年10月１日から施行する。

　　　　附　　則（昭和38年５月24日法律第92号）

この法律は，公布の日から起算して90日を経過した日から施行する。

　　　　附　　則（昭和39年７月11日法律第169号）抄

（施行期日）

1　この法律は，昭和40年４月１日から施行する。

　　　　附　　則（昭和43年６月15日法律第101号）抄

この法律（第１条を除く。）は，新法の施行の日から施行する。

　　　（施行の日＝昭和44年６月14日）

　　　　附　　則（昭和45年６月１日法律第109号）抄

（施行期日）

1　この法律は，公布の日から起算して１年をこえない範囲内において政令で定める日から施行する。

　　　（昭和45年政令第270号で昭和46年１月１日から施行）

　　　　附　　則（昭和48年９月17日法律第81号）

この法律は，公布の日から起算して90日を経過した日から施行する。

　　　　附　　則（昭和50年７月１日法律第49号）抄

（施行期日）

1　この法律は，公布の日から起算して３箇月を経過した日から施行する。

　　　　附　　則（平成４年６月26日法律第82号）抄

（施行期日）

第1条　この法律は，公布の日から起算して１年を超えない範囲内において政令で定める日から施行する。

　　　（平成５年政令第169号で平成５年６月25日から施行）

（用途地域に関する経過措置）

第2章　屋外広告物法

第2条　この法律の施行の際現に第1条の規定による改正前の都市計画法（以下「旧都市計画法」という。）第8条第1項第1号に規定する用途地域に関する都市計画が定められている都市計画区域について，建設大臣，都道府県知事又は市町村が第1条の規定による改正後の都市計画法（以下「新都市計画法」という。）第2章の規定により行う用途地域に関する都市計画の決定及びその告示は，この法律の施行の日から起算して3年以内にしなければならない。

第3条　この法律の施行の際現に旧都市計画法の規定により定められている都市計画区域内の用途地域に関しては，この法律の施行の日から起算して3年を経過する日（その日前に新都市計画法第2章の規定により，当該都市計画区域について，用途地域に関する都市計画が決定されたときは，当該都市計画の決定に係る都市計画法第20条第1項（同法第22条第1項において読み替える場合を含む。）の規定による告示があった日。次条，附則第5条及び附則第18条において同じ。）までの間は，旧都市計画法第8条，第9条，第12条の6第1項並びに第13条第1項第5号及び第9号の規定は，なおその効力を有する。

（屋外広告物法等の一部改正に伴う経過措置）

第18条　この法律の施行の際現に旧都市計画法の規定により定められている都市計画区域内の用途地域に関しては，この法律の施行の日から起算して3年を経過する日までの間は，この法律による改正前の次に掲げる法律の規定は，なおその効力を有する。

　一　屋外広告物法

　　　　附　　則（平成6年6月29日法律第49号）抄

　（施行期日）

1　この法律中，第1章の規定及び次項の規定は地方自治法の一部を改正する法律（平成6年法律第48号）中地方自治法（昭和22年法律第67号）第2編第12章の改正規定の施行の日から，第2章の規定は地方自治法の一部を改正する法律中地方自治法第3編第3章の改正規定の施行の日から施行する。

　　　（第2編第12章の改正規定の施行の日＝平成7年4月1日）

　　　　附　　則（平成11年7月16日法律第87号）抄

　（施行期日）

第1条　この法律は，平成12年4月1日から施行する。ただし，次の各号に掲げる規定は，当該各号に定める日から施行する。

　一　第1条中地方自治法第250条の次に5条，節名並びに2款及び款名を加える改

9　附　則

正規定（同法第250条の９第１項に係る部分（両議院の同意を得ることに係る部分に限る。）に限る。），第40条中自然公園法附則第９項及び第10項の改正規定（同法附則第10項に係る部分に限る。），第244条の規定（農業改良助長法第14条の３の改正規定に係る部分を除く。）並びに第472条の規定（市町村の合併の特例に関する法律第６条，第８条及び第17条の改正規定に係る部分を除く。）並びに附則第７条，第10条，第12条，第59条ただし書，第60条第４項及び第５項，第73条，第77条，第157条第４項から第６項まで，第160条，第163条，第164条並びに第202条の規定　公布の日

（国等の事務）

第159条　この法律による改正前のそれぞれの法律に規定するもののほか，この法律の施行前において，地方公共団体の機関が法律又はこれに基づく政令により管理し又は執行する国，他の地方公共団体その他公共団体の事務（附則第161条において「国等の事務」という。）は，この法律の施行後は，地方公共団体が法律又はこれに基づく政令により当該地方公共団体の事務として処理するものとする。

（処分，申請等に関する経過措置）

第160条　この法律（附則第１条各号に掲げる規定については，当該各規定。以下この条及び附則第163条において同じ。）の施行前に改正前のそれぞれの法律の規定によりされた許可等の処分その他の行為（以下この条において「処分等の行為」という。）又はこの法律の施行の際現に改正前のそれぞれの法律の規定によりされている許可等の申請その他の行為（以下この条において「申請等の行為」という。）で，この法律の施行の日においてこれらの行為に係る行政事務を行うべき者が異なることとなるものは，附則第２条から前条までの規定又は改正後のそれぞれの法律（これに基づく命令を含む。）の経過措置に関する規定に定めるものを除き，この法律の施行の日以後における改正後のそれぞれの法律の適用については，改正後のそれぞれの法律の相当規定によりされた処分等の行為又は申請等の行為とみなす。

２　この法律の施行前に改正前のそれぞれの法律の規定により国又は地方公共団体の機関に対し報告，届出，提出その他の手続をしなければならない事項で，この法律の施行の日前にその手続がされていないものについては，この法律及びこれに基づく政令に別段の定めがあるもののほか，これを，改正後のそれぞれの法律の相当規定により国又は地方公共団体の相当の機関に対して報告，届出，提出その他の手続をしなければならない事項についてその手続がされていないものとみなして，この法律による改正後のそれぞれの法律の規定を適用する。

第2章　屋外広告物法

（不服申立てに関する経過措置）

第161条　施行日前にされた国等の事務に係る処分であって，当該処分をした行政庁（以下この条において「処分庁」という。）に施行日前に行政不服審査法に規定する上級行政庁（以下この条において「上級行政庁」という。）があったものについての同法による不服申立てについては，施行日以後においても，当該処分庁に引き続き上級行政庁があるものとみなして，行政不服審査法の規定を適用する。この場合において，当該処分庁の上級行政庁とみなされる行政庁は，施行日前に当該処分庁の上級行政庁であった行政庁とする。

2　前項の場合において，上級行政庁とみなされる行政庁が地方公共団体の機関であるときは，当該機関が行政不服審査法の規定により処理することとされる事務は，新地方自治法第2条第9項第1号に規定する第1号法定受託事務とする。

（罰則に関する経過措置）

第163条　この法律の施行前にした行為に対する罰則の適用については，なお従前の例による。

（その他の経過措置の政令への委任）

第164条　この附則に規定するもののほか，この法律の施行に伴い必要な経過措置（罰則に関する経過措置を含む。）は，政令で定める。

（検討）

第250条　新地方自治法第2条第9項第1号に規定する第1号法定受託事務については，できる限り新たに設けることのないようにするとともに，新地方自治法別表第1に掲げるもの及び新地方自治法に基づく政令に示すものについては，地方分権を推進する観点から検討を加え，適宜，適切な見直しを行うものとする。

第251条　政府は，地方公共団体が事務及び事業を自主的かつ自立的に執行できるよう，国と地方公共団体との役割分担に応じた地方税財源の充実確保の方途について，経済情勢の推移等を勘案しつつ検討し，その結果に基づいて必要な措置を講ずるものとする。

　　　附　則（平成16年5月28日法律第61号）抄

（施行期日）

第1条　この法律は，平成17年4月1日から施行する。

　　　附　則（平成16年6月18日法律第111号）抄

（施行期日）

第1条　この法律は，景観法（平成16年法律第110号）の施行の日から施行する。た

9 附 則

だし，第1条中都市計画法第8条，第9条，第12条の5及び第13条の改正規定，第3条，第5条，第7条から第10条まで，第12条，第16条中都市緑地法第35条の改正規定，第17条，第18条，次条並びに附則第4条，第5条及び第7条の規定は，景観法附則ただし書に規定する日から施行する。

　　　　（施行の日＝平成16年12月17日）

　　　　（規定する日＝平成17年6月1日）

　　　　（平16法112・一部改正）

（屋外広告物法の一部改正に伴う経過措置）

第3条　この法律の施行前に第4条の規定による改正前の屋外広告物法（以下「旧屋外広告物法」という。）第7条第1項の規定により命ぜられた措置については，第4条の規定による改正後の屋外広告物法（以下「新屋外広告物法」という。）第7条第1項及び第3項の規定にかかわらず，なお従前の例による。

2　この法律の施行の際現に旧屋外広告物法第8条及び第9条の規定に基づく条例（以下この条において「旧条例」という。）を定めている都道府県（旧屋外広告物法第13条の規定によりその事務を処理する地方自治法（昭和22年法律第67号）第252条の19第1項の指定都市及び同法第252条の22第1項の中核市を含む。）が，新屋外広告物法第9条の規定に基づく条例（以下この条において「新条例」という。）を定め，これを施行するまでの間は，旧屋外広告物法第8条，第9条及び第14条（第9条第2項に係る部分に限る。）の規定は，なおその効力を有する。

3　新条例には，新条例の施行の際現に屋外広告業を営んでいる者（新条例の施行の日の前日まで旧条例が適用される場合にあっては，新条例の施行の際現に旧条例の規定に基づき届出をして屋外広告業を営んでいる者）については，新条例の施行の日から6月以上で条例で定める期間（当該期間内に新条例の規定に基づく登録の拒否の処分があったときは，その日までの間）は，新条例の規定にかかわらず，登録を受けなくても，引き続き屋外広告業を営むことができる旨を定めなければならない。この場合においては，併せて，その者がその期間内に当該登録の申請をした場合において，その期間を経過したときは，その申請について登録又は登録の拒否の処分があるまでの間も同様とする旨を定めなければならない。

4　新条例には，新条例の施行の際現に旧屋外広告物法第9条第1項に規定する講習会修了者等である者について，新条例に規定する業務主任者となる資格を有する者とみなす旨を定めなければならない。

5　この法律の施行前に国土交通大臣が定める試験に合格した者は，新屋外広告物法

第2章　屋外広告物法

第10条第2項第3号イの試験に合格した者とみなす。

第4条　この法律の施行の際現に旧都市計画法第8条第1項第6号の規定により定められている美観地区（附則第2条第1項前段に規定する美観地区を除く。）についての第5条の規定による改正後の屋外広告物法第3条第1項第1号の規定の適用については，なお従前の例による。

　（罰則に関する経過措置）

第5条　この法律の施行前にした行為に対する罰則の適用については，なお従前の例による。

　（政令への委任）

第6条　附則第2条から前条までに定めるもののほか，この法律の施行に関して必要な経過措置は，政令で定める。

　　　附　則（平成16年6月18日法律第112号）抄

　（施行期日）

第1条　この法律は，公布の日から起算して3月を超えない範囲内において政令で定める日から施行する。

　　　（平成16年政令第274号で平成16年9月17日から施行）

　　　附　則（平成17年7月15日法律第83号）抄

　（施行期日）

第1条　この法律は，平成19年4月1日から施行する。

　（助教授の在職に関する経過措置）

第2条　次に掲げる法律の規定の適用については，この法律の施行前における助教授としての在職は，准教授としての在職とみなす。

　一から四まで　略

　五　屋外広告物法（昭和24年法律第189号）別表

　　　（平30法33・一部改正）

　　　　　　　———————————————

　　　〇会社法の施行に伴う関係法律の整備等に関する法律（平成17法律87）
　　　　抄

　（罰則に関する経過措置）

第527条　施行日前にした行為及びこの法律の規定によりなお従前の例によることとされる場合における施行日以後にした行為に対する罰則の適用については，なお従

9 附 則

前の例による。

（政令への委任）

第528条 この法律に定めるもののほか，この法律の規定による法律の廃止又は改正に伴い必要な経過措置は，政令で定める。

　　　　　附　　則（平成17年7月26日法律第87号）抄

この法律は，会社法の施行の日から施行する。

　　　　　（施行の日＝平成18年5月1日）

_____

　　　　　附　　則（平成20年5月23日法律第40号）抄

（施行期日）

第1条 この法律は，公布の日から起算して6月を超えない範囲内において政令で定める日から施行する。

　　　　　（平成20年政令第336号で平成20年11月4日から施行）

　　　　　附　　則（平成23年6月3日法律第61号）抄

（施行期日）

第1条 この法律は，公布の日から起算して1年を超えない範囲内において政令で定める日（以下「施行日」という。）から施行する。

　　　　　（平成23年政令第395号で平成24年4月1日から施行）

　　　　　附　　則（平成29年5月12日法律第26号）抄

（施行期日）

第1条 この法律は，公布の日から起算して2月を超えない範囲内において政令で定める日から施行する。ただし，次の各号に掲げる規定は，当該各号に定める日から施行する。

一　附則第25条の規定　公布の日

二　第1条中都市緑地法第4条，第34条，第35条及び第37条の改正規定，第2条中都市公園法第3条第2項の改正規定及び同条の次に1条を加える改正規定，第4条中生産緑地法第3条に1項を加える改正規定，同法第8条に1項を加える改正規定，同法第10条の改正規定，同条の次に5条を加える改正規定及び同法第11条の改正規定並びに第5条及び第6条の規定並びに次条第1項及び第2項並びに附則第3条第2項，第6条，第7条，第10条，第13条，第14条，第18条（地域における歴史的風致の維持及び向上に関する法律（平成20年法律第40号）第31条第5項第1号の改正規定に限る。），第19条，第20条，第22条及び第23条（国家戦略特別区域法（平成25年法律第107号）第15条の改正規定に限る。）の規定　公布の日

第2章　屋外広告物法

から起算して1年を超えない範囲内において政令で定める日

（平成29年政令第155号で平成30年4月1日から施行）

（政令への委任）

第25条　この附則に定めるもののほか，この法律の施行に関し必要な経過措置は，政令で定める。

　　　　附　　則（平成30年5月30日法律第33号）抄

（施行期日）

第1条　この法律は，公布の日から起算して1年6月を超えない範囲内において政令で定める日から施行する。ただし，次の各号に掲げる規定は，当該各号に定める日から施行する。

一から三まで　略

四　第3条中特許法第107条第3項の改正規定，第109条の見出しを削り，同条の前に見出しを付し，同条の次に1条を加える改正規定，第112条第1項及び第6項の改正規定，第195条第6項の改正規定並びに第195条の2の見出しを削り，同条の前に見出しを付し，同条の次に1条を加える改正規定並びに第6条及び第7条の規定並びに附則第11条，第15条，第23条及び第25条から第32条までの規定　公布の日から起算して1年を超えない範囲内において政令で定める日

（平成31年政令第1号で平成31年4月1日から施行）

〇景観法及び景観法の施行に伴う関係法律の整備等に関する法律の施行に伴う関係政令の整備等に関する政令（抄）

（平成16年12月15日
政　令　第　399　号）

　　　　附　　則

（施行期日）

第1条　この政令は，景観法の施行の日（平成16年12月17日）から施行する。

（屋外広告物法の一部改正に伴う経過措置）

第2条　景観法の施行に伴う関係法律の整備等に関する法律第4条の規定の施行前に同条の規定による改正前の屋外広告物法（昭和24年法律第189号）第7条第2項又は第4項の規定により都道府県知事が除却し，又は除却させた広告物又は広告物を掲出する物件については，景観法の施行に伴う関係法律の整備等に関する法律第4条の規定による改正後の屋外広告物法第8条の規定は，適用しない。

9 附 則

【改正の経過】

①	昭和25年 5 月30日法214	文化財保護法附則128条による改正
②	昭和27年 4 月 5 日法71	第 1 次改正（第 7 条第 2 項（略式代執行の規定），現第11条（都道府県知事の事務の委任の規定）の追加等）
③	昭和29年 5 月29日法131	文化財保護法の一部を改正する法律附則 9 項による改正
④	昭和31年 6 月12日法148	地方自治法の一部を改正する法律の施行に伴う関係法律の整理に関する法律18条による改正
⑤	昭和37年 9 月15日法161	行政不服審査法の施行に伴う関係法律の整理等に関する法律235条による改正
⑥	昭和38年 5 月24日法92	第 2 次改正（はり紙の簡易除却措置の規定の追加）
⑦	昭和39年 7 月11日法169	地方自治法等の一部を改正する法律14条による改正
⑧	昭和43年 6 月15日法101	都市計画法施行法10条による改正
⑨	昭和45年 6 月 1 日法109	建築基準法の一部を改正する法律附則 4 項による改正
⑩	昭和48年 9 月17日法81	第 3 次改正（はり札及び立看板の簡易除却措置，屋外広告業の届出，講習会修了者等の設置等の規定の追加）
⑪	昭和50年 7 月 1 日法49	文化財保護法の一部を改正する法律附則12項による改正
⑫	平成 4 年 6 月26日法82	都市計画法及び建築基準法の一部を改正する法律附則第12条による改正
⑬	平成 6 年 6 月29日法49	地方自治法の一部を改正する法律10条による改正
⑭	平成11年 7 月16日法87	地方分権の推進を図るための関係法律の整備等に関する法律406条による改正
⑮	平成16年 5 月28日法61	文化財保護法の一部を改正する法律附則 3 条による改正
⑯	平成16年 6 月18日法111	景観法の施行に伴う関係法律の整備等に関する法律 4 条及び 5 条による改正
⑰	平成16年 6 月18日法112	武力攻撃事態等における国民の保護のための措置に関する法律附則第12条による改正
⑱	平成17年 7 月15日法83	学校教育法の一部を改正する法律附則第 4 条による改正
⑲	平成17年 7 月26日法87	会社法の施行に伴う関係法律の整備等に関する法律第468条による改正
⑳	平成20年 5 月23日法40	地域における歴史的風致の維持及び向上に関する法律附則第 4 条による改正
㉑	平成23年 6 月 3 日法61	民法等の一部を改正する法律附則第16条による改正
㉒	平成29年 5 月12日法26	都市緑地法等の一部を改正する法律附則第 6 条による改正
㉓	平成30年 5 月30日法33	不正競争防止法等の一部を改正する法律附則第26条による改正

第3章

屋外広告物条例ガイドライン

第3章　屋外広告物条例ガイドライン

　すでに第1章で解説したように，屋外広告物法は，屋外広告物行政における規制の基準を定めた法律であって，実際の屋外広告物規制は，各都道府県，指定都市又は中核市が屋外広告物法に基づく条例及びこれに基づく規則，告示等を定めて独自に行っている。また，屋外広告物法の平成16年改正で景観行政団体である指定都市及び中核市以外の市町村も屋外広告物条例を制定することができることとなっている。

　したがって，屋外広告物規制の内容をマスターするためには，各都道府県・指定都市・中核市等の条例，規則，告示等を正確に理解することが必要になる。しかしながら，都道府県，指定都市及び中核市だけでも合計120を超え，これらの条例等の内容をすべてマスターすることは困難でもあるうえ，近年，指定都市及び中核市は増加の傾向にある。また，実際に屋外広告活動を行わない地方公共団体の条例等までマスターしてもあまり意味がないと思われる。逆に，1つの地方公共団体条例等についてだけしか理解していないというのでは，1つの地方公共団体の区域を超えた広域的な屋外広告活動が行われている現状からして，極めて不適当である。そこで，まず全国の屋外広告物規制の標準的内容をマスターするために屋外広告物条例ガイドラインについて理解し，次いで実際に屋外広告活動を行う地方公共団体の条例等を，同条例ガイドラインとの異同に留意しつつ理解していくのが適当と言える。

　屋外広告物条例ガイドラインは，規制を受ける側の便宜のために，各都道府県又は指定都市によってあまりにも異なる内容であった屋外広告物規制について調整を図る目的で，各都道府県及び指定都市の条例を勘案し昭和39年（1964年）に，建設省都市局都市総務課長通達として定められた「屋外広告物標準条例（案）」をルーツに持つ。同通達の発出後，主要なものとして，法の第3次改正に伴う改正（昭和48年（1973年）），平成6年（1994年）の改正を経て，法の第4次改正に伴う改正（平成16年（2004年））により名称が「屋外広告物条例ガイドライン」と変更，平成28年（2016年）4月の屋外広告物の所有者等による点検の促進等に係る改正，平成29年（2017年）3月の広告料収入の活用による公益上必要な施設の設置等の規制弾力化に係る改正，平成29年（2017年）12月の広告料収入を地域における公共的な取組の費用に充てる広告物の規制弾力化に係る改正，及び都市緑地法等の一部を改正する法律（平成29年法律第26号）による屋外広告物法の一部改正（平成30年4月1日施行）を踏まえ，田園住居地域を禁止地域に追加したことに伴う改正，平成30年（2018年）3月のプロジェクションマッピングの取扱いを定めた「投影広告物条例ガイドライン」の策定に伴う改正，平成30年（2018年）9月の屋外広告業者の手続的・経済的な負担の軽減と登録事務の効率化の必要性を踏まえた様式の変更に伴う改正が行われ，現在に至っている。また，地方分権の要請のもと，改正に伴いその趣旨も変化を遂げ，現在の屋外広告物条例ガイドラインは，地方公共団体が屋外広告物条例を制定・改正する際の1つの参考資料として位置付けられている。

1　屋外広告物のあり方

（目的）

第1条　この条例は，屋外広告物法（昭和24年法律第189号。以下「法」という。）の

規定に基づき，屋外広告物（投影広告物（建築物等に光で投影する方法により表示される広告物をいう。）を除く。以下「広告物」という。）及び屋外広告業について必要な規制を行ない，もつて良好な景観を形成し，若しくは風致を維持し，又は公衆に対する危害を防止することを目的とする。

（広告物のあり方）

第2条　広告物又は広告物を掲出する物件（以下「掲出物件」という。）は，良好な景観若しくは風致を害し，又は公衆に対し危害を及ぼすおそれのないものでなければならない。

【解　説】

　屋外広告物の規制は，屋外広告物法に基づき，各都道府県，指定都市及び中核市並びに景観行政団体である指定都市・中核市以外の市町村（都道府県の条例で定められたものに限る。）の事務として行われるものである。したがって，規制の内容，方法等は，法が定めている基準の範囲内において，条例で地域の特性等を勘案して独自に定められている。

　法の目的が，①良好な景観の形成若しくは風致の維持と②公衆に対する危害の防止という2つの観点に絞られているため，条例の目的も，この2つの観点に限られている。したがって，広告物の表示内容に立ち入っての規制をすることはできない。このため，条例第2条の広告物のあり方についての規定でも，広告物又は掲出物件は，良好な景観若しくは風致を害したり，公衆に危害を及ぼすおそれのないものでなければならない，と訓示するにとどめている。

　しかしながら，表示の内容については，屋外広告物規制では規制されていないものの，他の法律や条例等によって別個の観点から規制されることがある（例えば，わいせつな内容のものや，青少年に害毒を与えるような内容のものは，刑法，軽犯罪法，青少年保護条例等によって規制されている。）。また，このような規制や刑罰とは関係なく，表示する広告物の内容についても適切な配慮を行わなければならないことは，屋外広告業者としての職業倫理からしても，きわめて当然のことである。

　また，屋外広告物法に基づく規制は，屋外広告物に対する規制と屋外広告業に対する規制の2つからなることが明らかにされている。

　なお，高さが4mを超える広告塔，広告板等について，安全性の観点から建築基準法の規定が適用されることは法第4条の解説で述べたとおりである。屋外広告物のうち投影広告物に関しては，平成30年3月に新たに投影広告物条例ガイドラインを策定し，地方公共団体が投影広告物に関する条例を制定・改正する際の技術的助言として示している。

2　屋外広告物が規制される地域等

① 禁止される地域等

（禁止地域等）

第3条　次に掲げる地域又は場所においては，広告物を表示し，又は掲出物件を設置

第3章　屋外広告物条例ガイドライン

してはならない。

一　都市計画法（昭和43年法律第100号）第2章の規定により定められた第1種低層住居専用地域，第2種低層住居専用地域，第1種中高層住居専用地域，第2種中高層住居専用地域，田園住居地域，景観地区，風致地区，特別緑地保全地区，緑地保全地域，生産緑地地区又は伝統的建造物群保存地区（知事が指定する区域を除く。）

一ノ二　景観法（平成16年法律第110号）第74条第1項の規定により指定された準景観地区であって，同法第75条第1項に規定する条例により制限を受ける地域のうち，知事が指定する区域

一ノ三　景観法第76条第3項の地区計画等形態意匠条例（以下「地区計画等形態意匠条例」という。）により制限を受ける地域のうち，知事が指定する区域

二　市民農園整備促進法（平成2年法律第44号）第2条第2項に規定する市民農園の区域（知事が指定する区域を除く。）

三　文化財保護法（昭和25年法律第214号）第27条又は第78条第1項の規定により指定された建造物及びその周辺で知事が指定する範囲内にある地域並びに同法第109条第1項若しくは第2項又は第110条第1項の規定により指定され，又は仮指定された地域

四　〇〇県文化財保護条例（昭和　　　年　　　　　県条例　　　第　　　号）第　　　条の規定により指定された建造物及び同条例第　　　条の規定により指定された〇〇〇並びにこれらの周囲で知事が指定する範囲内にある地域

五　森林法（昭和26年法律第249号）第25条第1項第11号の規定により指定された保安林のある地域（知事が指定する区域を除く。）

五ノ二　自然環境保全法（昭和47年法律第85号）第3章及び第4章の規定により指定された原生自然環境保全地域及び自然環境保全地域（知事が指定する区域を除く。）

六　都市の美観風致を維持するための樹木の保存に関する法律（昭和37年法律第142号）第2条第1項の規定により指定された保存樹林のある地域

七　高速自動車国道及び自動車専用道路（休憩所又は給油所の存する区域のうち知事が指定する区域を除く。）の全区間，道路（高速自動車国道及び自動車専用道路を除く。）の知事が指定する区間並びに鉄道，軌道及び索道の知事が指定する区間

八　道路及び鉄道等（鉄道，軌道及び索道をいう。以下同じ。）に接続する地域で

2　屋外広告物が規制される地域等

　　知事が指定する区域

九　都市公園法（昭和31年法律第79号）第2条第1項に規定する都市公園及び社会資本整備重点計画法施行令（平成15年政令第162号）第2条各号に規定する公園又は緑地の区域

十　河川，湖沼，渓谷，海浜，高原，山，山岳及びこれらの附近の地域で，知事が指定する区域

十一　港湾，空港，駅前広場及びこれらの附近の地域で，知事が指定する区域

十二　官公署，学校，図書館，公会堂，公民館，体育館及び公衆便所の建物並びにその敷地

十二ノ二　博物館，美術館及び病院の建物並びにその敷地で，規則で定める基準に適合するもの

十三　古墳，墓地及びこれらの周囲の地域で，知事が指定する区域

十四　社寺，教会，火葬場の建造物及びその境域で，知事が指定する区域

十五　○○○○○……………

【解　説】

　これらは，主として良好な景観又は風致の維持の観点から，屋外広告物の表示等を禁止するのが望ましいと考えられる地域である。各地方公共団体においては，これらの地域を参考にして，禁止地域を定めている。各地方の特性によって屋外広告物規制についての考え方が厳しい所と緩やかな所があるが，多くの地方公共団体においては，ここにあげられているような地域が禁止地域とされているようである。

(1)　第1号に規定されている第1種低層住居専用地域，第2種低層住居専用地域，第1種中高層住居専用地域，第2種中高層住居専用地域，田園住居地域，景観地区，風致地区，特別緑地保全地区，緑地保全地域，生産緑地地区又は伝統的建造物群保存地区は，都市計画上の地域地区として定められるもので，各地域地区の目的に沿った各種の規制が都市計画上行われている。

①　第1種低層住居専用地域…低層住宅に係る良好な住居の環境を保護するために定められる用途地域（都市計画法）

②　第2種低層住居専用地域…主として低層住宅に係る良好な住居の環境を保護するために定められる用途地域（都市計画法）

③　第1種中高層住居専用地域…中高層住宅に係る良好な住居の環境を保護するために定められる用途地域（都市計画法）

④　第2種中高層住居専用地域…主として中高層住宅に係る良好な住居の環境を保護するために定められる用途地域（都市計画法）

⑤　田園住居地域…農業の利便の増進を図りつつ，これと調和した低層住宅に係る良好な住

第3章　屋外広告物条例ガイドライン

居の環境を保護するために定められる用途地域（都市計画法）

⑥　景観地区…市街地の良好な景観の形成を図るために定められる地域地区（都市計画法，景観法）

⑦　風致地区…都市の風致を維持するために定められる地域地区（都市計画法，各地方公共団体の風致地区条例）

⑧　特別緑地保全地区…都市における良好な自然的環境を形成している緑地を特別に保全するために定められる地域地区（都市計画法，都市緑地法）

⑨　緑地保全地域…都市における良好な自然的環境を形成している緑地を保全するために定められる地域地区（都市計画法，都市緑地法）

⑩　生産緑地地区（都市計画法，生産緑地法）…良好な生活環境の確保に相当の効用がある市街化区域内の農地等を保全するために定められる地域地区（都市計画法，生産緑地法）

⑪　伝統的建造物群保存地区…伝統的建造物群及びこれと一体をなしてその価値を形成している環境を保存するために定められる地域地区（都市計画法，文化財保護法）

なお，知事が指定する区域を除くこととされているが，風致地区については，原則その全域を禁止区域とすることが通常であり，除外措置は，地域の状況に照らし，やむを得ない場合に限り，除外地域以外の区域の禁止の効果を損なわない範囲内において行われることが望ましい。景観地区においてもこの基本的な考え方は同様であるが，良好な景観の形成に資する屋外広告物の積極的な活用が想定される場合においては，除外地域とされることもありうる。

なお，景観計画区域内の屋外広告物の制限が景観計画に定められた場合においては，法第6条の解説（20ページ参照）で述べたとおり，屋外広告物条例（これに基づく規則を含む。）は，当該景観計画に即することとされている。

(2)　第1号の2は，景観法に基づき，都市計画区域及び準都市計画区域外の景観計画区域内に指定される準景観地区で，条例により良好な景観の形成のための規制が行われる地域における良好な景観又は風致の維持のため屋外広告物の規制を行おうとするものである。第1号の3は，景観法に基づき，地区計画等の区域内で条例により建築物の形態意匠の制限が行われる地域における良好な景観又は風致の維持のため屋外広告物の規制を行おうとするものである。知事が指定する区域に限定しているのは，(1)の景観地区の解説で述べた趣旨と同様である。

(3)　第2号は，都市の住民のレクリエーション等の用に供される市民農園の良好な景観の形成又は風致の維持のため屋外広告物の規制を行おうとするものである。

(4)　第3号の文化財保護法関係は，重要文化財（同法第27条）又は重要有形民俗文化財（同法第78条第1項）に指定された建造物及びその周囲の地域並びに史跡名勝天然記念物（同法第109条第1項及び第110条第1項）に指定又は仮指定された地域における良好な景観又は風致を維持しようとするものである。

①　重要文化財…有形文化財（建造物，絵画，彫刻，工芸品，書跡，典籍，古文書その他の有形の文化的所産でわが国にとって歴史上又は芸術上価値の高いもの及び考古資料等をい

2　屋外広告物が規制される地域等

う。）のうち重要なものとして文部科学大臣が指定するもの

② 重要有形民俗文化財…有形の民俗文化財（衣食住，生業，信仰，年中行事等に関する風俗慣習，民俗芸能及びこれらに用いられる衣服，器具，家屋その他の物件でわが国の国民の生活の推移の理解のため欠くことのできないものをいう。）のうち特に重要なものとして文部科学大臣が指定するもの

③ 史跡名勝天然記念物…記念物（貝塚，古墳，都城跡，城跡，旧宅その他の遺跡でわが国にとって歴史上又は学術上価値の高いもの，庭園，橋梁，峡谷，海浜，山岳その他の名勝地でわが国にとって芸術上又は観賞上価値の高いもの並びに動物（生息地，繁殖地，渡来地を含む。），植物（自生地を含む。）及び地質鉱物（特異な自然の現象の生じている土地を含む。）でわが国にとって学術上価値の高いものをいう。）のうち重要なものとして文部科学大臣が指定するもの

なお，この他，登録有形文化財（文化財保護法第57条）や重要文化的景観（文化財保護法第134条第1項）及びその周辺地域についても，必要に応じ禁止地域や許可地域とされることとなろう。

(5)　第4号は文化財保護条例関係である。地方公共団体は，条例の定めるところにより，重要文化財，重要有形民俗文化財，史跡名勝天然記念物等に指定されている文化財以外の文化財で，当該地方公共団体の区域内に存するもののうち重要なものを指定して，その保存活用のため必要な措置を講ずることができることとされている（文化財保護法第182条第2項）。規制の趣旨は文化財保護法関係と同じ。

(6)　第5号はいわゆる風致保安林（名所又は旧跡の風致の保存のために指定される保安林をいう。）のある地域のことである。保安林についても，(1)の解説で述べた風致地区同様，原則その全域を禁止区域とすることが通常であり，除外措置は例外である。

(7)　第5号の2は自然環境保全法関係である。

① 原生自然環境保全地域…自然環境が人の活動によって影響を受けることなく原生の状態を維持している土地の区域で，当該自然環境を保全することが特に必要な区域として環境大臣が指定した地域

② 自然環境保全地域…原生自然環境保全地域以外の区域で，自然的社会的諸条件からみてその区域における自然環境を保全することが特に必要な区域として環境大臣が指定した地域

(8)　第7号では，高速自動車国道等についてはその全区間が禁止地域とされることとなっている。ただし，本線から展望できないいわゆるパーキングエリア，サービスエリアで知事が指定する区域については，禁止区域から除かれる。なお，東海道新幹線等の新幹線鉄道についても，その全区間が禁止地域とされることが望ましいとされている。その他の道路，鉄道等については，例えば都市内の景観のすぐれた街路の区間，景観のすぐれた山岳，海浜，湖沼，河川，樹林等を通過し，又はこれらを展望できる道路及び鉄道等の区間等特に良好な景観又は風致の維持を必要とする区間で，知事の指定する区間が禁止区域となる。

(9)　第8号において，知事が指定する地域としては，都市内の景観のすぐれた街路の区間，景観のすぐれた山岳，海浜，湖沼，河川，樹林等を通過し，又はこれらを展望できる道路及び

第3章　屋外広告物条例ガイドライン

鉄道等（高速自動車国道，自動車専用道路及び東海道新幹線鉄道等を除く。）並びに高速自動車国道，自動車専用道路及び東海道新幹線鉄道等から展望できる区域のように，特に良好な景観の形成又は風致の維持を必要とする区域などが考えられる。

⑽　第9号の都市公園の区域内については，都道府県等の屋外広告物条例では広告物の表示等が禁止されていない場合でも，屋外広告物法とは独立の観点から当該都市公園の管理権に基づいて当該都市公園を設置している都道府県又は市町村の都市公園条例によって禁止されている場合があるので注意を要する。同様に，学校，図書館等その他の施設についても，屋外広告物法とは独立の観点から当該施設の管理権に基づいて広告物の表示等が禁止されることがありうるのは当然である。

> **第4条**　知事が指定する場所から展望することができる広告物又は掲出物件で規則で定めるものについては，これを設置してはならない。

【解　説】
　本条の規定の趣旨は，一定の眺望点から望む街並み，自然，名所・旧跡等景勝地の良好な景観の形成又は風致の維持のため，当該眺望点から見える広告物等の表示・設置について禁止するものである。

② 許可を受けなければならない地域等

> **（許可地域等）**
> **第6条**　次に掲げる地域又は場所（第3条各号に掲げる地域又は場所を除く。）において，広告物を表示し，又は掲出物件を設置しようとする者は，規則で定めるところにより，知事の許可を受けなければならない。
>
> 一　景観法第8条第2項第1号に規定する景観計画区域（知事が指定する区域を除く。）
>
> 一ノ二　地区計画等形態意匠条例により制限を受ける地域
>
> 一ノ三　第3条第1号かつこ書，第2号かつこ書，第5号かつこ書又は第5号の2かつこ書に規定する区域
>
> 二　第3条第7号の休憩所又は給油所の存する区域のうち知事が指定する区域並びに道路及び鉄道等の知事が指定する区間
>
> 三　道路及び鉄道等に接続する地域で知事が指定する区域
>
> 四　河川，湖沼，渓谷，海浜，高原，山，山岳及びこれらの附近の地域で知事が指定する区域
>
> 五　港湾，空港，駅前広場及びこれらの附近の地域で，知事が指定する区域
>
> 六　○○○○○……………
>
> 2　前項各号に掲げる地域又は場所のほか，市及び次の各号に掲げる区域において，

2 屋外広告物が規制される地域等

広告物を表示し，又は掲出物件を設置しようとする者は，規則で定めるところにより，知事の許可を受けなければならない。

　　〇〇郡〇〇町大字〇〇

　　〇〇郡〇〇村大字〇〇

【解　説】

　許可地域の指定に当たっては，土地利用の状況等必要に応じて細分化し，区分ごとに許可基準を変え，地域の特性に応じた段階的な規制を行うことが望ましい。特に，景観計画区域内における許可の基準については，景観法第8条第1項の景観計画に広告物の表示及び掲出物件の設置に関する行為の制限に関する事項が定められた場合においては，当該景観計画を策定した景観行政団体の屋外広告条例に基づく許可基準は，当該景観計画に則して定める必要がある。また，地域の景観と広告物との調和を図るため，必要に応じて，広告物の全体量を一定以下に抑制したり，広告物の表示方法，色彩，意匠等に関する規制の強化を図ることが望ましい。

　許可地域の指定に関しては，「屋外広告物条例ガイドライン運用上の参考事項」^{〈注1〉}において，以下の事項が示されている。

①　第1項第2号前段の規定は，高速自動車国道又は自動車専用道路の休憩所及び給油所の存する区域のうち本線から展望できない場所において表示し，又は設置される広告物又は掲出物件であることが望ましい。

②　第1項第2号後段及び第3号の規定は，道路及び鉄道等の禁止区間以外の全区間並びに道路及び鉄道等から展望できる地域で禁止地域以外の区域（路端からおおむね500mないし1,000mまで）について行うことが適当であると思われる。ただし，市街地内については，状況に応じ適宜措置することが必要である。

③　第1項第2号から第6号までにおいては，禁止地域の隣接地域は，原則として許可地域とし，禁止地域と無規制地域とが直接することはできる限りさけることが望ましい。

　許可制度については，104ページ以下で詳しく述べる。なお，屋外広告物法制とは独立に，法令により以下のような地域において屋外広告物の表示等が制限（要許可又は要届出）されている。

①　自然公園（自然公園法）

　(i)　特別地域（要許可。第20条第3項及び第9項，同法施行規則第11条第21項，第12条第23号，同条第24号，同条第30号）

　(ii)　特別保護地区（要許可。第21条第3項及び第8項，同法施行規則第11条第21項，第13条第1号）

　(iii)　海域公園地区（要許可。第22条第3項及び第8項，同法施行規則第11条第21項）

　(iv)　普通地域（要届出。第33条第1項及び第7項，同法施行規則第15条第1号，同条第16号）

　(v)　都道府県立自然公園（第73条）

②　歴史的風土特別保存地区（要許可。古都における歴史的風土の保存に関する特別措置法第8条第1項，同法施行令第5条第1号，第6号及び第9号ロ(7)，第6条第11号）

第3章 屋外広告物条例ガイドライン

③ 特別緑地保全地区（工作物のみ。要許可。都市緑地法第14条第1項及び第9項，同法施行令第6条第1号），緑地保全地域（工作物のみ。要届出。都市緑地法第8条第1項及び第9項，同法施行令第4条第2号）

④ 近郊緑地保全区域（工作物のみ。要届出。首都圏近郊緑地保全法第7条，同法施行令第2条第2号，近畿圏の保全区域の整備に関する法律第8条，同法施行令第5条第2号）

<注>

1 屋外広告物条例ガイドライン運用上の参考事項　屋外広告物条例ガイドラインの運用に当たって参考となるべき事項を示すため，屋外広告物条例ガイドラインの一部としてその最後に添付されている。

第7条　知事が指定する場所から展望することができる広告物又は掲出物件で規則で定めるもの（第4条に該当するものを除く。）を表示し，又は設置しようとする者は，規則で定めるところにより，知事の許可を受けなければならない。

【解　説】

　本条の規定の趣旨は，一定の眺望点から望む街並み，自然，名所・旧跡等景勝地の良好な景観の形成又は風致の維持のため，当該眺望点から見える広告物等の表示・設置について規制を行おうとするものである。

3　広告物の表示等が禁止される物件

（禁止物件）

第5条　次に掲げる物件には，広告物を表示し，又は掲出物件を設置してはならない。

一　橋りよう，トンネル，高架構造及び分離帯

二　石垣，よう壁の類

三　街路樹，路傍樹及び都市の美観風致を維持するための樹木の保存に関する法律第2条第1項の規定により指定された保存樹

四　信号機，道路標識及び歩道柵，駒止めの類並びに里程標の類

五　電柱，街灯柱その他電柱の類で知事が指定するもの

六　消火栓，火災報知機及び火の見やぐら

七　郵便ポスト，電話ボックス及び路上変電塔

八　送電塔，送受信塔及び照明塔

九　煙突及びガスタンク，水道タンクその他タンクの類

十　銅像，神仏像及び記念碑の類

4 特別に規制の強化・緩和等が行われる地区

　十一　景観法第19条第1項の規定により指定された景観重要建造物及び同法第28条第1項の規定により指定された景観重要樹木

2　道路の路面には，広告物を表示してはならない。

【解　説】

　以上の物件については，屋外広告物の表示又は掲出物件の設置が禁止されることとされている。

　これらの物件に広告物が無秩序に表示されているのは良好な景観や風致の維持の観点から好ましくないことはいうまでもないことである。そればかりでなく，特に信号機，道路標識，街路樹等に無秩序に広告物が表示されたような場合には，信号機，道路標識の妨害や見通しの不良等を生じ，このため公衆に危害を与えることも予想される。

　なお，道路における広告物の表示については，道路法（昭和27年法律第180号）や道路交通法（昭和35年法律第105号）による規制も行われている（道路占用の許可，道路使用の許可がそれぞれ必要とされている）から，注意を要する。

　また，仮にそれぞれの地方公共団体の屋外広告物条例で禁止物件とされていない場合であっても，個人や会社等の所有物（例えば，電柱であれば電力会社等）に広告物の表示を行う場合には，予め当該所有者等の同意を得る必要があることに注意すべきである。

4　特別に規制の強化・緩和等が行われる地区

　（広告物活用地区）

第8条　知事は，第3条に規定する地域又は場所以外の区域で，活力ある街並を維持する上で広告物が重要な役割を果たしている区域を，広告物活用地区として指定することができる。

2　広告物活用地区において表示され，又は設置される広告物又は掲出物件については，規則で定めるところにより，景観上，安全上支障を及ぼすおそれのないものとして知事の確認を受けたものに限り，第5条，第6条及び第14条の規定は，適用しない。

【解　説】

　繁華街等においては，活発な経済活動を反映して様々な広告物等が表示・設置されており，これが当該地区の活力の象徴となっている場合も少なくない。このような場合においては，知事が広告物活用地区を定め，一定の規制緩和を行うことができることとされている。具体的には，当該地区内において当該地区の魅力・活力を維持・向上させる役割を果たす広告物等（大規模なネオンサインや建築物の外壁等に直接描画された芸術性の高い絵画等）については，景観上，安全上支障を及ぼすおそれのないものとして知事の確認を受けることにより，屋外広告物条例ガイドライン第6条の許可を受けることなく，また，同条例ガイドライン第14条の規格

第3章　屋外広告物条例ガイドライン

に適合していなくとも，広告物又は掲出物件を表示・設置することができることとされている。

> **（景観保全型広告整備地区）**
>
> **第9条**　知事は，第3条及び第6条に規定する地域又は場所で，良好な景観を保全するため良好な広告物又は掲出物件の新設・改修等を図ることが特に必要な区域を，景観保全型広告整備地区として指定することができる。
>
> 2　知事は，景観保全型広告整備地区を指定しようとするときは，当該景観保全型広告整備地区における広告物の表示又は掲出物件の設置に関する基本方針（以下「基本方針」という。）を定めるものとする。
>
> 3　前項の基本方針には，次に掲げる事項を定めるものとする。
>
> 　一　広告物の表示及び掲出物件の設置に関する基本構想
>
> 　二　広告物及び掲出物件の位置，形状，面積，色彩，意匠その他表示の方法に関する事項
>
> 4　知事は，基本方針を定め又はこれを変更したときは遅滞なく，これを公表しなければならない。
>
> 5　景観保全型広告整備地区において，広告物を表示し，又は掲出物件を設置しようとする者は，当該景観保全型広告整備地区に係る基本方針に適合するように努めなければならない。
>
> 6　第3条に規定する地域又は場所で知事が景観保全型広告整備地区として指定した区域において，広告物を表示し，又は掲出物件を設置しようとする者は，規則で定めるところにより，知事にその旨を届け出なければならない。
>
> 7　知事は，前項の届出があつた場合において，当該景観保全型広告整備地区に係る基本方針の内容に照らして必要があると認めるときは，当該届出をした者に対して，必要な助言又は勧告をすることができる。

【解　説】

　禁止地域や許可地域に指定されている地域のうちでも，伝統的な街並みが保存されている地区や観光地等特に良好な景観の形成を積極的に推進していく必要性の高い地区については，知事が景観保全型広告整備地区を定めることができることとされている。この地区は，許可対象となっている広告物のみならず，自家用広告物等規制の適用除外となっている広告物についても，より良質なものに誘導していくことを目的としている。

　具体的には，まず，知事が，景観保全型広告整備地区を指定しようとするときに，(i)広告物の表示等に関する基本構想及び(ii)広告物等の表示の方法に関する事項を内容とする基本方針を定める。そして，広告物等の表示・設置者は，その広告物等が許可対象であるか否かを問わず

4 特別に規制の強化・緩和等が行われる地区

この基本方針へ適合するように努めなければならない。また，禁止地域内に定められた景観保全型広告整備地区においては，自家用広告物等の適用除外広告物を表示・設置する者は，知事に届け出なければならず，知事は，基本方針の内容に照らして必要があると認めるときは，当該届出をした者に対して，必要な助言又は勧告をすることができることとされている。助言・勧告にあたっては，景観や広告デザイン等に関し専門的な知識を有する者がアドバイスを行える体制づくりが望まれる。また，この際，当該専門的な知識を有する者としては，屋外広告士その他の屋外広告士と同等以上の資格を有する者とすることが望ましい。

（広告物協定地区）

第10条 相当規模の一団の土地又は道路，河川等に隣接する相当の区間にわたる土地（これらの土地のうち，公共施設の用に供する土地その他規則で定める土地を除く。）の所有者及び地上権又は賃借権を有する者（以下「土地所有者等」と総称する。）は，一定の区域を定め，当該区域の景観を整備するため，当該区域における広告物及び掲出物件に関する協定（以下「広告物協定」という。）を締結し，当該広告物協定が適当である旨の知事の認定を受けることができる。

2 広告物協定においては，次に掲げる事項を定めるものとする。

一 広告物協定の目的となる土地の区域（以下「広告物協定地区」という。）

二 広告物又は掲出物件の位置，形状，面積，色彩，意匠その他表示の方法に関する事項

三 広告物協定の有効期間

四 広告物協定に違反した場合の措置

五 その他広告物協定の実施に関する事項

3 広告物協定に係る土地所有者等は，第1項の認定を受けた広告物協定を変更しようとする場合においては，その全員の合意をもつてその旨を定め，知事の認定を受けなければならない。

4 知事は，第1項又は前項の認定をしたときは，当該認定を受けた広告物協定に係る土地所有者等に対して技術的支援等を行うよう努めなければならない。

5 広告物協定地区内の土地所有者等で当該広告物協定に係る土地所有者等以外の土地所有者等は，第1項又は第3項の認定後いつでも，知事に対して書面でその意思を表示することによつて，当該広告物協定に加わることができる。

6 知事は，第1項又は第3項の認定を受けた広告物協定に係る広告物協定地区内において広告物を表示し，又は掲出物件を設置する者に対し，当該広告物協定地区内の景観を整備するために必要な指導又は助言をすることができる。

7 広告物協定に係る土地所有者等は，第1項又は第3項の認定を受けた広告物協定

第3章　屋外広告物条例ガイドライン

を廃止しようとする場合においては，その過半数の合意をもつてその旨を定め，知
事の認定を受けなければならない。

【解　説】

　良好な景観の形成や風致の維持を図るに当たって，地域の住民等が自主的なルールとして屋
外広告物の表示・設置の位置や形状，面積，色彩，デザイン等を定め，これに知事が認定を与
えることにより公的な位置付けを与えるのが広告物協定地区制度である。

　良好な景観や風致は，個々の建築物や広告物がいかに良質であっても確保されるものではな
く，地域全体の景観が一定のルールの下にコントロールされることが要求される。そこで，屋
外広告物の表示・設置の位置や形状，面積，色彩，デザイン等について地域住民の自主的な
ルールによりコントロールする制度として広告物協定制度が定められている。

　なお，この屋外広告物条例ガイドラインに定められた広告物協定制度は，建築協定等とは異
なり，地域住民の全員の合意を必ずしも要件とはしておらず，したがって，条例上は協定の締
結後に広告物協定地区の住民等となった者に対する拘束力，いわゆる第三者効は定められてい
ない。しかしながら，締結に当たっては地域内のなるべく多くの者の合意を得るように努める
ことが望ましく，また，協定の締結後に広告物協定地区の住民等となった者も地域の自主ルー
ルである協定に従うことが望まれる。

　なお，このほか，景観計画区域内の土地については，景観法に基づく景観協定の制度を活用
することができることに留意する必要がある。景観協定では，屋外広告物のほか，建築物のデ
ザイン，建築物・工作物の位置・規模・用途，緑地の保全や緑化の推進等の景観に関する事項
を総合的に地域の土地所有者等の全員の合意による自主ルールとして定めることができること
とされており，いわゆる第三者効も規定されている。<注1>景観協定は，景観行政団体の長の認可が
必要である。

＜注＞

　1　＜景観法＞

　　　（景観協定の締結等）

　第81条　景観計画区域内の一団の土地（公共施設の用に供する土地その他の政令で定める土
　　　地を除く。）の所有者及び借地権を有する者（土地区画整理法（昭和29年法律第119号）第98
　　　条第1項（大都市地域における住宅及び住宅地の供給の促進に関する特別措置法（昭和50
　　　年法律第67号。以下「大都市住宅等供給法」という。）第83条において準用する場合を含
　　　む。以下この章において同じ。）の規定により仮換地として指定された土地にあっては，当
　　　該土地に対応する従前の土地の所有者及び借地権を有する者。以下この章において「土地
　　　所有者等」という。）は，その全員の合意により，当該土地の区域における良好な景観の形
　　　成に関する協定（以下「景観協定」という。）を締結することができる。ただし，当該土地
　　　（土地区画整理法第98条第1項の規定により仮換地として指定された土地にあっては，当
　　　該土地に対応する従前の土地）の区域内に借地権の目的となっている土地がある場合にお
　　　いては，当該借地権の目的となっている土地の所有者の合意を要しない。

　　2　景観協定においては，次に掲げる事項を定めるものとする。

　　　一　景観協定の目的となる土地の区域（以下「景観協定区域」という。）

92

5　適用除外となる広告物等

　二　良好な景観の形成のための次に掲げる事項のうち，必要なもの

　　イ　建築物の形態意匠に関する基準

　　ロ　建築物の敷地，位置，規模，構造，用途又は建築設備に関する基準

　　ハ　工作物の位置，規模，構造，用途又は形態意匠に関する基準

　　ニ　樹林地，草地等の保全又は緑化に関する事項

　　ホ　屋外広告物の表示又は屋外広告物を掲出する物件の設置に関する基準

　　ヘ　農用地の保全又は利用に関する事項

　　ト　その他良好な景観の形成に関する事項

　三　景観協定の有効期間

　四　景観協定に違反した場合の措置

　3　景観協定においては，前項各号に掲げるもののほか，景観計画区域内の土地のうち，景観協定区域に隣接した土地であって，景観協定区域の一部とすることにより良好な景観の形成に資するものとして景観協定区域の土地となることを当該景観協定区域内の土地所有者等が希望するもの（以下「景観協定区域隣接地」という。）を定めることができる。

　4　景観協定は，景観行政団体の長の認可を受けなければならない。

　（景観協定の効力）

第86条　第83条第3項（第84条第2項において準用する場合を含む。）の規定による認可の公告のあった景観協定は，その公告のあった後において当該景観協定区域内の土地所有者等となった者（当該景観協定について第81条第1項又は第84条第1項の規定による合意をしなかった者の有する土地の所有権を承継した者を除く。）に対しても，その効力があるものとする。

5　適用除外となる広告物等

（適用除外）

第11条　次に掲げる広告物又は掲出物件については，第3条から前条までの規定は，適用しない。

　一　法令の規定により表示する広告物又はこれの掲出物件

　二　削除

　三　公職選挙法（昭和25年法律第100号）による選挙運動のために使用するポスター，立札等又はこれらの掲出物件

2　次に掲げる広告物又はこれの掲出物件については，第3条及び第6条の規定は，適用しない。

　一　自己の氏名，名称，店名若しくは商標又は自己の事業若しくは営業の内容を表示するため，自己の住所又は事業所，営業所若しくは作業場に表示する広告物又はこれの掲出物件で，規則で定める基準に適合するもの

第3章　屋外広告物条例ガイドライン

二　前号に掲げるもののほか，自己の管理する土地又は物件に管理上の必要に基づき表示する広告物又はこれの掲出物件で規則で定める基準に適合するもの

二ノ二　工事現場の板塀その他これに類する板囲いに表示される広告物で，規則で定める基準に適合するもの

三　冠婚葬祭又は祭礼等のため，一時的に表示する広告物又はこれの掲出物件

四　講演会，展覧会，音楽会等のためその会場の敷地内に表示する広告物又はこれの掲出物件

五　電車又は自動車に表示される広告物で，規則で定める基準に適合するもの

六　自動車で他の都道府県に存する運輸支局又は自動車検査登録事務所に係る自動車登録番号を有するものに当該都道府県の屋外広告物条例の規定に従つて表示される広告物

七　人，動物又は車両（電車又は自動車を除く。），船舶等に表示される広告物

八　地方公共団体が設置する公共掲示板に規則で定めるところにより表示する広告物

八ノ二　国又は地方公共団体が公共的目的をもつて表示する広告物又はこれを掲出する物件で知事が指定するもの

3　次に掲げる広告物又は掲出物件については，第5条第1項の規定は，適用しない。

一　同項第1号から第5号に掲げる物件（都市の美観風致を維持するための樹木の保存に関する法律第2条第1項の規定により指定された保存樹を除く。）に国又は地方公共団体が公共的目的をもつて表示する広告物で知事が指定するもの

二　同項第2号，第8号，第9号又は第11号に掲げる物件にその所有者又は管理者が自己の氏名，名称，店名若しくは商標又は自己の事業若しくは営業の内容を表示するため表示する広告物で規則で定める基準に適合するもの

三　前号に掲げるもののほか，同項各号に掲げる物件にその所有者又は管理者が管理上の必要に基づき表示する広告物

四　前2号に掲げるもののほか，第5条第1項第9号に掲げる物件に表示する広告物で規則で定める基準に適合するもの

五　第1号から第3号に掲げる広告物の掲出物件

4　政治資金規正法（昭和23年法律第194号）第6条第1項の届出を行った政治団体が政治活動のために表示又は設置するはり紙，はり札等，広告旗又は立看板等で，

5 適用除外となる広告物等

規則で定める基準に適合するものについては，第6条の規定は，適用しない。

5　自己の氏名，名称，店名若しくは商標又は自己の事業若しくは営業の内容を表示するため，自己の住所又は事業所，営業所若しくは作業所に表示する広告物又はこの掲出物件で，第2項第1号に掲げるもの以外のものについては，規則で定めるところにより知事の許可を受けて表示し，又は設置する場合に限り，第3条の規定は，適用しない。

6　道標，案内図板その他公共的目的をもつた広告物若しくは公衆の利便に供することを目的とする広告物又はこれらの掲出物件については，規則で定めるところにより知事の許可を受けて表示し，又は設置する場合に限り，第3条の規定は適用しない。

7　公益上必要な施設又は物件で知事が指定するものに表示し，又は設置する広告物又は掲出物件であって，その広告料収入を当該公益上必要な施設又は物件の設置又は管理に要する費用に充てるものについては，規則で定めるところにより知事の許可を受けて表示し，又は設置する場合に限り，第3条の規定は，適用しない。

8　法人その他の団体が表示し，又は設置する広告物又は掲出物件であって，その広告料収入を地域における公共的な取組であって知事が定めるものに要する費用の全部又は一部に充てるものについては，規則で定めるところにより知事の許可を受けて表示し，又は設置する場合に限り，第3条及び第5条（第1号，第3号，第4号，第6号及び第7号を除く。）の規定は，適用しない。

9　公益上必要な施設又は物件で知事が指定するものに，規則で定める基準に適合して寄贈者名等を表示する場合においては，第3条，第5条及び第6条の規定は，適用しない。

【解　説】

　法律の第2条のところで解説したように，屋外広告物はきわめて広い概念であり，日常生活の中に登場する屋外広告物（その中には個人住宅の標札等も含まれる）のすべてを規制の対象とするのは，市民生活の上からも，また，行政の効率の観点からも適当ではない。そこで，社会生活を営むうえで最小限必要な広告物等の一定の広告物については，屋外広告物についての規制のうちの一定の事項の適用がなされないこととされている。

　この適用の除外がなされるのは，禁止地域等の規定（第3条及び第4条），禁止物件の規定（第5条），許可地域等の規定（第6条及び第7条），広告物活用地区の規定（第8条），景観保全型広告整備地区の規定（第9条）及び広告物協定地区の規定（第10条）の全部又は一部である。しかし，この場合においても，禁止広告物の規定（第13条），規格の設定（第14条），管理義務（第19条），点検（第19条の2）といった規定の適用は受ける。

　また，ひとくちに適用除外といっても，完全にフリーパスとなるもの，規則で定める基準に

第3章　屋外広告物条例ガイドライン

適合したものに限りフリーパスになるもの，禁止規定の適用は受けないが，表示に当たっては知事の許可を要するものの3種類があり，また，第3条から第10条までのどの規定が除外されるかについても様々である（下表参照）。

　なお，各地方公共団体の条例の適用除外の規定は，基本的な部分は類似しているものの詳細が異なる場合が多いので，特に注意して実際に広告物等を表示・設置する地方公共団体の条例を確認する必要がある。

屋外広告物ガイドライン　適用除外対応表

類型	［1］法令の規定，公職選挙法による選挙ポスター等	［2］規則に適合する自家用広告物等	［3］国・地方公共団体の広告物等	［4］政治活動のための広告物	［5］規則に適合しない自家用広告物等	［6］道標等，公共的目的をもった広告物等	［7］広告料収入を設置等費用に充てる広告物等	［8］広告料収入を地域の公共的な取組に要する費用に充てる広告物等	［9］寄贈者名等
第11条（適用除外）の項数	第1項	第2項	第3項	第4項	第5項	第6項	第7項	第8項	第9項
第3条　禁止地域等（一般）	○	○	×	×	○（許可）	○（許可）	×	○（許可）	×
第4条　禁止地域等（展望地域）	○	×	×	×	×	×	×	×	×
第5条　禁止物件（一般）	○	×	○	×	×	×	×	○（許可）	○
第5条　禁止物件（道路の路面）	○	×	×	×	×	×	×	○（許可）	○
第6条　許可地域等（一般）	○	○	×	×	×	×	×	×	×
第7条　許可地域等（展望地域）	○	×	×	×	×	×	×	×	×
第8条　広告物活用地区	○	×	×	×	×	×	×	×	×
第9条　景観保全型広告整備地区	○	×	×	×	×	×	×	×	×
第10条　広告物協定地区	○	×	×	×	×	×	×	×	×

（凡例）

○：適用除外（禁止地域では表示可能，許可地域では許可不要　等）

×：適用（禁止地域では表示禁止，許可地域では要許可）

○（許可）：適用除外だが許可が必要

⑴　［1］（法令の規定，公職選挙法による選挙ポスター等）

　第11条第1項に規定されている広告物又は掲出物件については，第3条から第10条までの全ての規定の適用が除外されている。すなわち，①法令の規定により表示されるもの<注1>，及び②公職選挙法による選挙運動のため使用するポスター，立看板等<注2>である。

⑵　［2］（規則に適合する自家用広告物等）

　第11条第2項に規定されている以下の広告物又はこれの掲出物件については，第3条（禁止地域等（一般））の規定及び第6条（許可地域等（一般））の規定の適用が除外されている。

①　いわゆる自家用広告物<注3>のうち，規則で定める基準に適合するもの（基準に適合しないものについては，本条第5項により，知事の許可を受けて禁止地域に表示することができることとされている。）

②　いわゆる自己管理地広告物のうち，規則で定める基準に適合するもの（基準に適合しないものについては，適用除外措置は認められない。）

5　適用除外となる広告物等

③　工事現場の板塀その他これに類する板囲いに表示される広告物で，規則で定める基準に適合するもの（基準に適合しないものについては，適用除外措置は認められない。）

④　冠婚葬祭，祭礼等のため一時的に表示されるもの

⑤　講演会，展覧会，音楽会等のためその会場の敷地内に表示されるもの

⑥　電車又は自動車に表示されるもので，規則で定める基準に適合するもの（基準に適合しないものについては，適用除外措置は認められない。）

⑦　他の都道府県知事の登録を受けた自動車に当該他の都道府県の屋外広告物条例の規定に従って表示されるもの（これは，当該他の都道府県にとっては⑥に該当する広告物を表示した自動車が，当該他の都道府県の区域外に出た場合を考慮しての規定で，区域外の都道府県の条例上は基準に適合していない場合であっても，当該自動車の登録を受け都道府県の条例の基準に適合していれば構わないとする特例である。なお，電車については，当該電車が移動することとなる都道府県がどこであるかはあらかじめ判明しており，しかも，これらの都道府県の区域内にひんぱんに移動することとなるため，当該電車が移動することとなるすべての都道府県の屋外広告物条例上適法とすべきであることから，自動車のような特例は認められていない。）

⑧　人，動物，車両（電車，自動車は⑥又は⑦によることとなるので除外される。），船舶等に表示されるもの

⑨　地方公共団体が設置する公共掲示板に規則で定めるところにより表示する広告物

⑩　国又は地方公共団体が公共的目的をもって表示する広告物又はこれの掲出物件で知事が指定するもの<注4>

なお，①②③⑥及び⑩についての基準については，「屋外広告物条例ガイドライン運用上の参考事項」等により，次のように示されている。

①　自家用広告物<注5>　　１事業所あたりの表示面積が，禁止地域内ではおおむね５㎡以下，許可地域内ではおおむね10㎡以下とし，かつ，周囲の景観と調和したものとすることが望ましい。なお，美観風致を害するおそれのある色彩，例えば蛍光塗料によるようなものは，なるべく制限することが望ましい。また，自己の取扱商品中の特定商品名と商店名等とが同一物件の同一平面上に表示されるものについては，特定商品名の表示面積が全表示面積の一定割合以下であること（<注3>参照）。

②　自己管理地広告物　　管理上の必要に基づく広告物の基準においては，表示面積を必要最小限度にとどめ，おおむね0.3㎡以下とし，かつ，周囲の景観と調和したものとすることが望ましい。

③　工事現場の板塀その他これに類する板囲いに表示される広告物　　当該工事期間中に限り表示されるもので，周囲の景観と調和したものであり，かつ，宣伝の用に供されていないもの

⑥　自動車又は電車に表示する広告物　　おおむね次の基準の範囲内とすることが望ましい。

第3章　屋外広告物条例ガイドライン

（単位cm）

		側　　部	前　　部	後　　部
電車	表示面積 箇　所	45×60以下 左右各2箇まで	41×25以下 1箇	41×25以下 1箇
乗合 自動車	表示面積 箇　所	45×90以下 左右各1箇	—	50×90以下 1箇

⑩　国又は地方公共団体が公共的目的をもって表示する広告物　必要な場合には，条例で適用除外に国又は地方公共団体以外の公共的な団体を加えることとしてもさしつかえない。実際に，このような規定を置いている地方公共団体も多く，公共的な団体を知事が指定している場合も多い。

⑶　［3］（国・地方公共団体の広告物等）

第11条第3項に規定されている以下の広告物又は掲出物件については，第5条第1項（禁止物件（一般））の規定の適用が除外されている。

①　「橋りよう，トンネル，高架構造及び分離帯」，「石垣，よう壁の類」，「街路樹，路傍樹」，「信号機，道路標識及び歩道柵，駒止めの類並びに里程標の類」又は「電柱，街灯柱その他電柱の類で知事が指定するもの」に国又は地方公共団体が公共的目的をもって表示する広告物で知事が指定するもの

②　「石垣，よう壁の類」，「送電塔，送受信塔及び照明塔」，「煙突及びガスタンク，水道タンクその他タンクの類」又は「景観法に基づく景観重要建造物及び景観重要樹木」にその所有者又は管理者が自己の名称，商標等を表示する広告物で規則で定める基準に適合するもの

③　②のほか，禁止物件とされている物件にその所有者又は管理者が管理上の必要に基づき表示する広告物

④　②，③のほか，煙突及びガスタンク，水道タンクその他タンクの類に表示する広告物で規則で定める基準に適合するもの

⑤　①から③の広告物を掲出する物件

「屋外広告物条例ガイドライン運用上の参考事項」により，②の自家用広告物の基準は，表示面積がおおむね5㎡以下であり，かつ，周囲の景観と調和したものとすることが望ましい，とされている。

⑷　［4］（政治活動のための広告物）

第11条第4項に規定されている広告物等については，第6条（許可地域等（一般））の規定の適用が除外されている。すなわち，政治資金規正法に基づく届出を行った政治団体が政治活動のために表示又は設置するはり紙，はり札等，広告旗又は立看板等で，規則で定める基準に適合するものである。

この規則で定める基準については，「屋外広告物条例ガイドライン運用上の参考事項」により，例えば以下の例のような具体的かつ客観的なものであるべきである，とされている。

①　表示面積が○㎡以下であること。

5 適用除外となる広告物等

② 色彩の地色が○色ではなく，かつ，蛍光塗料を用いていないこと。

③ 表示期間が○日以内であること。

④ 表示期間並びに表示者名又は管理者名及びその連絡先を明示していること。

⑤ 表示又は掲出する場所又は施設の管理者（管理者がない場合にはその所有者）の承諾を得ていること。

⑸ ［5］（規則に適合しない自家用広告物等）

［6］（道標等，公共的目的をもった広告物等）

第11条第5項及び第6項に規定されている以下の広告物については，知事の許可を受ければ，第3条の禁止地域等（一般）内に表示することができることとされている。

①自家用広告物で⑵の①の基準に適合しないもの（第5項）

②道標，案内図板その他公共的目的を持ったもの又は公衆の利便に供することを目的とするもの（第6項）である。

このうち，公衆の利便に供することを目的とする広告物又はこれを掲出する物件については，「屋外広告物条例ガイドライン運用上の参考事項」の中で，近隣の施設や店舗等を案内する民間の案内誘導広告物についてもその基準を定め，当該案内誘導広告物の統一化を誘導することが望ましい，とされている。

⑹ ［7］（広告料収入を設置等費用に充てる広告物等）

第11条第7号に規定されている広告物については，知事の許可を受ければ，第3条（禁止地域等（一般））の規定の適用が除外されている。

また，「屋外広告物条例ガイドライン運用上の参考事項」の中で，次のように示されている。

公益上必要な施設又は物件とは，案内図板，公共掲示板等，地域の状況に照らし，知事が定めるものとし，デジタルサイネージも含まれる。また，同項に基づく規則においては，周囲の景観との調和等について，許可の要件を定めることが望ましい。

本項は，近年，案内図板，公共掲示板等，公益上必要な施設又は物件に屋外広告物を表示し，その広告料収入をこれらの施設等の設置又は維持管理に要する費用に充てる取組がみられることや，「明日の日本を支える観光ビジョン」（平成28年3月30日 明日の日本を支える観光ビジョン構想会議）において，多言語表示に対応した観光案内図板等の公共デジタルサイネージの設置を促進するため，「公共デジタルサイネージへの広告掲出に係る屋外広告物規制の運用を弾力化」が位置付けられたことを踏まえ，屋外広告物条例ガイドラインを改正したものである。

⑺ ［8］（広告料収入を地域の公共的な取組に要する費用に充てる広告物等）

第11条第8号に規定されている広告物については，知事の許可を受ければ，第3条（禁止地域等（一般）），第5条第1項（禁止物件（一般））（第1号，第3号，第4号，第6号及び第7号を除く。）及び第2項（禁止物件（道路の路面））の規定の適用が除外されている。

第5条に関しては，以下の禁止物件は適用除外となる。

① 「石垣，よう壁の類」

② 「電柱，街灯柱その他電柱の類で知事が指定するもの」

第3章　屋外広告物条例ガイドライン

③　「送電塔，送受信塔及び照明塔」

④　「煙突及びガスタンク，水道タンクその他タンクの類」

⑤　「銅像，神仏像及び記念碑の類」

⑥　「景観法第19条第１項の規定により指定された景観重要建造物及び同法第28条
　　第１項の規定により指定された景観重要樹木」

⑦　「道路の路面」

　また，「屋外広告物条例ガイドライン運用上の参考事項」の中で，次のように示されている。

　法人その他の団体については，特段の制約はなく，法人格についても，必ずしも必要ではない。具体的には，地方公共団体，特定非営利活動法人，一般社団法人，一般財団法人，株式会社，地方自治法（昭和22年法律第67号）第260条の２第１項に規定する地縁による団体のほか，任意団体等が想定される。また，地域における公共的な取組とは，道路，公園その他の公共施設の整備又は維持管理，街灯，ベンチ，上屋等の整備又は維持管理，防犯又は防災活動，地域の活性化等に資するイベントの開催等，地域の状況に照らし，知事が定めるものとする。屋外広告物条例ガイドライン第11条第８項に基づく規則においては，周囲の景観との調和等について，許可の要件を定めることが望ましい。

　本項は，近年，民間が主体となった，良好な景観の形成，地域の魅力向上等を図るためのエリアマネジメント活動の取組において，道路，公園，広場等の公共空間等に屋外広告物を掲出し，その広告料収入を道路・公園等の整備・維持管理や地域の活性化に資するイベントの開催など，公共的な取組に要する費用の全部又は一部に充てて財源を確保している取組がみられることや，「まち・ひと・しごと創生基本方針2017」（平成29年６月９日　閣議決定）において，エリアマネジメントを推進する施策の一つとして，「エリアマネジメント活動の財源を確保する観点から，屋外広告物条例による広告物の掲出禁止区域であってもエリアマネジメント広告の掲出を許可するなどの規制の弾力化」が位置付けられたことを踏まえ，エリアマネジメント活動の安定的な財源を確保するため，屋外広告物の掲出による広告料収入を地域における公共的な取組の費用に充てるものについて，地方公共団体の長の許可により禁止地域等であっても掲出できるよう，同条例ガイドラインを改正したものである。

⑧　［９］（寄贈者名等）

　第11条第９項に規定されている広告物，すなわち公益上必要な施設又は物件で知事が指定するものに，規則で定める基準に適合して寄贈者名等を表示する広告物については，第３条（禁止地域等（一般）），第５条第１項（禁止物件（一般））及び第２項（禁止物件（道路の路面））並びに第６条（許可地域等（一般））の規定の適用が除外されている。これは，具体的には公園のベンチ等を寄贈する代わりに当該ベンチ等に商業広告とは認められない範囲内で寄贈者名等を表示するような場合をいう。寄贈者名等の表示についての基準として，「屋外広告物条例ガイドライン運用上の参考事項」の中で次のように示されている。

　①　表示の大きさは，表示方向から見た場合における当該施設又は物件の外郭線内を一平面
　　とみなしたものの大きさの20分の１以下で，かつ，0.5㎡以下であること。

　②　表示は，原則として１箇限りとすること。

5 適用除外となる広告物等

③ 蛍光塗料の使用はなるべく制限すること。

<注>

1 「法令の規定により表示されるもの」とは，表示についての根拠が法令に規定されているものをいい，この場合の根拠規定は，表示の義務付けをしているものばかりでなく，表示することができるとしているものも含むと解される。この場合の「法令」とは国の法令ばかりでなく，地方公共団体が定める条例も含まれる。国の法律で表示の義務づけを行っているものの例としては，たとえば次のようなものがある。

① 文化財保護法（昭和25年法律第214号）第115条第1項　史跡名勝天然記念物の管理に必要な標識，説明板等の設置

② 都市の美観風致を維持するための樹木の保存に関する法律（昭和37年法律第142号）第4条　保存樹又は保存樹林の表示の標識の設置

③ 道路法（昭和27年法律第180号）第45条第1項　道路標識の設置

④ 道路法第47条の5　通行の禁止又は制限の場合における道路標識の設置

⑤ 道路法第48条の11第2項　自動車専用道路の入口その他必要な場所の通行の禁止又は制限の対象を明らかにした道路標識の設置

⑥ 建築基準法（昭和25年法律第201号）第89条第1項　一定規模以上の建築物の建築等を行う場合の建築確認の表示

⑦ 建設業法（昭和24年法律第100号）第40条　建設工事の現場等への標識の掲示

⑧ 都市緑地法（昭和48年法律第72号）第7条及び第13条　緑地保全地域又は特別緑地保全地区の標識の設置

⑨ 生産緑地法（昭和49年法律第68号）第6条　生産緑地地区の標識の設置

2 公職選挙法違反のポスター，立看板等は適用除外となるか。　公選法違反のものは適用除外とならないと解すると，屋外広告物担当者が公選法違反の広告物であるかどうかまでいちいち判断しなければならないうえ，万一判断に誤りがあった場合に，選挙に影響を及ぼすおそれがあることから，選挙の公示又は告示（公選法第5章）以後当該選挙期間中は，選挙管理委員会に確認をとる等慎重な扱いとすることが適当であろう。

3 自家用広告物　自家用広告物の定義については，条例ガイドライン第11条第2項第1号に規定されているとおりである。

自己の取扱商品名のうち特定の商品名（○○キャラメル，○○コーラ等）等を表示しているものは，専ら自己の事業又は営業の内容を表示するために表示されるものとは解し難いが，自己の事業又は営業の内容の一部を表示するものであることは否定できない。したがって，条例ガイドライン案第11条第2項第1号の運用に当たっては，自己の取扱商品中の特定商品名と商店名等とが同一物件の同一平面上に表示されるものについては，特定商品名の表示面積が全表示面積の一定割合以下であること等をいわゆる自家用広告物の基準として規則で定めることが適当である。この場合，規則で定める基準に適合しないものについては，当該特定商品名の表示部分を独立の広告物として取扱い，禁止，許可等の規制を行うべきである。

また，○○建設予定地，○○会社所有地等，現在事務所や営業所等が設置されていない場

第3章　屋外広告物条例ガイドライン

所に表示されているものは自家用広告物とは言えないが，場合によっては第11条第2項第2号のいわゆる自己管理地広告物に該当するものもありえよう。

4　公共的目的の意義は適正に解釈するのが適当と解される。

5　1事業所当たりの総表示面積であり，各広告物ごとの表示面積の上限を示したものではない。

（経過措置）

第12条　第3条から第7条まで，第9条及び第10条の規定による知事の指定又は認定があつた際，当該指定のあつた地域若しくは場所又は物件に現に適法に表示され，又は設置されていた広告物又は掲出物件については，当該指定の日から3年間（この条例の規定による許可を受けていたものにあつては，当該許可の期間）は，これらの規定は，適用しない。その期間内にこの条例の規定による許可の申請があつた場合においてその期間が経過したときは，その申請に対する処分がある日まで，また同様とする。

【解　説】

　本条は，新たな知事の指定により，禁止地域等，禁止物件，許可地域等，景観保全型広告整備地区又は広告物協定地区に新たに指定され，又はこれらが拡大された場合に，新たに規制対象となった地域又は物件等に現に適法に表示等がなされていた広告物等についての経過措置を規定している。

　禁止地域等に関する第3条から第7条まで，第9条及び第10条の規定による知事の指定又は認定があった際に，当該指定のあった地域若しくは場所又は物件に，現に適法に表示等がなされていた広告物又は広告物を掲出物件については，この指定の日から3年間（ただし，屋外広告物条例の規定による許可を受けていたものについては，その許可の期間）は，これらの規定は適用されない。また，この期間中に屋外広告物条例の規定による許可申請があった場合には，この申請に対する許可又は不許可の処分がある日までは，この期間が経過した後でも，やはりこれらの規定は適用されない。

6　禁止される広告物等

（禁止広告物）

第13条　次に掲げる広告物又は掲出物件については，これを表示し，又は設置してはならない。

　一　著しく汚染し，たい色し，又は塗料等のはく離したもの

　二　著しく破損し，又は老朽したもの

　三　倒壊又は落下のおそれがあるもの

四　信号機又は道路標識等に類似し，又はこれらの効用を妨げるようなもの

五　道路交通の安全を阻害するおそれのあるもの

【解　説】

　第2条の広告物のあり方についての規定を受けて，本条は表示等が禁止される広告物等について規定している。

　本条各号に掲げられている広告物等は良好な景観若しくは風致の維持又は公衆に対する危害の防止の観点から，表示又は設置することが禁止されている。

　なお，本条の規定は禁止物件の規定同様，禁止地域等（第3条，第4条），禁止物件（第5条），許可地域等（第6条，第7条）等の規定とは関係がない。したがって，禁止地域等でも許可地域等でもない地域においても，また，禁止物件でない物件についても，本条各号に該当する広告物等の表示・設置は禁止されることになる。同様に，自家用広告物や国又は地方公共団体が公共的目的をもって表示する広告物等適用除外扱いがなされる広告物についても，本条各号に該当するものであれば，その表示等は禁止されることとなるわけである。

7　規格の設定

（規格の設定）

第14条　次に掲げる広告物又は掲出物件を表示し，又は設置しようとするときは，規則で定める規格に適合しなければならない。

一　広告板

二　立看板

三　置看板

四　はり紙

五　はり札

六　広告幕

七　突出広告

八　野立広告

九　電柱又は街灯柱を利用する広告物

十　電車又は自動車の外面を利用する広告物

十一　広告塔

十二　その他規則で定める広告物又は掲出物件

【解　説】

　本条では，屋外広告物等を表示・設置するときはその種類ごとに定める規格に適合しなければならない旨を定めている。具体的な規格の内容については，規則に委ねられている。[注1]

第3章　屋外広告物条例ガイドライン

　なお，本条の規定についても，禁止物件の規定同様，禁止地域等（第3条，第4条）又は許可地域等（第6条，第7条）ではない地域や，禁止物件（第5条）ではない物件に表示・設置される広告物等についても，本条に定める規格に適合しなければならない。また，第11条の適用除外広告物等についても，当該規格を定める規則等で特段の例外がない限り本条に定める規格に適合しなければならない。

　また，許可地域等において広告物等の表示等の許可を申請した場合，当然のことながら本条に基づく規格への適合が審査されることとなる。なお，実際の都道府県の条例においては，本条のような規定に基づく規格が広範な広告物について詳細に設定されている場合は，屋外広告物条例ガイドライン第17条のような規定に基づく許可基準の内容は補足的・限定的になる例が多いようである。

- -

　　＜注＞

　　　　1　規格の具体的な内容として，広告物等の表示又は設置の位置，形状，面積，色彩，意匠等が定められる。

8　許可等制度

　屋外広告物は，屋外広告物法第1条の趣旨から，良好な景観や風致を害するものであってはならず，また，公衆に対し危害を及ぼすおそれがないものでなければならない。そして屋外広告物条例ガイドライン第2条も同様の趣旨を規定している。良好な景観の形成若しくは風致の維持又は公衆に対する危害の防止の観点から広告物の表示等を禁止することが適当な場合には，禁止地域に指定したり，あるいは禁止物件に指定して，屋外広告物の表示等を禁止しているが，禁止する程の必要がなかったり，あるいは禁止することが適当でない場合であっても，周囲の景観と調和した広告物の表示等又は公衆に対する危害の防止のために必要があるときは，広告物の表示等について，知事の許可にかからしめることによって広告物等の適正な表示等を確保することとしている。

　具体的には，許可地域等内で広告物等を表示・設置しようとする場合の許可（同条例ガイドライン第6条，第7条）の他，同条例ガイドラインにおいては規則で定める基準を超える自家用広告物の適用除外の許可（第11条第5項），道標，案内図板その他公共的目的をもった広告物若しくは公衆の利便に供することを目的とする広告物等の適用除外の許可（第11条第6項），広告料収入を設置等費用に充てる広告物等の適用除外の許可（第11条第7項），広告料収入を地域の公共的な取組に要する費用に充てる広告物等の適用除外の許可（第11条第8項）が定められている。

　この許可は，これまでにも再三述べてきたように，①良好な景観の形成若しくは風致の維持，又は②公衆に対する危害の防止の2つの観点のみから行われるべきものであり，表示の内容にまで立ち入った審査は行われない[注1]。良好な景観の形成若しくは風致の維持又は公衆に対する危害の防止の観点から問題がある広告物については許可が与えられないが，この場合の審査基準である許可の基準は地方公共団体の規則により定められることとされている（同条例ガイ

8 許可等制度

ドライン第17条第1項）。また，同条例ガイドライン第14条に基づく規格への適合の審査も行われる。

逆に言えば，これらに適合しているものとして許可が与えられた広告物は，これら2つの観点からは一応問題がないものと判断されたことになるのである<注2>。しかしながら，これら2つの観点から一応問題がないとして許可された広告物であっても，表示又は設置された後相当の期間の経過に伴って老朽化し，あるいはたい色し，又は塗料等がはく離して風致景観を害するものとなり，あるいは材料の腐食，ボルトのゆるみ等により倒壊，落下等の危険が生じたりする等の事態が生じることもある。このため，許可の期間は3年を超えることはできないこととされ（同条例ガイドライン第15条第2項），これ以上の期間にわたって表示する場合には，許可の更新を受けて再度のチェックがなされることとしている。

また，いったん許可を受けた後であっても，許可条件に違反があった場合等一定の場合には，許可の取消しがなされることとされている。

なお，同条例ガイドラインにいう「許可等」とは，上述の許可のほか，広告物活用地区内における適用除外の確認（第8条）が含まれる。確認についても，許可に関する上記の記述はほぼそのまま該当する。

＜注＞

1 屋外広告物法による許可にあっては，表示の内容にまで立ち入った審査は行えないので，刑法第175条（わいせつ物の公然陳列等の罪），同法第230条（名誉毀損の罪）等に抵触するおそれのある広告物等であっても，屋外広告物法及びこれに基づく条例等に抵触するものでなければ，許可せざるをえない。

以上により許可した場合に，例えば広告内容について当事者の告訴で名誉毀損罪が成立したとしても，許可権者及びその事務取扱者について名誉毀損幇助の罪は成立しない。

2 広告物の設置又は管理に瑕疵があって他人に損害を与えた場合は，当該広告物が風致景観面及び安全面から一応問題がないとして許可されたものであっても，当該広告物の所有者，管理者の責任が免れるものではない。

① 許可等の期間及び条件

（許可等の期間及び条件）

第15条 知事は，この条例の規定による許可又は確認（以下「許可等」という。）をする場合においては，許可等の期間を定めるほか，美観風致を維持し，又は公衆に対する危害を防止するため必要な条件を附することができる。

2 前項の許可等の期間は，3年を超えることができない。

3 知事は，申請に基づき，許可等の期間を更新することができる。この場合においては，前2項の規定を準用する。

第3章　屋外広告物条例ガイドライン

【解　説】

(1)　許可等を受けるべき者

　許可等を受けるべき者は，屋外広告物条例ガイドライン第6条，第7条，第8条並びに第11条第5項及び第6項の規定から明らかなように，許可地域等において広告物を表示し，又は掲出物件を設置しようとする者である。[注3]

(2)　許可等の申請

　許可等の申請の手続については地方公共団体の規則で定められることとされているが，許可等の申請書（正副2通以上必要とされるような地方公共団体もある）及び添付書面を作成して許可等権者に提出することとされているのが普通である。

　許可等権者は，屋外広告物法及び屋外広告物条例ガイドライン上は都道府県知事とされているが，法律第26条から第28条までで解説したとおり，実際には様々である。まず，指定都市にあっては指定都市の市長，中核市においては中核市の市長とされているし，景観行政団体である指定都市・中核市以外の市町村が法第28条に基づき屋外広告物条例を定めた場合には当該条例の定めるところにより一般的には当該市町村の長が許可等権者となる。また都道府県知事から都道府県の土木事務所等の事務所や指定都市・中核市を除く市町村の長に許可等の権限が委任されている場合が通例であり，また，指定都市・中核市も含めた市町村の長から更にこれらの市町村の土木事務所等の事務所に許可等の権限が委任されている場合も多い。これらの場合には許可権限を委任された者が許可等権者となる。

　添付書面については，①土地建物所有者等承諾書，②色彩・意匠を示す図面，③他法令の許可書[注4]，④建築確認書（高さが4mを超える広告物に限る。建築基準法第6条及び第88条第1項参照）[注5]，⑤設計図書（付近見取り図を含む。），⑥仕様書等を必要とする地方公共団体が多いようである。[注6]⑦周辺写真や，⑧構造計算書の添付を必要とする地方公共団体も少なくない。[注7]また，更新の許可に際しては，安全性の確保を図るため，「屋外広告物条例ガイドライン運用上の参考事項」により，安全点検報告書を添付しなければならない旨が示されている。[注8]

(3)　許可等の期間

　すでに述べたように，許可等を受けた時点では風致景観上及び安全上問題のない広告物等であったとしても，その後の時間の経過によって老朽化し，あるいはたい色し，又は塗料等がはく離して景観や風致を害するものとなり，あるいは材料の腐食，ボルトのゆるみ等により倒壊，落下して公衆に危害を与えるおそれのあるものとなることが予想される。そこで，屋外広告物条例ガイドライン第15条第1項は，許可等をする場合には許可等の期間を定めることとしている。

　許可等の期間は広告物の目的や種類によっても異なってくるであろう（例えば，6月3日開催の音楽会のための広告物であれば，その当日までを許可等の期間とするであろうし，あるいはまた，広告塔などの堅牢なものであれば許可等の期間は比較的長くてよいだろうが，はり紙等すぐに老朽化してしまうようなものであれば，許可等の期間を比較的短くすることが適当であろう）が，3年を超えることはできないこととされている（第2項）。

　許可等権者は，申請に基づき，許可等の期間を更新することができることとされているが，この場合も更新された期間は3年を超えることができない（第3項）。要するに，長期間の表

8　許可等制度

示等を予定している広告物等であっても，3年以下の期間ごとに許可等を更新して，風致景観上及び安全上問題があるかどうかを再チェックすることとされているのである。

　なお，許可等の期間が満了して更新されない広告物等は，遅滞なく除却しなければならないこととされている（同条例ガイドライン第20条）。

　「屋外広告物条例ガイドライン運用上の参考事項」では，公衆に対する危害の防止の観点から，中心市街地や観光地等，通行者が多い区域では，3年より短い期間を設定することが望ましいと示されている。

⑷　許可等の条件

　許可等をする場合には，美観風致の維持又は公衆に対する危害の防止の観点から，必要な条件を附することができることとされている（第1項）。許可等の更新の場合も同様である（第3項）。

＜注＞

3　許可を受けるべき者は，広告物については広告主（当該広告物の表示について最終的に責任を負うべき者。この者は法人である場合，法人以外の団体である場合，個人（自然人）である場合とがある。）であり，これらの者の手足となって実際に広告物を表示する実際行為者ではない。

　次に掲出物件については，当該掲出物件の設置について最終的に責任を負うべき者であり，これらの者の手足となって実際に掲出物件を設置する実際行為者ではない。また，当該物件の所有権を有しているか否かを問わず，たとえば他人の物件を賃借して設置することもありうる。なお掲出物件を設置する者は，当該物件に掲出される広告物の広告主と一致する場合と，一致しない場合とがある。これは，たとえば広告板等掲出物件を屋外広告業者が設置して，1年契約等により広告主を募集して当該広告板に広告物を表示するような場合であり，この場合には掲出物件についてはこの屋外広告業者が，広告物については広告主が，それぞれ許可を受けるべき者となる。

　また，屋外広告業者等で，当該広告物又は掲出物件の表示又は設置から維持補修及び撤去までの一連の業務を一貫して請け負うなどにより，当該広告物の表示又は掲出物件の設置についての一次的な責任を負う者についても，広告物を表示する者又は掲出物件を設置する者として，許可を受けるべき者としての取扱いをすることも差支えないものと解される。

　なお，法第2条の解説注5（14ページ）を参照のこと。

4　土地建物所有者等承諾書　　他人の家屋にポスターを貼る場合，他人の土地に広告板を立てる場合等，広告物の表示等を行う場所又は物件が他人の所有に属する場合には，許可申請に当たってその所有者又は管理者の承諾書を添付させることとしている地方公共団体が多いようである。

5　他法令の許可書　　道路や自然公園の区域内等，屋外広告物法制とは別に，法令により広告物の表示等に許可が必要とされているような場所で広告物を表示等しようとする場合には，許可申請に当たって当該法令による許可書又はその写しの添付を要求している地方公共団体が多いようである。

6　設計図書　　工事用の図面及び仕様書をいう（建築基準法第2条第12号）。仕様書とは，広告物の形状，寸法，構造，材質，施工の方法等施工に当たっての技術的要求を記した書面で

107

第3章 屋外広告物条例ガイドライン

ある。なお，工事用の図面には付近見取図が含まれるが，これについて，特に信号機，道路等との距離等を明示したものを要求している地方公共団体もある。

7 構造計算書 申請された広告物の構造が安全であることを確認するために構造計算を行って作成する書面をいう。建築基準法上は，高さが4メートルを超える広告物について建築確認を必要としている（同法第6条第1項，第88条第1項，同法施行令第138条第1項）。確認を要する広告物については，構造耐力基準への適合が求められ（同法第20条第2号，第88条第1項），確認申請の際に構造計算書を必要としている（同法施行規則第3条第1項）。

8 安全点検報告書 広告物の取付部分の変形又は腐食，主要部材の変形又は腐食，ボルト及びビス等のゆるみ，表示面の破損等構造面に関する点検結果を記した書面である。当該点検は，屋外広告士その他の資格を有する者が行うことが示されている（屋外広告物条例ガイドライン第19条の2）。

② 変更等の許可等

（変更等の許可等）

第16条 この条例の規定による許可等を受けた者は，当該許可等に係る広告物又は掲出物件を変更し，又は改造しようとするとき（規則で定める軽微な変更又は改造しようとするときを除く。）は，規則で定めるところにより，知事の許可等を受けなければならない。

2 知事は，前項の規定による許可等をする場合においては，前条の規定を準用する。

【解 説】

すでに許可等を受けた広告物又は掲出物件であっても，これを変更しようとしたり，改造しようとするときは，軽微な場合を除き，許可等権者の許可等を受けなければならないこととされている。

変更等の許可等の場合にも，美観風致の維持又は公衆に対する危害防止の観点から，必要な条件が附されることがある。

③ 許可の基準

（許可の基準）

第17条 この条例の規定による広告物の表示又は掲出物件の設置の許可の基準は，規則で定める。

2 知事は，広告物の表示又は掲出物件の設置が前項の基準に適合しない場合においても，特にやむを得ないと認めるときは，第34条に規定する屋外広告物審議会の議を経て，これを許可することができる。

8　許可等制度

【解　説】

(1)　許可基準

　許可の基準は規則で定めることとされているが，その内容は地域により異なる場合も多い。<注9>
基準の内容としては，広告物等の表示又は設置の位置，形状，面積，色彩，意匠等が定められ
る。「屋外広告物条例ガイドライン運用上の参考事項」では，次のようになっている。<注10>ただ
し，近年，土地利用の状況等必要に応じて細分化して許可地域を指定し，それぞれの許可地域
ごとに許可基準を段階的に設定して規制を行う例が増えてきているため，実際の広告物等の表
示・設置に当たっては，各都道府県の条例・規則を特にしっかり確認する必要がある。

　①　自家用広告物以外の広告物等

　　(i)　高速自動車国道，東海道新幹線等の高速交通施設から展望できる地域で知事が指定す
　　　る区域内……野立広告物は，路端からの距離が500m以上，相互間の距離が300mから500
　　　m程度以上で，表示面積が50㎡以下であること。

　　(ii)　一般の道路及び鉄道等から展望できる地域で知事が指定する区域内……野立広告物
　　　は，路端からの距離及び相互間の距離が100m以上で，表示面積が30㎡以下であるこ
　　　と。

　　(iii)　(i)(ii)以外の許可地域等内……広告物の乱立を防止するため，広告物相互間の距離が100
　　　m以上で，表示面積が30㎡以下であること。

　　(iv)　屋上広告物……高さが，地上からこれらを設置する箇所までの高さの3分の2以下
　　　で，かつ15mから20m程度以下であること。

　　　　また，地上から広告物の頂点までの高さが48m以下であること。これによりがたい事
　　　由がある場合にも，51m以下であること。

　　(v)　電柱等を利用する広告物

　　　a)　電柱等に直接塗装するもの又は巻きつけにする広告物……地上1.2m以上の箇所に
　　　　表示するものであり，長さが1.5m以下であること。

　　　b)　袖付けにする広告物……歩道上に突出する場合は地上2.5mないし3m以上，車道
　　　　上に突出する場合は地上4.5m以上の箇所に表示するものであり，長さ1.2m以下，出
　　　　幅0.2m以下であること。

　　　　　なお，原則として歩道又は民地側へ向けるものであることが望ましい。

　　　c)　広告物の箇数……塗装又は巻き付けにするものと袖付けにするもの，それぞれ1箇
　　　　以内であること。

　②　自家用広告物

　　(i)　1事業所当たりの表示面積……禁止地域内においては15㎡以下，許可地域内の野立広
　　　告については50㎡以下であることとし，かつ，周囲の景観と調和したものとすることが
　　　望ましい。

　　(ii)　美観風致を害するおそれのある色彩（蛍光塗料によるもの等）によるものは，なるべ
　　　く制限することが望ましい。

　なお，実際の都道府県の条例においては，屋外広告物条例ガイドライン第14条のような規定
に基づく規格が広範な広告物について詳細に設定されている場合は，許可基準の内容は補足的

109

第3章　屋外広告物条例ガイドライン

・限定的になる例が多いようである。

(2)　特例

　許可申請に係る広告物等が規則で定める許可基準に適合しない場合であっても，特にやむをえないと認めるときは，屋外広告物審議会の議を経た上で，許可することができることとされている（第2項）。

　この制度は，土地の形状，道路及び広告物を表示する敷地の位置，建物の位置及び形状その他周囲の状況及び当該広告物の表示の目的等を勘案して，真にやむをえないと認める場合に限って，判断の公平さを確保するため屋外広告物審議会に諮った上で，許可することができるとするものであり，きわめて例外的な制度である。

(3)　屋外広告物安全基準（案）

　屋外広告物について，公衆に対する危害の防止を図るため必要とされる一般的，技術的基準として，屋外広告物安全基準（案）が昭和55年，旧建設省から各地方公共団体に対して示されている。これは，屋外広告物の設置，管理に当たって依拠すべき基準としての性格を有しているが，許可の基準としてふさわしい内容もその中に含まれている。各地方公共団体の運用状況をみてみると，許可の基準として運用しているところは少ないようであるが，許可に係る審査の際の参考としているところは多いようである。許可の基準となっていない場合であっても，屋外広告物の設置，管理に当たっては，屋外広告物安全基準（案）に適合して行うよう注意することが必要である。

　なお，屋外広告物安全基準（案）についての詳しい内容は，『屋外広告の知識　第4次改訂版　設計・施工編』を参照されたい。

- -

<注>

9　許可基準は，すでに述べたように良好な景観の形成若しくは風致の維持又は公衆に対する危害防止という2つの観点から設けられているものであり，その他の観点からの許可基準を設けることは許されない。

　なお，屋外広告物規制は，その対象が憲法で保障されている表現の自由と密接に関連するものであることを考えれば，広告物等の表示等の許可は羈束裁量行為（法規裁量行為）であって，許可基準に適合する以上は許可をしなければならないものと解すべきであろう。

10　景観法第8条第1項の景観計画に広告物の表示及び掲出物件の設置に関する行為の制限に関する事項が定められた場合においては，景観計画区域内における当該景観計画を策定した景観行政団体の許可の基準については，当該景観計画に則して定める必要があることに留意する必要がある。法第6条の解説（20ページ）参照。

④　許可等の取消し

（許可等の取消し）

第22条　知事は，この条例の規定による許可等を受けた者が次の各号のいずれかに該当するときは，許可等を取り消すことができる。

一　第15条第1項（同条第3項又は第16条第2項において準用する場合を含む。）

110

の規定による許可等の条件に違反したとき

二 第16条第1項の規定に違反したとき

三 次条第1項の規定による知事の命令に違反したとき

四 虚偽の申請その他不正の手段により許可等を受けたとき

【解 説】

一旦，許可等を受けた場合であっても，一定の場合にはその許可等が取り消されることがある。

許可等が取り消されることがあるのは以下のような場合である。

① 許可等の条件に違反したとき。

② 広告物等の変更又は改造の許可等を受けなかったとき。

③ 知事の措置命令（屋外広告物条例ガイドライン第23条第1項）に違反したとき。

④ 虚偽の申請その他不正の手段により許可等を受けたとき。

このほか，屋外広告物条例ガイドライン上は特に規定していないが，行政法の一般理論通り，許可等に瑕疵がある場合（例えば，許可基準に適合していなかったのに，誤って適合しているものとして許可を与えた場合等）には，その許可等が取り消されることがある。

⑤ 許可等の表示

（許可等の表示）

第18条 この条例の規定による許可等を受けた者は，当該許可等に係る広告物又は掲出物件に許可等の証票を貼付しておかなければならない。ただし，許可等の押印又は打刻印を受けたものについては，この限りでない。

2 前項の許可等の証票又は許可等の押印若しくは打刻印は，許可等の期限を明示したものでなければならない。

【解 説】

この規定は，広告物等が許可等を受けて適正に表示されていることが，当該広告物等を一見しただけで明らかにされている必要があるために設けられている。

9 広告物を表示する者の義務

① 管理義務

（管理義務）

第19条 広告物を表示し，若しくは掲出物件を設置する者若しくはこれらを管理する者又は広告物若しくは掲出物件の所有者若しくは占有者（以下「広告物の所有者等」という。）は，これらに関し補修，除却その他必要な管理を怠らないようにし，良好な状態に保持しなければならない。

第3章　屋外広告物条例ガイドライン

【解　説】

　どのような広告物等であっても，必要な管理を怠っていれば，年月の経過に伴って，良好な景観の形成や風致の維持の観点からも，また公衆に対する危害の防止の観点からも有害なものになることになる。そこで，広告物等を常に良好な状態[注1]に保持しておくために必要な管理を行う義務（管理義務）が課されている。

　「屋外広告物条例ガイドライン運用上の参考事項」では，点検（屋外広告物条例ガイドライン第19条の2第1項）を適切に行うとともに，当該点検により広告物等の損傷，腐食，劣化その他の異状を把握したときには，速やかに補修，除却その他必要な措置を講じること等により，広告物等の良好な状態を保持しなければならないと示されている。

　この管理義務についての規定はすべての広告物等について適用される。だから，許可を受けて広告物等を表示・設置する者だけでなく，広告物等の表示等が禁止，制限されていない地域内で広告物等を表示・設置する者や適用除外扱いがなされる広告物等を表示・設置する者であっても本条による管理義務を負うことになる。

　また，広告物等について管理者が定められた場合（同条例ガイドライン第26条第1項参照）の当該管理者，さらに，広告物若しくは提出物件の所有者・占有者もこの管理義務を負うことになる。

　本条の規定に違反している者に対しては同条例ガイドライン第23条第1項の措置命令が発せられることになる。

　　＜注＞
　　　1　良好な状態に保持するとは，屋外広告物条例ガイドライン第13条各号に掲げる禁止広告物
　　　　の要件に該当しないようにしておくというだけでは足りず，表示した当初の当該広告物の機
　　　　能をほとんどそのまま保持するという，より高いレベルを要求した文言である。

② 点検

> **（点検）**
>
> **第19条の2**　広告物の所有者等は，その所有し，又は占有する広告物又は掲出物件について，規則で定めるところにより，法第10条第2項第3号の規定による国土交通大臣の登録を受けた法人（以下「登録試験機関」という。）が広告物の表示及び掲出物件の設置に関し必要な知識について行う試験に合格した者（以下「屋外広告士」という。）その他これと同等以上の知識を有するものとして規則で定める者に，当該広告物又は掲出物件の本体，接合部，支持部分等の劣化及び損傷の状況の点検をさせなければならない。ただし，規則で定める広告物又は掲出物件については，この限りでない。
>
> 2　広告物の所有者等は，この条例の規定による許可又は許可の更新の申請を行う場合には，前項の点検の結果を知事に提出しなければならない。

9 広告物を表示する者の義務

【解　説】

　本条第1項は，どのような広告物又は掲出物件であっても（但し，規則で定めるものを除く），広告物の所有者等が，屋外広告士その他これと同等以上の知識を有する者に広告物等の劣化，損傷の状況を点検させなければならない旨を定めたものである。本条について「屋外広告物条例ガイドライン運用上の参考事項」では，次のようになっている。

①　第1項の点検にあたっては，屋外広告業の事業者団体が作成している技術基準等を参考に，主に広告物の接合部，支持部分等の変形又は腐食，主要部材の変形又は腐食，ボルト，ビス等のゆるみ又は劣化，表示面の破損等を確認することが望ましい。

②　第1項の「これと同等以上の知識を有するものとして規則で定める者」としては，屋外広告業の事業者団体が公益目的事業として実施する広告物の点検に関する技能講習の修了者等が考えられる。

③　第2項の点検の結果の提出については，広告物の所有者等が，点検の結果又はそれに基づく補修等の措置に関する実施状況（従前の状況を含む。）について，写真等により作成し，保存した記録を提出させることが適当である。

④　本条の広告物の所有者等が，広告物を表示し，若しくは掲出物件を設置する者又はこれらを管理する者に該当する場合には，第23条，第24条等の規定を適用することができる。

　なお，②については，本条第10条の解説（44ページ）を参照されたい。また，国土交通省では，屋外広告物の点検の実効性を高めるため，許可更新の際の安全点検報告書における点検箇所や点検項目等を盛り込んだ「屋外広告物の安全点検に関する指針（案）」を示しているので，実際の点検の実施に際しては，当該指針を参照されたい。

③　管理者等の設置

（管理者の設置）

第26条　この条例の規定による許可等に係る広告物又は掲出物件を表示し，又は設置する者は，これらを管理する者を置かなければならない。ただし，規則で定める広告物又は掲出物件については，この限りでない。

2　規則で定める広告物又は掲出物件については，前項の管理する者は，法第10条第2項第3号の規定による国土交通大臣の登録を受けた法人（以下「登録試験機関」という。）が広告物の表示及び設置に関し必要な知識について行う試験に合格した者その他の規則で定める資格を有する者でなければならない。

【解　説】

　屋外広告物条例ガイドライン第19条は広告物等についての管理義務を規定し，広告物等は良好な状態に保持しておかねばならないとしている。しかしながら，広告物等の適正な管理のためには，塗装，構造，電気等広告物等についての専門的な知識が必要であるため，広告物等の表示，設置者が専門的知識に乏しい広告主である場合には，表示，設置者が自ら管理をするこ

第3章　屋外広告物条例ガイドライン

とは実際には困難であろう。また，多数の広告物を表示，掲出しているために，自分だけでは全部の広告物を適正に管理できないという場合も考えられる。そこで，このような場合には専門的知識を有する管理者を置くことが特に必要となる。

　このため，本条第1項は，条例により許可等を受ける必要がある広告物又は掲出物件については，規則で定める広告物又は提出物件を除き，管理者の設置を義務付けている。また，本条第2項では，一定の広告物等の管理者は，登録試験機関の行う試験に合格した者その他の資格者でなければならないこととしている。なお，「屋外広告物条例ガイドライン運用上の参考事項」では，第2項の資格について，登録試験機関が行う試験に合格した者その他のこれと同等以上の資格とすることが望ましいと示されている。

（管理者等の届出）

第27条　広告物を表示し，又は掲出物件を設置する者は，前条第1項の規定により管理する者を置いたときは，遅滞なく，規則で定めるところにより，当該管理する者の氏名又は名称及び住所その他規則で定める事項を知事に届け出なければならない。

2　この条例の規定による許可等に係る広告物若しくは掲出物件を表示し，若しくは設置する者又はこれらを管理する者に変更があつたときは，新たにこれらの者となつた者は，遅滞なく，規則で定めるところにより，その旨を知事に届け出なければならない。

3　この条例の規定による許可等に係る広告物若しくは掲出物件を表示し，若しくは設置する者又はこれらを管理する者は，これらが滅失したときは，遅滞なく，規則で定めるところにより，その旨を知事に届け出なければならない。

4　この条例の規定による許可等に係る広告物若しくは掲出物件を表示し，若しくは設置する者又はこれらを管理する者がその氏名若しくは名称又は住所を変更したときは，遅滞なく，規則で定めるところにより，その旨を知事に届け出なければならない。

【解　説】

　本条第1項は，第26条第1項の規定により許可に係る広告物等の管理者を設置した場合の届出義務を定めている。これは，知事が必要な措置命令その他の指導監督を行うに当たって，管理者が明らかにされていないと不便であるからである。届け出るべき事項は，管理者の氏名又は名称，住所その他規則で定める事項である。

　このほか，本条第2項から第4項までにおいて，いくつかの場合の届出義務を規定している。

10 規制の実施

④ 除却義務

> **（除却義務）**
>
> **第20条** 広告物を表示し，又は掲出物件を設置する者は，許可等の期間が満了したとき，若しくは第22条の規定により許可等が取り消されたとき，又は広告物の表示若しくは掲出物件の設置が必要でなくなつたときは，遅滞なく，当該広告物又は掲出物件を除却しなければならない。第12条に規定する広告物又は掲出物件について，同条の規定による期間が経過した場合においても，同様とする。
>
> 2　この条例の規定による許可等に係る広告物又は掲出物件を除却した者は，遅滞なく，規則で定めるところにより，その旨を知事に届け出なければならない。

【解　説】

除却義務が生じるのは次の場合である。

① 許可等の期間が満了したとき。

② 屋外広告物条例ガイドライン第22条の規定により許可が取り消されたとき。

③ 広告物の表示等の必要がなくなったとき。

④ 規制地域等の新規指定に伴う経過措置の期間が経過したとき。

本条において除却義務が課されている者は，広告物を表示する者又は掲出物件を設置する者である。

なお，「屋外広告物条例ガイドライン運用上の参考事項」の第19条の2関係では，広告物の所有者等が，広告物を表示し，若しくは掲出物件を設置する者又はこれらを管理する者に該当する場合には，第23条，第24条等の規定を適用することができると示されていることから，このような場合，本条の相手方は，広告物等の表示・設置者のみならず，広告物の所有者等も対象となり得る。

10　規制の実施

① 措置命令

> **（違反に対する措置）**
>
> **第23条** 知事は，この条例の規定又はこの条例の規定に基づく許可等に付した条件に違反した広告物又は掲出物件については，当該広告物を表示し，若しくは当該掲出物件を設置し，又はこれらを管理する者に対し，これらの表示若しくは設置の停止を命じ，又は5日以上の期限を定め，これらの除却その他良好な景観を形成し，若しくは風致を維持し，又は公衆に対する危害を防止するために必要な措置を命ずることができる。

第3章　屋外広告物条例ガイドライン

2　知事は，前項の規定による措置を命じようとする場合において，当該広告物を表示し，若しくは当該掲出物件を設置し，又はこれらを管理する者を過失がなくて確知することができないときは，これらの措置を自ら行い，又はその命じた者若しくは委任した者に行なわせることができる。ただし，掲出物件を除却する場合においては，5日以上の期限を定めて，その期限までにこれを除却すべき旨及びその期限までに除却しないときは，自ら又はその命じた者若しくは委任した者が除却する旨を公告するものとする。

【解　説】

屋外広告物条例の規定又は許可等の条件に違反した広告物又は掲出物件に対しては，知事が措置命令を発することができる。

(1)　第1項

①　命令の相手方

措置命令の相手方は，広告物等の表示・設置者又は管理者である。<注1>

なお，「屋外広告物条例ガイドライン運用上の参考事項」の第19条の2関係では，広告物の所有者等が，広告物を表示し，若しくは掲出物件を設置する者又はこれらを管理する者に該当する場合には，第23条，第24条等の規定を適用することができると示されていることから，このような場合，本条の相手方は，広告物等の表示・設置者又は管理者のみならず，広告物の所有者等も対象となり得る。

②　措置命令ができる場合

この条例に違反しているときである。具体的には，以下の場合が考えられる。

(i)　禁止地域等の規定（第3条，第4条）に違反しているとき。

(ii)　禁止物件の規定（第5条）に違反しているとき。

(iii)　許可地域等の規定（第6条，第7条）に違反しているとき。

(iv)　景観保全型広告整備地区内における広告物の表示等の届出の規定（第9条第6項）に違反しているとき。

(v)　禁止広告物の規定（第13条）に違反しているとき。

(vi)　規格の設定の規定（第14条）に違反しているとき。

(vii)　変更等の許可の規定（第16条第1項）に違反しているとき。

(viii)　許可等の表示の規定（第18条第1項）に違反しているとき。

(ix)　管理義務（第19条）に違反しているとき。

(x)　点検の規定（第19条の2第1項）に違反しているとき。

(xi)　除却義務（第20条）に違反しているとき。

(xii)　管理者の設置の規定（第26条）に違反しているとき。

(xiii)　管理者等の届出の規定（第27条）に違反しているとき。

(xiv)　許可等に付せられた条件（第15条第1項）に違反したとき。

③　措置命令の内容

10 規制の実施

(i) 表示又は設置の停止

例えば禁止地域に適用除外とならない広告物等を表示・設置しようとしている者に対して，当該表示・設置のための工事の停止を命ずる場合等である。

(ii) 除却

違反広告物等の除却を命ずる場合である。この場合には，5日以上の期限を定めて除却が命ぜられる。定められる期限は，対象となる広告物又は掲出物件の規模・形状・設置場所等を考慮して合理的な期間とされることが必要である。

(iii) その他良好な景観を形成し，若しくは風致を維持し，又は公衆に対する危害を防止するため必要な措置

改修，移転，修繕等が考えられる。この場合にも，5日以上の期限が定められる。

④ 除却等の措置を命ぜられたにも拘らず命ぜられた行為を履行しない者に対しては，当該措置が除却等代替的作為義務である場合には，行政代執行法に基づき行政代執行を行うことができる。

詳細については法第7条第3項の解説「(3) 行政代執行の要件の明確化」（29ページ）を参照。

(2) 第2項は，相手方が過失なくて確知できない場合の略式の代執行を定めた規定である。詳細は，法第7条第2項の解説「(2) 相手方が確知できない場合の略式の代執行手続」（28ページ）を参照。

(3) なお，対象物件が，「はり紙」，「はり札等」，「広告旗」，「立看板等」であるときは，簡易除却措置が法第7条第4項により直接に認められていることは，法の解説で述べたとおりである。

- -

＜注＞

1 広告物等の表示・設置者又は管理者　広告物又は掲出物件を自ら表示又は設置した本人は勿論のこと，広告物を表示することを決定し屋外広告業者等に委託することにより広告物を表示しようとするいわゆる広告主，他人の依頼を受けて，又は他人のために広告物又は掲出物件を表示又は設置した屋外広告業者や，広告物又は掲出物件の管理者も措置命令の相手方となりえる。

② 立入検査

（立入検査）

第24条　知事は，この条例の規定を施行するため必要な限度において，広告物を表示し，若しくは掲出物件を設置する者若しくはこれらを管理する者から報告若しくは資料の提出を求め，又はその命じた者をして広告物若しくは掲出物件の存する土地若しくは建物に立ち入り，広告物若しくは掲出物件を検査させることができる。

2　前項の規定により立入検査をする職員は，その身分を示す証明書を携帯し，関係人の請求があつたときは，これを提示しなければならない。

第3章　屋外広告物条例ガイドライン

【解　説】

　知事が報告若しくは資料の提出を求めることができる者は，広告物等の表示・設置者又は管理者である。

　なお，「屋外広告物条例ガイドライン運用上の参考事項」の第19条の2関係では，広告物の所有者等が，広告物を表示し，若しくは掲出物件を設置する者又はこれらを管理する者に該当する場合には，第23条，第24条等の規定を適用することができると示されていることから，このような場合，本条の相手方は，広告物等の表示・設置者又は管理者のみならず，広告物の所有者等も対象となり得る。

11　除却した広告物の返還・売却等の手続

　屋外広告物法では，屋外広告物条例に違反した広告物のうち，一定の要件に該当するものについて，略式代執行（法第7条第2項）又は簡易除却（法第7条第4項）により，知事等が広告物等を除却することができ，知事ははり紙を除き除却した広告物を保管しなければならないこととされている（法第8条第1項）。条例ガイドライン第23条の2から第23条の7までの規定は，法第8条第1項の規定により知事等が除却・保管した広告物の返還・売却等の手続きについて，屋外広告物法の委任に基づき定めるものである。

（広告物又は掲出物件を保管した場合の公示事項）

第23条の2　法第8条第2項の条例で定める事項は，次に掲げるものとする。

　一　保管した広告物又は掲出物件の名称又は種類及び数量

　二　保管した広告物又は掲出物件の放置されていた場所及びその広告物又は掲出物件を除却した日時

　三　その広告物又は掲出物件の保管を始めた日時及び保管の場所

　四　前3号に掲げるもののほか，保管した広告物又は掲出物件を返還するため必要と認められる事項

【解　説】

　本条は，法第8条第2項に基づき知事が広告物又は掲出物件を保管した場合の公示事項を定める規定である。第4号に規定する「必要と認められる事項」とは，例えば返還場所の連絡先，写真等が考えられる。なお，公示は必ずしも除却した広告物等1件ごとに必要なわけではなく，例えば広告物等の種類ごと，除却場所ごとなどにある程度まとめて公示することは差し支えない。

（広告物又は掲出物件を保管した場合の公示の方法）

第23条の3　法第8条第2項の規定による公示は，次に掲げる方法により行わなければならない。

　一　前条各号に掲げる事項を，保管を始めた日から起算して14日間（法第8条第3

11　除却した広告物の返還・売却等の手続

項第1号に規定する広告物については，〇日間），規則で定める場所に掲示すること。

二　法第8条第3項第2号に規定する広告物又は掲出物件については，前号の公示の期間が満了しても，なおその広告物又は掲出物件の所有者，占有者その他当該広告物又は掲出物件について権原を有する者（第23条の7において「所有者等」という。）の氏名及び住所を知ることができないときは，その掲示の要旨を公報又は新聞紙に掲載すること。

2　知事は，前項に規定する方法による公示を行うとともに，規則で定める様式による保管物件一覧簿を規則で定める場所に備え付け，かつ，これをいつでも関係者に自由に閲覧させなければならない。

【解　説】

　本条は，法第8条第2項に基づき知事が広告物又は掲出物件を保管した場合の公示の方法を定める規定である。第1項第1号の一般的な場合の公示の場合における掲示場所については，規則に委ねられているが，具体的には都道府県の事務所での掲示，現場での公示，公報への掲載が考えられる。第1項第2号の特に貴重な広告物については，第1号の一般的な公示をしてもなお返還できない場合は，①都道府県・市町村等の公報，又は②新聞紙のいずれかに掲示の要旨を掲載することとされている。

（広告物又は掲出物件の価額の評価の方法）

第23条の4　法第8条第3項の規定による広告物又は掲出物件の価額の評価は，取引の実例価格，当該広告物又は掲出物件の使用期間，損耗の程度その他当該広告物又は掲出物件の価額の評価に関する事情を勘案してするものとする。この場合において，知事は，必要があると認めるときは，広告物又は掲出物件の価額の評価に関し専門的知識を有する者の意見を聴くことができる。

【解　説】

　法第8条第3項では，知事が保管した広告物又は掲出物件を売却しようとする際には，広告物又は掲出物件の価額に比しその保管に不相当な費用又は手数料を要することが要件の1つとされているが，本条は，法第8条第3項に基づきその際の評価の方法を定める規定である。

　なお，この評価は必ずしも広告物又は掲出物件を1件ごとに行う必要はなく，本条に定める方法により，大量に除却した広告物について種類ごとに評価をしたり，同種の広告物の除却が大量に予測される場合にはあらかじめ類型化して評価を定めておくということも考えられる。

（保管した広告物又は掲出物件を売却する場合の手続）

第23条の5　知事は，法第8条第3項の規定による保管した広告物又は掲出物件について，規則で定める方法により売却するものとする。

第3章　屋外広告物条例ガイドライン

【解　説】

　本条は，法第8条第3項に基づき，知事が保管した広告物等を売却する場合の手続を定める規定である。具体的な方法は，規則に委ねられている。これは，地方自治法施行令第173条の2において，普通地方公共団体の財務に関し必要な事項は規則で定めることとされていることとのバランスを考慮したものである。規則においては，競争入札や随意契約による場合の公示や見積もり等の手続が規定されることとなろう。

（公示の日から売却可能となるまでの期間）

第23条の6　法第8条第3項各号で定める期間は，次のとおりとする。

　一　法第7条第4項の規定により除却された広告物　　○日

　二　特に貴重な広告物又は掲出物件　　○月

　三　前2号に掲げる広告物又は掲出物件以外の広告物又は掲出物件　　○週間

【解　説】

　法第8条第3項では，知事が保管した広告物又は掲出物件について売却をしようとする際には，同条第2項に定める公示の日から同条第3項で定める広告物等の区分に従い一定の期間が経過してもなお返還できないことが要件の1つとされている。本条は，法第8条第3項に基づき，その公示の日から売却可能となるまでの期間を定める規定である。なお，○日，○月あるいは○週間とされている部分は，法第8条第3項に定める最低期間である以下の期間としている自治体が多いようである。

　①　法第7条第4項の規定（簡易除却）により除却された広告物　　2日

　②　特に貴重な広告物又は掲出物件　　3月

　③　①又は②以外の広告物又は掲出物件　　2週間

（広告物又は掲出物件を返還する場合の手続）

第23条の7　知事は，保管した広告物又は掲出物件（法第8条第3項の規定により売却した代金を含む。）を当該広告物又は掲出物件の所有者等に返還するときは，返還を受ける者にその氏名及び住所を証するに足りる書類を提示させる等の方法によってその者がその広告物又は掲出物件の返還を受けるべき所有者等であることを証明させ，かつ，規則で定める様式による受領書と引換えに返還するものとする。

【解　説】

　本条は，知事が保管した広告物等を所有者等に返還する場合の手続を定める規定である。なお，本条に定める受領証の例として，「屋外広告物条例ガイドライン運用上の参考事項」に別添様式第1（144ページ）が示されている。なお，返還に際して，法第8条第6項に基づき除却・保管等の費用が所有者等に請求されることもある。

12　屋外広告業の登録制度

　まずはじめに，屋外広告業の登録制度の大まかな流れを示すと，以下のとおりである。

屋外広告業の登録制度の手続の概要

新規・更新登録の申請
・登録申請書の提出
・業務主任者の選任
・手数料の納付

登録の実施
・屋外広告業者登録簿への登録
・登録した旨を申請者へ通知

登録の拒否
・拒否の理由を示し，遅滞なく申請者に通知

標識の掲示

廃業等の届出
・条例に定める廃業の事由に該当することとなった日から30日以内

5年経過

廃業等

登録事項の変更の届出
・登録事項に変更があった日から30日以内

登録の取消

営業停止命令　　罰則　　報告・立入検査　　指導・助言・勧告

監督処分簿への搭載

　また，屋外広告業の登録制度に関しては，都道府県・指定都市及び中核市の区域を越えて営業する業者が多く存在することから，都道府県・指定都市・中核市ごとに申請の際の添付書面や申請書の様式等が不統一であることによる不便さを考慮し，地方公共団体が屋外広告業の登録制度に係る規則を制定する際の参考とするため，「屋外広告業登録規則参考資料（案）」が，「屋外広告物条例ガイドライン運用上の参考事項」の一部として国土交通省により作成されている。また，「規制改革実施計画」（平成30年6月15日閣議決定）に基づき，複数の地方公共団体における手続に関する事業者の負担軽減に対応するため，平成30年（2018年）9月に，屋外広告業登録申請書及び屋外広告業登録事項変更届出書の様式の改正が行われた。

　そこで，以下では，登録制度の標準的な姿を理解するため，屋外広告物条例ガイドラインと業登録規則参考資料（案）を併せて解説することとする。なお，業登録規則参考資料（案）も同条例ガイドライン同様あくまで地方公共団体が規則を制定・改廃する際の参考資料として作成されたものであり，実際には営業を行う地方公共団体の条例及び規則を参照する必要があることは当然である。

第3章　屋外広告物条例ガイドライン

1　登録の申請及び実施

（屋外広告業の登録）

第30条　屋外広告業を営もうとする者は，知事の登録を受けなければならない。

2　前項の登録の有効期間は，5年とする。

3　前項の有効期間の満了後引き続き屋外広告業を営もうとする者は，更新の登録を受けなければならない。

4　前項の更新の登録の申請があった場合において，第2項の有効期間の満了の日までにその申請に対する処分がなされないときは，従前の登録は，同項の有効期間の満了後もその処分がなされるまでの間は，なお効力を有する。

5　前項の場合において，更新の登録がなされたときは，その登録の有効期間は，従前の登録の有効期間の満了の日の翌日から起算するものとする。

＜屋外広告業登録規則参考資料＞

（登録の更新の申請期限）

第1条　屋外広告業者は，条例第30条第3項の規定による更新の登録を受けようとするときは，その者が現に受けている登録の有効期間満了日の30日前までに当該登録の更新を申請しなければならない。

【解　説】

　本条は，屋外広告業を営もうとする者は，知事の登録を受けなければならない旨を定める規定である。登録の有効期間は5年とされているので，5年ごとに更新の登録を受けなければならない。更新の登録の申請に対しては，有効期間満了日の30日前までに当該登録の更新を申請しなければならない。これは，登録の更新の仕組みが，従前の登録の有効期限が満了するに当たってなお引き続き屋外広告業を営もうとする者に対し登録の効力を切れ目なく持続させることもその目的としているので，有効期間との関係において一定の日までに申請すべきことを定めたものである。

　なお，屋外広告業の定義については，法第2条第2項の解説（15ページ）を参照。

　また，屋外広告業の登録制度は，都道府県の区域内において屋外広告業を営む者の実態を的確に把握し，その指導育成を図るという目的も有しているので，屋外広告業者がある都道府県・指定都市あるいは中核市の区域内に営業所を有していない場合であっても，その都道府県・指定都市あるいは中核市の区域内で広告物の表示又は掲出物件の設置の工事等を行おうとする場合には，その都道府県・指定都市あるいは中核市の屋外広告業登録制度を定める条例の適用を受けることとなる。ただし，登録申請の例外として条例ガイドライン第33条の2の2の解説（135ページ）を参照。

12 屋外広告業の登録制度

（登録の申請）

第30条の2 前条第1項又は第3項の規定により登録を受けようとする者（以下「登録申請者」という。）は，知事に次に掲げる事項を記載した登録申請書を提出しなければならない。

一　商号，名称又は氏名及び住所

二　○○県の区域（○○市の区域を除く。以下同じ。）内において営業を行う営業所の名称及び所在地

三　法人である場合においては，その役員（業務を執行する社員，取締役，執行役又はこれらに準ずる者をいう。以下同じ。）の氏名

四　未成年者である場合においては，その法定代理人の氏名及び住所（法定代理人が法人である場合において，その商号又は名称及び住所並びにその役員の氏名）

五　第2号の営業所ごとに選任される業務主任者の氏名及び所属する営業所の名称

2　前項の登録申請書には，登録申請者が第30条の4第1項各号のいずれにも該当しない者であることを誓約する書面その他規則で定める書類を添付しなければならない。

＜業登録規則参考資料＞

（登録申請書の様式）

第2条 条例第30条の2第1項に規定する登録申請書は，別記様式第1号によるものとする。

（登録申請書の添付書類）

第3条 条例第30条の2第2項に規定する規則で定める書類は，次に掲げるものとする。

一　屋外広告業の登録を受けようとする者（以下「登録申請者」という。）が法人である場合にあってはその役員（業務を執行する社員，取締役，執行役又はこれらに準ずる者をいう。以下同じ。），営業に関し成年者と同一の能力を有しない未成年者である場合にあってはその法定代理人（法定代理人が法人である場合にあってはその役員を含む。以下同じ。）が条例第30条の4第1項各号に該当しない者であることを誓約する書面

二　登録申請者が選任した業務主任者が条例第32条第1項各号に掲げる要件のいずれかに適合する者であることを証する書面

三　登録申請者（法人である場合にあってはその役員を，営業に関し成年者と同一の能力を有しない未成年者である場合にあってはその法定代理人を含む。）の略

第3章　屋外広告物条例ガイドライン

歴を記載した書面

四　登録申請者が法人である場合にあっては，登記事項証明書

2　知事は，次に掲げる者に係る本人確認情報（住民基本台帳法（昭和42年法律第81号）第30条の5第1項に規定する本人確認情報をいう。以下同じ。）について，同法第30条の7第5項の規定によるその提供を受けることができないとき，又は同法第30条の8第1項の規定によるその利用ができないときは，登録申請者に対し，住民票の抄本又はこれに代わる書面を提出させることができる。

一　登録申請者が個人である場合にあっては，当該登録申請者

二　登録申請者が法人である場合にあっては，その役員（当該役員が営業に関し成年者と同一の能力を有しない未成年者である場合にあっては，当該役員及びその法定代理人）

三　登録申請者が選任した業務主任者

3　第1項第1号の誓約書の様式は，別記様式第2号とする。

4　第1項第3号の略歴書の様式は，別記様式第3号とする。

【解　説】

本条は，登録の申請書の様式，記載事項及び添付書類を定める規定である。第1項第1号の「商号」とは，商法による登記された商号はもちろん，登記されていないものであっても商法に規定する商人がその営業に当たって自己を表すために用いる名称を含むものである。「名称」とは，法人又は個人を問わず，商人でない者が自己を表すために用いる名称をいう。

なお，様式として，

①　申請書は別添の「別記様式第1号」（144ページ）

②　条例ガイドライン第30条の2第2項及び業登録規則参考資料第3条第1項第1号の個人登録申請者本人，法人登録申請者の役員又は未成年者の登録申請者の法定代理人が「登録拒否事由のいずれにも該当しない者であることの誓約書」は別添の「別記様式第2号」（146ページ）

③　業登録規則参考資料第3条第1項第3号の登録申請者（法人登録申請者の役員及び未成年の登録申請者の法定代理人を含む。）の「略歴書」は別添の「別記様式第3号」（146ページ）

を参照。

条例ガイドライン第30条の2第1項第2号の名称及び所在地を記載すべき営業所は，登録を行おうとする都道府県，指定都市又は中核市に所在するか否かに関わらず，登録を行おうとする都道府県，指定都市又は中核市において営業を行う営業所であることに注意を要する。すなわち，例えばA県にあるa営業所がA県と隣のB県北部を管轄し，B県内にあるb営業所はB県南部のみを管轄している場合においては，B県知事への登録申請に際しては，a営業所とb営業所の両方の名称及び所在地を記載する必要がある。

12　屋外広告業の登録制度

　条例ガイドライン第30条の2第1項第5号の業務主任者については，法第10条の解説「⑶ 業務主任者の選任」（44ページ）を参照。

（登録の実施）

第30条の3　知事は，前条の規定による書類の提出があったときは，次条第1項の規定により登録を拒否する場合を除くほか，遅滞なく，次に掲げる事項を屋外広告業者登録簿に登録しなければならない。

　一　前条第1項各号に掲げる事項

　二　登録年月日及び登録番号

2　知事は，前項の規定による登録をしたときは，遅滞なく，その旨を登録申請者に通知しなければならない。

（屋外広告業者登録簿の閲覧）

第30条の6　知事は，屋外広告業者登録簿を一般の閲覧に供しなければならない。

【解　説】

　屋外広告業者の登録は，屋外広告業者登録簿に一定の事項を登録することにより行われる。また，広告主，下請人等に屋外広告業者に関する情報を提供し，適切な業者の選定の利便等に供するため，屋外広告業者登録簿は一般の閲覧に供されることとされている。

（登録の拒否）

第30条の4　知事は，登録申請者が次の各号のいずれかに該当するとき，又は第30条の2第1項の登録申請書若しくはその添付書類のうちに重要な事項について虚偽の記載があり，若しくは重要な事実の記載が欠けているときは，その登録を拒否しなければならない。

　一　第33条の2第1項の規定により登録を取り消され，その処分のあった日から2年を経過しない者

　二　屋外広告業者（第30条第1項又は第3項の登録を受けて屋外広告業を営む者をいう。以下同じ。）で法人であるものが第33条の2第1項の規定により登録を取り消された場合において，その処分のあった日前30日以内にその屋外広告業者の役員であった者でその処分のあった日から2年を経過しないもの

　三　第33条の2第1項の規定により営業の停止を命ぜられ，その停止の期間が経過しない者

　四　屋外広告物法に基づく条例又はこれに基づく処分に違反して罰金以上の刑に処せられ，その執行を終わり，又は執行を受けることがなくなった日から2年を経過しない者

第3章　屋外広告物条例ガイドライン

　五　屋外広告業に関し成年者と同一の能力を有しない未成年者でその法定代理人が
　　　前各号又は次号のいずれかに該当するもの

　六　法人でその役員のうちに第1号から第4号までのいずれかに該当する者がある
　　　もの

　七　第30条の2第1項第2号の営業所ごとに業務主任者を選任していない者

2　知事は，前項の規定により登録を拒否したときは，遅滞なく，その理由を示し
　て，その旨を申請者に通知しなければならない。

【解　説】

　法第10条の解説の「(2)　登録の要件」（43ページ）を参照。

② 登録後の手続

（登録事項の変更の届出）

第30条の5　屋外広告業者は，第30条の2第1項各号に掲げる事項に変更があったと
　きは，その日から30日以内に，その旨を知事に届け出なければならない。

2　知事は，前項の規定による届出を受理したときは，当該届出に係る事項が前条第
　1項第5号から第7号までのいずれかに該当する場合を除き，届出があった事項を
　屋外広告業者登録簿に登録しなければならない。

3　第30条の2第2項の規定は，第1項の規定による届出について準用する。

＜業登録規則参考資料＞

（変更の届出）

第4条　条例第30条の5第1項の規定により変更の届出をする場合において，当該変
　更が次に掲げるものであるときは，当該各号に掲げる書面を別記様式第4号による
　変更届出書に添付しなければならない。

　一　条例第30条の2第1項第1号に掲げる事項の変更（変更の届出をした者が法人
　　　である場合に限る。）　登記事項証明書

　二　条例第30条の2第1項第2号に掲げる事項の変更（商業登記の変更を必要とす
　　　る場合に限る。）　登記事項証明書

　三　条例第30条の2第1項第3号に掲げる事項の変更　登記事項証明書並びに前条
　　　第1項第1号及び第3号の書面

　四　条例第30条の2第1項第4号に掲げる事項の変更　前条第1項第1号及び第3
　　　号の書面

126

12　屋外広告業の登録制度

五　条例第30条の2第1項第5号に掲げる事項の変更　前条第1項第2号の書面

2　都道府県知事は，前条第2項各号に掲げる者に係る本人確認情報について，住民基本台帳法第30条の7第5項の規定によるその提供を受けることができないとき，又は同法第30条の8第1項の規定によるその利用ができないときは，変更の届出をした者に対し，住民票の抄本又はこれに代わる書面を提出させることができる。

【解　説】

　本条は，登録を受けた後に登録申請事項に変更があった場合には，知事に届け出なければならない旨を定める規定である。登録を受けた後，屋外広告業者の営業についてはその多少を問わず変動を生ずるのが通例である。登録を行った都道府県知事においては，屋外広告業者がその変動により登録取消し要件に該当するか否かを常に点検することが必要であり，変動の結果は登録簿により公衆の閲覧に供されることになるため，屋外広告業者の営業に関する変動を常に把握しておく必要があるのである。

　具体的に変更があった際に届出をすべき事項と，届出に際して添付することが必要な書類は以下のとおり。

	変更があった際に届け出るべき事項	添付文書
1	商号，名称又は氏名及び住所	登記事項証明書（法人の場合のみ）
2	○○県の区域（○○市の区域を除く。）内において営業を行う営業所の名称及び所在地	登記事項証明書（商業登記の変更を必要とする場合のみ）
3	法人の役員の氏名	登記事項証明書，誓約書及び略歴書
4	未成年者の法定代理人の氏名及び住所	誓約書及び略歴書
5	業務主任者の氏名及び所属する営業所の名称	業務主任者が条例第32条第1項各号に掲げる要件のいずれかに適合する者であることを証する書面

　なお，このほか，住民票の抄本又はこれに代わる書面の提出を求められることがある。

　変更届出書の様式は別添の「別記様式第4号」（147ページ）を参照。

（廃業等の届出）

第30条の7　屋外広告業者が次の各号のいずれかに該当することとなった場合においては，当該各号に定める者は，その日（第1号の場合にあっては，その事実を知った日）から30日以内に，その旨を知事に届け出なければならない。

一　死亡した場合　その相続人

二　法人が合併により消滅した場合　その法人を代表する役員であった者

三　法人が破産により解散した場合　その破産管財人

四　法人が合併及び破産以外の理由により解散した場合　その清算人

第3章　屋外広告物条例ガイドライン

　　五　○○県の区域内において屋外広告業を廃止した場合　屋外広告業者であった個
　　　人又は屋外広告業者であった法人を代表する役員
　2　屋外広告業者が前項各号のいずれかに該当するに至ったときは，屋外広告業者の
　　登録は，その効力を失う。

＜業登録規則参考資料＞

　（廃業等の手続）

第5条　条例第30条の7の規定による廃業等の届出は，別記様式第5号による廃業等
　　届出書により行うものとする。

【解　説】

　屋外広告業の登録は，法人であると個人であるとを問わず一個の独立した営業について行う
ものであり，その営業体の消滅によりその登録も取り消されるべきものである。また，登録は
屋外広告業を営もうとする意思を有する者について行われるものであるため，その意思を失っ
た者の登録は単に形骸化するのみであるため，これも取り消さなければならない。このため，
本条第2項ではこのような場合に屋外広告業者の登録が失効することとするとともに，失効を
生ぜしめる事実の発生に対応してその関係人に届出義務が課されている。

　具体的には，以下の場合に届出を行わなければならない。

①　個人屋外広告業者が死亡した場合

　　屋外広告業の登録は一身専属的なものであると解されるため，その者の死亡により登録
　の効力も失われる。なお，この場合において相続人が被相続人である屋外広告業者の営業
　を承継して行おうとするときは，その相続人は新たに登録を受けなければならない。

②　法人屋外広告業者が合併により消滅した場合

　　吸収合併のときの屋外広告業者ではない存続会社，又は新規合併のときの新規会社が合
　併により解散した法人である屋外広告業者の屋外広告に関する営業を承継しようとすると
　きは，新たに屋外広告業の登録を受けなければならない。

③　法人屋外広告業者が破産により解散した場合

④　法人屋外広告業者が合併及び破産以外の理由により解散した場合

⑤　○○県の区域内において屋外広告業を廃止した場合

　　屋外広告業全体を廃業しなくても，ある都道府県・指定都市・中核市から撤退する場合
　などある都道府県，指定都市又は中核市の区域内で屋外広告業を廃止した場合には，当該
　廃止した区域の自治体の長（知事又は市長）への届出が必要となる。

　　廃業等届出書の様式は別添の「別記様式第5号」（148ページ）を参照。

（登録の抹消）

第30条の8　知事は，屋外広告業者の登録がその効力を失ったとき又は第33条の2第

12　屋外広告業の登録制度

１項の規定により屋外広告業者の登録を取り消したときは，屋外広告業者登録簿から当該屋外広告業者の登録を抹消しなければならない。

【解　説】

本条は，屋外広告業者の登録の抹消について定める規定である。登録が抹消される場合は，①登録の有効期限が経過し，更新の登録がなされないとき，②屋外広告業者が，条例ガイドライン第30条の７第１項の廃業等の届出事由に該当するに至ったとき，③条例ガイドライン第33条の２第１項の規定により屋外広告業者の登録が取り消されたときである。

③　業務主任者の設置

（講習会）

第31条　知事は規則で定めるところにより，広告物の表示及び広告物を掲出する物件の設置に関し必要な知識を修得させることを目的とする講習会を開催しなければならない。

２　知事は，規則で定めるところにより，講習会の運営に関する事務を他の者に委託することができる。

３　第１項の講習会を受けようとする者は，別に条例で定めるところにより，講習手数料を納付しなければならない。

４　前３項に定めるほか，講習会に関し必要な事項は，規則で定める。

【解　説】

業務主任者となる資格の１つとして，広告物の表示及び広告物を掲出する物件の設置に関し必要な知識を修得させることを目的とする講習会が，都道府県知事によって開催されることとされている。この講習会は，屋外広告業の営業所の責任者にふさわしい知識を修得させる趣旨のものであり，内容は，屋外広告物に関する法令，屋外広告物の表示の方法に関する事項及び屋外広告物の施工に関する事項について一般的知識を修得させようとするものである。

この講習会は，通常年１回行われることとされており，講習会の運営の全部又は一部について，知事から他の者に委託されることもある。また，いくつかの地方公共団体により共同で講習会が開催される場合も多い。

（業務主任者の設置）

第32条　屋外広告業者は，第30条の２第１項第２号の営業所ごとに，次に掲げる者のうちから業務主任者を選任し，次項に定める業務を行わせなければならない。

一　登録試験機関が広告物の表示及び掲出物件の設置に関し必要な知識について行う試験に合格した者

129

第3章 屋外広告物条例ガイドライン

二 前条第1項の講習会の課程を修了した者

三 他の都道府県又は指定都市若しくは中核市の行う講習会の課程を修了した者

四 職業能力開発促進法（昭和44年法律第64号）に基づく職業訓練指導員免許所持者，技能検定合格者又は職業訓練修了者であって広告美術仕上げに係るもの

五 知事が，規則で定めるところにより，前4号に掲げる者と同等以上の知識を有するものと認定した者

2 業務主任者は，次に掲げる業務の総括に関することを行うものとする。

一 この条例その他広告物の表示及び掲出物件の設置に関する法令の規定の遵守に関すること

二 広告物の表示又は掲出物件の設置に関する工事の適正な施工その他広告物の表示又は掲出物件の設置に係る安全の確保に関すること

三 第32条の3に規定する帳簿のうち，規則で定める事項の記載に関すること

四 前3号に掲げるものの他，業務の適正な実施の確保に関すること

【解　説】

　本条第1項は，屋外広告業者の営業所ごとに，一定の資格を有する業務主任者を置くべき旨を定める規定である。業務主任者の必置の趣旨，登録試験機関の行う試験及び講習会については，法第10条の解説「(3)　業務主任者の選任」（44ページ）を参照。

　法第10条第2項第3号ハの登録試験機関の行う試験合格者又は講習会修了者と「同等以上の知識を有する者」として，条例ガイドラインでは，①他の都道府県（指定都市及び中核市を含む。）の講習会修了者，②職業能力開発促進法に基づく職業訓練指導員免許所持者，技能検定合格者又は職業訓練修了者であって広告美術仕上げに係るもの，及び③知事が試験合格者・講習会修了者等と同等以上の知識を有するものと認定した者，が定められている。このうち③の認定については，必ずしも各都道府県で認定制度があるとは限らないが，認定されるには，少なくとも，営業所における屋外広告物の表示又は屋外広告物を掲出する物件の設置の責任者として5年以上の経験を有すること及び過去5年間にわたり屋外広告物に関する法令に違反することがなかったことが基準となろう。認定された場合には，台帳に記載整理されるとともに，認定書が交付されることが一般的である。

④　その他の屋外広告業者の義務

（標識の掲示）

第32条の2　屋外広告業者は，規則で定めるところにより，第30条の2第1項第2号の営業所ごとに，公衆の見やすい場所に，商号，名称又は氏名，登録番号その他規則で定める事項を記載した標識を掲げなければならない。

12　屋外広告業の登録制度

```
＜業登録規則参考資料＞
　（標識の掲示）
第６条　条例第32条の２に規定する規則で定める事項は，次に掲げる事項とする。
　一　法人である場合にあっては，その代表者の氏名
　二　登録番号及び登録年月日
　三　業務主任者の氏名
２　条例第32条の２の規定により屋外広告業者が掲げる標識は，別記様式第６号によ
　るものとする。
```

【解　説】
　登録を受けた屋外広告業者は，登録を受けた適法な業者であることを対外的に明らかにする
ため，営業所ごとに標識を掲げなければならない。標識の様式は，別添の「別記様式第６号」
（149ページ）を参照。

```
　（帳簿の備付け等）
第32条の３　屋外広告業者は，規則で定めるところにより，第30条の２第１項第２号
　の営業所ごとに帳簿を備え，その営業に関する事項で規則で定めるものを記載し，
　これを保存しなければならない。
```

```
＜業登録規則参考資料＞
　（帳簿の記載事項等）
第７条　条例第32条の３の規定により屋外広告業者が備える帳簿の記載事項は，次に
　掲げる事項とする。
　一　注文者の商号，名称又は氏名及び住所
　二　広告物の表示又は掲出物件の設置の場所
　三　表示した広告物又は設置した掲出物件の名称又は種類及び数量
　四　当該表示又は設置の年月日
　五　請負金額
２　前項各号に掲げる事項が電子計算機に備えられたファイル又は磁気ディスク，
　シー・ディー・ロムその他これらに準ずる方法により一定の事項を確実に記録して
　おくことができる物（以下「磁気ディスク等」という。）に記録され，必要に応じ
　屋外広告業者の営業所において電子計算機その他の機器を用いて明確に紙面に表示
　されるときは，当該記録をもって前項の帳簿への記載に代えることができる。
```

第3章　屋外広告物条例ガイドライン

> 3　第1項の帳簿（前項の規定により記録が行われた同項のファイル又は磁気ディスク等を含む。）は，広告物の表示又は設置の契約ごとに作成しなければならない。
>
> 4　屋外広告業者は，第1項の帳簿（第2項の規定による記録が行われた同項のファイル又は磁気ディスク等を含む。）を各事業年度の末日をもって閉鎖するものとし，閉鎖後5年間営業所ごとに当該帳簿を保存しなければならない。

【解　説】

　登録を受けた屋外広告業者は，その請け負った屋外広告物の表示・設置の内容について，帳簿に記録し，これを保存しておかなければならない。これは，屋外広告業者の適正な業務の実施のためには，自ら表示・設置した屋外広告物の詳細を適切に整理・保存してその管理を行っていくことが重要であることから，営業を行う単位の営業所ごとに帳簿の備え付けを義務付けたものである。帳簿の様式は，別添の「別記様式第7号」（150ページ）を参照。

⑤　屋外広告業者に対する指導・監督等

> **（屋外広告業を営む者に対する指導，助言及び勧告）**
>
> **第33条**　知事は，○○県の区域内で屋外広告業を営む者に対し，良好な景観を形成し，若しくは風致を維持し，又は公衆に対する危害を防止するために必要な指導，助言及び勧告を行うことができる。

【解　説】

　法第11条の解説（47ページ）を参照。

> **（登録の取消し等）**
>
> **第33条の2**　知事は，屋外広告業者が次の各号のいずれかに該当するときは，その登録を取り消し，又は6月以内の期間を定めてその営業の全部若しくは一部の停止を命ずることができる。
>
> 一　不正の手段により屋外広告業者の登録を受けたとき。
>
> 二　第30条の4第1項第2号又は第4号から第7号までのいずれかに該当することとなったとき。
>
> 三　第30条の5第1項の規定による届出をせず，又は虚偽の届出をしたとき。
>
> 四　屋外広告物法に基づく条例又はこれに基づく処分に違反したとき。
>
> 2　第30条の4第2項の規定は，前項の規定による処分をした場合に準用する。

【解　説】

　法第10条の解説「(4)　登録の取消し及び営業の停止」（46ページ）を参照。なお，知事が登録の取消し又は営業の停止の処分を行った際は，遅滞なく，その理由を示して，その旨を処分の名宛人に通知しなければならない。

12 屋外広告業の登録制度

> （監督処分簿の備付け等）
>
> **第33条の3** 知事は，屋外広告業者監督処分簿を備え，これを規則で定める閲覧所において公衆の閲覧に供しなければならない。
>
> 2 知事は，前条第1項の規定による処分をしたときは，前項の屋外広告業者監督処分簿に，当該処分の年月日及び内容その他規則で定める事項を登載しなければならない。

【解　説】

　本条は，広告主や下請業者等が必要に応じ屋外広告業者の処分履歴を参照することができるよう，知事は，屋外広告業者監督処分簿を備え，公衆の閲覧に供しなければならない旨定める規定である。

> （報告及び検査）
>
> **第33条の4** 知事は，〇〇県の区域内で屋外広告業を営む者に対して，特に必要があると認めるときは，その営業につき，必要な報告をさせ，又はその職員をして営業所その他営業に関係のある場所に立ち入り，帳簿，書類その他の物件を検査し，若しくは関係者に質問させることができる。
>
> 2 前項の規定により立入検査をする職員は，その身分を示す証明書を携帯し，関係者の請求があったときは，これを提示しなければならない。
>
> 3 第1項の規定による立入検査の権限は，犯罪捜査のために認められたものと解釈してはならない。

6 指定都市及び中核市の登録の特例（屋外広告物条例ガイドライン運用上の参考事項）

> （〇〇県の登録を受けた者に関する特例）
>
> **第33条の2の2** 第30条から第30条の6まで，第30条の8及び第33条の2の規定は，〇〇県屋外広告物条例第〇条の登録を受けている者には，適用しない。
>
> 2 前項に規定する者であって〇〇市の区域内で屋外広告業を営むものについては，同項に掲げる規定を除き，第30条第1項の登録を受けた屋外広告業者とみなしてこの条例の規定を適用する。
>
> 3 第1項に規定する者は，〇〇市の区域内で屋外広告業を営もうとするときは，規則で定めるところにより，その旨を市長に届け出なければならない。その届出に係る事項について変更があったとき又は〇〇市の区域内で屋外広告業を廃止したときも同様とする。

第3章　屋外広告物条例ガイドライン

4　屋外広告業者が〇〇県屋外広告物条例第〇条の登録を受けたときは，その者に係る第30条第１項又は第３項の登録は，その効力を失う。

5　市長は，第１項に規定する者であって〇〇市の区域内で屋外広告業を営むものが，第33条の２第１項第２号から第４号までのいずれかに該当するときは，その者に対し，６月以内の期限を定めて〇〇市の区域内における営業の全部若しくは一部の停止を命ずることができる。

6　第30条の４第２項の規定は，前項の規定による処分をした場合に準用する。

＜屋外広告業登録規則参考資料＞

　指定都市及び中核市が屋外広告物条例ガイドライン運用上の参考事項第10の「第33条の２の２（〇〇県の登録を受けた者に関する特例）」に掲げる規定を条例で規定する場合にあっては，以下の規定を追加することが望ましい。

（特例屋外広告業者の届出）

第8条　条例第33条の２の２第３項の規定により届出を行おうとする特例屋外広告業者は，別記様式第８号による届出書を市長に提出しなければならない。

2　前項の届出書には，次の書類を添付しなければならない。

　一　〇〇県屋外広告物条例第〇条の登録を受けたことを証する書面

　二　第３条第１項第２号に掲げる書面

第9条　特例屋外広告業者は，次の各号に掲げる事項に変更があったときは，別記様式第９号による変更届出書を市長に提出しなければならない。

　一　商号，名称又は氏名及び住所並びに法人にあつては，その代表者の氏名

　二　〇〇市の区域内において営業を行う営業所の名称及び所在地

　三　前号の営業所ごとに置かれる業務主任者の氏名及び所属する営業所の名称

2　前項の場合において，当該変更が前項第３号に掲げる事項の変更であるときは，前条第２項第２号に掲げる書面を変更届出書に添付しなければならない。

【参考規則資料を修正する部分】

　指定都市及び中核市が屋外広告物条例ガイドライン運用上の参考事項第10の「第33条の２の２（〇〇県の登録を受けた者に関する特例）」に掲げる規定を条例で規定する場合にあっては，屋外広告業登録規則参考資料（案）の第６条を以下の通り修正することが望ましい。

第6条（略）

2　（略）

12 屋外広告業の登録制度

3 条例第33条の2の2第2項の規定により条例第30条第1項の登録を受けた屋外広告業者とみなされた者（以下「特例屋外広告業者」という。）については，前2項の規定は，第1項第2号中「登録番号及び登録年月日」とあるのは「届出番号及び届出年月日」と，前項中「別記様式第6号」とあるのは「別記様式第6号の2」と読み替えて適用する。

【解　説】

　本条は，指定都市及び中核市の条例にのみ規定される特例として，「屋外広告物条例ガイドライン運用上の参考事項」に示されている規定である。すなわち，ある都道府県の区域内で指定都市及び中核市の区域を含む広い地域にわたって営業を行う屋外広告業者が多いことから，これらの業者の手続的・経済的な負担の軽減と，地方公共団体の登録事務の効率化のため，都道府県の登録を受けた業者については，当該都道府県の区域内の指定都市又は中核市においては当該市の登録を受けた業者とみなして業務主任者の必置等必要な規定を適用するとともに，指定都市又は中核市の市長が当該業者に対し営業停止命令を行うことができるようにするものである。

　具体的には，ある県内の指定都市・中核市を除く区域のみで営業を行う業者は県知事の登録のみを要し，ある県内の指定都市又は中核市の区域のみで営業を行う業者は当該指定都市又は中核市の市長のみの登録を要するが，ある県内の指定都市又は中核市の区域とその県内の当該指定都市又は中核市の区域以外の区域にまたがって営業を行う業者は，知事の登録を要するとともに，指定都市又は中核市の市長に対しては登録の代わりに届出で済むこととなる。

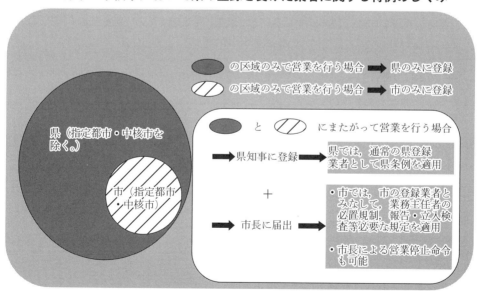

指定都市・中核市において県の登録を受けた業者に関する特例のしくみ

　本条の規定により，指定都市・中核市の市長は，市の登録を受けていない知事登録業者に対

第3章　屋外広告物条例ガイドライン

しても，営業停止命令を行う等，必要な指導・監督を行うことができる。ただし，市は登録を行っていないことから，登録の取り消しは行うことができない。この場合において，市の登録を受けていない知事登録業者が登録の取消しがなされるべき悪質な違反を行ったような場合には，県知事が知事登録の取り消しを行うことができる[注1]。このように，本規定の存在により，都道府県，指定都市及び中核市の間で密接な連携がなされ，登録制度の一体的な運用が行われることとなろう。

　また，指定都市及び中核市の条例に本条の規定を置く場合においては，「屋外広告物条例ガイドライン運用上の参考事項」において，屋外広告物条例ガイドラインについて以下の修正を行うことが望ましいと示されている。

　①　本条第5項の処分をしたときについても，同条例ガイドライン第33条の3の監督処分簿に登載

　②　本条第5項の営業の停止の命令に違反した者について，同条例ガイドライン第33条の2第1項の営業の停止の命令に違反した者と同様の罰則を規定

　③　本条第3項の届出を怠った者について，第30条の7第1項の届出を怠った者と同様の罰則を規定

　本条第3項の規定に基づく新規の届出の様式については別添の「別記様式第8号」（150ページ）を，同項に基づく変更の届出の様式については別添の「別記様式第9号」（151ページ）を，本条に基づき届出を行った屋外広告業者の同条例ガイドライン第32条の2に基づく標式の様式については別添の「別記様式第6号の2」（149ページ）をそれぞれ参照。

　なお，指定都市・中核市で，本条のような規定を持たず，都道府県へ登録を行っていても指定都市・中核市への登録も原則どおり必要とする自治体も見られるようである。

- -

　　＜注＞
　　　　1　登録の取り消しは，登録を行った都道府県の屋外広告物条例違反の場合のみならず，他の地方公共団体の屋外広告物条例に違反した場合にも可能である（同条例ガイドライン第33条の2第1項第4号）。法第10条の解説注18（47ページ）参照。

13　手数料の納付

（手数料）

第33条の5　この条例の規定による許可等又は登録（許可等又は登録の更新を含む。）を受けようとする者は，別に条例で定めるところにより，手数料を納付しなければならない。ただし，政治資金規正法第6条の届出を行った政治団体がはり紙，はり札等，広告旗又は立看板等を表示するための許可（許可の更新を含む。）を受けようとするときは，この限りでない。

【解　説】

　広告物の表示等を行うため，条例の規定による許可又は確認（許可又は確認の更新を含む。）を受けようとする者は，手数料を納付しなければならないこととされている。

　また，屋外広告業の登録（登録の更新を含む。）を受けようとする者についても，手数料を[注1]

納付しなければならない。

　この手数料については，屋外広告物条例及びこれに基づく規則で定められている場合と，別の手数料条例で定められている場合とがある。

　なお，政治資金規正法第6条の届出を経た政党，協会その他の団体が，はり紙，はり札等，広告旗又は立看板等を表示するための許可を受けようとする場合は，手数料の納付は必要でないこととされている。

- -

＜注＞

1　屋外広告業の登録の手数料は，1万円程度の額が定められている場合が多いようである。

14　屋外広告物審議会

（審議会）

第34条　広告物に関する重要事項を調査審議するため，県に屋外広告物審議会（以下「審議会」という。）を置く。

2　知事は，次に掲げる場合においては，審議会の意見をきかなければならない。

　一　第3条から第9条までの規定による指定をし，第10条の規定による認定をし，又はこれらを変更しようとするとき

　二　第11条第2項第1号，第2号，第2号の2若しくは第5号，同条第3項第1号，同条第6項若しくは第17条第1項に規定する基準，第9条第2項に規定する基本方針若しくは第14条に規定する規格を定め，又はこれらを変更しようとするとき

3　審議会は，広告物に関する事項について，知事に建議することができる。

4　審議会の組織，委員の任期，運営その他必要な事項は，規則で定める。

【解　説】

　広告物に関する重要事項を調査審議するため，都道府県に屋外広告物審議会[注1]が置かれている（第1項）。

　知事は，①禁止地域等，禁止物件，許可地域等，広告物活用地区又は景観保全型広告整備地区の指定をし，又は変更しようとするとき，②自家用広告物等適用除外となるものの基準を定め，又は変更しようとするとき，③許可基準を定め，又は変更しようとするとき，④景観保全型広告整備地区の基本方針を定め，又は変更しようとするとき，⑤屋外広告物の規格を定め，又は変更しようとするときには，審議会の意見を聴かねばならないとされている（第2項）。また，審議会は，広告物に関する事項について，知事に建議[注2]することができることとされている。

　審議会の組織，委員の任期，運営等必要な事項は規則で定めることとされている。

137

第3章　屋外広告物条例ガイドライン

<注>

　　1　屋外広告物審議会は，地方自治法第138条の４第３項の地方公共団体の執行機関の附属機関
　　である。

　　2　建議とは，特に知事の諮問がない場合に，自主的に意見を知事に対して提出することをい
　　う。

15　景観行政団体である市町村による屋外広告物条例の制定

（景観行政団体である市町村が処理する事務の範囲等）

第34条の２　別表の上欄に掲げる事務は，それぞれ下欄に掲げる市町村が処理するこ
　　ととする。

別　表

事　　　務	市　町　村
1　法第３条から第５条まで，第７条及び第８条の規定に基づく条例の制定及び改廃（○○に関するものを除く。）	○○市，○○町，・・・・
・・・・・・・	・・・・・

【解　説】

　本条は，法第28条に基づき，景観行政団体である指定都市及び中核市以外の市町村が屋外広告物条例（業規制に関するものを除く。以下この章において同じ。）を定めることができることとする規定である。法第28条の解説（63ページ）参照。

　屋外広告物条例を定めることができる指定都市及び中核市以外の市町村は，当該市町村が景観行政団体となるための都道府県との協議を経て景観行政団体となったもののうち，法第28条に基づく協議が済んだものを個別に別表に記載することにより指定することとされている。また，当該屋外広告物条例を定めることができる指定都市及び中核市以外の市町村の処理する事務の範囲についても，法第３条から第５条まで，第７条又は第８条に基づく条例の制定・改廃に関する事務の全部とするのか，あるいはその一部とするのかを個別の市町村ごとに別表に記載することとされている。

　なお，「屋外広告物条例ガイドライン運用上の参考事項」において，指定都市及び中核市以外の市町村が処理する事務の内容に応じ，法第７条及び第８条に基づく除却や，除却した広告物の保管，売却，廃棄等の事務についても，地方自治法第252条の17の２に基づき，当該市町村が併せて処理することが望ましいと示されている。なお，条例に本条のような規定が定められるのは都道府県の屋外広告物条例のみであり，当然のことながら市町村の屋外広告物条例には本条のような規定は置かれない。

138

16 その他の規定

＜注＞

　1　景観法第98条第2項により，指定都市又は中核市以外の市町村の長は，あらかじめ都道府県知事と協議し，景観行政団体となることとされている。

　2　本条により指定都市及び中核市以外の市町村が処理することができる事務は，屋外広告物条例の制定又は改廃に関する事務であり，屋外広告物条例に基づかず法律により直接知事の権限とされている事務（例えば法第7条第4項に基づく簡易除却，法第8条に基づく除却した広告物の保管，売却，廃棄等）は含まれない。

16　その他の規定

（処分，手続等の効力の承継）

第25条　広告物を表示し，若しくは掲出物件を設置する者又はこれらを管理する者について変更があつた場合においては，この条例又はこの条例に基づく規則により従前のこれらの者がした手続その他の行為は，新たにこれらの者となつた者がしたものとみなし，従前のこれらの者に対してした処分手続その他の行為は，新たにこれらの者となつた者に対してしたものとみなす。

【解　説】

　本条は，広告物等の表示者又は管理者について変更があった場合，従前の諸手続等の効力がその限りで失われたのでは法律関係の安定性が害されることとなり，また，行政の実効性も期しがたくなるところから設けられた規定である。

　広告物等の表示者又は管理者について「変更があった場合」とは，通常は，他人の権利に基づいて当該権利を取得するという承継取得により変更があったような場合が多いであろうが，それだけに限られず，時効取得等の原始取得があった場合や，不法占有者等権利を取得していないが権利者の支配を排除して当該広告物を事実上支配下において当該広告物を管理する者と言いうる者が現れたような場合も含まれる。

（公告）

第28条　知事は，第3条から第9条までの規定による指定をし，又はこれらを変更したとき並びに第10条の規定による認定をしたときは，その旨を公告するものとする。

【解　説】

　公告の方法は，条例ガイドライン上は特に定められていないが，各地方公共団体ごとに条例で統一的な扱いが規定されている場合には，それによることになる。なお，地方自治法第16条第4項及び第5項参照。

第3章　屋外広告物条例ガイドライン

> **（規則への委任）**
>
> **第35条**　この条例の施行に関し必要な事項は，規則で定める。

17　罰　　則

> **（罰則）**
>
> **第35条の2**　次の各号のいずれかに該当する者は，1年以下の懲役又は50万円以下の罰金に処する。
>
> 一　第30条第1項又は第3項の規定に違反して登録を受けないで屋外広告業を営んだ者
>
> 二　不正の手段により第30条第1項又は第3項の登録を受けた者
>
> 三　第33条の2第1項の規定による営業の停止の命令に違反した者
>
> **第36条**　第23条第1項の規定による知事の命令に違反した者は，50万円以下の罰金に処する。
>
> **第37条**　次の各号のいずれかに該当する者は，30万円以下の罰金に処する。
>
> 一　第3条から第7条までの規定に違反して広告物又は掲出物件を表示し，又は設置した者
>
> 二　第16条の規定に違反して広告物又は掲出物件を変更し，又は改造した者
>
> 三　第20条第1項の規定に違反して広告物又は掲出物件を除却しなかつた者
>
> 四　第30条の5第1項の規定による届出をせず，又は虚偽の届出をした者
>
> 五　第32条第1項の規定に違反して業務主任者を選任しなかった者
>
> **第38条**　次の各号のいずれかに該当する者は，20万円以下の罰金に処する。
>
> 一　第24条第1項の規定による報告をせず，若しくは虚偽の報告をし，又は同項の規定による検査を拒み，妨げ，若しくは忌避した者
>
> 二　第33条の4第1項の規定による報告をせず，若しくは虚偽の報告をし，又は同項の規定による検査を拒み，妨げ，若しくは忌避し，又は質問に対して答弁をせず，若しくは虚偽の答弁をした者
>
> **（両罰規定）**
>
> **第39条**　法人の代表者又は法人若しくは人の代理人，使用人その他の従業者が，その法人又は人の業務に関して第35条の2から前条までの違反行為をした場合において，行為者を罰するほか，その法人又は人に対し，各本条の罰金刑を科する。
>
> **第39条の2**　次の各号のいずれかに該当する者は，5万円以下の過料に処する。

17 罰　則

> 一　第30条の７第１項の規定による届出を怠った者
>
> 二　第32条の２の規定による標識を掲げない者
>
> 三　第32条の３の規定に違反して，帳簿を備えず，帳簿に記載せず，若しくは虚偽の記載をし，又は帳簿を保存しなかった者

【解　説】

　屋外広告物条例に違反した一定の場合には刑罰又は過料に処せられることがある。具体的には，次の場合である。

(1)　屋外広告物規制違反

　以下の屋外広告物規制違反の場合には，50万円，30万円又は20万円以下の罰金刑が規定されている。

① 　違反に対する措置命令に違反したとき。

② 　禁止地域等，禁止物件又は許可地域等の規制に違反して広告物の表示等をしたとき。

③ 　変更等の許可を受けないで広告物の変更等を行ったとき。

④ 　許可の期間が満了したとき，許可が取り消されたとき等において広告物等の除却をしなかったとき。

⑤ 　知事による報告の要求について報告をせず，若しくは虚偽の報告をし，又は立入検査を拒み，妨げ，若しくは忌避したとき。

　なお，一定の屋外広告物規制違反に対して，過料を科すことができる条例を持つ自治体もある。

(2)　屋外広告業規制違反

＜刑罰＞

　以下の屋外広告業規制違反の場合には，違反の内容により，罰金刑のほか１年以下の懲役刑が規定されているものもある。

① 　登録（更新の登録を含む。）を受けずに屋外広告業を営んだとき。

② 　不正の手段により屋外広告業の登録を受けたとき。

③ 　営業停止命令に違反して営業したとき。

④ 　登録事項の変更の届出をせず，又は虚偽の届出をしたとき。

⑤ 　業務主任者を選任しなかったとき。

⑥ 　知事による報告の要求について報告をせず，若しくは虚偽の報告をし，又は立入検査を拒み，妨げ，若しくは忌避したとき。

＜過料＞

以下の場合は，５万円以下の過料が科されることになる。

① 　廃業等の届出を怠った場合

② 　営業所に標識を掲げなかった場合

③ 　営業所に帳簿を備えず，帳簿に記載せず，若しくは虚偽の記載をし，又は帳簿を保存し

第3章　屋外広告物条例ガイドライン

なかった場合

　なお，第39条に該当する場合には，実際の行為者が罰せられるだけでなく，当該行為者が代表している法人又は代理し若しくは使用されている法人若しくは人についても罰金刑が科せられることとなっている。

18　適用上の注意

（適用上の注意）

第40条　この条例の適用にあたつては，国民の政治活動の自由その他国民の基本的人権を不当に侵害しないように留意しなければならない。

【解　説】

　本条の趣旨は，法第29条の趣旨と同じものである。

19　附　　則

　　　附　則

　この条例は，公布の日から起算して3月をこえない範囲内において規則で定める日から施行する。

　　　附　則（昭48年11月12日建設省都公緑発第81号）

1　この条例は，○○○の日から施行する。ただし，この条例による改正後の屋外広告物条例（以下「新条例」という。）第22条の2及び第22条の4の規定は，この条例の施行の日から起算して90日を経過した日から施行する。

2　新条例第22条の2の規定の施行の際，現に屋外広告業を営んでいる者については，同条の施行の日から30日間は同条第1項の届出をしないで引き続き屋外広告業を営むことができる。

3　知事は，○○○の日から起算して90日以内に新条例第22条の3に規定する講習会を開催しなければならない。

　　　附　則（昭60年8月15日建設省都公緑発第61号）

　この条例は，公布の日から施行する。ただし，第22条の4第1項第2号の改正規定は，昭和60年10月1日から施行する。

　　　附　則（平16年12月17日国土交通省都公緑発第149号）

1　この条例は，景観法の施行に伴う関係法律の整備等に関する法律（平成16年法律第111号）の施行の日から施行する。ただし，次の各号に掲げる規定は，当該各号

142

19 附 則

に定める日から施行する。

一 ○○の規定 平成○年○月○日

二 ・・・・・・・・・・・。

2 この条例による改正後の屋外広告物条例（以下「新条例」という。）第30条から第33条の４までの規定の施行の際現にこの条例による改正前の屋外広告物条例（以下「旧条例」という。）第30条の規定に基づき届出をして屋外広告業を営んでいる者については，新条例の施行の日から６月（この期間内に新条例の規定に基づく登録の拒否の処分があったときは，その日までの間）は，新条例の規定にかかわらず，登録を受けなくても，引き続き屋外広告業を営むことができる。この場合において，その者がこの期間内に当該登録の申請をした場合において，その期間を経過したときは，その申請について登録又は登録の拒否の処分があるまでの間も同様とする。

3 新条例の施行の際現に旧条例第32条第１項に規定する講習会修了者等である者については，新条例第32条第１項に規定する業務主任者となる資格を有する者とみなす。

附 則（平23年7月27日国土交通省都景歴第4号）

この条例は，民法等の一部を改正する法律（平成23年法律第61号）の施行の日から施行する。

【解 説】

屋外広告物条例には，改正毎に施行期日ほか必要な附則が付される。

平成16年の屋外広告物条例ガイドライン改正附則第２項では，登録制を定める条例の施行後半年間は，移行期間として従前の届出業者は登録を受けなくとも屋外広告業を営むことができることとされており，この場合移行期間中に登録を受けることが必要となる。また，同附則第3項により，条例改正前の届出制度の下で講習会修了者等であった者は，登録制度を定める条例の改正後の業務主任者となる資格を有する者とみなされるため，新たに講習会を受けなおす等の必要はない。

第3章　屋外広告物条例ガイドライン

別記様式第1号（第2条関係）（A4）

（第1面）

収入証紙貼付欄

年　月　日

屋外広告業登録申請書

住所
氏名　　［法人にあっては主たる事務所の所在地、商号又は名称及び代表者の氏名］　　印
担当者名（　　　　　）
電話番号（　　　　　）

○○県知事　様

屋外広告業の登録を受けたいので、○○県屋外広告物条例○○○の規定により、関係書類を添えて、次のとおり申請します。

登録番号		○○県屋外広告業登録第　　　号
登録年月日		年　月　日
登録有効期間		年　月　日から　年　月　日まで
登録の種類		新規・更新
氏名及び生年月日（法人にあっては商号又は名称、代表者の氏名及び生年月日）	生年月日　年　月　日	法人・個人の別　1 法人　2 個人
住所（法人にあっては主たる事務所の所在地）	郵便番号（　－　）	電話番号（　）　－
主たる業務の内容		

下記の枠内は記入しないでください

受付欄	決裁欄	手数料

<参考様式>

別添様式第1（第23条の7関係）（A4）

受領書

年　月　日

○○県知事　殿

返還を受けた者
住所
氏名　　　印

下記のとおり広告物又は掲出物件（若しくは現金）の返還を受けました。

返還を受けた日時			
返還を受けた場所			
返還を受けた広告物又は掲出物件	整理番号		
	名称又は種類		
	数量		

（返還を受けた金額）

参考様式

（第2面）

1 ○○県の区域内において営業を行う営業所の名称及び所在地	営業所の名称（フリガナ）	営業所の所在地（郵便番号）	電話番号

2 業務主任者の氏名、資格及び所属する営業所の名称	所属営業所名	業務主任者の氏名（フリガナ）	資格名及び交付番号等	摘要

3 法人である場合の役員（業務を執行する社員、取締役、執行役又はこれらに準ずる者。以下同じ。）の職名及び氏名	職名	氏名（フリガナ）

4 未成年者である場合の法定代理人の氏名、商号又は名称及び住所	氏名及び生年月日（法人にあっては、商号又は名称、代表者の氏名及び生年月日）	住所（法人にあっては主たる事務所の所在地）
	生年月日　　年　　月　　日　　法人 1　個人 2 法人・個人の別　1 法人　2 個人	郵便番号（　　　ー　　　） 電話番号（　　　）　　ー

（第3面）

5 法定代理人が法人である場合のその役員の職名及び氏名	職	氏　名

6 他の地方公共団体における登録	登録を受けた地方公共団体名	登録（届出）年月日	登録（届出）番号	登録・特例届出の別	氏　名
				登録／特例届出	
				登録／特例届出	
				登録／特例届出	
				登録／特例届出	
				登録／特例届出	

7 所属する屋外広告営業者団体

備考
1 ※印のある欄には初回登録の場合、記入しないこと。
2 「新規」及び「法人・個人の別」、「登録・特例届出の別」については、それぞれ該当するものに丸印を付すこと。
3 各欄において、全てを記入できない場合は、適宜、用紙を追加して記入すること。
4 用紙の大きさは、日本工業規格Ａ４とする。
5 業務主任者の「資格名及び交付番号等」欄には、屋外広告士、講習会修了者、職業訓練指導員、技能士等交付番号を記入すること。
6 「○○県の区域内において営業を行う営業所の名称及び所在地」欄には、県の区域内で屋外広告業を行う営業所の名称及び所在地を記入すること。
7 「他の地方公共団体における登録」欄には、既に他の都道府県知事又は市長の登録を受けている場合には、全て記入すること。

第3章　屋外広告物条例ガイドライン

別記様式第3号（第3条関係）（A4）

〔法人の役員／本人／法定代理人（法人）の役員〕の略歴書

登録申請者

住　所 （法人にあっては 主たる事務所の 所在地）	郵便番号（　）－ 電話番号（　）－
フ　リ　ガ　ナ 商号、名称又は氏名	生年 月日
略歴	期間　自　年月日 　　　至　年月日	職　務　内　容　又　は　業　務　内　容
賞	年　月　日	賞　罰　の　内　容
罰		

上記のとおり相違ありません。

年　月　日

氏名　　　　　　　　印

備考

「法人の役員　本人　法定代理人　法定代理人（法人）の役員」については、いずれか該当するものに丸印を付すこと。

別記様式第2号（第3条関係）（A4）

誓　約　書

登録申請者、その役員及び法定代理人（法定代理人が法人である場合にはその役員を含む。）は、○○県屋外広告物条例第30条の4第1項各号に該当しない者であることを誓約します。

年　月　日

申請者　　　　　　　　印

○○県知事　　殿

参考様式

別記様式第4号（第4条関係）（A4）

（第1面）

屋外広告業登録事項変更届出書

○○県屋外広告物条例○○○の規定により、次のとおり届出をします。

年　月　日

住所
氏名　〔法人にあっては主たる事務所の所在地、商号又は名称及び代表者の氏名〕　印

担当者名（　　　　）
電話番号（　　　　）

○○県知事　　　　様

登録番号	○○県屋外広告業登録第　　　号		
登録年月日	年　　月　　日		
フリガナ 氏名 及び生年月日 （法人にあっては商号又は名称、代表者の氏名及び生年月日）	生年月日　　年　　月　　日 法人・個人の別　1 法人　2 個人		
住所 （法人にあっては主たる事務所の所在地）	郵便番号（　　　－　　　） 電話番号（　　　）　　－		
変更記係名事項	変更前	変更後	変更年月日
1　商号、名称又は氏名及び住所（法人にあっては商号又は名称、代表者の氏名及び主たる事務所の所在地）			
2　営業所の名称及び所在地			
3　役員の氏名			
4　法定代理人の氏名及び住所（法人にあっては商号又は名称、代表者の氏名及び主たる事務所の所在地並びに役員の氏名）			

147

第3章　屋外広告物条例ガイドライン

別記様式第5号（第5条関係）（A4）

年　月　日

○○県知事　　様

住所
氏名　　　　　　　印
［法人にあっては主たる事務所の
所在地、商号又は名称及び代表
者の氏名］

屋外広告業廃業等届出書

屋外広告物条例第30条の7第1項の規定により、次のとおり届出をします。

登録番号	○○県屋外広告業登録第　　　　号
登録年月日	年　月　日
フリガナ 氏　名 及び生年月日 （法人にあっては名称、 商号又は名称、 代表者の氏名及 び生年月日）	生年月日　　　年　　月　　日 法人・個人の別　（　1 法人　　2 個人　）
住　所 （法人にあっては 主たる事務所の 所在地）	郵便番号（　　－　　）　　電話番号（　　）　－
届出の理由	1 死亡　　2 合併による消滅　　3 破産 4 解散　　5 廃止
届出理由の生じた日	
屋外広告業者と 届出人との関係	1 相続人　　2 元代表役員　　3 破産管財人 4 精算人　　5 本人

備考　「法人・個人の別」及び「届出の理由」並びに「屋外広告業者と届出人との関係」については、それぞれ該当するものに丸印を付すこと。

（第2面）

5　業務主任者の氏名及び所属する営業所の名称		
変更理由		

備考　1　「法人・個人の別」、「変更に係る事項」については、いずれか該当するもの
　　　　に丸印を付すこと。
　　　2　各欄において、全てを記入できない場合には、適宜、用紙を追加して記入す
　　　　ること。
　　　3　用紙の大きさは、日本工業規格A4とする。

下記の枠内は記入しないでください。

受付欄		決裁欄			

参考様式

別記様式第6号 (第6条関係)

40センチメートル以上

屋 外 広 告 業 者 登 録 票	
商号、名称又は氏名	
法人である場合の代表者の氏名	
登録番号	○○県屋外広告業登録第　　　号
登録年月日	年　　月　　日
営業所名	
この営業所に置かれている業務主任者の氏名	

（35センチメートル以上）

別記様式第6号の2 (第6条関係)

40センチメートル以上

屋 外 広 告 業 者 届 出 済 票	
商号、名称又は氏名	
法人である場合の代表者の氏名	
届出番号	
届出年月日	年　　月　　日
この営業所に置かれている業務主任者の氏名	

（35センチメートル以上）

第3章　屋外広告物条例ガイドライン

別記様式第8号 （第8条関係）（A4）

（第1面）

特　例　屋　外　広　告　業　届　出　書

年　月　日

○○市長　　　　様

住所

氏名 ［法人にあっては主たる事務所の所在地、商号又は名称及び代表者の氏名］　　印

屋外広告物条例第33条の2の2第3項の規定により、関係書類を添えて、次のとおり届出をします。

※届出番号	○○市特例屋外広告業届出第　　　号	
※届出年月日	年　月　日	
フリガナ 氏　名 及び生年月日 （法人にあっては商号又は名称、代表者の氏名及び生年月日）	生年月日　　年　　月　　日	
	法人・個人の別　1　法人　　2　個人	
住　所 （法人にあっては主たる事務所の所在地）	郵便番号（　　　－　　　）	
	電話番号（　　）　　－	
1　○○市の区域内において営業を行う営業所の名称及び所在地	営業所の名称	
	営業所の所在地（郵便番号）	電話番号

別記様式第7号 （第7条関係）（A4）

注文者の氏名又は名称		
注　文　者　の　住　所	電話番号（　　　）　　－	
広告物の表示又は掲出物件の設置の場所		
表示した広告物又は設置した掲出物件	名称又は種類	数量
当該表示又は設置の年月日	年　　月　　日	
請　負　金　額		

参考様式

別記様式第9号（第9条関係）（A4）

○○市長　　様

特例屋外広告業届出事項変更届出書

屋外広告物条例第33条の2の2第3項の規定により、次のとおり届出をします。

年　月　日

住所
氏名　　　　　　　　　　　　印
［法人にあっては主たる事務所の所在地、商号又は名称及び代表者の氏名］

届出番号	○○市特例屋外広告業届出第　　　号		
届出年月日	年　月　日		
フリガナ 氏名 及び生年月日 （法人にあっては名称、商号又は名称及び代表者の氏名及び生年月日）	生年月日　　年　　月　　日		
	法人・個人の別（　－　）　　1 法人　　2 個人		
住所 （法人にあっては主たる事務所の所在地）	郵便番号（　　）　－		
	電話番号（　　）　－		
○○県屋外広告物条例第○条の登録番号及び登録年月日	登録番号		
	登録年月日		
変更に係る事項	変更前	変更後	変更年月日

備考　「法人・個人の別」については、いずれか該当するものに丸印を付すこと。

（第2面）

2 業務主任者の氏名及び所属する営業所の名称	所属営業所名	氏名	摘要
3 ○○県屋外広告物条例第○条の登録番号及び登録年月日	登録番号	登録年月日	
4 他の地方公共団体（○○県を除く。）における登録番号	登録を受けた地方公共団体名	登録年月日	登録番号

備考
1　※印のある欄には記入しないこと。
2　「法人・個人の別」については、いずれか該当するものに丸印を付すこと。

151

第4章

投影広告物条例ガイドライン

第4章　投影広告物条例ガイドライン

　本ガイドラインは，近年，プロジェクションマッピングが世界の様々な都市において盛んに行われるようになっていること，また，従来の屋外広告物条例ガイドラインと同様，各地域において規制がまったく異なるのでは，国民の側からも地方公共団体の側からも不都合なことを踏まえ，プロジェクションマッピングの活用を促進するため地方公共団体が投影広告物に関する屋外広告物条例を制定・改正等する際の技術的助言として平成30年に示したものである。

1　投影広告物のあり方

　（目的）

第1条　この条例は，屋外広告物法（昭和24年法律第189号。以下「法」という。）の規定に基づき，屋外広告物（以下「広告物」という。）のうち投影広告物について必要な事項を定め，もつて良好な景観を形成し，若しくは風致を維持し，又は公衆に対する危害を防止することを目的とする。

　（定義）

第2条　この条例において「投影広告物」とは，建築物等に光で投影する方法（以下単に「投影」という。）により表示される広告物をいう。

2　この条例において「投影機」とは，投影広告物を投影する機器及びそれに付加されたものをいう。

　（投影広告物のあり方）

第3条　投影広告物及び投影機は，良好な景観若しくは風致を害し，又は公衆に対し危害を及ぼすおそれのないものでなければならない。

【解　説】

　「投影広告物」とは，建築物等に光で投影する方法（以下単に「投影」という。）により表示される広告物をいい，近年では，プロジェクションマッピングに代表される投影手法により表示される広告物が多い。投影広告物条例ガイドラインでは，全ての投影広告物が対象な訳ではなく，あくまで「屋外広告物」に該当する投影広告物を対象としている。つまり，①常時又は一定の期間継続して表示されるものであること，②屋外で表示されるものであること，③公衆に表示されるものであること，④看板，立看板，はり紙及びはり札並びに広告塔，広告板，建物その他の工作物に掲出され，又は表示されたもの並びにこれらに類するもの，という要件を全て満たす必要がある。

　そのため，テーマパークや公園等の敷地内において，その来訪者に向けて表示されるプロジェクションマッピング等は，投影広告物に該当しない。

　その他，光の投影による表示は，たとえ夜だけの投影であっても投影期間によっては「①常時又は一定の期間継続して表示されるもの」に該当しうると考えられる。

　また，広告であるためには，一定の観念，イメージ等を伝達することが必要であり，単なる

街灯の光は屋外広告物に該当しないと考えられる。

「投影広告物を投影する機器及びそれに付加されたもの」とは，投影機本体と配線だけでなく，温度管理のために投影機を収納するボックスも含まれる。

第1条は，条例の目的を，法及び従来の屋外広告物条例ガイドラインと同様，①良好な景観の形成若しくは風致の維持と②公衆に対する危害の防止という2つの観点に限定している。

確かに投影広告物は，倒壊，落下等の物理的現象による危害は生じえないが，信号機，道路標識の妨害等によって間接的な危害が生じるおそれがあるため，「②公衆に対する危害の防止」も目的として規定している。

2 投影広告物が規制される地域等

1 禁止される地域等

> **（禁止地域等）**
>
> **第4条** 次に掲げる地域又は場所においては，投影広告物を表示し，又は投影機を設置してはならない。
>
>   一 都市計画法（昭和43年法律第100号）第2章の規定により定められた第一種低層住居専用地域，第二種低層住居専用地域，第一種中高層住居専用地域，第二種中高層住居専用地域，田園住居地域（知事が指定する区域を除く。）
>
>   二 高速自動車国道及び自動車専用道路（休憩所又は給油所の存する区域のうち知事が指定する区域を除く。）の全区間，道路（高速自動車国道及び自動車専用道路を除く。）の知事が指定する区間並びに鉄道，軌道及び索道の知事が指定する区間
>
>   三 道路及び鉄道等（鉄道，軌道及び索道をいう。以下同じ。）に接続する地域で知事が指定する区域
>
>   四 自然環境保全法（昭和47年法律第85号）第3章及び第4章の規定により指定された原生自然環境保全地域及び自然環境保全地域（知事が指定する区域を除く。）
>
>   五 その他知事が定める地域又は場所

【解 説】

投影広告物の特殊性を踏まえ，一律に禁止とする地域は，静謐な住環境への配慮が必要である住居系用途地域と，交通安全に支障が及びやすい道路関係の区域，さらに自然環境保全法関係の区域としている。

なお，自然環境保全法関係の区域については，自然環境保全法により指定された原生自然環

第4章　投影広告物条例ガイドライン

境保全地域及び自然環境保全地域は，自然環境を保全することが特に必要な区域であり，投影広告物の表示及び投影機の設置は禁止することが適当であると考えられる。なお，屋外広告物条例ガイドラインにおいても，第3条（禁止地域等）として規定されている。加えて，自然環境保全法による行為の制限にかかる許可の権限は環境大臣にあり，投影広告物条例ガイドラインにおいて知事が許可権限を持つ「許可地域等」として規定することは不適当であることから，禁止地域としている。

また，その他知事が定める地域又は場所も禁止地域とできることとしている。

禁止地域等について，「投影広告物条例ガイドライン運用上の参考事項^{＜注1＞}」において，以下の事項が示されている。

(1)　第2号の規定においては，高速自動車国道及び自動車専用道路の具体名を明示することが望ましい。また，東海道新幹線鉄道，山陽新幹線鉄道，東北新幹線鉄道，上越新幹線鉄道，北陸新幹線鉄道，九州新幹線鉄道又は北海道新幹線鉄道（以下「東海道新幹線鉄道等」という。）の沿線の都府県（指定都市を含む。）にあつては，同号の規定を次のようにすることが望ましい。

二　高速自動車国道，自動車専用道路（休憩所又は給油所の存する区域のうち知事が指定する区域を除く。）及び東海道新幹線鉄道等の全区間，道路（高速自動車国道及び自動車専用道路を除く。）の知事が指定する区間並びに鉄道（東海道新幹線鉄道等を除く。），軌道及び索道の知事が指定する区間

(2)　第2号及び第3号の指定は，例えば都市内の景観のすぐれた街路の区間，景観のすぐれた山岳，海浜，湖沼，河川，樹林等を通過し，又はこれらを展望できる道路及び鉄道等（高速自動車国道，自動車専用道路及び東海道新幹線鉄道等を除く。）の区間並びに当該道路及び鉄道等並びに高速自動車国道，自動車専用道路及び東海道新幹線鉄道等から展望できる区域等，特に良好な景観の形成又は風致の維持を必要とする区間又は区域について行うことが適当である。

＜注＞

1　投影広告物条例ガイドライン運用上の参考事項　　投影広告物条例ガイドラインの運用に当たって参考となるべき事項を示すため，同条例ガイドラインの一部としてその最後に添付されている。

> **第5条**　知事が指定する場所から展望することができる投影広告物又は投影機で規則で定めるものについては，これを表示し，又は設置してはならない。

【解　説】

本条は眺望点を定め，そこから見える投影広告物の表示及び投影機の設置について禁止している。

本条の規定の趣旨について，「投影広告物条例ガイドライン運用上の参考事項」において，以下のとおり示されている。

156

2　投影広告物が規制される地域等

　本条の規定の趣旨は，一定の眺望点から望む街並，自然，名所・旧跡等景勝地の景観を維持・整備するため，当該眺望点から見える投影広告物等について規制を行おうとするものである。

② 許可を受けなければならない地域等

（許可地域等）

第７条　次に掲げる地域又は場所（第４条各号に掲げる地域又は場所を除く。）において，投影広告物を表示し，又は投影機を設置しようとする者は，規則で定めるところにより，知事の許可を受けなければならない。

一　都市計画法（昭和43年法律第100号）第２章の規定により定められた景観地区，風致地区，特別緑地保全地区，緑地保全地域，生産緑地地区又は伝統的建造物群保存地区（知事が指定する区域を除く。）

二　景観法（平成16年法律第110号）第74条第１項の規定により指定された準景観地区であって，同法第75条第１項に規定する条例により制限を受ける地域のうち，知事が指定する区域

三　景観法第８条第２項第１号に規定する景観計画区域（知事が指定する区域を除く。）

四　景観法第76条第３項の地区計画等形態意匠条例（以下「地区計画等形態意匠条例」という。）により制限を受ける地域

五　市民農園整備促進法（平成２年法律第44号）第２条第２項に規定する市民農園の区域（知事が指定する区域を除く。）

六　文化財保護法（昭和25年法律第214号）第27条又は第78条第１項の規定により指定された建造物及びその周辺で知事が指定する範囲内にある地域並びに同法第109条第１項若しくは第２項又は第110条第１項の規定により指定され，又は仮指定された地域

七　○○県文化財保護条例（昭和年県条例第号）第条の規定により指定された建造物及び同条例第条の規定により指定された○○○並びにこれらの周囲で知事が指定する範囲内にある地域

八　森林法（昭和26年法律第249号）第25条第１項第11号の規定により指定された保安林のある地域（知事が指定する区域を除く。）

九　都市の美観風致を維持するための樹木の保存に関する法律（昭和37年法律第142号）第２条第１項の規定により指定された保存樹林のある地域

第4章　投影広告物条例ガイドライン

　十　都市公園法（昭和31年法律第79号）第2条第1項に規定する都市公園及び社会
　　資本整備重点計画法施行令（平成15年政令第162号）第2条各号に規定する公園
　　又は緑地の区域
　十一　河川，湖沼，渓谷，海浜，高原，山，山岳及びこれらの附近の地域で知事が
　　指定する区域
　十二　港湾，空港，駅前広場及びこれらの附近の地域で，知事が指定する区域
　十三　官公署，学校，図書館，公会堂，公民館，体育館及び公衆便所の建物並びに
　　その敷地
　十四　博物館，美術館及び病院の建物並びにその敷地で，規則で定める基準に適合
　　するもの
　十五　古墳，墓地及びこれらの周囲の地域で，知事が指定する区域
　十六　社寺，教会，火葬場の建造物及びその境域で，知事が指定する区域
　十七　第4条第2号の休憩所又は給油所の存する区域のうち知事が指定する区域並
　　びに道路及び鉄道等の知事が指定する区間
　十八　道路及び鉄道等に接続する地域で知事が指定する区域
　十九　第4条第1号かつこ書に規定する区域
2　前項各号に掲げる地域又は場所のほか，市及び次の各号に掲げる区域において，
　投影広告物を表示し，又は投影機を設置しようとする者は，規則で定めるところに
　より，知事の許可を受けなければならない。
○○郡○○町大字○○
○○郡○○村大字○○

【解　説】

　投影広告物の特殊性を踏まえ，従来の屋外広告物条例ガイドラインにおける禁止地域の一部
を，投影広告物条例ガイドラインにおいては許可地域としている。
　許可地域等の指定等について，「投影広告物条例ガイドライン運用上の参考事項」におい
て，以下の事項が示されている。
⑴　第1項第3号又は第4号の地域は，これらの規定に掲げる条例による制限の内容が景観地
　区の規制と同等であると認められる場合においては，第1項第1号の景観地区と同様の扱い
　とすることが望ましい。
⑵　許可地域の指定に当たつては，土地利用の状況等必要に応じて細分化し，区分ごとに許可
　基準を変え，地域の特性に応じた段階的な規制を行うことが望ましい。特に，景観計画区域
　内における許可の基準については，景観法第8条第1項の景観計画に投影広告物の表示及び
　投影機の設置に関する行為の制限に関する事項が定められた場合においては，当該景観計画

158

3 投影広告物の表示等が禁止される物件

を策定した景観行政団体の屋外広告条例に基づく許可基準は，当該景観計画に則して定める
必要がある。

⑶ 文化財保護法（昭和25年法律第214号）第27条又は第78条第１項の規定により指定された
建造物及びその周辺で知事が指定する範囲内にある地域並びに同法第109条第１項若しくは
第２項又は第110条第１項の規定により指定された地域において，投影広告物を表示し，又
は投影機を設置しようとする者は，同法第43条第１項及び第２項，第81条第１項，第125条
第１項及び第184条第１項第２号に基づく許可又は届出の手続きが必要である。

⑷ 第１項第17号前段の規定は，高速自動車国道又は自動車専用道路の休憩所及び給油所の存
する区域のうち本線から展望できない場所において表示し，又は設置される投影広告物又は
投影機であることが望ましい。

⑸ 第１項第17号後段及び第18号の規定は，道路及び鉄道等の禁止区間以外の全区間並びに道
路及び鉄道等から展望できる地域で禁止地域以外の区域（路端からおおむね500メートルな
いし1,000メートルまで）について行うことが適当であると思われる。ただし，市街地内に
ついては，状況に応じ適宜措置することが必要である。

⑹ 禁止地域の隣接地域は，原則として許可地域とし，禁止地域と無規制地域とが隣接するこ
とはできる限り避けることが望ましい。

> 第8条 知事が指定する場所から展望することができる投影広告物又は投影機で規則
> で定めるもの（第５条に該当するものを除く。）を表示し，又は設置しようとする
> 者は，規則で定めるところにより，知事の許可を受けなければならない。

【解　説】

　本条の規定の趣旨は，第５条と同様に，一定の眺望点から望む街並，自然，名所・旧跡等景
勝地の景観を維持・整備するため，当該眺望点から見える投影広告物等について規制を行おう
とするものである。

3　投影広告物の表示等が禁止される物件

> （禁止物件）
>
> 第6条 次に掲げる物件には，投影広告物を表示してはならない。
>
> 　一 橋りよう，トンネル，高架構造及び分離帯
>
> 　二 信号機，道路標識及び歩道柵，駒止めの類並びに里程標の類
>
> 　三 その他知事が定める物件
>
> 2 道路の路面には，投影広告物を表示してはならない。ただし，交通を遮断する等
> の措置によって，道路交通の安全を阻害するおそれのない場合については，この限
> りでない。
>
> 3 次に掲げる物件には，投影機を設置してはならない。

第4章　投影広告物条例ガイドライン

　一　橋りよう，トンネル，高架構造及び分離帯

　二　石垣，よう壁の類

　三　街路樹，路傍樹及び都市の美観風致を維持するための樹木の保存に関する法律
　　　第2条第1項の規定により指定された保存樹

　四　信号機，道路標識及び歩道柵，駒止めの類並びに里程標の類

　五　電柱，街灯柱その他電柱の類で知事が指定するもの

　六　消火栓，火災報知機及び火の見やぐら

　七　郵便ポスト，電話ボックス及び路上変電塔

　八　送電塔，送受信塔及び照明塔

　九　煙突及びガスタンク，水道タンクその他タンクの類

　十　銅像，神仏像及び記念碑の類

　十一　景観法第19条第1項の規定により指定された景観重要建造物及び同法第28条
　　　第1項の規定により指定された景観重要樹木

【解　説】

　第1項及び第2項では，投影広告物の禁止物件は，道路交通に支障を及ぼしうる物件に限定
しており，交通を遮断する等の措置によって道路交通の安全を阻害するおそれのない場合は道
路の路面に表示することも可能としている。

　また，橋梁によっては投影広告物の表示が観光につながる場合も考えられるため，本条又は
第11条第1項により表示可能であることを，「投影広告物条例ガイドライン運用上の参考事
項」において，次のように示している。

1　観光名所になっている橋りよう，車両の通行のないトンネル等については，本条から除外することや，第
　11条第1項の適用除外に加えるといった対応も考えられる。

　第3項では，投影機が禁止物件以外のスペースに設置する余地が全くないことは考えにく
く，禁止物件の周辺に設置すれば目的は達成できることから，投影機については，従来の屋外
広告物条例ガイドラインにおける禁止物件と全く同様の禁止物件を定めている。

　さらに，信号機やガスタンク等に投影機を設置することは交通安全や保安に支障を生じさ
せ，公衆に危害を与えることも予想される。

　なお一般論として，たとえ屋外広告物条例で禁止物件とされていない場合であっても，個人
や会社等の所有物（たとえば，電柱であれば電力会社等）に投影広告物の表示や投影機の設置
を行う場合には，予め当該所有者等の同意を得る必要があることに注意すべきである。

4　特別に規制の強化・緩和等が行われる地区

（投影広告物活用地区）

第9条　知事は，第4条に規定する地域又は場所以外の区域で，活力ある街並を維持

4 特別に規制の強化・緩和等が行われる地区

する上で投影広告物が重要な役割を果たしている区域を，投影広告物活用地区として指定することができる。

2 投影広告物活用地区において表示され，又は設置される投影広告物又は投影機については，規則で定めるところにより，景観上，安全上支障を及ぼすおそれのないものとして知事の確認を受けたものに限り，第6条，第7条及び第13条の規定は，適用しない。

【解　説】

第2項の規則については，「投影広告物条例ガイドライン運用上の参考事項」において，表示する面積を定めず，建物等の壁面全体への表示を可能とすることが望ましいと示されている。

（投影広告物協定地区）

第10条　相当規模の一団の土地又は道路，河川等に隣接する相当の区間にわたる土地（これらの土地のうち，公共施設の用に供する土地その他規則で定める土地を除く。）の所有者及び地上権又は賃借権を有する者（以下「土地所有者等」と総称する。）は，一定の区域を定め，当該区域の景観を整備するため，当該区域における投影広告物に関する協定（以下「投影広告物協定」という。）を締結し，当該投影広告物協定が適当である旨の知事の認定を受けることができる。

2　投影広告物協定においては，次に掲げる事項を定めるものとする。

一　投影広告物協定の目的となる土地の区域（以下「投影広告物協定地区」という。）

二　投影広告物の位置，面積，色彩，表示時間帯その他表示の方法に関する事項

三　投影機の設置場所その他投影機の設置に関する事項

四　投影広告物協定の有効期間

五　投影広告物協定に違反した場合の措置

六　その他投影広告物協定の実施に関する事項

3　投影広告物協定に係る土地所有者等は，第1項の認定を受けた投影広告物協定を変更しようとする場合においては，その全員の合意をもつてその旨を定め，知事の認定を受けなければならない。

4　知事は，第1項又は前項の認定をしたときは，当該認定を受けた投影広告物協定に係る土地所有者等に対して技術的支援等を行うよう努めなければならない。

5　投影広告物協定地区内の土地所有者等で当該投影広告物協定に係る土地所有者等以外の土地所有者等は，第1項又は第3項の認定後いつでも，知事に対して書面で

第4章　投影広告物条例ガイドライン

その意思を表示することによつて，当該投影広告物協定に加わることができる。

6　知事は，第1項又は第3項の認定を受けた投影広告物協定に係る投影広告物協定地区内において投影広告物を表示し，又は投影機を設置する者に対し，当該投影広告物協定地区内の景観を整備するために必要な指導又は助言をすることができる。

7　投影広告物協定に係る土地所有者等は，第1項又は第3項の認定を受けた投影広告物協定を廃止しようとする場合においては，その過半数の合意をもつてその旨を定め，知事の認定を受けなければならない。

【解　説】

　繁華街等においては，活発な経済活動を反映して，様々な投影広告物の表示が当該地区の活力の象徴となる場合も多いと考えられるため，投影広告物活用地区を設けている。

　なお，規制緩和の観点から，屋外広告物条例ガイドライン第9条（景観保全型広告整備地区）の規定は設けていない。

5　適用除外となる投影広告物等

（適用除外）

第11条　まちの活性化等に資するイベントのため，公益性があり期間限定で表示される投影広告物及びこれを表示するために設置される投影機については，第4条，第5条，第7条及び第8条の規定は，適用しない。

2　次に掲げる投影広告物又はこれらを表示するために設置される投影機については，第4条及び第7条の規定は，適用しない。

一　講演会，展覧会，音楽会等のためその会場の敷地内に表示する投影広告物

二　国又は地方公共団体が公共的目的をもつて表示する投影広告物

三　工事現場の板塀その他これに類する板囲いに表示される投影広告物で，規則で定める基準に適合するもの

四　自己の氏名，名称，店名若しくは商標又は自己の事業若しくは営業の内容を表示するため，自己の住所又は事業所，営業所若しくは作業場に表示する投影広告物で，規則で定める基準に適合するもの

五　前号に掲げるもののほか，自己の管理する土地又は物件に管理上の必要に基づき表示する投影広告物で規則で定める基準に適合するもの

3　政治資金規正法（昭和23年法律第194号）第6条第1項の届出を行った政治団体が政治活動のために表示する投影広告物で，規則で定める基準に適合するものについては，第7条の規定は，適用しない。

5 適用除外となる投影広告物等

4　自己の氏名，名称，店名若しくは商標又は自己の事業若しくは営業の内容を表示するため，自己の住所又は事業所，営業所若しくは作業所に表示する投影広告物で，第2項第4号に掲げるもの以外のものについては，規則で定めるところにより知事の許可を受けて表示する場合に限り，第4条の規定は，適用しない。

5　案内図その他公共的目的をもった投影広告物若しくは公衆の利便に供することを目的とする投影広告物については，規則で定めるところにより知事の許可を受けて表示する場合に限り，第4条の規定は適用しない。

6　法人その他の団体が表示する投影広告物であって，その広告料収入を地域における公共的な取組であって知事が定めるものに要する費用の全部又は一部に充てるものについては，規則で定めるところにより知事の許可を受けて表示する場合に限り，第4条の規定は，適用しない。

【解　説】

　第1項では，オリンピックやパラリンピック関連をはじめとするイベントに多く活用されるであろう投影広告物の特性に鑑み，従来の屋外広告物条例ガイドラインにはない，まちの活性化等に資するイベントのため，公益性があり期間限定で表示される投影広告物等についての適用除外の規定を設けた。

　なお，屋外広告物条例ガイドライン第11条第1項第3号では，公職選挙法による選挙運動のために使用するポスター等を適用除外としているが，公職選挙法上，選挙運動のため屋外において投影広告物のような形で掲示することはできず同規定を置く必要はない（公職選挙法第143条第1項）ため設けていない。

（参考：公職選挙法条文抜粋）

第143条　選挙運動のために使用する文書図画は，次の各号のいずれかに該当するもの（衆議院比例代表選出議員の選挙にあっては，第1号，第2号，第4号，第4号の2及び第5号に該当するものであって衆議院名簿届出政党等が使用するもの）のほかは，掲示することができない。

一　選挙事務所を表示するために，その場所において使用するポスター，立札，ちょうちん及び看板の類

二　第141条（自動車，船舶及び拡声機の使用）の規定により選挙運動のために使用される自動車又は船舶に取り付けて使用するポスター，立札，ちょうちん及び看板の類

三　公職の候補者（参議院比例代表選出議員の選挙における候補者たる参議院名簿登載者で第86条の3第1項後段の規定により優先的に当選人となるべき候補者としてその氏名及び当選人となるべき順位が参議院名簿に記載されているものを除く。）が使用するたすき，胸章及び腕章の類

四　演説会場においてその演説会の開催中使用するポスター，立札，ちょうちん及び看板の類

四の二　屋内の演説会場内においてその演説会の開催中掲示する映写等の類

四の三　個人演説会告知用ポスター（衆議院小選挙区選出議員，参議院選挙区選出議員又は都道府県知事の選挙の場合に限る。）

第4章　投影広告物条例ガイドライン

　　五　前各号に掲げるものを除くほか，選挙運動のために使用するポスター（参議院比例代表選出議
　　　員の選挙にあつては，公職の候補者たる参議院名簿登載者（第86条の3第1項後段の規定により
　　　優先的に当選人となるべき候補者としてその氏名及び当選人となるべき順位が参議院名簿に記載
　　　されている者を除く。）が使用するものに限る。）

　また，屋外広告物条例ガイドライン第11条第2項第3号では，「冠婚葬祭又は祭礼等のた
め，一時的に表示する広告物又はこれらの掲出物件」を適用除外としているが，今般，投影広
告物条例ガイドライン第11条第1項にイベントの適用除外を設けたことに伴い，冠婚葬祭又は
祭礼等の適用除外は設けていない。

　その他，電車への表示をはじめ，屋外広告物条例ガイドライン第11条の適用除外に記載があ
るものについて，投影広告物の投影が考えにくいものについては，適用除外を特に設けていな
い。

　本条については，「投影広告物条例ガイドライン運用上の参考事項」において，以下の事項
が示されている。なお，(1)の②・③は，公益社団法人及び公益財団法人の認定等に関する法律
第2条における「公益目的事業」の定義・別表を参考としている。

(1)　第1項の公益性については，例えば以下の例のような基準により各地方公共団体で判断す
　　ることが望ましい。また，期間の上限については，1ヶ月から数ヶ月程度とすることが望ま
　　しい。
　　①　企業広告等の占める割合（企業広告等が表示されていた投影時間と企業広告等が表示さ
　　　れていた投影面積の積を総投影時間と総投影面積の積で除した数値をいう。）が概ね1／
　　　3以下であること
　　②　投影広告物の内容又は収益の用途が，学術，文化，芸術又はスポーツの振興，国際相互
　　　理解の促進，地球環境の保全，青少年の健全な育成その他の公益に関する目的を有するこ
　　　と
　　③　不特定かつ多数の者の利益の増進に寄与すること
　　④　法令，条例又は公序良俗に反しないこと
　　⑤　関係者が，暴力団，暴力団関係企業，総会屋若しくはこれらに準ずる者又はその構成員
　　　（以下総称して「反社会的勢力」という。）ではなく，なおかつ，反社会的勢力に対して
　　　資金等を供給する，便宜を供与する等の関与がないこと
(2)　第2項第2号の国又は地方公共団体には，必要な場合には，国又は地方公共団体以外の公
　　共的な団体を加えることとしても差し支えない。
(3)　第2項第3号の工事現場の板塀その他これに類する仮囲いに表示される投影広告物は，当
　　該工事期間中に限り表示されるもので，宣伝の用に供されていない投影広告物をいう。
(4)　第2項第4号の自家広告の基準については，一事業所当りの表示面積を，禁止地域内にお
　　いてはおおむね5平方メートル以下，許可地域内においてはおおむね10平方メートル以下と
　　する。
(5)　第2項第5号の管理上の必要に基づく広告物の基準については，表示面積を必要最小限度
　　にとどめ，おおむね0.3平方メートル以下とする。
(6)　第3項の政治資金規正法第6条第1項の届出を行った政治団体が政治活動のために表示す

6 禁止される投影広告物等

る投影広告物についての規則で定める基準は，例えば以下の例のような具体的かつ客観的なものであるべきである。
① 表示面積が○平方メートル以下であること
② 表示期間が○日以内であること
③ 投影機に表示期間並びに表示者名又は管理者名及びその連絡先を明示していること
④ 表示又は掲出する場所又は施設の管理者（管理者がない場合にはその所有者）の承諾を得ていること

(7) 第4項の自家広告の基準については，一事業所当りの表示面積を，禁止区域内においては15平方メートル以下とする。

(8) 第5項の公衆の利便に供することを目的とする投影広告物については，近隣の施設や店舗等を案内する民間の案内誘導広告物についてもその基準を定め，当該案内誘導広告物の統一化を誘導することが望ましい。

(9) 第6項の法人その他の団体については，特段の制約はなく，法人格についても，必ずしも必要ではない。具体的には，地方公共団体，特定非営利活動法人，一般社団法人，一般財団法人，株式会社，地方自治法（昭和22年法律第67号）第260条の2第1項に規定する地縁による団体のほか，任意団体等が想定される。また，地域における公共的な取組とは，道路，公園その他の公共施設の整備又は維持管理，街灯，ベンチ，上屋等の整備又は維持管理，防犯又は防災活動，地域の活性化等に資するイベントの開催等，地域の状況に照らし，知事が定めるものとする。

概念図

6 禁止される投影広告物等

> **（禁止投影広告物）**
> **第12条** 次に掲げる投影広告物又は投影機については，これを表示し，又は設置してはならない。
> 一 信号機又は道路標識等に類似し，又はこれらの効用を妨げるようなもの
> 二 道路交通の安全を阻害するおそれのあるもの

【解　説】
　本条は，第3条の投影広告物のあり方についての規定を受けて，表示が禁止される投影広告物及び設置が禁止される投影機について定めている。
　なお，本条の規定は，禁止地域等（第4条及び第5条），禁止物件（第6条），許可地域等

第4章　投影広告物条例ガイドライン

（第7条及び第8条），適用除外（第11条）等の規定とは関係がない。したがって，禁止地域等でも許可地域等でもない地域においても，また，禁止物件でない物件についても，本条各号に該当する広告物の表示及び投影機の設置は禁止される。

7　規格の設定

（規格の設定）

第13条　投影広告物を表示しようとするときは，規則で定める規格に適合しなければならない。

【解　説】

　本条は，投影広告物を表示するときは規格に適合しなければならない旨を定めている。具体的な規格の内容については，規則に委ねられている。

　なお，本条の規定についても禁止投影広告物の規定同様，禁止地域等（第4条及び第5条）又は許可地域等（第7条及び第8条）ではない地域や，禁止物件（第6条）でない物件についても，本条に定める規格に適合しなければならない。また第11条の適用除外についても，当該規格を定める規則等で特段の例外がない限り本条に定める規格に適合しなければならない。

　また，許可地域等において広告物等の表示等の許可を申請した場合，当然のことながら本条に基づく規格への適合が審査されることとなる。

　規格の設定については，「投影広告物条例ガイドライン運用上の参考事項」において，次のように示されている。

1　投影広告物の規格は，広告物の表示又は設置の位置，面積，色彩等について定めることが望ましい。

2　面積，色彩等は，広告板等と同様の用途で表示される投影広告物については広告板等と同様の規格を，イベント等のために表示される投影広告物については広告板等より緩和した規格をそれぞれ定めることが考えられる。

3　商業地域等においては，表示する面積を定めず，建物等の壁面全体への表示を可能とすることが望ましい。

　なお，運用上の参考事項1は，屋外広告物条例ガイドラインに記載のある「形状」と「意匠」については，投影広告物において想定されにくいため例示から除いているが，定めることを妨げるものではない。

　運用上の参考事項2は，投影広告物についても屋外広告物として規格を定める必要があり，イベント等で使われる投影広告物については規制を緩和すべきである一方で，営利目的など単に有体の広告の代用として使われるような投影広告物については，規制逃れとならないよう従来と同様の規格とすることが考えられることを述べたものである。

　運用上の参考事項3は，商業地域等においては，ニーズの大きい壁面全体への表示も可能であることを述べたものである。

8 許可等制度

　本ガイドラインは，投影広告物の表示を禁止する程の必要がなかったり，あるいは禁止することが適当でない場合であっても，周囲の景観と調和した投影広告物の表示又は公衆に対する危害の防止のために必要があるときは，知事の許可にかからしめることによって広告物等の適正な表示等を確保することとしている。

　具体的には，許可地域（第7及び第8条）のほか，規則で定める基準を超える自家用広告物の適用除外の許可（第11条第4項），案内図その他の公共的目的をもった投影広告物若しくは公衆の利便に供することを目的とする投影広告物の適用除外の許可（第11条第5項），法人その他の団体が表示する投影広告物であって，その広告料収入を地域における公共的な取組であって知事が定めるものに要する費用の全部又は一部に充てるものの適用除外の許可（第11条第6項）が定められている。

1 許可等の期間及び条件

> **（許可等の期間及び条件）**
>
> **第14条**　知事は，この条例の規定による許可又は確認（以下「許可等」という。）をする場合においては，許可等の期間を定めるほか，美観風致を維持し，又は公衆に対する危害を防止するため必要な条件を付することができる。
>
> 2　前項の許可等の期間は，3年をこえることができない。
>
> 3　知事は，申請に基づき，許可等の期間を更新することができる。この場合においては，前2項の規定を準用する。

【解　説】

　許可等を受けた時点では風致景観上及び安全上問題のない投影広告物等であったとしても，その後の時間の経過によって老朽化し，景観や風致を害するものとなり，あるいは公衆に危害を与えるおそれのあるものとなることが予想される。

　そこで，許可等の期間は3年を超えることができないこととしている（第14条第2項）。

　なお，許可等の期間が満了して更新されない投影広告物等は，遅滞なく停止しなければならないこととしている（第19条）。

2 変更等の許可等

> **（変更等の許可等）**
>
> **第15条**　この条例の規定による許可等を受けた者は，当該許可等に係る投影広告物又は投影機を変更し，又は改造しようとするとき（規則で定める軽微な変更又は改造しようとするときを除く。）は，規則で定めるところにより，知事の許可等を受け

第4章　投影広告物条例ガイドライン

なければならない。

2　知事は，前項の規定による許可等をする場合においては，前条の規定を準用する。

③　許可の基準

（許可の基準）

第16条　この条例の規定による投影広告物の表示又は投影機の設置の許可の基準は，規則で定める。

2　知事は，投影広告物の表示又は投影機の設置が前項の基準に適合しない場合においても，特に必要があると認めるときは，第33条に規定する屋外広告物審議会の議を経て，これを許可することができる。

【解　説】

　許可の基準は規則で定めることとしているが，その内容は地域により異なる場合が多いと思われる。

　許可申請に係る広告物等が規則で定める許可基準に適合しない場合であっても，特にやむをえないと認めるときは，投影広告物審議会の議を経た上で，許可することができることとしている（第2項）。第2項は，屋外広告物条例ガイドラインでは，この制度は，真にやむを得ないと認める場合に限って許可することができる極めて例外的な制度とされているが，プロジェクションマッピングをまちの活性化のため積極的に活用する意向のある地方公共団体においては，積極的な活用を検討してもよいと思われる。

　許可の基準については，「投影広告物条例ガイドライン運用上の参考事項」において，次のように示されている。

1　第1項の許可をする際には，投影機の設置場所を含め，交通安全等に支障なく，他法令に違反のない旨確認するものとする。

④　許可等の取消し

（許可等の取消し）

第20条　知事は，この条例の規定による許可等を受けた者が次の各号のいずれかに該当するときは，許可等を取り消すことができる。

　一　第14条第1項（同条第3項又は第15条第2項において準用する場合を含む。）の規定による許可等の条件に違反したとき

　二　第15条第1項の規定に違反したとき

　三　次条第1項の規定による知事の命令に違反したとき

四　虚偽の申請その他不正の手段により許可等を受けたとき

【解　説】

　いったん有効に許可等を受けた場合であっても，以下に示す場合にはその許可等が取り消されることがある。

　①　許可等の条件に違反したとき（第1号）

　②　投影広告物等の変更又は改造の許可等を受けなかったとき（第2号）

　③　知事の措置命令（第21条第1項）に違反したとき（第3号）

　④　虚偽の申請その他不正の手段により許可等を受けたとき

　このほか，ガイドライン上は特に規定していないが，行政法の一般理論通り，許可等に瑕疵がある場合（例えば，許可基準に適合していなかったのに，誤って適合しているものとして許可を与えた場合等）には，その許可等が取り消されることがある。

5　許可等の表示

　（許可等の表示）

第17条　この条例の規定による許可等を受けた者は，当該許可等に係る投影機に許可等の証票を貼付しておかなければならない。

2　前項の許可等の証票は，許可等の期限を明示したものでなければならない。

【解　説】

　本規定は，投影広告物が許可を受けて適正に表示されていることが，当該広告物等を一見しただけで明らかにされている必要があるため設けられている。

　屋外広告物条例ガイドラインでは広告物又は掲出物件に許可等の証票を貼付することになっているが，投影広告物に証票への貼付は不可能であり，投影広告物に証票を表示するようなことも考えられないため，投影機に許可等の証票を貼付することとしている。

9　広告物を表示する者の義務

1　管理義務

　（管理義務）

第18条　投影広告物を表示する者若しくは管理する者又は投影機の所有者（占有者を含む。）若しくは使用者（以下「投影広告物の表示者等」という。）は，これらに関し必要な管理を怠らないようにし，良好な状態に保持しなければならない。

【解　説】

　必要な管理を怠ると，年月の経過に伴って，良好な景観の形成や風致の維持の観点からも，

第4章　投影広告物条例ガイドライン

また公衆に対する危害の防止の観点からも有害なものになることになる。そこで，投影広告物及び投影機を常に良好な状態に保持しておくために必要な管理を行う義務（管理義務）が課されている。

　なお，管理義務についての規定は全ての投影広告物等について適用される。そのため，許可を受けて表示する者だけでなく，投影広告物の表示等が禁止，制限されていない地域内で広告物を表示する者や適用除外扱いがなされる投影広告物を表示する者であっても本条による管理義務を負うことになる。

　また，投影広告物等について管理者が定められた場合（第30条）には，当該管理者もこの管理義務を負うことになる。

　本条の規定に違反している者に対しては第21条の措置命令が発せられることになる。

　なお，屋外広告物条例ガイドライン第19条の2に規定する点検義務は設けていない。

② 管理者等の設置

（管理者の設置）

第30条　この条例の規定による許可等に係る投影広告物を表示し，又は投影機を設置する者は，これらを管理する者を置かなければならない。ただし，規則で定める投影広告物又は投影機については，この限りでない。

【解　説】

　第18条は投影広告物等についての管理義務を規定し，投影広告物等は良好な状態に保持しておかねばならないとしている。しかしながら，投影広告物等の適切な管理のためには，電気，機械等についての専門的な知識が必要であるため，投影広告物等の表示，設置者が専門的知識に乏しい広告主である場合には，表示，設置者が自ら管理をすることは実際には困難であろう。また，多数の投影広告物等を表示しているために，自分だけでは全部の広告物を適正に管理できないという場合も考えられる。そこで，このような場合には専門的知識を有する管理者を置くことが特に必要となる。

　このため，本条は，条例により許可等を受ける必要がある投影広告物又は投影機については，規則で定めるものを除き，管理者の設置を義務付けている。

　なお，投影広告物については，屋外広告業規制を定めていないことから，登録試験期間の行う試験に合格した者その他の資格者という要件は設けていない。

（管理者等の届出）

第31条　投影広告物を表示し，又は投影機を設置する者は，前条の規定により管理する者を置いたときは，遅滞なく，規則で定めるところにより，当該管理する者の氏名又は名称及び住所その他規則で定める事項を知事に届け出なければならない。

2　この条例の規定による許可等に係る投影広告物若しくは投影機を表示し，若しく

9 広告物を表示する者の義務

は設置する者又はこれらを管理する者に変更があつたときは，新たにこれらの者と
なつた者は，遅滞なく，規則で定めるところにより，その旨を知事に届け出なけれ
ばならない。

3 この条例の規定による許可等に係る投影機を設置する者又は管理する者は，これ
が滅失したときは，遅滞なく，規則で定めるところにより，その旨を知事に届け出
なければならない。

4 この条例の規定による許可等に係る投影広告物若しくは投影機を表示し，若しく
は設置する者又はこれらを管理する者がその氏名若しくは名称又は住所を変更した
ときは，遅滞なく，規則で定めるところにより，その旨を知事に届け出なければな
らない。

【解 説】

本条第1項は，第30条第1項の規定により許可に係る広告物等の管理者を設置した場合の届
出義務を定めている。これは，知事が必要な措置命令その他の指導監督を行うに当たって，管
理者が明らかにされていないと不便であるからである。届け出るべき事項は，管理者の氏名又
は名称，住所その他規則で定める事項である。

このほか，本条第2項から第4項までにおいて，いくつかの場合の届出義務を規定してい
る。

③ 除却義務

> （除却義務）
>
> 第19条 投影広告物を表示し，又は投影機を設置する者は，許可等の期間が満了した
> とき，若しくは第20条の規定により許可等が取り消されたとき，又は投影広告物の
> 表示若しくは投影機の設置が必要でなくなつたときは，遅滞なく，投影広告物の表
> 示を停止し，又は投影機を除却しなければならない。
>
> 2 この条例の規定による許可等に係る投影広告物の表示を停止し，又は投影機を除
> 却した者は，遅滞なく，規則で定めるところにより，その旨を知事に届け出なけれ
> ばならない。

【解 説】

除却義務が生じるのは以下の場合である。

① 許可等の期間が満了したとき

② 投影広告物条例ガイドライン第20条の規定により許可等が取り消されたとき

③ 投影広告物の表示等が必要でなくなったとき

第4章　投影広告物条例ガイドライン

10　規制の実施

1　措置命令

> **（違反に対する措置）**
>
> **第21条**　知事は，この条例の規定又はこの条例の規定に基づく許可等に付した条件に
> 　違反した投影広告物又は投影機については，当該投影広告物を表示し，若しくは当
> 　該投影機を設置し，又はこれらを管理する者に対し，これらの表示若しくは設置の
> 　停止を命じ，又は5日以上の期限を定め，これらの除却その他良好な景観を形成
> 　し，若しくは風致を維持し，又は公衆に対する危害を防止するために必要な措置を
> 　命ずることができる。
>
> 2　知事は，前項の規定による措置を命じようとする場合において，当該投影広告物
> 　を表示し，若しくは当該投影機を設置し，又はこれらを管理する者を過失がなくて
> 　確知することができないときは，これらの措置を自ら行い，又はその命じた者若し
> 　くは委任した者に行なわせることができる。ただし，投影機を除却する場合におい
> 　ては，5日以上の期限を定めて，その期限までにこれを除却すべき旨及びその期限
> 　までに除却しないときは，自ら又はその命じた者若しくは委任した者が除却する旨
> 　を公告するものとする。

【解　説】

(1)　第1項

　投影広告物条例の規定又は許可等の条件に違反した広告物又は掲出物件に対しては，知事が措置命令を発することができる。

① 命令の相手方

　措置命令の相手方は，広告物等の表示・設置者又は管理者である。

② 措置命令の内容

　(i)　表示又は設置の停止

　　例えば禁止地域に適用除外とならない投影広告物・投影機を表示・設置しようとしている者に対して，当該表示・設置のための工事の停止を命ずる場合等である。

　(ii)　除却

　　違反広告物等の除却や表示の停止を命ずる場合である。この場合には，5日以上の期限を定めて除却が命ぜられる。

　(iii)　その他良好な景観を形成し，若しくは風致を維持し，又は公衆に対する危害を防止するための必要な措置

改修，移転，修繕等が考えられる。この場合にも，5日以上の期限が定められる。

③　除却等の措置を命ぜられたにもかかわらず，命ぜられた行為を履行しない者に対しては，当該措置が除却等代替的作為義務である場合には，行政代執行法に基づき行政代執行を行うことができる。

⑵　第2項

相手方が過失なくて確知できない場合の略式の代執行を定めた規定である。

なお，投影広告物等については簡易除却の対象外である。

2　立入検査

（立入検査）

第28条　知事は，この条例の規定を施行するため必要な限度において，投影広告物を表示し，若しくは投影機を設置する者若しくはこれらを管理する者から報告若しくは資料の提出を求め，又はその命じた者をして投影広告物若しくは投影機の存する土地若しくは建物に立ち入り，投影広告物若しくは投影機を検査させることができる。

2　前項の規定により立入検査をする職員は，その身分を示す証明書を携帯し，関係人の請求があつたときは，これを提示しなければならない。

11　除却した投影機の返還・売却等の手続

（投影機を保管した場合の公示事項）

第22条　法第8条第2項の条例で定める事項は，次に掲げるものとする。

一　保管した投影機の名称又は種類及び数量

二　保管した投影機の放置されていた場所及びその投影機を除却した日時

三　その投影機の保管を始めた日時及び保管の場所

四　前3号に掲げるもののほか，保管した投影機を返還するため必要と認められる事項

【解　説】

本条は，法第8条第2項に基づき知事が掲出物件としての投影機を保管した場合の公示事項を定める規定である。第4号に規定する「必要と認められる事項」とは，例えば返還場所の連絡先，写真等が考えられる。

なお，公示は必ずしも除却した投影機を1件ごとに必要なわけではなく，例えば投影機の種類ごと，除却場所ごとにある程度まとめて公示することは差し支えない。

第4章　投影広告物条例ガイドライン

（投影機を保管した場合の公示の方法）

第23条　法第8条第2項の規定による公示は，前条各号に掲げる事項を，保管を始めた日から起算して14日間（法第8条第3項第1号に規定する広告物については，○日間），規則で定める場所に掲示すること。

2　知事は，前項に規定する方法による公示を行うとともに，規則で定める様式による保管物件一覧簿を規則で定める場所に備え付け，かつ，これをいつでも関係者に自由に閲覧させなければならない。

【解　説】

　本条は，法第8条第2項に基づき，知事が掲出物件としての投影機を保管した場合の公示方法を定める規定である。第1項第1号の一般的な場合の公示の場合における掲示場所については，規則に委ねられているが，具体的には都道府県の事務所での掲示，現場での公示，公報への掲載が考えられる。

（投影機の価額の評価の方法）

第24条　法第8条第3項の規定による投影機の価額の評価は，取引の実例価格，当該投影機の使用期間，損耗の程度その他当該投影機の価額の評価に関する事情を勘案してするものとする。この場合において，知事は，必要があると認めるときは，投影機の価額の評価に関し専門的知識を有する者の意見を聴くことができる。

【解　説】

　法第8条第3項では，知事が保管した投影機を売却しようとする際には，投影機の価額に比しその保管に不相当な費用又は手数料を要することが要件の1つとされているが，本条は第8条第3項に基づきその際の評価の方法を定める規定である。

　なお，この評価は必ずしも投影機1件ごとに行う必要はなく，本条に定める方法により，大量に除却した投影機について種類ごとに評価をしたりすることも考えられる。

（保管した投影機を売却する場合の手続）

第25条　知事は，法第8条第3項の規定により保管した投影機を売却しようとするときは，規則で定める方法によるものとする。

【解　説】

　本条は，法第8条第3項に基づき，知事が保管した広告物等を売却する場合の手続を定める規定である。具体的な方法は，規則に委ねられている。これは，地方自治法施行令第173条の2において，普通地方公共団体の財務に関し必要な事項は規則で定めることとされていることとのバランスを考慮したものである。規則においては，競争入札や随意契約による場合の公示や見積もり等の手続が規定されることとなろう。

174

12　投影広告物審議会

（公示の日から売却可能となるまでの期間）

第26条　法第8条第3項第2号及び同項第3号で定める期間は，それぞれ次のとおりとする。

一　特に貴重な投影機〇月

二　前号に掲げる投影機以外の投影機〇週間

【解　説】

　法第8条第3項では，知事が保管した広告物等について売却をしようとする際には，同条第2項に定める公示の日から同条第3項で定める広告物等の区分に従い一定の期間が経過してもなお返還できないことが要件の1つとされている。本条は，法第8条第3項に基づき，その公示の日から売却可能となるまでの期間を定める規定である。

　なお，投影広告物は簡易除却の対象外であるため，屋外広告物条例ガイドライン第23条の6に規定している「法第7条第4項の規定（簡易除却）により除却された広告物」についての規定は設けていない。

（投影機を返還する場合の手続）

第27条　知事は，保管した投影機（法第8条第3項の規定により売却した代金を含む。）を当該投影機の所有者等に返還するときは，返還を受ける者にその氏名及び住所を証するに足りる書類を提示させる等の方法によってその者がその投影機の返還を受けるべき所有者等であることを証明させ，かつ，規則で定める様式による受領書と引換えに返還するものとする。

【解　説】

　本条は，知事が保管した投影機を所有者等に返還する場合の手続を定める規定である。

　受領書の様式については，「投影広告物条例ガイドライン運用上の参考事項」において，「規則で定める受領書の様式は別添様式一を参考とされたい」と示されているが，現在のところ，別添様式は定めていない。

12　投影広告物審議会

（審議会）

第33条　投影広告物に関する重要事項を調査審議するため，県に投影広告物審議会（以下「審議会」という。）を置く。

2　知事は，次に掲げる場合においては，審議会の意見をきかなければならない。

一　第4条から第9条までの規定による指定をし，第10条の規定による認定をし，又はこれらを変更しようとするとき

第4章　投影広告物条例ガイドライン

二　第11条第2項第3号，第4号若しくは第5号，同条第5項若しくは第16条第1
項に規定する基準若しくは第13条に規定する規格を定め，又はこれらを変更しよ
うとするとき

3　審議会は，広告物に関する事項について，知事に建議することができる。

4　審議会の組織，委員の任期，運営その他必要な事項は，規則で定める。

【解　説】

広告物に関する重要事項を調査審議するため，都道府県に投影広告物審議会^{注1}が置かれている（第1項）。

知事は，

①　禁止地域等，禁止物件，許可地域等，投影広告物活用地区の指定をし，又は変更しようと
するとき（第2項第1号）

②　自家用広告物等適用除外となるものの基準を定め，又は変更しようとするとき（第2項第
2号：第11条第2項第3号～第5号関係）

③　許可基準を定め，又は変更しようとするとき（第2項第2号：第16条第1項関係）

④　投影広告物の規格を定め，又は変更しようとするとき（第2項第2号：第13条関係）

には，審議会の意見を聴かねばならないこととしている。

なお，実際の運用では，投影広告物審議会を別途設置することなく，屋外広告物審議会が投
影広告物審議会としての役割を果たすことが想定される。

また，審議会は，広告物に関する事項について，知事に建議^{注2}することができることとされて
いる。

- -

＜注＞

1　投影広告物審議会は，屋外広告物審議会と同様，地方自治法第138条の4第3項の地方公共
団体の執行機関の附属機関である。

2　建議とは，特に知事の諮問がない場合に，自主的に意見を知事に対して提出することをい
う。

13　景観行政団体である市町村による投影広告物条例の制定

（景観行政団体である市町村が処理する事務の範囲等）

第34条　別表の上覧に掲げる事務は，それぞれ下欄に掲げる市町村が処理することと
する。

14　その他の規定

別表

事　　務	市　町　村
一　法第三条から第五条まで，第七条及び第八条の規定に基づく条例の制定及び改廃（○○に関するものを除く。）	○○市，○○町，・・・・
・・・・・・・・・・・・・・・	・・・・・・・・・・・・・

【解　説】

　本条は，法第28条に基づき，景観行政団体である指定都市及び中核市以外の市町村が屋外広告物条例を定めることができることとする規定である。

　屋外広告物条例を定めることができる指定都市及び中核市以外の市町村は，当該市町村が景観行政団体となるための都道府県との協議を経て景観行政団体となったもののうち，法第28条に基づく協議が済んだものを個別に別表に記載することにより指定されることとされている。また，当該屋外広告物条例を定めることができる指定都市及び中核市以外の市町村の処理する事務の範囲についても，法第3条から第5条まで，第7条又は第8条に基づく条例の制定・改廃に関する事務の全部とするのか，あるいはその一部とするのかを個別の市町村ごとに別表に記載することとされている。

　なお，条例に本条のような規定が定められるのは都道府県の投影広告物条例のみであり，当然のことながら市町村の屋外広告物条例には本条のような規定は置かれない。

　景観行政団体である市町村が処理する事務の範囲等については，「投影広告物条例ガイドライン運用上の参考事項」において，次のように示されている。

1　景観行政団体である指定都市・中核市以外の市町村が屋外広告物条例の制定・改廃に関する事務を処理することとした場合においては，その事務の内容に応じ，法第七条及び第八条に基づく除却，除却した投影機の保管，売却，廃棄等の事務についても，地方自治法第252条の17の2に基づき，当該市町村が併せて処理することとすることが望ましい。

14　その他の規定

> **（処分，手続等の効力の承継）**
>
> **第29条**　投影広告物を表示し，若しくは投影機を設置する者又はこれらを管理する者について変更があつた場合においては，この条例又はこの条例に基づく規則により従前のこれらの者がした手続その他の行為は，新たにこれらの者となつた者がしたものとみなし，従前のこれらの者に対してした処分手続その他の行為は，新たにこれらの者となつた者に対してしたものとみなす。

第4章　投影広告物条例ガイドライン

【解　説】

　本条は，投影広告物等の表示者又は管理者について変更があった場合，従前の諸手続等の効力がその限りで失われたのでは法律関係の安定性が害されることとなり，また，行政の実効性も期しがたくなるところから設けられた規定である。

　投影広告物等の表示者又は管理者について「変更があった場合」とは，通常は，他人の権利に基づいて当該権利を取得するという承継取得により変更があったような場合が多いであろうが，それだけに限られず，時効取得等の原始取得があった場合や，不法占有者等権利を取得していないが権利者の支配を排除して当該投影広告物を事実上支配下において当該投影広告物を管理する者と言いうる者が現れたような場合も含まれる。

> **（公告）**
>
> **第32条**　知事は，第4条から第9条までの規定による指定をし，又はこれらを変更したとき並びに第10条の規定による認定をしたときは，その旨を公告するものとする。

【解　説】

　公告の方法は，投影広告物条例ガイドライン上は特に定められていないが，各地方公共団体ごとに条例で統一的な扱いが規定されている場合には，それによることになる。なお，地方自治法第16条第4項及び第5項参照。

> **（規則への委任）**
>
> **第35条**　この条例の施行に関し必要な事項は，規則で定める。

15　罰　　則

> **（罰則）**
>
> **第36条**　第21条第1項の規定による知事の命令に違反した者は，50万円以下の罰金に処する。
>
> **第37条**　次の各号のいずれかに該当する者は，30万円以下の罰金に処する。
>
> 　一　第4条から第8条までの規定に違反して投影広告物を表示し，又は投影機を設置した者
>
> 　二　第15条の規定に違反して投影広告物又は投影機を変更し，又は改造した者
>
> 　三　第19条第1項の規定に違反して投影広告物の表示を停止又は投影機を除却しなかつた者
>
> **第38条**　第28条第1項の規定による報告をせず，若しくは虚偽の報告をし，又は同項の規定による検査を拒み，妨げ，若しくは忌避した者は，20万円以下の罰金に処す

16 適用上の注意

　　（両罰規定）

第39条　法人の代表者又は法人若しくは人の代理人，使用人その他の従業者が，その法人又は人の業務に関して第36条から前条までの違反行為をした場合において，行為者を罰するほか，その法人又は人に対し，各本条の罰金刑を科する。

【解　説】

　投影広告物条例に違反した一定の場合には刑罰又は過料に処せられることがある。具体的には，次の場合である。

【第36条〜第38条（罰則）】

＜50万円以下の罰金＞

　①　違反に対する措置命令に違反したとき（第36条）

＜30万円以下の罰金＞

　②　禁止地域等，禁止物件又は禁止地域等の規制に違反して投影広告物を表示し，又は投影機を設置したとき（第37条第1号）

　③　変更等の許可を受けないで投影広告物の変更等を行ったとき（第37条第2号）

　④　許可の期間が満了したとき，許可が取り消されたとき等において投影広告物の表示を停止又は投影機を除却しなかったとき（第37条第3号）

＜20万円以下の罰金＞

　⑤　知事による報告の要求について報告をせず，若しくは虚偽の報告をし，又は立入検査を拒み，妨げ，若しくは忌避したとき（第38条）

【第39条（両罰規定）】

　法人の代表者又は法人若しくは人の代理人，使用人その他の従業者が，その法人又は人の業務に関して第36条から前条までの違反行為をした場合には，実際の行為者が罰せられるだけでなく，当該行為者が代表している法人又は代理し若しくは使用されている法人若しくは人についても罰金刑が科せられることとなっている。

16　適用上の注意

　　（適用上の注意）

第40条　この条例の適用にあたつては，国民の政治活動の自由その他国民の基本的人権を不当に侵害しないように留意しなければならない。

【解　説】

　本条の趣旨は，法第29条の趣旨と同じものである。

第4章　投影広告物条例ガイドライン

おわりに

　これで屋外広告物条例ガイドライン及び投影広告物条例ガイドラインについての説明を終わることとする。各都道府県，指定都市，中核市及び屋外広告物条例ガイドライン第34条の2に基づき屋外広告物条例を制定・改廃する市町村は，この屋外広告物条例ガイドラインを参考として条例を定めているので，全国の屋外広告物規制のしくみは，これで大体理解したことになる。

　そこで次に，実際に屋外広告活動を行おうとしている地方公共団体における屋外広告物規制の内容を正しく理解することが必要である。屋外広告物に関する条例，規則，告示等は，地方公共団体において冊子にまとめられているようであるから，これをとりよせて正確に理解するようにしたい。禁止地域，許可地域，禁止物件，許可基準等については，各地方公共団体の実情によって，それぞれ定めている内容がかなり異なっているので，具体的にどのような場所が禁止地域あるいは許可地域とされているのか，どのような物が禁止物件とされているのか，適用除外となる広告物にはどのようなものがあるのか，許可基準は具体的にどのようになっているのか等の点に特に注意して，規制の内容を正しく理解する必要がある。また，条例，規則，告示等が改正されたり，新規になされたりして，規制の内容が変更されることがあるので，この点にも注意する必要があろう。

　投影広告物についても，今後，地方公共団体が条例等を制定・改正することが見込まれるため，動向に留意しつつ，制定・改正された条例等を正しく理解する必要がある。

第5章

関係法令

第5章　関係法令

1　景観法・施行令

① 基本理念及び責務（第2条～第6条）

　良好な景観の形成に関する基本理念として，良好な景観は，国民共通の資産として現在及び将来の国民がその恵沢を享受できるよう，適正な制限の下に地域の自然，歴史等と人々の生活，経済活動等が調和した土地利用がなされること等を通じてその整備及び保全が図られるべきこと，地域の個性及び特性の伸長に資するよう多様な形成が図られるべきこと，その形成に関して地方公共団体，事業者及び住民の一体的な取組がなされるべきこと等5つの理念を規定している。

　また，景観を構成する要素は，建築物，工作物，緑地等，多種多様であり，良好な景観の形成のためには，行政だけではなく，様々な主体が参画する必要がある。そのため，国，地方公共団体，事業者，住民が各々の立場において果たすべき責務について規定している。

② 景観行政団体（第7条、第98条）

> **（定義）**
>
> **第7条**　この法律において「景観行政団体」とは，地方自治法（昭和22年法律第67号）第252条の19第1項の指定都市（以下この項及び第98条第1項において「指定都市」という。）の区域にあっては指定都市，同法第252条の22第1項の中核市（以下この項及び第98条第1項において「中核市」という。）の区域にあっては中核市，その他の区域にあっては都道府県をいう。ただし，指定都市及び中核市以外の市町村であって，第98条第1項の規定により第2章第1節から第4節まで，第4章及び第5章の規定に基づく事務（同条において「景観行政事務」という。）を処理する市町村の区域にあっては，当該市町村をいう。
>
> 3　この法律において「屋外広告物」とは，屋外広告物法（昭和24年法律第189号）第2条第1項に規定する屋外広告物をいう。
>
> 　　　　　（平20法40・平23法105・一部改正）
>
> **（市町村による景観行政事務の処理）**
>
> **第98条**　指定都市又は中核市以外の市町村は，当該市町村の区域内において，都道府県に代わって景観行政事務を処理することができる。
>
> 2　前項の規定により景観行政事務を処理しようとする市町村の長は，あらかじめ，これを処理することについて，都道府県知事と協議しなければならない。
>
> 3　その長が前項の規定による協議をした市町村は，景観行政事務の処理を開始する

1　景観法・施行令

日の30日前までに，国土交通省令・農林水産省令・環境省令で定めるところにより，その旨を公示しなければならない。

(平23法105・追加)

【解　説】

　景観法制定前の景観行政が，都道府県，市町村によって行われているという実態に鑑み，両者とも景観行政を担う主体となりうるとした上で，1つの地域において都道府県と市町村による二重の規制が行われることを避けるため，一元的に景観行政を行う主体として「景観行政団体」という概念を設けている。具体的には，都道府県，政令指定都市，中核市は自動的に景観行政団体となり，それ以外の市町村については，都道府県知事と協議し，景観行政団体となることができる。

　政令指定都市や中核市以外の市町村については，自動的には景観行政団体とはならないため，都道府県との協議により景観行政団体となる場合には，事前の周知期間として，景観行政事務の処理を開始する日の30日前までにその旨を公示する必要がある。

　なお，景観という用語は，既に他の法令上特段の定義なしに用いられていること，また，良好な景観は地域ごとに異なるものであり，統一的な定義を置くと，結果として画一的な景観を生むおそれがあることから，本法において景観の定義は置いていない。

③　景観計画の策定等（第8条～第15条）

（景観計画）

第8条　景観行政団体は，都市，農山漁村その他市街地又は集落を形成している地域及びこれと一体となって景観を形成している地域における次の各号のいずれかに該当する土地（水面を含む。以下この項，第11条及び第14条第2項において同じ。）の区域について，良好な景観の形成に関する計画（以下「景観計画」という。）を定めることができる。

一　現にある良好な景観を保全する必要があると認められる土地の区域

二　地域の自然，歴史，文化等からみて，地域の特性にふさわしい良好な景観を形成する必要があると認められる土地の区域

三　地域間の交流の拠点となる土地の区域であって，当該交流の促進に資する良好な景観を形成する必要があると認められるもの

四　住宅市街地の開発その他建築物若しくはその敷地の整備に関する事業が行われ，又は行われた土地の区域であって，新たに良好な景観を創出する必要があると認められるもの

五　地域の土地利用の動向等からみて，不良な景観が形成されるおそれがあると認められる土地の区域

第5章 関係法令

2 景観計画においては，次に掲げる事項を定めるものとする。

一 景観計画の区域（以下「景観計画区域」という。）

二 良好な景観の形成のための行為の制限に関する事項

三 第19条第1項の景観重要建造物又は第28条第1項の景観重要樹木の指定の方針（当該景観計画区域内にこれらの指定の対象となる建造物又は樹木がある場合に限る。）

四 次に掲げる事項のうち，良好な景観の形成のために必要なもの

　イ 屋外広告物の表示及び屋外広告物を掲出する物件の設置に関する行為の制限に関する事項

3 前項各号に掲げるもののほか，景観計画においては，景観計画区域における良好な景観の形成に関する方針を定めるよう努めるものとする。

4 第2項第2号の行為の制限に関する事項には，政令で定める基準に従い，次に掲げるものを定めなければならない。

一 第16条第1項第4号の条例で同項の届出を要する行為を定める必要があるときは，当該条例で定めるべき行為

二 次に掲げる制限であって，第16条第3項若しくは第6項又は第17条第1項の規定による規制又は措置の基準として必要なもの

　イ 建築物又は工作物（建築物を除く。以下同じ。）の形態又は色彩その他の意匠（以下「形態意匠」という。）の制限

　ロ 建築物又は工作物の高さの最高限度又は最低限度

　ハ 壁面の位置の制限又は建築物の敷地面積の最低限度

　ニ その他第16条第1項の届出を要する行為ごとの良好な景観の形成のための制限

5 景観計画は，国土形成計画，首都圏整備計画，近畿圏整備計画，中部圏開発整備計画，北海道総合開発計画，沖縄振興計画その他の国土計画又は地方計画に関する法律に基づく計画及び道路，河川，鉄道，港湾，空港等の施設に関する国の計画との調和が保たれるものでなければならない。

6 景観計画は，環境基本法（平成5年法律第91号）第15条第1項に規定する環境基本計画（当該景観計画区域について公害防止計画が定められているときは，当該公害防止計画を含む。）との調和が保たれるものでなければならない。

7 都市計画区域について定める景観計画は，都市計画法第6条の2第1項の都市計画区域の整備，開発及び保全の方針に適合するものでなければならない。

8　市町村である景観行政団体が定める景観計画は，議会の議決を経て定められた当該市町村の建設に関する基本構想に即するとともに，都市計画区域又は準都市計画区域について定めるものにあっては，都市計画法第18条の２第１項の市町村の都市計画に関する基本的な方針に適合するものでなければならない。

（平17法89・平21法47・平23法105・平23法124・一部改正）

（策定の手続）

第９条　景観行政団体は，景観計画を定めようとするときは，あらかじめ，公聴会の開催等住民の意見を反映させるために必要な措置を講ずるものとする。

2　景観行政団体は，景観計画を定めようとするときは，都市計画区域又は準都市計画区域に係る部分について，あらかじめ，都道府県都市計画審議会（市町村である景観行政団体に市町村都市計画審議会が置かれているときは，当該市町村都市計画審議会）の意見を聴かなければならない。

3　都道府県である景観行政団体は，景観計画を定めようとするときは，あらかじめ，関係市町村の意見を聴かなければならない。

4　景観行政団体は，景観計画に前条第２項第４号ロ又はハに掲げる事項を定めようとするときは，あらかじめ，当該事項について，国土交通省令・農林水産省令・環境省令で定めるところにより，当該景観重要公共施設の管理者（景観行政団体であるものを除く。）に協議し，その同意を得なければならない。

5　景観行政団体は，景観計画に前条第２項第４号ホに掲げる事項を定めようとするときは，あらかじめ，当該事項について，国立公園等管理者（国立公園にあっては環境大臣，国定公園にあっては都道府県知事をいう。以下同じ。）に協議し，その同意を得なければならない。

6　景観行政団体は，景観計画を定めたときは，その旨を告示し，国土交通省令・農林水産省令・環境省令で定めるところにより，これを当該景観行政団体の事務所において公衆の縦覧に供しなければならない。

7　前各項の規定は，景観行政団体が，景観計画を定める手続に関する事項（前各項の規定に反しないものに限る。）について，条例で必要な規定を定めることを妨げるものではない。

8　前各項の規定は，景観計画の変更について準用する。

（平23法105・一部改正）

（住民等による提案）

第11条　第８条第１項に規定する土地の区域のうち，一体として良好な景観を形成す

第5章 関係法令

べき土地の区域としてふさわしい一団の土地の区域であって政令で定める規模以上のものについて，当該土地の所有権又は建物の所有を目的とする対抗要件を備えた地上権若しくは賃借権（臨時設備その他一時使用のために設定されたことが明らかなものを除く。以下「借地権」という。）を有する者（以下この条において「土地所有者等」という。）は，1人で，又は数人が共同して，景観行政団体に対し，景観計画の策定又は変更を提案することができる。この場合においては，当該提案に係る景観計画の素案を添えなければならない。

2　まちづくりの推進を図る活動を行うことを目的とする特定非営利活動促進法（平成10年法律第7号）第2条第2項の特定非営利活動法人若しくは一般社団法人若しくは一般財団法人又はこれらに準ずるものとして景観行政団体の条例で定める団体は，前項に規定する土地の区域について，景観行政団体に対し，景観計画の策定又は変更を提案することができる。同項後段の規定は，この場合について準用する。

3　前2項の規定による提案（以下「計画提案」という。）は，当該計画提案に係る景観計画の素案の対象となる土地（国又は地方公共団体の所有している土地で公共施設の用に供されているものを除く。以下この項において同じ。）の区域内の土地所有者等の3分の2以上の同意（同意した者が所有するその区域内の土地の地積と同意した者が有する借地権の目的となっているその区域内の土地の地積との合計が，その区域内の土地の総地積と借地権の目的となっている土地の総地積との合計の3分の2以上となる場合に限る。）を得ている場合に，国土交通省令・農林水産省令・環境省令で定めるところにより，行うものとする。

　　　　（平18法50・一部改正）

（計画提案に対する景観行政団体の判断等）

第12条　景観行政団体は，計画提案が行われたときは，遅滞なく，当該計画提案を踏まえて景観計画の策定又は変更をする必要があるかどうかを判断し，当該景観計画の策定又は変更をする必要があると認めるときは，その案を作成しなければならない。

（計画提案を踏まえた景観計画の案の都道府県都市計画審議会等への付議）

第13条　景観行政団体は，前条の規定により計画提案を踏まえて景観計画の策定又は変更をしようとする場合において，その策定又は変更が当該計画提案に係る景観計画の素案の内容の一部を実現することとなるものであるときは，第9条第2項の規定により当該景観計画の案について意見を聴く都道府県都市計画審議会又は市町村都市計画審議会に対し，当該計画提案に係る景観計画の素案を提出しなければなら

ない。

（計画提案を踏まえた景観計画の策定等をしない場合にとるべき措置）

第14条 景観行政団体は，第12条の規定により同条の判断をした結果，計画提案を踏まえて景観計画の策定又は変更をする必要がないと決定したときは，遅滞なく，その旨及びその理由を，当該計画提案をした者に通知しなければならない。

2 景観行政団体は，都市計画区域又は準都市計画区域内の土地について前項の通知をしようとするときは，あらかじめ，都道府県都市計画審議会（市町村である景観行政団体に市町村都市計画審議会が置かれているときは，当該市町村都市計画審議会）に当該計画提案に係る景観計画の素案を提出してその意見を聴かなければならない。

（景観協議会）

第15条 景観計画区域における良好な景観の形成を図るために必要な協議を行うため，景観行政団体，景観計画に定められた景観重要公共施設の管理者及び第92条第1項の規定により指定された景観整備機構（当該景観行政団体が都道府県であるときは関係市町村を，当該景観計画区域に国立公園又は国定公園の区域が含まれるときは国立公園等管理者を含む。以下この項において「景観行政団体等」という。）は，景観協議会（以下この条において「協議会」という。）を組織することができる。この場合において，景観行政団体等は，必要と認めるときは，協議会に，関係行政機関及び観光関係団体，商工関係団体，農林漁業団体，電気事業，電気通信事業，鉄道事業等の公益事業を営む者，住民その他良好な景観の形成の促進のための活動を行う者を加えることができる。

2 協議会は，必要があると認めるときは，その構成員以外の関係行政機関及び事業者に対し，意見の表明，説明その他の必要な協力を求めることができる。

3 第1項前段の協議を行うための会議において協議がととのった事項については，協議会の構成員は，その協議の結果を尊重しなければならない。

4 前3項に定めるもののほか，協議会の運営に関し必要な事項は，協議会が定める。

【解　説】

　景観行政団体は，良好な景観を保全し，又は形成する必要があると認められる土地の区域等（以下「景観計画区域」という。）について景観計画を定めることができる。景観計画には，景観計画区域，良好な景観の形成に関する方針，行為の制限に関する事項，景観重要建造物・樹木の指定の方針，景観重要公共施設に関する事項，景観農業振興地域整備計画に関する基本

第5章　関係法令

的な事項等について定める。

　景観計画には，「屋外広告物の表示及び屋外広告物を掲出する物件の設置に関する事項」を定めることができることとされている。この点については，屋外広告物法第6条の解説（20ページ）参照。

　景観計画を定める際には，公聴会の開催等住民の意見を反映させるために必要な措置を講じるとともに，都市計画区域等に係る部分について都市計画審議会の意見を聴かなければならない。また，都道府県が景観行政団体であるときは関係市町村の意見を聴かなければならない。

　さらに，景観法では，住民やＮＰＯ法人等による良好な景観の形成に関する取組を景観計画に積極的に位置づけるため，土地所有者等が景観行政団体に景観計画の策定等を提案することができることとした。景観行政団体は，その提案を踏まえて，景観計画の案を作成するか，又は景観計画の策定又は変更の必要がないと決定したときは，その旨を提案者に通知しなければならない。

　良好な景観の形成を図るためには景観行政団体だけでなく，様々な主体が参画する仕組みが必要である。このため，多数の主体が参加して幅広い内容について協議を行うことができるよう，景観行政団体，景観重要公共施設の管理者等は，関係行政機関，公益事業者等の参加を得て景観協議会を組織することができる。

④　景観計画区域における行為の規制等（第16条〜第18条）

（届出及び勧告等）

第16条　景観計画区域内において，次に掲げる行為をしようとする者は，あらかじめ，国土交通省令（第4号に掲げる行為にあっては，景観行政団体の条例。以下この条において同じ。）で定めるところにより，行為の種類，場所，設計又は施行方法，着手予定日その他国土交通省令で定める事項を景観行政団体の長に届け出なければならない。

　　一　建築物の新築，増築，改築若しくは移転，外観を変更することとなる修繕若しくは模様替又は色彩の変更（以下「建築等」という。）

　　二　工作物の新設，増築，改築若しくは移転，外観を変更することとなる修繕若しくは模様替又は色彩の変更（以下「建設等」という。）

　　三　都市計画法第4条第12項に規定する開発行為その他政令で定める行為

　　四　前3号に掲げるもののほか，良好な景観の形成に支障を及ぼすおそれのある行為として景観計画に従い景観行政団体の条例で定める行為

　2　前項の規定による届出をした者は，その届出に係る事項のうち，国土交通省令で定める事項を変更しようとするときは，あらかじめ，その旨を景観行政団体の長に届け出なければならない。

1 景観法・施行令

3 景観行政団体の長は，前2項の規定による届出があった場合において，その届出に係る行為が景観計画に定められた当該行為についての制限に適合しないと認めるときは，その届出をした者に対し，その届出に係る行為に関し設計の変更その他の必要な措置をとることを勧告することができる。

4 前項の勧告は，第1項又は第2項の規定による届出のあった日から30日以内にしなければならない。

5 前各項の規定にかかわらず，国の機関又は地方公共団体が行う行為については，第1項の届出をすることを要しない。この場合において，当該国の機関又は地方公共団体は，同項の届出を要する行為をしようとするときは，あらかじめ，景観行政団体の長にその旨を通知しなければならない。

6 景観行政団体の長は，前項後段の通知があった場合において，良好な景観の形成のため必要があると認めるときは，その必要な限度において，当該国の機関又は地方公共団体に対し，景観計画に定められた当該行為についての制限に適合するようとるべき措置について協議を求めることができる。

7 次に掲げる行為については，前各項の規定は，適用しない。

一 通常の管理行為，軽易な行為その他の行為で政令で定めるもの

二 非常災害のため必要な応急措置として行う行為

三 景観重要建造物について，第22条第1項の規定による許可を受けて行う行為

四 景観計画に第8条第2項第4号ロに掲げる事項が定められた景観重要公共施設の整備として行う行為

五 景観重要公共施設について，第8条第2項第4号ハ(1)から(7)までに規定する許可（景観計画にその基準が定められているものに限る。）を受けて行う行為

六 第55条第2項第1号の区域内の農用地区域（農業振興地域の整備に関する法律第8条第2項第1号に規定する農用地区域をいう。）内において同法第15条の2第1項の許可を受けて行う同項に規定する開発行為

七 国立公園又は国定公園の区域内において，第8条第2項第4号ホに規定する許可（景観計画にその基準が定められているものに限る。）を受けて行う行為

八 第61条第1項の景観地区（次号において「景観地区」という。）内で行う建築物の建築等

九 景観計画に定められた工作物の建設等の制限の全てについて第72条第2項の景観地区工作物制限条例による制限が定められている場合における当該景観地区内で行う工作物の建設等

第5章　関係法令

十　地区計画等（都市計画法第4条第9項に規定する地区計画等をいう。以下同じ。）の区域（地区整備計画（同法第12条の5第2項第1号に規定する地区整備計画をいう。第76条第1項において同じ。），特定建築物地区整備計画（密集市街地における防災街区の整備の促進に関する法律（平成9年法律第49号）第32条第2項第1号に規定する特定建築物地区整備計画をいう。第76条第1項において同じ。），防災街区整備地区整備計画（同法第32条第2項第2号に規定する防災街区整備地区整備計画をいう。第76条第1項において同じ。），歴史的風致維持向上地区整備計画（地域における歴史的風致の維持及び向上に関する法律（平成20年法律第40号）第31条第2項第1号に規定する歴史的風致維持向上地区整備計画をいう。第76条第1項において同じ。），沿道地区整備計画（幹線道路の沿道の整備に関する法律（昭和55年法律第34号）第9条第2項第1号に規定する沿道地区整備計画をいう。第76条第1項において同じ。）又は集落地区整備計画（集落地域整備法（昭和62年法律第63号）第5条第3項に規定する集落地区整備計画をいう。第76条第1項において同じ。）が定められている区域に限る。）内で行う土地の区画形質の変更，建築物の新築，改築又は増築その他の政令で定める行為

十一　その他政令又は景観行政団体の条例で定める行為

（平17法53・平20法40・平23法105・平23法124・一部改正）

（変更命令等）

第17条　景観行政団体の長は，良好な景観の形成のために必要があると認めるときは，特定届出対象行為（前条第1項第1号又は第2号の届出を要する行為のうち，当該景観行政団体の条例で定めるものをいう。第7項及び次条第1項において同じ。）について，景観計画に定められた建築物又は工作物の形態意匠の制限に適合しないものをしようとする者又はした者に対し，当該制限に適合させるため必要な限度において，当該行為に関し設計の変更その他の必要な措置をとることを命ずることができる。この場合においては，前条第3項の規定は，適用しない。

2　前項の処分は，前条第1項又は第2項の届出をした者に対しては，当該届出があった日から30日以内に限り，することができる。

3　第1項の処分は，前条第1項又は第2項の届出に係る建築物若しくは工作物又はこれらの部分の形態意匠が政令で定める他の法令の規定により義務付けられたものであるときは，当該義務の履行に支障のないものでなければならない。

4　景観行政団体の長は，前条第1項又は第2項の届出があった場合において，実地の調査をする必要があるとき，その他第2項の期間内に第1項の処分をすることが

1　景観法・施行令

できない合理的な理由があるときは，90日を超えない範囲でその理由が存続する間，第2項の期間を延長することができる。この場合においては，同項の期間内に，前条第1項又は第2項の届出をした者に対し，その旨，延長する期間及び延長する理由を通知しなければならない。

5　景観行政団体の長は，第1項の処分に違反した者又はその者から当該建築物又は工作物についての権利を承継した者に対して，相当の期限を定めて，景観計画に定められた建築物又は工作物の形態意匠の制限に適合させるため必要な限度において，その原状回復を命じ，又は原状回復が著しく困難である場合に，これに代わるべき必要な措置をとることを命ずることができる。

6　前項の規定により原状回復又はこれに代わるべき必要な措置（以下この条において「原状回復等」という。）を命じようとする場合において，過失がなくて当該原状回復等を命ずべき者を確知することができないときは，景観行政団体の長は，その者の負担において，当該原状回復等を自ら行い，又はその命じた者若しくは委任した者にこれを行わせることができる。この場合においては，相当の期限を定めて，当該原状回復等を行うべき旨及びその期限までに当該原状回復等を行わないときは，景観行政団体の長又はその命じた者若しくは委任した者が当該原状回復等を行う旨をあらかじめ公告しなければならない。

7　景観行政団体の長は，第1項の規定の施行に必要な限度において，同項の規定により必要な措置をとることを命ぜられた者に対し，当該措置の実施状況その他必要な事項について報告をさせ，又は景観行政団体の職員に，当該建築物の敷地若しくは当該工作物の存する土地に立ち入り，特定届出対象行為の実施状況を検査させ，若しくは特定届出対象行為が景観に及ぼす影響を調査させることができる。

8　第6項の規定により原状回復等を行おうとする者及び前項の規定により立入検査又は立入調査をする者は，その身分を示す証明書を携帯し，関係人の請求があった場合においては，これを提示しなければならない。

9　第7項の規定による立入検査又は立入調査の権限は，犯罪捜査のために認められたものと解してはならない。

（行為の着手の制限）

第18条　第16条第1項又は第2項の規定による届出をした者は，景観行政団体がその届出を受理した日から30日（特定届出対象行為について前条第4項の規定により同条第2項の期間が延長された場合にあっては，その延長された期間）を経過した後でなければ，当該届出に係る行為（根切り工事その他の政令で定める工事に係るも

第5章　関係法令

のを除く。第103条第4号において同じ。）に着手してはならない。ただし，特定届出対象行為について前条第1項の命令を受け，かつ，これに基づき行う行為については，この限りでない。

2　景観行政団体の長は，第16条第1項又は第2項の規定による届出に係る行為について，良好な景観の形成に支障を及ぼすおそれがないと認めるときは，前項本文の期間を短縮することができる。

（平23法105・一部改正）

（届出を要しないその他の行為）

令第10条　法第16条第7項第11号の政令で定める行為は，次に掲げる行為とする。

四　屋外広告物法（昭和24年法律第189号）第4条又は第5条の規定に基づく条例の規定に適合する屋外広告物の表示又は屋外広告物を掲出する物件の設置

（平16政422・平17政182・平17政262・一部改正）

【解　説】

　景観計画は，景観行政団体の区域のうち，都市，農山漁村等における良好な景観を形成する必要がある区域について定められる計画であり，この計画の区域においては，私人の行為についても良好な景観の形成上支障があるものは規制の対象とする必要がある。このため，景観計画区域においては，

①　建築物の新築，増築，改築若しくは移転，外観を変更することとなる修繕若しくは模様替又は色彩の変更（以下「建築物の建築等」という。）

②　工作物の新設，増築，改築若しくは移転，外観を変更することとなる修繕若しくは模様替又は色彩の変更（以下「工作物の建設等」という。）

③　都市計画法第4条第12項に規定する開発行為

等について，以下に述べる規制を行うこととしている。

　景観計画区域において，建築物の建築等，工作物の建設等，開発行為その他条例で定める行為をしようとする者は，あらかじめ，行為の種類，場所，設計又は施工方法等を景観行政団体に届出なければならない。届出をした者は，景観行政団体が届出を受理した日から30日を経過した後でなければ，その行為に着手してはならない（ただし，景観行政団体はこの期間を短縮することができる。）。

　景観行政団体は，届け出た行為が景観計画に適合しないと認めるときは，届出をした者に設計の変更その他の必要な措置をとることを勧告することができる。さらに，建築物の建築等及び工作物の建設等のうち景観行政団体の条例で定めたものについては，景観計画に定められた形態意匠の制限に適合しない場合，設計の変更その他の必要な措置をとることを命ずることができる。この命令に違反した場合には，代執行や罰則が適用される。

　なお，上記の届出対象行為のうち，景観重要建造物について景観行政団体の許可を受けて行う行為，景観重要公共施設の整備，景観地区内で行われる行為，文化財保護法の許可等に係る

行為及び屋外広告物法の規定に基づく条例に適合する屋外広告物の表示等については，他の法制度により景観法の法目的を実現できることから，景観法の届出を不要とするものである。

5 景観重要建造物・景観重要樹木（第19条〜第46条）

　良好な景観が形成されている地域では，その地域のシンボルとなる外観の優れた建造物や樹木が存在している場合があり，それが除却されたり，外観が変更されることがあれば，地域全体の景観が大きく損なわれるおそれがある。このため，景観法では，そのような建造物や樹木を保存するため景観重要建造物，景観重要樹木の制度を創設することとした。

　景観行政団体は，景観計画区域内にある良好な景観の形成に重要な建造物又は樹木を景観重要建造物・景観重要樹木として指定することができる。また，そのような建造物又は樹木の所有者等は，景観重要建造物・景観重要樹木として指定するよう，景観行政団体に提案することもできる。

　指定された建造物や樹木の所有者等は，増改築，伐採等により現状を変更しようとする場合には，あらかじめ景観行政団体の長の許可を受けなければならない。これに違反して増改築，伐採等を行った場合には，景観行政団体は原状回復又はこれに代わる措置を命じることができる。

　また，景観重要建造物・景観重要樹木の所有者にはこれらを適切に管理する義務が課せられ，管理が適切でないため，これらが滅失・毀損するおそれがあると認められるときや，管理の方法の基準を定めた条例に従って適切に管理されていない場合には，景観行政団体は管理の方法の改善等を勧告し，又は命令することができる。人的物的理由により景観重要建造物等を所有者自らが管理することが困難な場合等は，景観行政団体，景観整備機構等と管理協定を結び，管理を委ねることができる。なお，「景観法の施行に伴う関係法律の整備等に関する法律（平成16年法律第111号）」による建築基準法の一部改正により，景観重要建造物は，その外観を保全するため建築基準法の規制の緩和が措置されている。

6 景観重要公共施設の整備等（第47条〜第54条）

　建築物の建築等のような民有地で行われる行為と同様に，道路，河川等という公共空間で行われる工作物の建設等が景観に及ぼす影響も非常に大きい。このため，景観法では，良好な景観の形成上重要な意義をもつ道路，河川，都市公園等の公共施設を景観重要公共施設として景観計画に位置づけることができるとされている。

　景観行政団体は，道路，河川，都市公園等の公共施設について，その管理者の同意を得て，景観重要公共施設として景観計画に定めることができる。景観計画に景観重要公共施設の整備に関する事項が定められた場合には，その管理者は景観計画に即して整備を行わなくてはならない。また，景観計画に道路法，河川法，都市公園法等による占用の許可等の基準が定められた場合には，その管理者は，当該基準を踏まえて占用の許可等をしなければならない。これにより，景観重要公共施設の整備や占用等の許可について，景観に配慮することを求めることができる。

　さらに，景観重要公共施設として定められた道路については，「電線共同溝の整備等に関す

第5章　関係法令

る特別措置法」の特例として，交通量が多くない非幹線道路であっても電線共同溝を整備すべき道路として指定することができる。

7　景観農業振興地域整備計画等（第55条～第59条）

棚田や里山など農山村地域に特有の景観は，耕作や森林施業が継続され，農地や森林の利用が図られることによって形成されるものであることから，地域の景観と調和のとれた良好な営農条件の確保・森林整備の推進を図るための措置を講ずるため，景観農業振興地域計画の制度等を創設することとした。

市町村は，地域の景観と農業との調和を図るため，景観計画区域内の農業振興地域について，景観農業振興地域整備計画を定めることができる。この計画では，その区域内における農地の利用に関する事項及び農用地・農業用施設等の整備・保全に関する事項を定める。

市町村長は，景観農業振興地域整備計画の実効性を担保するため，この計画に従って農地の利用がなされていない場合，土地の所有者等にこれに従って利用すべき旨を勧告することができる。

また，森林については，森林法に基づく市町村森林整備計画によりその整備が図られているが，森林を含めた地域全体の良好な景観形成を図ることを目的とする景観計画が定められた場合には，両者の調和を図るため，市町村森林計画を変更することができる。

8　自然公園法の特例（第60条）

景観計画に国立公園等における行為の許可についての基準が定められた場合には，当該基準が自然公園法による許可基準に上乗せされる。

9　景観地区（第61条～第73条）

> 第61条　市町村は，都市計画区域又は準都市計画区域内の土地の区域については，市街地の良好な景観の形成を図るため，都市計画に，景観地区を定めることができる。
>
> 2　景観地区に関する都市計画には，都市計画法第8条第3項第1号及び第3号に掲げる事項のほか，第1号に掲げる事項を定めるとともに，第2号から第4号までに掲げる事項のうち必要なものを定めるものとする。この場合において，これらに相当する事項が定められた景観計画に係る景観計画区域内においては，当該都市計画は，当該景観計画による良好な景観の形成に支障がないように定めるものとする。
>
> 一　建築物の形態意匠の制限
>
> 二　建築物の高さの最高限度又は最低限度
>
> 三　壁面の位置の制限
>
> 四　建築物の敷地面積の最低限度

1 景観法・施行令

（建築物の形態意匠の制限）

第62条 景観地区内の建築物の形態意匠は，都市計画に定められた建築物の形態意匠の制限に適合するものでなければならない。ただし，政令で定める他の法令の規定により義務付けられた建築物又はその部分の形態意匠にあっては，この限りでない。

（計画の認定）

第63条 景観地区内において建築物の建築等をしようとする者は，あらかじめ，その計画が，前条の規定に適合するものであることについて，申請書を提出して市町村長の認定を受けなければならない。当該認定を受けた建築物の計画を変更して建築等をしようとする場合も，同様とする。

2 市町村長は，前項の申請書を受理した場合においては，その受理した日から30日以内に，申請に係る建築物の計画が前条の規定に適合するかどうかを審査し，審査の結果に基づいて当該規定に適合するものと認めたときは，当該申請者に認定証を交付しなければならない。

3 市町村長は，前項の規定により審査をした場合において，申請に係る建築物の計画が前条の規定に適合しないものと認めたとき，又は当該申請書の記載によっては当該規定に適合するかどうかを決定することができない正当な理由があるときは，その旨及びその理由を記載した通知書を同項の期間内に当該申請者に交付しなければならない。

4 第2項の認定証の交付を受けた後でなければ，同項の建築物の建築等の工事（根切り工事その他の政令で定める工事を除く。第102条第3号において同じ。）は，することができない。

5 第1項の申請書，第2項の認定証及び第3項の通知書の様式は，国土交通省令で定める。

（平23法105・一部改正）

（違反建築物に対する措置）

第64条 市町村長は，第62条の規定に違反した建築物があるときは，建築等工事主（建築物の建築等をする者をいう。以下同じ。），当該建築物の建築等の工事の請負人（請負工事の下請人を含む。以下この章において同じ。）若しくは現場管理者又は当該建築物の所有者，管理者若しくは占有者に対し，当該建築物に係る工事の施工の停止を命じ，又は相当の期限を定めて当該建築物の改築，修繕，模様替，色彩の変更その他当該規定の違反を是正するために必要な措置をとることを命ずること

第5章　関係法令

ができる。

2　市町村長は，前項の規定による処分をした場合においては，標識の設置その他国土交通省令で定める方法により，その旨を公示しなければならない。

3　前項の標識は，第1項の規定による処分に係る建築物又はその敷地内に設置することができる。この場合においては，同項の規定による処分に係る建築物又はその敷地の所有者，管理者又は占有者は，当該標識の設置を拒み，又は妨げてはならない。

4　第1項の規定により必要な措置を命じようとする場合において，過失がなくてその措置を命ぜられるべき者を確知することができず，かつ，その違反を放置することが著しく公益に反すると認められるときは，市町村長は，その者の負担において，その措置を自ら行い，又はその命じた者若しくは委任した者に行わせることができる。この場合においては，相当の期限を定めて，その措置を行うべき旨及びその期限までにその措置を行わないときは，市町村長又はその命じた者若しくは委任した者がその措置を行うべき旨をあらかじめ公告しなければならない。

5　前項の措置を行おうとする者は，その身分を示す証明書を携帯し，関係人の請求があった場合においては，これを提示しなければならない。

（違反建築物の設計者等に対する措置）

第65条　市町村長は，前条第1項の規定による処分をした場合においては，国土交通省令で定めるところにより，当該処分に係る建築物の設計者，工事監理者（建築士法（昭和25年法律第202号）第2条第8項に規定する工事監理をする者をいう。以下同じ。）若しくは工事の請負人又は当該建築物について宅地建物取引業（宅地建物取引業法（昭和27年法律第176号）第2条第2号に規定する宅地建物取引業をいう。以下同じ。）に係る取引をした宅地建物取引業者（同条第3号に規定する宅地建物取引業者をいう。以下同じ。）の氏名又は名称及び住所その他国土交通省令で定める事項を，建築士法，建設業法（昭和24年法律第100号）又は宅地建物取引業法の定めるところによりこれらの者を監督する国土交通大臣又は都道府県知事に通知しなければならない。

2　国土交通大臣又は都道府県知事は，前項の規定による通知を受けた場合においては，遅滞なく，当該通知に係る者について，建築士法，建設業法又は宅地建物取引業法による業務の停止の処分その他必要な措置を講ずるものとし，その結果を同項の規定による通知をした市町村長に通知しなければならない。

（平18法114・平26法92・一部改正）

1　景観法・施行令

（国又は地方公共団体の建築物に対する認定等に関する手続の特例）

第66条　国又は地方公共団体の建築物については，第63条から前条までの規定は適用せず，次項から第5項までに定めるところによる。

2　景観地区内の建築物の建築等をしようとする者が国の機関又は地方公共団体（以下この条において「国の機関等」という。）である場合においては，当該国の機関等は，当該工事に着手する前に，その計画を市町村長に通知しなければならない。

3　市町村長は，前項の通知を受けた場合においては，当該通知を受けた日から30日以内に，当該通知に係る建築物の計画が第62条の規定に適合するかどうかを審査し，審査の結果に基づいて，当該規定に適合するものと認めたときにあっては当該通知をした国の機関等に対して認定証を交付し，当該規定に適合しないものと認めたとき，又は当該規定に適合するかどうかを決定することができない正当な理由があるときにあってはその旨及びその理由を記載した通知書を当該通知をした国の機関等に対して交付しなければならない。

4　第2項の通知に係る建築物の建築等の工事（根切り工事その他の政令で定める工事を除く。）は，前項の認定証の交付を受けた後でなければ，することができない。

5　市町村長は，国又は地方公共団体の建築物が第62条の規定に違反すると認める場合においては，直ちに，その旨を当該建築物を管理する国の機関等に通知し，第64条第1項に規定する必要な措置をとるべきことを要請しなければならない。

（条例との関係）

第67条　第63条第2項及び前条第3項の規定は，市町村が，これらの規定による認定の審査の手続について，これらの規定に反しない限り，条例で必要な規定を定めることを妨げるものではない。

（工事現場における認定の表示等）

第68条　景観地区内の建築物の建築等の工事の施工者は，当該工事現場の見やすい場所に，国土交通省令で定めるところにより，建築等工事主，設計者（その者の責任において，設計図書を作成した者をいう。以下同じ。），工事施工者（建築物に関する工事の請負人又は請負契約によらないで自らその工事をする者をいう。以下同じ。）及び工事の現場管理者の氏名又は名称並びに当該工事に係る計画について第63条第2項又は第66条第3項の規定による認定があった旨の表示をしなければならない。

2　景観地区内の建築物の建築等の工事の施工者は，当該工事に係る第63条第2項又

第5章　関係法令

は第66条第3項の規定による認定を受けた計画の写しを当該工事現場に備えて置かなければならない。

（適用の除外）

第69条　第62条から前条までの規定は，次に掲げる建築物については，適用しない。

一　第19条第1項の規定により景観重要建造物として指定された建築物

二　文化財保護法の規定により国宝，重要文化財，特別史跡名勝天然記念物又は史跡名勝天然記念物として指定され，又は仮指定された建築物

三　文化財保護法第143条第1項の伝統的建造物群保存地区内にある建築物

四　第2号に掲げる建築物であったものの原形を再現する建築物で，市町村長がその原形の再現がやむを得ないと認めたもの

五　前各号に掲げるもののほか，良好な景観の形成に支障を及ぼすおそれが少ない建築物として市町村の条例で定めるもの

2　景観地区に関する都市計画が定められ，又は変更された際現に存する建築物又は現に建築等の工事中の建築物が，第62条の規定に適合しない場合又は同条の規定に適合しない部分を有する場合においては，当該建築物又はその部分に対しては，同条から前条までの規定は，適用しない。

3　前項の規定は，次の各号のいずれかに該当する建築物又はその部分に対しては，適用しない。

一　景観地区に関する都市計画の変更前に第62条の規定に違反している建築物又はその部分

二　景観地区に関する都市計画が定められ，又は変更された後に増築，改築又は移転の工事に着手した建築物

三　景観地区に関する都市計画が定められ，又は変更された後に外観を変更することとなる修繕若しくは模様替又は色彩の変更の工事に着手した建築物の当該工事に係る部分

　　　（平16法61・一部改正）

（形態意匠の制限に適合しない建築物に対する措置）

第70条　市町村長は，前条第2項の規定により第62条から第68条までの規定の適用を受けない建築物について，その形態意匠が景観地区における良好な景観の形成に著しく支障があると認める場合においては，当該市町村の議会の同意を得た場合に限り，当該建築物の所有者，管理者又は占有者に対して，相当の期限を定めて，当該建築物の改築，模様替，色彩の変更その他都市計画において定められた建築物の形

198

1　景観法・施行令

態意匠の制限に適合するために必要な措置をとることを命ずることができる。この場合においては，市町村は，当該命令に基づく措置によって通常生ずべき損害を時価によって補償しなければならない。

2　前項の規定によって補償を受けることができる者は，その補償金額に不服がある場合においては，政令で定めるところにより，その決定の通知を受けた日から1月以内に土地収用法第94条第2項の規定による収用委員会の裁決を求めることができる。

（報告及び立入検査）

第71条　市町村長は，この款の規定の施行に必要な限度において，政令で定めるところにより，建築物の所有者，管理者若しくは占有者，建築等工事主，設計者，工事監理者若しくは工事施工者に対し，建築物の建築等に関する工事の計画若しくは施工の状況に関し報告させ，又はその職員に，建築物の敷地若しくは工事現場に立ち入り，建築物，建築材料その他建築物に関する工事に関係がある物件を検査させることができる。

2　前項の規定により立入検査をする職員は，その身分を示す証明書を携帯し，関係者に提示しなければならない。

3　第1項の規定による立入検査の権限は，犯罪捜査のために認められたものと解釈してはならない。

（工作物の形態意匠等の制限）

第72条　市町村は，景観地区内の工作物について，政令で定める基準に従い，条例で，その形態意匠の制限，その高さの最高限度若しくは最低限度又は壁面後退区域（当該景観地区に関する都市計画において壁面の位置の制限が定められた場合における当該制限として定められた限度の線と敷地境界線との間の土地の区域をいう。第4項において同じ。）における工作物（土地に定着する工作物以外のものを含む。同項において同じ。）の設置の制限を定めることができる。この場合において，これらの制限に相当する事項が定められた景観計画に係る景観計画区域内においては，当該条例は，当該景観計画による良好な景観の形成に支障がないように定めるものとする。

2　前項前段の規定に基づく条例（以下「景観地区工作物制限条例」という。）で工作物の形態意匠の制限を定めたものには，第63条，第64条，第66条，第68条及び前条の規定の例により，当該条例の施行に必要な市町村長による計画の認定，違反工

第5章　関係法令

作物に対する違反是正のための措置その他の措置に関する規定を定めることができる。

3　前項の規定は，第63条第2項及び第66条第3項の規定の例により景観地区工作物制限条例に定めた市町村長の認定の審査の手続について，これらの規定に反しない限り，当該条例で必要な規定を定めることを妨げるものではない。

4　工作物の高さの最高限度若しくは最低限度又は壁面後退区域における工作物の設置の制限を定めた景観地区工作物制限条例には，第64条及び前条の規定の例により，当該条例の施行に必要な違反工作物に対する違反是正のための措置その他の措置に関する規定を定めることができる。

5　景観地区工作物制限条例には，市町村長は，当該条例の規定により第64条第1項の処分に相当する処分をしたときは，当該処分に係る工作物の工事の請負人の氏名又は名称及び住所その他国土交通省令で定める事項を，建設業法の定めるところにより当該請負人を監督する国土交通大臣又は都道府県知事に通知しなければならない旨を定めることができる。

6　国土交通大臣又は都道府県知事は，前項の規定に基づく景観地区工作物制限条例の規定により同項の通知を受けた場合においては，遅滞なく，当該通知に係る請負人について，建設業法による業務の停止の処分その他必要な措置を講ずるものとし，その結果を当該通知をした市町村長に通知しなければならない。

（開発行為等の制限）

第73条　市町村は，景観地区内において，都市計画法第4条第12項に規定する開発行為（次節において「開発行為」という。）その他政令で定める行為について，政令で定める基準に従い，条例で，良好な景観を形成するため必要な規制をすることができる。

2　都市計画法第51条の規定は，前項の規定に基づく条例の規定による処分に対する不服について準用する。

（条例で景観地区内の工作物の形態意匠等の制限を定める場合の基準）

令第20条　法第72条第1項の政令で定める基準は，次のとおりとする。

　　六　景観地区工作物制限条例には，次に掲げる法第72条第1項の制限の適用の除外に関する規定を定めること。

　　　　ハ　屋外広告物法第4条又は第5条の規定に基づく条例の規定に適合する屋外広告物の表示又は屋外広告物を掲出する物件の設置についての適用の除外に

1　景観法・施行令

関する規定

（平17政182・追加，平17政262・旧第21条繰上，平23政424・一部改正）

【解　説】

　景観に関する都市計画の地域地区として，本法の施行前に美観地区が存在していたが，美観地区が「市街地の美観を維持するために定める地区」（改正前の都市計画法第9条第20項）とされていたことから，新たに良好な景観の形成を図ろうとする地区には適用できないという限界があった。このため，美観地区に代わるものとして，景観法では，市街地において良好な景観を形成するために定める景観地区を創設することとした。

　市町村は，都市計画区域又は準都市計画区域について，市街地の良好な景観の形成を図るため，都市計画に景観地区を定めることができる。景観地区は都市計画の地域地区であり，都市計画法による都市計画の決定手続により定められる。

　景観地区に関する都市計画には，良好な景観の形成を図る観点から建築物の形態意匠の制限を必ず定めることとしている。また，建築物の高さや壁面が連続的に整っていることも重要であることから，地域の事情に応じて，建築物の高さの最高限度又は最低限度，敷地面積の最低限度，壁面の位置の制限を選択的に定めることができる。

　このうち，建築物の形態意匠に関して定められる都市計画については，周囲の建築物や背景等と調和することなど，裁量的な内容とせざるを得ないことが想定されることから，その適合性の判断に当たっては，数値などの明確な基準に基づき判断する建築基準法による建築確認とは別の仕組みを創設している。具体的には，景観地区内で建築物の建築等をしようとする者は，あらかじめ，景観地区の都市計画に定められた建築物の形態意匠の制限に適合するかどうか，市町村長の認定を受けなければならない。一方，建築物の高さ等，形態意匠以外の制限が定められた場合，これらの制限は建築基準法による建築確認により担保される。

　また，建築物と同様，工作物も景観の形成に大きな影響を及ぼすことから，市町村は条例で，景観地区内の工作物について建築物と同様の制限を行うことができることとした。さらに，開発行為等についても条例で良好な景観の形成に必要な規制をすることができる。

　景観地区内の屋外広告物法に基づく条例の規定に適合する屋外広告物については，同法による条例で良好な景観の形成を目的とした規制が担保できることから，景観地区工作物制限条例には，屋外広告物法第4条又は第5条の規定に基づく条例の規定に適合する屋外広告物の表示又は屋外広告物を掲出する物件の設置についての適用の除外に関する規定を定めることとしている。

10　準景観地区（第74条・第75条）

> （準景観地区の指定）
>
> **第74条**　市町村は，都市計画区域及び準都市計画区域外の景観計画区域のうち，相当数の建築物の建築が行われ，現に良好な景観が形成されている一定の区域について，その景観の保全を図るため，準景観地区を指定することができる。

第5章　関係法令

2　市町村は，準景観地区を指定しようとするときは，あらかじめ，国土交通省令で定めるところにより，その旨を公告し，当該準景観地区の区域の案を，当該準景観地区を指定しようとする理由を記載した書面を添えて，当該公告から2週間公衆の縦覧に供しなければならない。

3　前項の規定による公告があったときは，住民及び利害関係人は，同項の縦覧期間満了の日までに，縦覧に供された準景観地区の区域の案について，市町村に意見書を提出することができる。

4　市町村は，第1項の規定により準景観地区を指定しようとするときは，あらかじめ，前項の規定により提出された意見書の写しを添えて，都道府県知事に協議しなければならない。この場合において，町村にあっては，都道府県知事の同意を得なければならない。

5　準景観地区の指定は，国土交通省令で定めるところにより，公告することにより行う。

6　前各項の規定は，準景観地区の変更について準用する。

　　　　　（平23法105・一部改正）

（準景観地区内における行為の規制）

第75条　市町村は，準景観地区内における建築物又は工作物について，景観地区内におけるこれらに対する規制に準じて政令で定める基準に従い，条例で，良好な景観を保全するため必要な規制（建築物については，建築基準法第68条の9第2項の規定に基づく条例により行われるものを除く。）をすることができる。

2　市町村は，準景観地区内において，開発行為その他政令で定める行為について，政令で定める基準に従い，条例で，良好な景観を保全するため必要な規制をすることができる。

3　都市計画法第51条の規定は，前項の規定に基づく条例の規定による処分に対する不服について準用する。

【解　説】

　景観地区は都市計画区域，準都市計画区域以外では定めることができないが，これらの地域外でも，昔ながらの温泉地等既に良好な景観が形成されている地区があることから，このような景観を保全するため，景観地区と同様の規制を適用できる準景観地区の制度を創設した。具体的には，都市計画区域及び準都市計画区域外であって景観計画区域が定められた区域のうち，相当数の建築物の建築が行われ，既に良好な景観が形成されている一定の区域について，準景観地区を指定することができ，市町村は景観地区による規制に準じて，条例で，良好な景観を保全するため必要な規制を定めることができる。

1　景観法・施行令

11　地区計画等（第76条）

　地区計画は，街区単位の良好な環境を整備し又は保全するための計画であり，地区整備計画には，建築物等の用途の制限，高さの最高限度又は最低限度，形態意匠の制限等を定めることができる。このうち，建築物等の形態意匠の制限はこれまで届出・勧告制のみで担保していたが，景観法により，景観地区並みのより厳しい担保手段をとることができることとした。具体的には，市町村が条例で定めることにより，形態意匠に関して計画の認定，違反建築物等に対する違反是正の措置を行うことができることとした。

12　景観協定（第81条～第91条）

（景観協定の締結等）

第81条　景観計画区域内の一団の土地（公共施設の用に供する土地その他の政令で定める土地を除く。）の所有者及び借地権を有する者（土地区画整理法（昭和29年法律第119号）第98条第1項（大都市地域における住宅及び住宅地の供給の促進に関する特別措置法（昭和50年法律第67号。以下「大都市住宅等供給法」という。）第83条において準用する場合を含む。以下この章において同じ。）の規定により仮換地として指定された土地にあっては，当該土地に対応する従前の土地の所有者及び借地権を有する者。以下この章において「土地所有者等」という。）は，その全員の合意により，当該土地の区域における良好な景観の形成に関する協定（以下「景観協定」という。）を締結することができる。ただし，当該土地（土地区画整理法第98条第1項の規定により仮換地として指定された土地にあっては，当該土地に対応する従前の土地）の区域内に借地権の目的となっている土地がある場合においては，当該借地権の目的となっている土地の所有者の合意を要しない。

2　景観協定においては，次に掲げる事項を定めるものとする。

　一　景観協定の目的となる土地の区域（以下「景観協定区域」という。）

　二　良好な景観の形成のための次に掲げる事項のうち，必要なもの

　　イ　建築物の形態意匠に関する基準

　　ロ　建築物の敷地，位置，規模，構造，用途又は建築設備に関する基準

　　ハ　工作物の位置，規模，構造，用途又は形態意匠に関する基準

　　ニ　樹林地，草地等の保全又は緑化に関する事項

　　ホ　屋外広告物の表示又は屋外広告物を掲出する物件の設置に関する基準

　　ヘ　農用地の保全又は利用に関する事項

　　ト　その他良好な景観の形成に関する事項

第5章　関係法令

三　景観協定の有効期間

四　景観協定に違反した場合の措置

3　景観協定においては，前項各号に掲げるもののほか，景観計画区域内の土地のうち，景観協定区域に隣接した土地であって，景観協定区域の一部とすることにより良好な景観の形成に資するものとして景観協定区域の土地となることを当該景観協定区域内の土地所有者等が希望するもの（以下「景観協定区域隣接地」という。）を定めることができる。

4　景観協定は，景観行政団体の長の認可を受けなければならない。

（景観協定の認可）

第83条　景観行政団体の長は，第81条第4項の規定による景観協定の認可の申請が，次の各号のいずれにも該当するときは，当該景観協定を認可しなければならない。

一　申請手続が法令に違反しないこと。

二　土地，建築物又は工作物の利用を不当に制限するものでないこと。

三　第81条第2項各号に掲げる事項（当該景観協定において景観協定区域隣接地を定める場合にあっては，当該景観協定区域隣接地に関する事項を含む。）について国土交通省令・農林水産省令で定める基準に適合するものであること。

2　建築基準法第4条第1項の建築主事を置かない市町村である景観行政団体の長は，第81条第2項第2号ロに掲げる事項を定めた景観協定について前項の認可をしようとするときは，前条第2項の規定により提出された意見書の写しを添えて，都道府県知事に協議しなければならない。

3　景観行政団体の長は，第1項の認可をしたときは，国土交通省令・農林水産省令で定めるところにより，その旨を公告し，かつ，当該景観協定の写しを当該景観行政団体の事務所に備えて公衆の縦覧に供するとともに，景観協定区域である旨を当該区域内に明示しなければならない。

　　　　（平23法105・一部改正）

（景観協定の効力）

第86条　第83条第3項（第84条第2項において準用する場合を含む。）の規定による認可の公告のあった景観協定は，その公告のあった後において当該景観協定区域内の土地所有者等となった者（当該景観協定について第81条第1項又は第84条第1項の規定による合意をしなかった者の有する土地の所有権を承継した者を除く。）に対しても，その効力があるものとする。

1　景観法・施行令

【解　説】

　景観を構成する要素には建築物，工作物，緑，屋外広告物，農用地等，多種多様なものがあり，これらをコントロールして良好な景観を形成するためには，必ずしも公的な規制のみによらず，地域の実情に応じたきめ細かな基準を定めた地域住民の合意による協定を活用することが有効である。

　これまで，景観の重要な要素である建築物や緑については，地域住民の取組に法的な効力を与える協定として，建築基準法による建築協定や都市緑地法による緑地協定が位置付けられていたが，これらの協定では，工作物に関する事項や屋外広告物に関する事項，農用地に関する事項等を定めることができず，良好な景観を形成するための協定としては不十分であった。そのため，景観に関する多様な要素について，建築協定や緑地協定で定めることができる事項も含めて，幅広く対象とすることができるよう，新たな協定として景観協定を定めることができることとしたものである。

　具体的には，景観地区内の一団の土地の所有者及び借地権を有する者は，その全員の合意により，景観協定を締結することができ，景観協定においては，以下の事項を定めるものとしている。

①　景観協定の目的となる土地の区域（以下「景観協定区域」という。）
②　次に掲げる事項のうち，必要なもの
　　イ　建築物の形態意匠に関する基準
　　ロ　建築物の敷地，位置，規模，構造，用途又は建築設備に関する基準
　　ハ　工作物の位置，規模，構造，用途又は形態意匠に関する基準
　　ニ　樹林地，草地等の保全又は緑化に関する事項
　　ホ　屋外広告物の表示又は屋外広告物を掲出する物件の設置に関する基準
　　ヘ　農用地の保全又は利用に関する事項
　　ト　その他良好な景観の形成に関する事項
③　景観協定の有効期間
④　景観協定に違反した場合の措置

　このうち，②の建築物又は工作物に関する事項のうち建築物等の用途について，景観地区等においては，建築物等の形態意匠等の外観が周辺の景観と調和が取れたものであれば，その用途自体を規制する必要はないことから規制の対象としていないが，地域の実情に応じてよりきめ細かな規制をする必要がある場合において，全員の同意により建築物等の用途を規制することを否定する必要はないため，景観協定においては，協定に定めることができる事項としている。

　また，景観協定の本質はあくまで私的自治の原則に基づいて定められる自主的協定であることから，その違反について行政上の命令又は罰則を科していない。そのため，④の景観協定に違反した場合の措置については，原状回復等の請求や裁判所への出訴，違約金の支払い等が考えられる。

　良好な景観の形成のための地域住民の取組みは，自主的な協定であっても一定の効果を有することが期待されるが，法的には当事者間に債権債務関係を発生させるにとどまり，例えば，

第5章　関係法令

新たに引越ししてきた住民に対しては効力が及ばないという限界があるため，景観協定におい
ては，景観行政団体の認可という公的な関与を付加することにより，新たに土地の所有者等と
なった者にも効力を有するいわゆる承継効を認めている。

⑬　景観整備機構（第92条～第96条）

　景観行政団体の長は，一般社団法人若しくは一般財団法人又はNPO法人を，景観整備機構
として指定することができる。

　景観整備機構は，管理協定に基づく景観重要建造物又は景観重要樹木の管理，景観重要建造
物と一体となって良好な景観を形成する広場その他の公共施設に関する事業の実施，景観農業
振興地域整備計画の区域内の土地についての権利の取得及びその土地の管理等の業務を行うも
のとしている。

2　建築基準法・施行令

> **（目的）**
> **第1条**　この法律は，建築物の敷地，構造，設備及び用途に関する最低の基準を定め
> 　て，国民の生命，健康及び財産の保護を図り，もつて公共の福祉の増進に資するこ
> 　とを目的とする。

【解　説】

　建築基準法（昭和25年法律第201号。以下「法」という。）は，建築物の敷地，構造，設備及
び用途に関する最低の基準を定めて，国民の生命，健康及び財産の保護を図り，もって公共の
福祉の増進に資することを目的とする法律で，9章及び附則から構成されている。

　建築物の基準について規定した章は第2章及び第3章である。第2章の規定は一般に「単体
規定」と称され，建築物の一棟一棟が地震や火災等の危険に対して安全であるための基準を定
める部分であり，全国のすべての土地に適用される。第3章の規定は一般に「集団規定」と称
され，建築物の集合による都市環境の悪化や火災等の危険に対処するための基準を定める部分
であり，同章第8節（都市計画区域及び準都市計画区域以外の建築物の敷地及び構造）の規定
を除き，都市計画区域及び準都市計画区域に限って適用される（法第41条の2）。

　また，建築設備，工作物については，法の規定の一部が準用されることとなっている。

> **（用語の定義）**
> **第2条**　この法律において次の各号に掲げる用語の意義は，それぞれ当該各号に定め
> 　るところによる。
> 　一　建築物　土地に定着する工作物のうち，屋根及び柱若しくは壁を有するもの
> 　　　（これに類する構造のものを含む。），これに附属する門若しくは塀，観覧のため
> 　　　の工作物又は地下若しくは高架の工作物内に設ける事務所，店舗，興行場，倉庫

その他これらに類する施設（鉄道及び軌道の線路敷地内の運転保安に関する施設並びに跨線橋，プラットホームの上家，貯蔵槽その他これらに類する施設を除く。）をいい，建築設備を含むものとする。

二　特殊建築物　学校（専修学校及び各種学校を含む。以下同様とする。），体育館，病院，劇場，観覧場，集会場，展示場，百貨店，市場，ダンスホール，遊技場，公衆浴場，旅館，共同住宅，寄宿舎，下宿，工場，倉庫，自動車車庫，危険物の貯蔵場，と畜場，火葬場，汚物処理場その他これらに類する用途に供する建築物をいう。

三　建築設備　建築物に設ける電気，ガス，給水，排水，換気，暖房，冷房，消火，排煙若しくは汚物処理の設備又は煙突，昇降機若しくは避雷針をいう。

四　居室　居住，執務，作業，集会，娯楽その他これらに類する目的のために継続的に使用する室をいう。

五　主要構造部　壁，柱，床，はり，屋根又は階段をいい，建築物の構造上重要でない間仕切壁，間柱，付け柱，揚げ床，最下階の床，回り舞台の床，小ばり，ひさし，局部的な小階段，屋外階段その他これらに類する建築物の部分を除くものとする。

六　延焼のおそれのある部分　隣地境界線，道路中心線又は同一敷地内の二以上の建築物（延べ面積の合計が500平方メートル以内の建築物は，一の建築物とみなす。）相互の外壁間の中心線（ロにおいて「隣地境界線等」という。）から，1階にあつては3メートル以下，2階以上にあつては5メートル以下の距離にある建築物の部分をいう。ただし，次のイ又はロのいずれかに該当する部分を除く。

　イ　防火上有効な公園，広場，川その他の空地又は水面，耐火構造の壁その他これらに類するものに面する部分

　ロ　建築物の外壁面と隣地境界線等との角度に応じて，当該建築物の周囲において発生する通常の火災時における火熱により燃焼するおそれのないものとして国土交通大臣が定める部分

七　耐火構造　壁，柱，床その他の建築物の部分の構造のうち，耐火性能（通常の火災が終了するまでの間当該火災による建築物の倒壊及び延焼を防止するために当該建築物の部分に必要とされる性能をいう。）に関して政令で定める技術的基準に適合する鉄筋コンクリート造，れんが造その他の構造で，国土交通大臣が定めた構造方法を用いるもの又は国土交通大臣の認定を受けたものをいう。

七の二　準耐火構造　壁，柱，床その他の建築物の部分の構造のうち，準耐火性能

第5章　関係法令

（通常の火災による延焼を抑制するために当該建築物の部分に必要とされる性能をいう。第9号の3ロにおいて同じ。）に関して政令で定める技術的基準に適合するもので，国土交通大臣が定めた構造方法を用いるもの又は国土交通大臣の認定を受けたものをいう。

八　防火構造　建築物の外壁又は軒裏の構造のうち，防火性能（建築物の周囲において発生する通常の火災による延焼を抑制するために当該外壁又は軒裏に必要とされる性能をいう。）に関して政令で定める技術的基準に適合する鉄網モルタル塗，しつくい塗その他の構造で，国土交通大臣が定めた構造方法を用いるもの又は国土交通大臣の認定を受けたものをいう。

九　不燃材料　建築材料のうち，不燃性能（通常の火災時における火熱により燃焼しないことその他の政令で定める性能をいう。）に関して政令で定める技術的基準に適合するもので，国土交通大臣が定めたもの又は国土交通大臣の認定を受けたものをいう。

九の二　耐火建築物　次に掲げる基準に適合する建築物をいう。

イ　その主要構造部が(1)又は(2)のいずれかに該当すること。

(1)　耐火構造であること。

(2)　次に掲げる性能（外壁以外の主要構造部にあつては，(i)に掲げる性能に限る。）に関して政令で定める技術的基準に適合するものであること。

(i)　当該建築物の構造，建築設備及び用途に応じて屋内において発生が予測される火災による火熱に当該火災が終了するまで耐えること。

(ii)　当該建築物の周囲において発生する通常の火災による火熱に当該火災が終了するまで耐えること。

ロ　その外壁の開口部で延焼のおそれのある部分に，防火戸その他の政令で定める防火設備（その構造が遮炎性能（通常の火災時における火炎を有効に遮るために防火設備に必要とされる性能をいう。第27条第1項において同じ。）に関して政令で定める技術的基準に適合するもので，国土交通大臣が定めた構造方法を用いるもの又は国土交通大臣の認定を受けたものに限る。）を有すること。

九の三　準耐火建築物　耐火建築物以外の建築物で，イ又はロのいずれかに該当し，外壁の開口部で延焼のおそれのある部分に前号ロに規定する防火設備を有するものをいう。

イ　主要構造部を準耐火構造としたもの

2 建築基準法・施行令

　ロ　イに掲げる建築物以外の建築物であつて，イに掲げるものと同等の準耐火性能を有するものとして主要構造部の防火の措置その他の事項について政令で定める技術的基準に適合するもの

十　設計　建築士法（昭和25年法律第202号）第2条第6項に規定する設計をいう。

十一　工事監理者　建築士法第2条第8項に規定する工事監理をする者をいう。

十二　設計図書　建築物，その敷地又は第88条第1項から第3項までに規定する工作物に関する工事用の図面（現寸図その他これに類するものを除く。）及び仕様書をいう。

十三　建築　建築物を新築し，増築し，改築し，又は移転することをいう。

十四　大規模の修繕　建築物の主要構造部の1種以上について行う過半の修繕をいう。

十五　大規模の模様替　建築物の主要構造部の1種以上について行う過半の模様替をいう。

十六　建築主　建築物に関する工事の請負契約の注文者又は請負契約によらないで自らその工事をする者をいう。

十七　設計者　その者の責任において，設計図書を作成した者をいい，建築士法第20条の2第3項又は第20条の3第3項の規定により建築物が構造関係規定（同法第20条の2第2項に規定する構造関係規定をいう。第5条の6第2項及び第6条第3項第2号において同じ。）又は設備関係規定（同法第20条の3第2項に規定する設備関係規定をいう。第5条の6第3項及び第6条第3項第3号において同じ。）に適合することを確認した構造設計1級建築士（同法第10条の2の2第4項に規定する構造設計1級建築士をいう。第5条の6第2項及び第6条第3項第2号において同じ。）又は設備設計1級建築士（同法第10条の2の2第4項に規定する設備設計1級建築士をいう。第5条の6第3項及び第6条第3項第3号において同じ。）を含むものとする。

十八　工事施工者　建築物，その敷地若しくは第88条第1項から第3項までに規定する工作物に関する工事の請負人又は請負契約によらないで自らこれらの工事をする者をいう。

十九　都市計画　都市計画法（昭和43年法律第100号）第4条第1項に規定する都市計画をいう。

二十　都市計画区域又は準都市計画区域　それぞれ，都市計画法第4条第2項に規

第5章　関係法令

定する都市計画区域又は準都市計画区域をいう。

二十一　第1種低層住居専用地域，第2種低層住居専用地域，第1種中高層住居専用地域，第2種中高層住居専用地域，第1種住居地域，第2種住居地域，準住居地域，田園住居地域，近隣商業地域，商業地域，準工業地域，工業地域，工業専用地域，特別用途地区，特定用途制限地域，特例容積率適用地区，高層住居誘導地区，高度地区，高度利用地区，特定街区，都市再生特別地区，特定用途誘導地区，防火地域，準防火地域，特定防災街区整備地区又は景観地区　それぞれ，都市計画法第8条第1項第1号から第6号までに掲げる第1種低層住居専用地域，第2種低層住居専用地域，第1種中高層住居専用地域，第2種中高層住居専用地域，第1種住居地域，第2種住居地域，準住居地域，田園住居地域，近隣商業地域，商業地域，準工業地域，工業地域，工業専用地域，特別用途地区，特定用途制限地域，特例容積率適用地区，高層住居誘導地区，高度地区，高度利用地区，特定街区，都市再生特別地区，特定用途誘導地区，防火地域，準防火地域，特定防災街区整備地区又は景観地区をいう。

二十二　地区計画　都市計画法第12条の4第1項第1号に掲げる地区計画をいう。

二十三　地区整備計画　都市計画法第12条の5第2項第1号に掲げる地区整備計画をいう。

二十四　防災街区整備地区計画　都市計画法第12条の4第1項第2号に掲げる防災街区整備地区計画をいう。

二十五　特定建築物地区整備計画　密集市街地における防災街区の整備の促進に関する法律（平成9年法律第49号。以下「密集市街地整備法」という。）第32条第2項第1号に規定する特定建築物地区整備計画をいう。

二十六　防災街区整備地区整備計画　密集市街地整備法第32条第2項第2号に規定する防災街区整備地区整備計画をいう。

二十七　歴史的風致維持向上地区計画　都市計画法第12条の4第1項第3号に掲げる歴史的風致維持向上地区計画をいう。

二十八　歴史的風致維持向上地区整備計画　地域における歴史的風致の維持及び向上に関する法律（平成20年法律第40号。以下「地域歴史的風致法」という。）第31条第2項第1号に規定する歴史的風致維持向上地区整備計画をいう。

二十九　沿道地区計画　都市計画法第12条の4第1項第4号に掲げる沿道地区計画をいう。

三十　沿道地区整備計画　幹線道路の沿道の整備に関する法律（昭和55年法律第34

号。以下「沿道整備法」という。）第9条第2項第1号に掲げる沿道地区整備計画をいう。

三十一　集落地区計画　都市計画法第12条の4第1項第5号に掲げる集落地区計画をいう。

三十二　集落地区整備計画　集落地域整備法（昭和62年法律第63号）第5条第3項に規定する集落地区整備計画をいう。

三十三　地区計画等　都市計画法第4条第9項に規定する地区計画等をいう。

三十四　プログラム　電子計算機に対する指令であつて，1の結果を得ることができるように組み合わされたものをいう。

三十五　特定行政庁　建築主事を置く市町村の区域については当該市町村の長をいい，その他の市町村の区域については都道府県知事をいう。ただし，第97条の2第1項又は第97条の3第1項の規定により建築主事を置く市町村の区域内の政令で定める建築物については，都道府県知事とする。

（昭26法195・昭28法114・昭31法148・昭34法156・昭39法169・昭43法101・昭44法38・昭45法109・昭49法67・昭50法59・昭55法34・昭55法35・昭58法44・昭62法63・昭63法49・平2法61・平4法82・平8法48・平9法50・平9法79・平10法100・平11法87・平11法160・平12法73・平14法22・平14法85・平15法101・平16法67・平16法111・平18法92・平18法114・平20法40・平23法105・平26法39・平26法54・平26法92・平29法26・平30法67・一部改正）

（用語の定義）

令第1条　この政令において次の各号に掲げる用語の意義は，それぞれ当該各号に定めるところによる。

一　敷地　1の建築物又は用途上不可分の関係にある2以上の建築物のある一団の土地をいう。

二　地階　床が地盤面下にある階で，床面から地盤面までの高さがその階の天井の高さの3分の1以上のものをいう。

三　構造耐力上主要な部分　基礎，基礎ぐい，壁，柱，小屋組，土台，斜材（筋かい，方づえ，火打材その他これらに類するものをいう。），床版，屋根版又は横架材（はり，けたその他これらに類するものをいう。）で，建築物の自重若しくは積載荷重，積雪荷重，風圧，土圧若しくは水圧又は地震その他の震動若しくは衝撃を支えるものをいう。

四　耐水材料　れんが，石，人造石，コンクリート，アスファルト，陶磁器，ガラスその他これらに類する耐水性の建築材料をいう。

第5章　関係法令

　五　準不燃材料　建築材料のうち，通常の火災による火熱が加えられた場合に，加熱開始後10分間第108条の2各号（建築物の外部の仕上げに用いるものにあつては，同条第1号及び第2号）に掲げる要件を満たしているものとして，国土交通大臣が定めたもの又は国土交通大臣の認定を受けたものをいう。

　六　難燃材料　建築材料のうち，通常の火災による火熱が加えられた場合に，加熱開始後5分間第108条の2各号（建築物の外部の仕上げに用いるものにあつては，同条第1号及び第2号）に掲げる要件を満たしているものとして，国土交通大臣が定めたもの又は国土交通大臣の認定を受けたものをいう。

（昭34政344・昭45政333・平12政211・平12政312・平19政49・一部改正）

（面積，高さ及び階数の算定）

第92条　建築物の敷地面積，建築面積，延べ面積，床面積及び高さ，建築物の軒，天井及び床の高さ，建築物の階数並びに工作物の築造面積の算定方法は，政令で定める。

（昭49法67・一部改正）

（面積，高さ等の算定方法）

令第2条　次の各号に掲げる面積，高さ及び階数の算定方法は，それぞれ当該各号に定めるところによる。

　一　敷地面積　敷地の水平投影面積による。ただし，建築基準法（以下「法」という。）第42条第2項，第3項又は第5項の規定によつて道路の境界線とみなされる線と道との間の部分の敷地は，算入しない。

　二　建築面積　建築物（地階で地盤面上1メートル以下にある部分を除く。以下この号において同じ。）の外壁又はこれに代わる柱の中心線（軒，ひさし，はね出し縁その他これらに類するもので当該中心線から水平距離1メートル以上突き出たものがある場合においては，その端から水平距離1メートル後退した線）で囲まれた部分の水平投影面積による。ただし，国土交通大臣が高い開放性を有すると認めて指定する構造の建築物又はその部分については，その端から水平距離1メートル以内の部分の水平投影面積は，当該建築物の建築面積に算入しない。

　三　床面積　建築物の各階又はその一部で壁その他の区画の中心線で囲まれた部分の水平投影面積による。

　四　延べ面積　建築物の各階の床面積の合計による。ただし，法第52条第1項に

2 建築基準法・施行令

規定する延べ面積（建築物の容積率の最低限度に関する規制に係る当該容積率の算定の基礎となる延べ面積を除く。）には，次に掲げる建築物の部分の床面積を算入しない。

イ 自動車車庫その他の専ら自動車又は自転車の停留又は駐車のための施設（誘導車路，操車場所及び乗降場を含む。）の用途に供する部分（第3項第1号及び第137条の8において「自動車車庫等部分」という。）

ロ 専ら防災のために設ける備蓄倉庫の用途に供する部分（第3項第2号及び第137条の8において「備蓄倉庫部分」という。）

ハ 蓄電池（床に据え付けるものに限る。）を設ける部分（第3項第3号及び第137条の8において「蓄電池設置部分」という。）

ニ 自家発電設備を設ける部分（第3項第4号及び第137条の8において「自家発電設備設置部分」という。）

ホ 貯水槽を設ける部分（第3項第5号及び第137条の8において「貯水槽設置部分」という。）

ヘ 宅配ボックス（配達された物品（荷受人が不在その他の事由により受け取ることができないものに限る。）の一時保管のための荷受箱をいう。）を設ける部分（第3項第6号及び第137条の8において「宅配ボックス設置部分」という。）

五 築造面積 工作物の水平投影面積による。ただし，国土交通大臣が別に算定方法を定めた工作物については，その算定方法による。

六 建築物の高さ 地盤面からの高さによる。ただし，次のイ，ロ又はハのいずれかに該当する場合においては，それぞれイ，ロ又はハに定めるところによる。

イ 法第56条第1項第1号の規定並びに第130条の12及び第135条の19の規定による高さの算定については，前面道路の路面の中心からの高さによる。

ロ 法第33条及び法第56条第1項第3号に規定する高さ並びに法第57条の4第1項，法第58条及び法第60条の3第2項に規定する高さ（北側の前面道路又は隣地との関係についての建築物の各部分の高さの最高限度が定められている場合におけるその高さに限る。）を算定する場合を除き，階段室，昇降機塔，装飾塔，物見塔，屋窓その他これらに類する建築物の屋上部分の水平投影面積の合計が当該建築物の建築面積の8分の1以内の場合においては，その部分の高さは，12メートル（法第55条第1項及び第2項，法第56条の2第

213

第5章 関係法令

４項，法第59条の２第１項（法第55条第１項に係る部分に限る。）並びに法別表第４(ろ)欄２の項，３の項及び４の項ロの場合には，５メートル）までは，当該建築物の高さに算入しない。

　　ハ　棟飾，防火壁の屋上突出部その他これらに類する屋上突出物は，当該建築物の高さに算入しない。

　七　軒の高さ　地盤面（第130条の12第１号イの場合には，前面道路の路面の中心）から建築物の小屋組又はこれに代わる横架材を支持する壁，敷桁又は柱の上端までの高さによる。

　八　階数　昇降機塔，装飾塔，物見塔その他これらに類する建築物の屋上部分又は地階の倉庫，機械室その他これらに類する建築物の部分で，水平投影面積の合計がそれぞれ当該建築物の建築面積の８分の１以下のものは，当該建築物の階数に算入しない。また，建築物の一部が吹抜きとなつている場合，建築物の敷地が斜面又は段地である場合その他建築物の部分によつて階数を異にする場合においては，これらの階数のうち最大なものによる。

２　前項第２号，第６号又は第７号の「地盤面」とは，建築物が周囲の地面と接する位置の平均の高さにおける水平面をいい，その接する位置の高低差が３メートルを超える場合においては，その高低差３メートル以内ごとの平均の高さにおける水平面をいう。

３　第１項第４号ただし書の規定は，次の各号に掲げる建築物の部分の区分に応じ，当該敷地内の建築物の各階の床面積の合計（同一敷地内に２以上の建築物がある場合においては，それらの建築物の各階の床面積の合計の和）に当該各号に定める割合を乗じて得た面積を限度として適用するものとする。

　一　自動車車庫等部分　５分の１

　二　備蓄倉庫部分　50分の１

　三　蓄電池設置部分　50分の１

　四　自家発電設備設置部分　100分の１

　五　貯水槽設置部分　100分の１

　六　宅配ボックス設置部分　100分の１

４　第１項第６号ロ又は第８号の場合における水平投影面積の算定方法は，同項第２号の建築面積の算定方法によるものとする。

　　（昭34政344・昭36政396・昭39政４・昭44政158・昭44政232・昭45政333・昭50政２・昭50政304・昭52政266・昭62政348・平５政170・平６政193・平７政214・平９政196・平９政274・平12政

2 建築基準法・施行令

312・平13政98・平14政191・平14政331・平17政192・平24政239・平26政232・平26政239・平28
政288・平30政255・一部改正）

（工作物への準用）

第88条 煙突，広告塔，高架水槽，擁壁その他これらに類する工作物で政令で指定す
るもの及び昇降機，ウォーターシュート，飛行塔その他これらに類する工作物で政
令で指定するもの（以下この項において「昇降機等」という。）については，第3
条，第6条（第3項，第5項及び第6項を除くものとし，第1項及び第4項は，昇
降機等については第1項第1号から第3号までの建築物に係る部分，その他のもの
については同項第4号の建築物に係る部分に限る。），第6条の2（第3項を除
く。），第6条の4（第1項第1号及び第2号の建築物に係る部分に限る。），第7条
から第7条の4まで，第7条の5（第6条の4第1項第1号及び第2号の建築物に
係る部分に限る。），第8条から第11条まで，第12条第5項（第3号を除く。）及び
第6項から第9項まで，第13条，第15条の2，第18条（第4項から第13項まで及び
第24項を除く。），第20条，第28条の2（同条各号に掲げる基準のうち政令で定める
ものに係る部分に限る。），第32条，第33条，第34条第1項，第36条（避雷設備及び
昇降機に係る部分に限る。），第37条，第38条，第40条，第3章の2（第68条の20第
2項については，同項に規定する建築物以外の認証型式部材等に係る部分に限
る。），第86条の7第1項（第28条の2（第86条の7第1項の政令で定める基準に係
る部分に限る。）に係る部分に限る。），第86条の7第2項（第20条に係る部分に限
る。），第86条の7第3項（第32条，第34条第1項及び第36条（昇降機に係る部分に
限る。）に係る部分に限る。），前条，次条並びに第90条の規定を，昇降機等につい
ては，第7条の6，第12条第1項から第4項まで，第12条の2，第12条の3及び第
18条第24項の規定を準用する。この場合において，第20条第1項中「次の各号に掲
げる建築物の区分に応じ，それぞれ当該各号に定める基準」とあるのは，「政令で
定める技術的基準」と読み替えるものとする。

2　製造施設，貯蔵施設，遊戯施設等の工作物で政令で指定するものについては，第
3条，第6条（第3項，第5項及び第6項を除くものとし，第1項及び第4項は，
第1項第1号から第3号までの建築物に係る部分に限る。），第6条の2（第3項を
除く。），第7条，第7条の2，第7条の6から第9条の3まで，第11条，第12条第
5項（第3号を除く。）及び第6項から第9項まで，第13条，第15条の2，第18条
（第4項から第13項まで及び第19項から第23項までを除く。），第48条から第51条ま
で，第60条の2第3項，第60条の3第3項，第68条の2第1項及び第5項，第68条

215

第5章　関係法令

の3第6項から第9項まで，第86条の7第1項（第48条第1項から第14項まで及び第51条に係る部分に限る。），第87条第2項（第48条第1項から第14項まで，第49条から第51条まで，第60条の2第3項，第60条の3第3項並びに第68条の2第1項及び第5項に係る部分に限る。），第87条第3項（第48条第1項から第14項まで，第49条から第51条まで及び第68条の2第1項に係る部分に限る。），前条，次条，第91条，第92条の2並びに第93条の2の規定を準用する。この場合において，第6条第2項及び別表第2中「床面積の合計」とあるのは「築造面積」と，第68条の2第1項中「敷地，構造，建築設備又は用途」とあるのは「用途」と読み替えるものとする。

3　第3条，第8条から第11条まで，第12条（第5項第3号を除く。），第12条の2，第12条の3，第13条，第15条の2並びに第18条第1項及び第25項の規定は，第64条に規定する工作物について準用する。

4　第1項中第6条から第7条の5まで，第18条（第1項及び第25項を除く。）及び次条に係る部分は，宅地造成等規制法（昭和36年法律第191号）第8条第1項本文若しくは第12条第1項，都市計画法第29条第1項若しくは第2項若しくは第35条の2第1項本文又は津波防災地域づくりに関する法律（平成23年法律第123号）第73条第1項若しくは第78条第1項の規定による許可を受けなければならない場合の擁壁については，適用しない。

（昭34法156・昭36法191・昭45法109・昭49法67・昭51法83・昭55法34・昭58法44・昭63法49・平2法61・平4法82・平10法100・平11法87・平11法160・平14法22・平14法85・平16法67・平18法5・平18法30・平18法46・平18法92・平20法40・平23法124・平26法39・平26法54・平28法72・平29法26・平30法67・一部改正）

【解　説】

　建築基準法は，建築物の敷地，構造，設備及び用途に関する最低の基準を定めたものである。このうち，地震，台風等の危険に対処するための基準である建築物の構造基準については，煙突，広告塔，高架水槽，擁壁，昇降機，ウォーターシュート，飛行塔等の工作物の安全性との関係が強い。また，工作物の中でも，製造施設，貯蔵施設，遊戯施設等，建築物と同様に地域の環境に影響を及ぼすものがある。このため，特定の工作物（準用工作物）については，建築物に関する規定を準用することとしている。

　準用工作物に対して，法第3条（適用の除外），第6条（建築物の建築等に関する申請及び確認）（第3項，第5項及び第6項を除くものとし，第1項及び第4項は，昇降機等については第1項第1号から第3号までの建築物に係る部分，その他のものについては同項第4号の建築物に係る部分に限る。），第6条の2（国土交通大臣等の指定を受けた者による確認）（第3項を除く。），第6条の4（建築物の建築に関する確認の特例）（第1項第1号及び第2号の建

2　建築基準法・施行令

築物に係る部分に限る。），第７条（建築物に関する完了検査），第７条の２（国土交通大臣等の指定を受けた者による完了検査），第７条の３（建築物に関する中間検査），第７条の４（国土交通大臣等の指定を受けた者による中間検査），第７条の５（建築物に関する検査の特例）（第６条の４第１項第１号及び第２号の建築物に係る部分に限る。），第８条（維持保全），第９条（違反建築物に対する措置），第９条の２（建築監視員），第９条の３（違反建築物の設計者等に対する措置），第10条（保安上危険であり，又は衛生上有害である建築物に対する措置），第11条（第３章の規定に適合しない建築物に対する措置），第12条（報告，検査等）（第５項（第３号を除く。）及び第６項から第９項まで），第13条（身分証明書の携帯），第15条の２（報告，検査等），第18条（国，都道府県又は建築主事を置く市町村の建築物に対する確認，検査又は是正措置に関する手続の特例）（第４項から第13項まで及び第24項を除く。），第20条（構造耐力），第28条の２（石綿その他の物質の飛散又は発散に対する衛生上の措置）（第１号及び第２号に掲げる基準に限る。），第32条（電気設備），第33条（避雷設備），第34条第１項（昇降機），第36条（特殊建築物等の構造）（第33条及び第34条第１項に関する部分），第37条（建築材料の品質），第38条（特殊の構造方法又は建築材料）第40条（地方公共団体の条例による制限の附加），第３章の２（第68条の20第２項については，同項に規定する建築物以外の認証型式部材等に係る部分に限る。），第86条の７第１項（第28条の２関連部分）第86条の７第２項（第20条関連部分），第86条の７第３項（第32条等に関連する部分），第87条の２（建築設備への準用），第89条（工事現場における確認の表示等）並びに第90条（工事現場の危害の防止）の規定を準用する。

　準用工作物のうち「昇降機等」については，これらの規定のほか，さらに法第７条の６及び第18条第24項（検査済証交付前の建築物の使用制限）並びに第12条第１項から第４項まで（定期検査・検査報告），第12条の２（建築物調査員資格者証）及び第12条の３（建築設備等検査員資格者証）の規定も準用している。これらの規定においては，原則として「建築物」とあるのは「工作物」と，「建築設備」とあるのは「工作物の設備」と読み替えるものであるが，法第87条の２の規定の準用に当たっては，なお，テレビ塔に観光用エレベーターを設ける場合のように，準用工作物に「昇降機等」を設ける場合，「昇降機等」が一つの別個の工作物であるから，法第87条の２の規定の準用はないと解される。

　読み替えについては，それぞれの規定の法意に基づき，適用上必要な読み替えを行うものとして，個別には示していない。

　例えば「一定の高さをこえる建築物」とあれば，一般に工作物についても高さの概念は存するので「建築物」を「工作物」と読み替えることで十分である。しかし「延べ面積が一定の面積をこえる建築物」とある場合，延べ面積の概念の存しない工作物に関しては「延べ面積が一定の面積をこえる建築物」の全体を「工作物」と読み替える必要のある場合もある。

　法第88条第１項の法第６条の準用に関するかっこ書き後段の趣旨は，確認の期限を「昇降機等」については35日間，その他のものについては７日間と定めたもので，都市計画区域の内外及び工事種別において区別したものではない。したがって，全国どこでもこれらを設置し，又は築造しようとする場合には確認を要する。

　本法の準用を受ける工作物には，法第88条第１項の工作物のほかに，防火上の見地から法第64条に規定する工作物が挙げられる。法第64条には，防火地域内の看板，広告塔，装飾塔その

217

第5章　関係法令

他これらに類する工作物で，建築物の屋上に設けるもの又は高さが３ｍを超えるものの防火措置が規定されているが，法第88条第３項では，これらの工作物に対して，法第３条，第８条から第11条まで，第12条（第５項第３号を除く。），第12条の２，第12条の３，第13条，第15条の２並びに第18条第１項及び第25項の規定を準用することとされている。

（工作物の指定）

令第138条　煙突，広告塔，高架水槽，擁壁その他これらに類する工作物で法第88条第１項の規定により政令で指定するものは，次に掲げるもの（鉄道及び軌道の線路敷地内の運転保安に関するものその他他の法令の規定により法及びこれに基づく命令の規定による規制と同等の規制を受けるものとして国土交通大臣が指定するものを除く。）とする。

一　高さが６メートルを超える煙突（支枠及び支線がある場合においては，これらを含み，ストーブの煙突を除く。）

二　高さが15メートルを超える鉄筋コンクリート造の柱，鉄柱，木柱その他これらに類するもの（旗ざおを除く。）

三　高さが４メートルを超える広告塔，広告板，装飾塔，記念塔その他これらに類するもの

四　高さが８メートルを超える高架水槽，サイロ，物見塔その他これらに類するもの

五　高さが２メートルを超える擁壁

2　昇降機，ウオーターシュート，飛行塔その他これらに類する工作物で法第88条第１項の規定により政令で指定するものは，次の各号に掲げるものとする。

一　乗用エレベーター又はエスカレーターで観光のためのもの（一般交通の用に供するものを除く。）

二　ウオーターシュート，コースターその他これらに類する高架の遊戯施設

三　メリーゴーラウンド，観覧車，オクトパス，飛行塔その他これらに類する回転運動をする遊戯施設で原動機を使用するもの

3　製造施設，貯蔵施設，遊戯施設等の工作物で法第88条第２項の規定により政令で指定するものは，次に掲げる工作物（土木事業その他の事業に一時的に使用するためにその事業中臨時にあるもの及び第１号又は第５号に掲げるもので建築物の敷地（法第３条第２項の規定により法第48条第１項から第14項までの規定の適用を受けない建築物については，第137条に規定する基準時における敷地をいう。）と同一の敷地内にあるものを除く。）とする。

一　法別表第２㈱項第３号⒀又は（13の２）の用途に供する工作物で用途地域

2　建築基準法・施行令

（準工業地域，工業地域及び工業専用地域を除く。）内にあるもの及び同表ⓐ項第１号⑵の用途に供する工作物で用途地域（工業地域及び工業専用地域を除く。）内にあるもの

二　自動車車庫の用途に供する工作物で次のイからチまでに掲げるもの

イ　築造面積が50平方メートルを超えるもので第１種低層住居専用地域，第２種低層住居専用地域又は田園住居地域内にあるもの（建築物に附属するものを除く。）

ロ　築造面積が300平方メートルを超えるもので第１種中高層住居専用地域，第２種中高層住居専用地域，第１種住居地域又は第２種住居地域内にあるもの（建築物に附属するものを除く。）

ハ　第１種低層住居専用地域，第２種低層住居専用地域又は田園住居地域内にある建築物に附属するもので築造面積に同一敷地内にある建築物に附属する自動車車庫の用途に供する建築物の部分の延べ面積の合計を加えた値が600平方メートル（同一敷地内にある建築物（自動車車庫の用途に供する部分を除く。）の延べ面積の合計が600平方メートル以下の場合においては，当該延べ面積の合計）を超えるもの（築造面積が50平方メートル以下のもの及び二に掲げるものを除く。）

二　第１種低層住居専用地域，第２種低層住居専用地域又は田園住居地域内にある公告対象区域内の建築物に附属するもので次の⑴又は⑵のいずれかに該当するもの

⑴　築造面積に同一敷地内にある建築物に附属する自動車車庫の用途に供する建築物の部分の延べ面積の合計を加えた値が2,000平方メートルを超えるもの

⑵　築造面積に同一公告対象区域内にある建築物に附属する他の自動車車庫の用途に供する工作物の築造面積及び当該公告対象区域内にある建築物に附属する自動車車庫の用途に供する建築物の部分の延べ面積の合計を加えた値が，当該公告対象区域内の敷地ごとにハの規定により算定される自動車車庫の用途に供する工作物の築造面積の上限の値を合算した値を超えるもの

ホ　第１種中高層住居専用地域又は第２種中高層住居専用地域内にある建築物に附属するもので築造面積に同一敷地内にある建築物に附属する自動車車庫の用途に供する建築物の部分の延べ面積の合計を加えた値が3,000平方メートル（同一敷地内にある建築物（自動車車庫の用途に供する部分を除く。）

第5章　関係法令

の延べ面積の合計が3,000平方メートル以下の場合においては，当該延べ面積の合計）を超えるもの（築造面積が300平方メートル以下のもの及びへに掲げるものを除く。）

ヘ　第1種中高層住居専用地域又は第2種中高層住居専用地域内にある公告対象区域内の建築物に附属するもので次の(1)又は(2)のいずれかに該当するもの

(1)　築造面積に同一敷地内にある建築物に附属する自動車車庫の用途に供する建築物の部分の延べ面積の合計を加えた値が1万平方メートルを超えるもの

(2)　築造面積に同一公告対象区域内にある建築物に附属する他の自動車車庫の用途に供する工作物の築造面積及び当該公告対象区域内にある建築物に附属する自動車車庫の用途に供する建築物の部分の延べ面積の合計を加えた値が，当該公告対象区域内の敷地ごとにホの規定により算定される自動車車庫の用途に供する工作物の築造面積の上限の値を合算した値を超えるもの

ト　第1種住居地域又は第2種住居地域内にある建築物に附属するもので築造面積に同一敷地内にある建築物に附属する自動車車庫の用途に供する建築物の部分の延べ面積の合計を加えた値が当該敷地内にある建築物（自動車車庫の用途に供する部分を除く。）の延べ面積の合計を超えるもの（築造面積が300平方メートル以下のもの及びチに掲げるものを除く。）

チ　第1種住居地域又は第2種住居地域内にある公告対象区域内の建築物に附属するもので，築造面積に同一公告対象区域内にある建築物に附属する他の自動車車庫の用途に供する工作物の築造面積及び当該公告対象区域内にある建築物に附属する自動車車庫の用途に供する建築物の部分の延べ面積の合計を加えた値が，当該公告対象区域内の敷地ごとにトの規定により算定される自動車車庫の用途に供する工作物の築造面積の上限の値を合算した値を超えるもの

三　高さが8メートルを超えるサイロその他これに類する工作物のうち飼料，肥料，セメントその他これらに類するものを貯蔵するもので第1種低層住居専用地域，第2種低層住居専用地域，第1種中高層住居専用地域又は田園住居地域内にあるもの

四　前項各号に掲げる工作物で第1種低層住居専用地域，第2種低層住居専用地域，第1種中高層住居専用地域又は田園住居地域内にあるもの

五　汚物処理場，ごみ焼却場又は第130条の2の2各号に掲げる処理施設の用途

2 建築基準法・施行令

に供する工作物で都市計画区域又は準都市計画区域（準都市計画区域にあつて
は，第1種低層住居専用地域，第2種低層住居専用地域，第1種中高層住居専
用地域又は田園住居地域に限る。）内にあるもの

六　特定用途制限地域内にある工作物で当該特定用途制限地域に係る法第88条第
　　2項において準用する法第49条の2の規定に基づく条例において制限が定めら
　　れた用途に供するもの

（昭34政344・昭50政2・昭52政266・平5政170・平7政359・平11政5・平11政431・平13政98

・平16政210・平18政350・平23政46・平29政156・一部改正）

【解　説】

　この条は法第88条第1項の規定による準用工作物の指定である。第1項各号においては，い
ずれも高さに基づき指定対象を特定している。この場合，高さの測定方法は，土地に独立して
造られているものについては地盤面から工作物の最高部まで，また建築物の屋上に設けるもの
については，設置された部分の屋根面から工作物の最高部までとする。

　煙突，高架水槽，物見塔等について，建築物であるかどうかの判別に迷う場合もある。例え
ば，煙突については，建築物に付属するものは，当然に建築設備として扱われ，仮に敷地内に
独立して造られたものであっても，建築設備の定義に該当すると判断される場合，すなわち建
築物と一体となってその効用を全うするためのものと判断される場合には（冷暖房用ボイ
ラー，暖炉，汚物処理設備等に付属するものがその例である。），第1項において指定された準
用工作物ではなく，建築物そのものとして本法の適用を受ける。高架水槽についても同様のこ
とがいえる。

　屋上に設けられる物見塔，展望塔の類も，用途，規模等が極めて軽易な場合を除き，当該部
分に屋根がない場合を含めて，建築物に該当し，また，遊戯施設等は，原則として，屋上に設
けられるものについても工作物としての取扱いを受ける。

　また，鉄道及び軌道の線路敷地内の運転保安に関するものを除いたのは，法第2条第1号の
場合と同様の趣旨である。

（広告塔又は高架水槽等）

令第141条　第138条第1項に規定する工作物のうち同項第3号及び第4号に掲げる工
　　作物に関する法第88条第1項において読み替えて準用する法第20条第1項の政令
　　で定める技術的基準は，次のとおりとする。

　一　国土交通大臣が定める構造方法により鉄筋，鉄骨又は鉄筋コンクリートによ
　　　つて補強した場合を除き，その主要な部分を組積造及び無筋コンクリート造以
　　　外の構造とすること。

　二　次項から第4項までにおいて準用する規定（第7章の8の規定を除く。）に
　　　適合する構造方法を用いること。

　2　前項に規定する工作物については，第5章の4第3節，第7章の8並びに第

第5章 関係法令

139条第1項第3号及び第4号の規定を準用する。

3 第1項に規定する工作物のうち前項において準用する第139条第1項第3号又は第4号ロの規定により国土交通大臣の認定を受けた構造方法を用いるものについては，前項に規定するもののほか，耐久性等関係規定（第36条，第36条の2，第39条第4項，第49条並びに第80条において準用する第72条及び第74条から第76条までの規定を除く。）を準用する。

4 第1項に規定する工作物のうち前項に規定するもの以外のものについては，第2項に規定するもののほか，第36条の3，第37条，第38条，第39条第1項及び第2項，第40条から第42条まで，第44条，第46条第1項及び第2項，第47条，第3章第5節，第6節及び第6節の2並びに第80条の2の規定を準用する。

(昭33政283・昭34政344・昭45政333・昭55政196・昭55政273・昭62政348・平5政170・平11政5・平12政211・平12政312・平19政49・平23政46・平25政217・平27政11・一部改正)

【解 説】

令第138条第1項第3号，第4号（準用工作物である広告塔等，高架水槽等）に掲げるものについては，その主要な部分を組積造又は無筋コンクリート造とすることを禁止しているが，特に，防火地域内では，法第66条の規定により木造とすることも禁じられている。

第2項は，令第36条の2（構造設計の原則），令第37条（構造部材の耐久），令第38条（基礎），令第39条（屋根ふき材等の緊結），令第40条（適用の範囲），令第41条（木材），令第42条（土台及び基礎），令第44条（はり等の横架材），令第46条第1項及び第2項（構造耐力上必要な軸組等），令第47条（構造耐力上主要な部分である継手又は仕口），令第3章第5節（鉄骨造），令第6節（鉄筋コンクリート造）並びに令第6節の2（鉄骨鉄筋コンクリート造），令第80条の2（構造方法に関する補則），令第5章の4第3節（避雷設備），令第7章の8（工事現場の危害の防止）並びに令第139条第3項（煙突及び煙突の支線）の準用を定めたものである。

（建築物の建築等に関する申請及び確認）

第6条 建築主は，第1号から第3号までに掲げる建築物を建築しようとする場合（増築しようとする場合においては，建築物が増築後において第1号から第3号までに掲げる規模のものとなる場合を含む。），これらの建築物の大規模の修繕若しくは大規模の模様替をしようとする場合又は第4号に掲げる建築物を建築しようとする場合においては，当該工事に着手する前に，その計画が建築基準関係規定（この法律並びにこれに基づく命令及び条例の規定（以下「建築基準法令の規定」という。）その他建築物の敷地，構造又は建築設備に関する法律並びにこれに基づく命令及び条例の規定で政令で定めるものをいう。以下同じ。）に適合するものである

2 建築基準法・施行令

ことについて，確認の申請書を提出して建築主事の確認を受け，確認済証の交付を受けなければならない。当該確認を受けた建築物の計画の変更（国土交通省令で定める軽微な変更を除く。）をして，第1号から第3号までに掲げる建築物を建築しようとする場合（増築しようとする場合においては，建築物が増築後において第1号から第3号までに掲げる規模のものとなる場合を含む。），これらの建築物の大規模の修繕若しくは大規模の模様替をしようとする場合又は第4号に掲げる建築物を建築しようとする場合も，同様とする。

一　別表第1⑴欄に掲げる用途に供する特殊建築物で，その用途に供する部分の床面積の合計が200平方メートルを超えるもの

二　木造の建築物で3以上の階数を有し，又は延べ面積が500平方メートル，高さが13メートル若しくは軒の高さが9メートルを超えるもの

三　木造以外の建築物で二以上の階数を有し，又は延べ面積が200平方メートルを超えるもの

四　前3号に掲げる建築物を除くほか，都市計画区域若しくは準都市計画区域（いずれも都道府県知事が都道府県都市計画審議会の意見を聴いて指定する区域を除く。）若しくは景観法（平成16年法律第110号）第74条第1項の準景観地区（市町村長が指定する区域を除く。）内又は都道府県知事が関係市町村の意見を聴いてその区域の全部若しくは一部について指定する区域内における建築物

2　前項の規定は，防火地域及び準防火地域外において建築物を増築し，改築し，又は移転しようとする場合で，その増築，改築又は移転に係る部分の床面積の合計が10平方メートル以内であるときについては，適用しない。

3　建築主事は，第1項の申請書が提出された場合において，その計画が次の各号のいずれかに該当するときは，当該申請書を受理することができない。

一　建築士法第3条第1項，第3条の2第1項，第3条の3第1項，第20条の2第1項若しくは第20条の3第1項の規定又は同法第3条の2第3項の規定に基づく条例の規定に違反するとき。

二　構造設計1級建築士以外の1級建築士が建築士法第20条の2第1項の建築物の構造設計を行つた場合において，当該建築物が構造関係規定に適合することを構造設計1級建築士が確認した構造設計によるものでないとき。

三　設備設計1級建築士以外の1級建築士が建築士法第20条の3第1項の建築物の設備設計を行つた場合において，当該建築物が設備関係規定に適合することを設備設計1級建築士が確認した設備設計によるものでないとき。

第5章　関係法令

4　建築主事は，第1項の申請書を受理した場合においては，同項第1号から第3号までに係るものにあつてはその受理した日から35日以内に，同項第4号に係るものにあつてはその受理した日から7日以内に，申請に係る建築物の計画が建築基準関係規定に適合するかどうかを審査し，審査の結果に基づいて建築基準関係規定に適合することを確認したときは，当該申請者に確認済証を交付しなければならない。

5　建築主事は，前項の場合において，申請に係る建築物の計画が第6条の3第1項の構造計算適合性判定を要するものであるときは，建築主から同条第7項の適合判定通知書又はその写しの提出を受けた場合に限り，第1項の規定による確認をすることができる。

6　建築主事は，第4項の場合（申請に係る建築物の計画が第6条の3第1項の特定構造計算基準（第20条第1項第2号イの政令で定める基準に従つた構造計算で同号イに規定する方法によるものによつて確かめられる安全性を有することに係る部分に限る。）に適合するかどうかを審査する場合その他国土交通省令で定める場合に限る。）において，第4項の期間内に当該申請者に第1項の確認済証を交付することができない合理的な理由があるときは，35日の範囲内において，第4項の期間を延長することができる。この場合においては，その旨及びその延長する期間並びにその期間を延長する理由を記載した通知書を同項の期間内に当該申請者に交付しなければならない。

7　建築主事は，第4項の場合において，申請に係る建築物の計画が建築基準関係規定に適合しないことを認めたとき，又は建築基準関係規定に適合するかどうかを決定することができない正当な理由があるときは，その旨及びその理由を記載した通知書を同項の期間（前項の規定により第4項の期間を延長した場合にあつては，当該延長後の期間）内に当該申請者に交付しなければならない。

8　第1項の確認済証の交付を受けた後でなければ，同項の建築物の建築，大規模の修繕又は大規模の模様替の工事は，することができない。

9　第1項の規定による確認の申請書，同項の確認済証並びに第6項及び第7項の通知書の様式は，国土交通省令で定める。

（昭26法195・昭29法140・昭34法156・昭38法151・昭43法101・昭51法83・昭53法38・昭56法58・昭58法44・昭59法47・昭62法66・平10法100・平11法87・平11法160・平12法73・平16法111・平18法46・平18法92・平18法114・平26法54・平30法67・一部改正）

（国土交通大臣等の指定を受けた者による確認）

第6条の2　前条第1項各号に掲げる建築物の計画（前条第3項各号のいずれかに該

当するものを除く。)が建築基準関係規定に適合するものであることについて，第77条の18から第77条の21までの規定の定めるところにより国土交通大臣又は都道府県知事が指定した者の確認を受け，国土交通省令で定めるところにより確認済証の交付を受けたときは，当該確認は前条第1項の規定による確認と，当該確認済証は同項の確認済証とみなす。

2　前項の規定による指定は，二以上の都道府県の区域において同項の規定による確認の業務を行おうとする者を指定する場合にあつては国土交通大臣が，一の都道府県の区域において同項の規定による確認の業務を行おうとする者を指定する場合にあつては都道府県知事がするものとする。

3　第1項の規定による指定を受けた者は，同項の規定による確認の申請を受けた場合において，申請に係る建築物の計画が次条第1項の構造計算適合性判定を要するものであるときは，建築主から同条第7項の適合判定通知書又はその写しの提出を受けた場合に限り，第1項の規定による確認をすることができる。

4　第1項の規定による指定を受けた者は，同項の規定による確認の申請を受けた場合において，申請に係る建築物の計画が建築基準関係規定に適合しないことを認めたとき，又は建築基準関係規定に適合するかどうかを決定することができない正当な理由があるときは，国土交通省令で定めるところにより，その旨及びその理由を記載した通知書を当該申請者に交付しなければならない。

5　第1項の規定による指定を受けた者は，同項の確認済証又は前項の通知書の交付をしたときは，国土交通省令で定める期間内に，国土交通省令で定めるところにより，確認審査報告書を作成し，当該確認済証又は当該通知書の交付に係る建築物の計画に関する国土交通省令で定める書類を添えて，これを特定行政庁に提出しなければならない。

6　特定行政庁は，前項の規定による確認審査報告書の提出を受けた場合において，第1項の確認済証の交付を受けた建築物の計画が建築基準関係規定に適合しないと認めるときは，当該建築物の建築主及び当該確認済証を交付した同項の規定による指定を受けた者にその旨を通知しなければならない。この場合において，当該確認済証は，その効力を失う。

7　前項の場合において，特定行政庁は，必要に応じ，第9条第1項又は第10項の命令その他の措置を講ずるものとする。

　　　(平10法100・追加，平11法160・平18法92・平18法114・平26法54・一部改正)

（構造計算適合性判定）

第5章 関係法令

第6条の3 建築主は，第6条第1項の場合において，申請に係る建築物の計画が第20条第1項第2号若しくは第3号に定める基準（同項第2号イ又は第3号イの政令で定める基準に従つた構造計算で，同項第2号イに規定する方法若しくはプログラムによるもの又は同項第3号イに規定するプログラムによるものによつて確かめられる安全性を有することに係る部分に限る。以下「特定構造計算基準」という。）又は第3条第2項（第86条の9第1項において準用する場合を含む。）の規定により第20条の規定の適用を受けない建築物について第86条の7第1項の政令で定める範囲内において増築若しくは改築をする場合における同項の政令で定める基準（特定構造計算基準に相当する基準として政令で定めるものに限る。以下「特定増改築構造計算基準」という。）に適合するかどうかの確認審査（第6条第4項に規定する審査又は前条第1項の規定による確認のための審査をいう。以下この項において同じ。）を要するものであるときは，構造計算適合性判定（当該建築物の計画が特定構造計算基準又は特定増改築構造計算基準に適合するかどうかの判定をいう。以下同じ。）の申請書を提出して都道府県知事の構造計算適合性判定を受けなければならない。ただし，当該建築物の計画が特定構造計算基準（第20条第1項第2号イの政令で定める基準に従つた構造計算で同号イに規定する方法によるものによつて確かめられる安全性を有することに係る部分のうち確認審査が比較的容易にできるものとして政令で定めるものに限る。）又は特定増改築構造計算基準（確認審査が比較的容易にできるものとして政令で定めるものに限る。）に適合するかどうかを，構造計算に関する高度の専門的知識及び技術を有する者として国土交通省令で定める要件を備える者である建築主事が第6条第4項に規定する審査をする場合又は前条第1項の規定による指定を受けた者が当該国土交通省令で定める要件を備える者である第77条の24第1項の確認検査員に前条第1項の規定による確認のための審査をさせる場合は，この限りでない。

2　都道府県知事は，前項の申請書を受理した場合において，申請に係る建築物の計画が建築基準関係規定に適合するものであることについて当該都道府県に置かれた建築主事が第6条第1項の規定による確認をするときは，当該建築主事を当該申請に係る構造計算適合性判定に関する事務に従事させてはならない。

3　都道府県知事は，特別な構造方法の建築物の計画について第1項の構造計算適合性判定を行うに当たつて必要があると認めるときは，当該構造方法に係る構造計算に関して専門的な識見を有する者の意見を聴くものとする。

4　都道府県知事は，第1項の申請書を受理した場合においては，その受理した日か

2　建築基準法・施行令

ら14日以内に，当該申請に係る構造計算適合性判定の結果を記載した通知書を当該
申請者に交付しなければならない。

5　都道府県知事は，前項の場合（申請に係る建築物の計画が特定構造計算基準（第
20条第1項第2号イの政令で定める基準に従つた構造計算で同号イに規定する方法
によるものによつて確かめられる安全性を有することに係る部分に限る。）に適合
するかどうかの判定の申請を受けた場合その他国土交通省令で定める場合に限
る。）において，前項の期間内に当該申請者に同項の通知書を交付することができ
ない合理的な理由があるときは，35日の範囲内において，同項の期間を延長するこ
とができる。この場合においては，その旨及びその延長する期間並びにその期間を
延長する理由を記載した通知書を同項の期間内に当該申請者に交付しなければなら
ない。

6　都道府県知事は，第4項の場合において，申請書の記載によつては当該建築物の
計画が特定構造計算基準又は特定増改築構造計算基準に適合するかどうかを決定す
ることができない正当な理由があるときは，その旨及びその理由を記載した通知書
を同項の期間（前項の規定により第4項の期間を延長した場合にあつては，当該延
長後の期間）内に当該申請者に交付しなければならない。

7　建築主は，第4項の規定により同項の通知書の交付を受けた場合において，当該
通知書が適合判定通知書（当該建築物の計画が特定構造計算基準又は特定増改築構
造計算基準に適合するものであると判定された旨が記載された通知書をいう。以下
同じ。）であるときは，第6条第1項又は前条第1項の規定による確認をする建築
主事又は同項の規定による指定を受けた者に，当該適合判定通知書又はその写しを
提出しなければならない。ただし，当該建築物の計画に係る第6条第7項又は前条
第4項の通知書の交付を受けた場合は，この限りでない。

8　建築主は，前項の場合において，建築物の計画が第6条第1項の規定による建築
主事の確認に係るものであるときは，同条第4項の期間（同条第6項の規定により
同条第4項の期間が延長された場合にあつては，当該延長後の期間）の末日の3日
前までに，前項の適合判定通知書又はその写しを当該建築主事に提出しなければな
らない。

9　第1項の規定による構造計算適合性判定の申請書及び第4項から第6項までの通
知書の様式は，国土交通省令で定める。

　　　（平26法54・追加）

（建築物の建築に関する確認の特例）

第5章　関係法令

第6条の4　第1号若しくは第2号に掲げる建築物の建築，大規模の修繕若しくは大規模の模様替又は第3号に掲げる建築物の建築に対する第6条及び第6条の2の規定の適用については，第6条第1項中「政令で定めるものをいう。以下同じ」とあるのは，「政令で定めるものをいい，建築基準法令の規定のうち政令で定める規定を除く。以下この条及び次条において同じ」とする。

一　第68条の10第1項の認定を受けた型式（次号において「認定型式」という。）に適合する建築材料を用いる建築物

二　認定型式に適合する建築物の部分を有する建築物

三　第6条第1項第4号に掲げる建築物で建築士の設計に係るもの

2　前項の規定により読み替えて適用される第6条第1項に規定する政令のうち建築基準法令の規定を定めるものにおいては，建築士の技術水準，建築物の敷地，構造及び用途その他の事情を勘案して，建築士及び建築物の区分に応じ，建築主事の審査を要しないこととしても建築物の安全上，防火上及び衛生上支障がないと認められる規定を定めるものとする。

（昭58法44・追加，平10法100・旧第6条の2繰下・一部改正，平18法114・一部改正，平26法54・旧第6条の3繰下・一部改正）

（建築基準関係規定）

令第9条　法第6条第1項（法第87条第1項，法第87条の2（法第88条第1項及び第2項において準用する場合を含む。）並びに法第88条第1項及び第2項において準用する場合を含む。）の政令で定める規定は，次に掲げる法律の規定並びにこれらの規定に基づく命令及び条例の規定で建築物の敷地，構造又は建築設備に係るものとする。

一　消防法（昭和23年法律第186号）第9条，第9条の2，第15条及び第17条

二　屋外広告物法（昭和24年法律第189号）第3条から第5条まで（広告物の表示及び広告物を掲出する物件の設置の禁止又は制限に係る部分に限る。）

三　港湾法（昭和25年法律第218号）第40条第1項

四　高圧ガス保安法（昭和26年法律第204号）第24条

五　ガス事業法（昭和29年法律第51号）第162条

六　駐車場法（昭和32年法律第106号）第20条

七　水道法（昭和32年法律第177号）第16条

八　下水道法（昭和33年法律第79号）第10条第1項及び第3項，第25条の2並びに第30条第1項

2 建築基準法・施行令

　九　宅地造成等規制法（昭和36年法律第191号）第8条第1項及び第12条第1項

　十　流通業務市街地の整備に関する法律（昭和41年法律第110号）第5条第1項

　十一　液化石油ガスの保安の確保及び取引の適正化に関する法律（昭和42年法律第149号）第38条の2

　十二　都市計画法（昭和43年法律第100号）第29条第1項及び第2項，第35条の2第1項，第41条第2項（同法第35条の2第4項において準用する場合を含む。），第42条，第43条第1項，第53条第1項並びに同条第2項において準用する同法第52条の2第2項

　十三　特定空港周辺航空機騒音対策特別措置法（昭和53年法律第26号）第5条第1項から第3項まで（同条第5項において準用する場合を含む。）

　十四　自転車の安全利用の促進及び自転車等の駐車対策の総合的推進に関する法律（昭和55年法律第87号）第5条第4項

　十五　浄化槽法（昭和58年法律第43号）第3条の2第1項

　十六　特定都市河川浸水被害対策法（平成15年法律第77号）第8条

（平11政5・全改，平11政352・平13政42・平13政98・平16政168・平16政325・平16政399・平18政310・平23政363・平27政273・平29政40・一部改正）

（工事現場における確認の表示等）

第89条　第6条第1項の建築，大規模の修繕又は大規模の模様替の工事の施工者は，当該工事現場の見易い場所に，国土交通省令で定める様式によつて，建築主，設計者，工事施工者及び工事の現場管理者の氏名又は名称並びに当該工事に係る同項の確認があつた旨の表示をしなければならない。

2　第6条第1項の建築，大規模の修繕又は大規模の模様替の工事の施工者は，当該工事に係る設計図書を当該工事現場に備えておかなければならない。

（昭34法156・平11法160・一部改正）

【解　説】

　建築基準法は，個々の建築物が法令の定める基準に適合して建築されるよう担保するために，建築工事の着手前と完了後の双方において，建築主事等が建築物又はその計画の適法性をチェックする制度を設けており，法第6条から第6条の4までの規定は，このうち工事着手前の手続を定めている。すなわち，建築主は建築物を建築しようとする場合には，工事着手前に，その建築計画が建築基準関係規定（本法並びにこれに基づく命令及び条例の規定その他建築物の敷地，構造又は建築設備に関する法律並びにこれに基づく命令及び条例の規定で政令で定めるもの）に適合するものであることについて，建築主事等の確認を受けなければならない。法第6条以降の建築確認に関する規定は，防火，安全，衛生等の面で支障がある建築物が

第5章　関係法令

出現しないようにする上で，違反建築物に対する是正措置を定める法第9条と並んで，本法の重要な柱をなすものであり，本法が有効に機能するかどうかはこの確認の制度が効果的に運用されるかどうかにかかっているともいえる。

（建築物に関する完了検査）

第7条　建築主は，第6条第1項の規定による工事を完了したときは，国土交通省令で定めるところにより，建築主事の検査を申請しなければならない。

2　前項の規定による申請は，第6条第1項の規定による工事が完了した日から4日以内に建築主事に到達するように，しなければならない。ただし，申請をしなかつたことについて国土交通省令で定めるやむを得ない理由があるときは，この限りでない。

3　前項ただし書の場合における検査の申請は，その理由がやんだ日から4日以内に建築主事に到達するように，しなければならない。

4　建築主事が第1項の規定による申請を受理した場合においては，建築主事又はその委任を受けた当該市町村若しくは都道府県の職員（以下この章において「建築主事等」という。）は，その申請を受理した日から7日以内に，当該工事に係る建築物及びその敷地が建築基準関係規定に適合しているかどうかを検査しなければならない。

5　建築主事等は，前項の規定による検査をした場合において，当該建築物及びその敷地が建築基準関係規定に適合していることを認めたときは，国土交通省令で定めるところにより，当該建築物の建築主に対して検査済証を交付しなければならない。

（昭34法156・昭51法83・昭58法44・平10法100・平11法87・平11法160・平18法53・一部改正）

（国土交通大臣等の指定を受けた者による完了検査）

第7条の2　第77条の18から第77条の21までの規定の定めるところにより国土交通大臣又は都道府県知事が指定した者が，第6条第1項の規定による工事の完了の日から4日が経過する日までに，当該工事に係る建築物及びその敷地が建築基準関係規定に適合しているかどうかの検査を引き受けた場合において，当該検査の引受けに係る工事が完了したときについては，前条第1項から第3項までの規定は，適用しない。

2　前項の規定による指定は，二以上の都道府県の区域において同項の検査の業務を行おうとする者を指定する場合にあつては国土交通大臣が，一の都道府県の区域において同項の検査の業務を行おうとする者を指定する場合にあつては都道府県知事

2　建築基準法・施行令

がするものとする。

3　第1項の規定による指定を受けた者は，同項の規定による検査の引受けを行つた
ときは，国土交通省令で定めるところにより，その旨を証する書面を建築主に交付
するとともに，その旨を建築主事に通知しなければならない。

4　第1項の規定による指定を受けた者は，同項の規定による検査の引受けを行つた
ときは，当該検査の引受けを行つた第6条第1項の規定による工事が完了した日又
は当該検査の引受けを行つた日のいずれか遅い日から7日以内に，第1項の検査を
しなければならない。

5　第1項の規定による指定を受けた者は，同項の検査をした建築物及びその敷地が
建築基準関係規定に適合していることを認めたときは，国土交通省令で定めるとこ
ろにより，当該建築物の建築主に対して検査済証を交付しなければならない。この
場合において，当該検査済証は，前条第5項の検査済証とみなす。

6　第1項の規定による指定を受けた者は，同項の検査をしたときは，国土交通省令
で定める期間内に，国土交通省令で定めるところにより，完了検査報告書を作成
し，同項の検査をした建築物及びその敷地に関する国土交通省令で定める書類を添
えて，これを特定行政庁に提出しなければならない。

7　特定行政庁は，前項の規定による完了検査報告書の提出を受けた場合において，
第1項の検査をした建築物及びその敷地が建築基準関係規定に適合しないと認める
ときは，遅滞なく，第9条第1項又は第7項の規定による命令その他必要な措置を
講ずるものとする。

（平10法100・追加，平11法160・平18法92・一部改正）

（建築物に関する中間検査）

第7条の3　建築主は，第6条第1項の規定による工事が次の各号のいずれかに該当
する工程（以下「特定工程」という。）を含む場合において，当該特定工程に係る
工事を終えたときは，その都度，国土交通省令で定めるところにより，建築主事の
検査を申請しなければならない。

一　階数が3以上である共同住宅の床及びはりに鉄筋を配置する工事の工程のうち
政令で定める工程

二　前号に掲げるもののほか，特定行政庁が，その地方の建築物の建築の動向又は
工事に関する状況その他の事情を勘案して，区域，期間又は建築物の構造，用途
若しくは規模を限つて指定する工程

2　前項の規定による申請は，特定工程に係る工事を終えた日から4日以内に建築主

231

事に到達するように，しなければならない。ただし，申請をしなかつたことについて国土交通省令で定めるやむを得ない理由があるときは，この限りでない。

3　前項ただし書の場合における検査の申請は，その理由がやんだ日から4日以内に建築主事に到達するように，しなければならない。

4　建築主事が第1項の規定による申請を受理した場合においては，建築主事等は，その申請を受理した日から4日以内に，当該申請に係る工事中の建築物等（建築，大規模の修繕又は大規模の模様替の工事中の建築物及びその敷地をいう。以下この章において同じ。）について，検査前に施工された工事に係る建築物の部分及びその敷地が建築基準関係規定に適合するかどうかを検査しなければならない。

5　建築主事等は，前項の規定による検査をした場合において，工事中の建築物等が建築基準関係規定に適合することを認めたときは，国土交通省令で定めるところにより，当該建築主に対して当該特定工程に係る中間検査合格証を交付しなければならない。

6　第1項第1号の政令で定める特定工程ごとに政令で定める当該特定工程後の工程及び特定行政庁が同項第2号の指定と併せて指定する特定工程後の工程（第18条第22項において「特定工程後の工程」と総称する。）に係る工事は，前項の規定による当該特定工程に係る中間検査合格証の交付を受けた後でなければ，これを施工してはならない。

7　建築主事等又は前条第1項の規定による指定を受けた者は，第4項の規定による検査において建築基準関係規定に適合することを認められた工事中の建築物等について，第7条第4項，前条第1項，第4項又は次条第1項の規定による検査をするときは，第4項の規定による検査において建築基準関係規定に適合することを認められた建築物の部分及びその敷地については，これらの規定による検査をすることを要しない。

8　第1項第2号の規定による指定に関して公示その他の必要な事項は，国土交通省令で定める。

（平10法100・追加，平11法87・平11法160・平18法92・平26法54・一部改正）

（国土交通大臣等の指定を受けた者による中間検査）

第7条の4　第6条第1項の規定による工事が特定工程を含む場合において，第7条の2第1項の規定による指定を受けた者が当該特定工程に係る工事を終えた後の工事中の建築物等について，検査前に施工された工事に係る建築物の部分及びその敷地が建築基準関係規定に適合するかどうかの検査を当該工事を終えた日から4日が

2 建築基準法・施行令

経過する日までに引き受けたときについては，前条第1項から第3項までの規定は，適用しない。

2 第7条の2第1項の規定による指定を受けた者は，前項の規定による検査の引受けを行つたときは，国土交通省令で定めるところにより，その旨を証する書面を建築主に交付するとともに，その旨を建築主事に通知しなければならない。

3 第7条の2第1項の規定による指定を受けた者は，第1項の検査をした場合において，特定工程に係る工事中の建築物等が建築基準関係規定に適合することを認めたときは，国土交通省令で定めるところにより，当該建築主に対して当該特定工程に係る中間検査合格証を交付しなければならない。

4 前項の規定により交付された特定工程に係る中間検査合格証は，それぞれ，当該特定工程に係る前条第5項の中間検査合格証とみなす。

5 前条第7項の規定の適用については，第3項の規定により特定工程に係る中間検査合格証が交付された第1項の検査は，それぞれ，同条第5項の規定により当該特定工程に係る中間検査合格証が交付された同条第4項の規定による検査とみなす。

6 第7条の2第1項の規定による指定を受けた者は，第1項の検査をしたときは，国土交通省令で定める期間内に，国土交通省令で定めるところにより，中間検査報告書を作成し，同項の検査をした工事中の建築物等に関する国土交通省令で定める書類を添えて，これを特定行政庁に提出しなければならない。

7 特定行政庁は，前項の規定による中間検査報告書の提出を受けた場合において，第1項の検査をした工事中の建築物等が建築基準関係規定に適合しないと認めるときは，遅滞なく，第9条第1項又は第10項の規定による命令その他必要な措置を講ずるものとする。

（平10法100・追加，平11法160・平18法92・一部改正）

（建築物に関する検査の特例）

第7条の5 第6条の4第1項第1号若しくは第2号に掲げる建築物の建築，大規模の修繕若しくは大規模の模様替又は同項第3号に掲げる建築物の建築の工事（同号に掲げる建築物の建築の工事にあつては，国土交通省令で定めるところにより建築士である工事監理者によつて設計図書のとおりに実施されたことが確認されたものに限る。）に対する第7条から前条までの規定の適用については，第7条第4項及び第5項中「建築基準関係規定」とあるのは「前条第1項の規定により読み替えて適用される第6条第1項に規定する建築基準関係規定」と，第7条の2第1項，第5項及び第7項，第7条の3第4項，第5項及び第7項並びに前条第1項，第3項

233

第5章　関係法令

及び第7項中「建築基準関係規定」とあるのは「第6条の4第1項の規定により読み替えて適用される第6条第1項に規定する建築基準関係規定」とする。

（昭58法44・追加，平10法100・旧第7条の2繰下・一部改正，平11法160・平18法92・平26法54・一部改正）

（検査済証の交付を受けるまでの建築物の使用制限）

第7条の6　第6条第1項第1号から第3号までの建築物を新築する場合又はこれらの建築物（共同住宅以外の住宅及び居室を有しない建築物を除く。）の増築，改築，移転，大規模の修繕若しくは大規模の模様替の工事で，廊下，階段，出入口その他の避難施設，消火栓，スプリンクラーその他の消火設備，排煙設備，非常用の照明装置，非常用の昇降機若しくは防火区画で政令で定めるものに関する工事（政令で定める軽易な工事を除く。以下この項，第18条第24項及び第90条の3において「避難施設等に関する工事」という。）を含むものをする場合においては，当該建築物の建築主は，第7条第5項の検査済証の交付を受けた後でなければ，当該新築に係る建築物又は当該避難施設等に関する工事に係る建築物若しくは建築物の部分を使用し，又は使用させてはならない。ただし，次の各号のいずれかに該当する場合には，検査済証の交付を受ける前においても，仮に，当該建築物又は建築物の部分を使用し，又は使用させることができる。

一　特定行政庁が，安全上，防火上及び避難上支障がないと認めたとき。

二　建築主事又は第7条の2第1項の規定による指定を受けた者が，安全上，防火上及び避難上支障がないものとして国土交通大臣が定める基準に適合していることを認めたとき。

三　第7条第1項の規定による申請が受理された日（第7条の2第1項の規定による指定を受けた者が同項の規定による検査の引受けを行つた場合にあつては，当該検査の引受けに係る工事が完了した日又は当該検査の引受けを行つた日のいずれか遅い日）から7日を経過したとき。

2　前項第1号及び第2号の規定による認定の申請の手続に関し必要な事項は，国土交通省令で定める。

3　第7条の2第1項の規定による指定を受けた者は，第1項第2号の規定による認定をしたときは，国土交通省令で定める期間内に，国土交通省令で定めるところにより，仮使用認定報告書を作成し，同号の規定による認定をした建築物に関する国土交通省令で定める書類を添えて，これを特定行政庁に提出しなければならない。

4　特定行政庁は，前項の規定による仮使用認定報告書の提出を受けた場合におい

2 建築基準法・施行令

て，第１項第２号の規定による認定を受けた建築物が同号の国土交通大臣が定める基準に適合しないと認めるときは，当該建築物の建築主及び当該認定を行つた第７条の２第１項の規定による指定を受けた者にその旨を通知しなければならない。この場合において，当該認定は，その効力を失う。

（昭51法83・追加，昭58法44・旧第７条の２繰下・一部改正，平10法100・旧第７条の３繰下・一部改正，平11法160・平18法92・平26法54・一部改正）

【解　説】
建築基準法は，その遵守の確保を図るため，法第６条等の建築確認と並んで，建築工事完了後の検査の制度を設けている。

（維持保全）

第８条　建築物の所有者，管理者又は占有者は，その建築物の敷地，構造及び建築設備を常時適法な状態に維持するように努めなければならない。

2　次の各号のいずれかに該当する建築物の所有者又は管理者は，その建築物の敷地，構造及び建築設備を常時適法な状態に維持するため，必要に応じ，その建築物の維持保全に関する準則又は計画を作成し，その他適切な措置を講じなければならない。ただし，国，都道府県又は建築主事を置く市町村が所有し，又は管理する建築物については，この限りでない。

一　特殊建築物で安全上，防火上又は衛生上特に重要であるものとして政令で定めるもの

二　前号の特殊建築物以外の特殊建築物その他政令で定める建築物で，特定行政庁が指定するもの

3　国土交通大臣は，前項各号のいずれかに該当する建築物の所有者又は管理者による同項の準則又は計画の適確な作成に資するため，必要な指針を定めることができる。

（昭58法44・平11法160・平30法67・一部改正）

（違反建築物に対する措置）

第９条　特定行政庁は，建築基準法令の規定又はこの法律の規定に基づく許可に付した条件に違反した建築物又は建築物の敷地については，当該建築物の建築主，当該建築物に関する工事の請負人（請負工事の下請人を含む。）若しくは現場管理者又は当該建築物若しくは建築物の敷地の所有者，管理者若しくは占有者に対して，当該工事の施工の停止を命じ，又は，相当の猶予期限を付けて，当該建築物の除却，移転，改築，増築，修繕，模様替，使用禁止，使用制限その他これらの規定又は条

件に対する違反を是正するために必要な措置をとることを命ずることができる。

2 特定行政庁は，前項の措置を命じようとする場合においては，あらかじめ，その措置を命じようとする者に対して，その命じようとする措置及びその事由並びに意見書の提出先及び提出期限を記載した通知書を交付して，その措置を命じようとする者又はその代理人に意見書及び自己に有利な証拠を提出する機会を与えなければならない。

3 前項の通知書の交付を受けた者は，その交付を受けた日から3日以内に，特定行政庁に対して，意見書の提出に代えて公開による意見の聴取を行うことを請求することができる。

4 特定行政庁は，前項の規定による意見の聴取の請求があつた場合においては，第1項の措置を命じようとする者又はその代理人の出頭を求めて，公開による意見の聴取を行わなければならない。

5 特定行政庁は，前項の規定による意見の聴取を行う場合においては，第1項の規定によつて命じようとする措置並びに意見の聴取の期日及び場所を，期日の2日前までに，前項に規定する者に通知するとともに，これを公告しなければならない。

6 第4項に規定する者は，意見の聴取に際して，証人を出席させ，かつ，自己に有利な証拠を提出することができる。

7 特定行政庁は，緊急の必要がある場合においては，前5項の規定にかかわらず，これらに定める手続によらないで，仮に，使用禁止又は使用制限の命令をすることができる。

8 前項の命令を受けた者は，その命令を受けた日から3日以内に，特定行政庁に対して公開による意見の聴取を行うことを請求することができる。この場合においては，第4項から第6項までの規定を準用する。ただし，意見の聴取は，その請求があつた日から5日以内に行わなければならない。

9 特定行政庁は，前項の意見の聴取の結果に基づいて，第7項の規定によつて仮にした命令が不当でないと認めた場合においては，第1項の命令をすることができる。意見の聴取の結果，第7項の規定によつて仮にした命令が不当であると認めた場合においては，直ちに，その命令を取り消さなければならない。

10 特定行政庁は，建築基準法令の規定又はこの法律の規定に基づく許可に付した条件に違反することが明らかな建築，修繕又は模様替の工事中の建築物については，緊急の必要があつて第2項から第6項までに定める手続によることができない場合に限り，これらの手続によらないで，当該建築物の建築主又は当該工事の請負人

2　建築基準法・施行令

（請負工事の下請人を含む。）若しくは現場管理者に対して，当該工事の施工の停止を命ずることができる。この場合において，これらの者が当該工事の現場にいないときは，当該工事に従事する者に対して，当該工事に係る作業の停止を命ずることができる。

11　第1項の規定により必要な措置を命じようとする場合において，過失がなくてその措置を命ぜられるべき者を確知することができず，かつ，その違反を放置することが著しく公益に反すると認められるときは，特定行政庁は，その者の負担において，その措置を自ら行い，又はその命じた者若しくは委任した者に行わせることができる。この場合においては，相当の期限を定めて，その措置を行うべき旨及びその期限までにその措置を行わないときは，特定行政庁又はその命じた者若しくは委任した者がその措置を行うべき旨をあらかじめ公告しなければならない。

12　特定行政庁は，第1項の規定により必要な措置を命じた場合において，その措置を命ぜられた者がその措置を履行しないとき，履行しても十分でないとき，又は履行しても同項の期限までに完了する見込みがないときは，行政代執行法（昭和23年法律第43号）の定めるところに従い，みずから義務者のなすべき行為をし，又は第三者をしてこれをさせることができる。

13　特定行政庁は，第1項又は第10項の規定による命令をした場合（建築監視員が第10項の規定による命令をした場合を含む。）においては，標識の設置その他国土交通省令で定める方法により，その旨を公示しなければならない。

14　前項の標識は，第1項又は第10項の規定による命令に係る建築物又は建築物の敷地内に設置することができる。この場合においては，第1項又は第10項の規定による命令に係る建築物又は建築物の敷地の所有者，管理者又は占有者は，当該標識の設置を拒み，又は妨げてはならない。

15　第1項，第7項又は第10項の規定による命令については，行政手続法（平成5年法律第88号）第3章（第12条及び第14条を除く。）の規定は，適用しない。

　　　（昭34法156・昭36法115・昭45法109・平4法82・平5法89・平10法100・平11法160・一部改正）

【解　説】

　法第9条は，特定行政庁に違反建築物に関する是正命令の権限を付与し，是正命令をしたときはこのことを一般に公表し，是正命令を受けた者がその命令を履行しないときには行政代執行を容易にすることができるように行政代執行の要件を緩和し，あわせて是正命令の適正を期するために命令をしようとする相手方に事前に弁明の機会を与える等，命令についての慎重な

237

第5章　関係法令

手続きを規定したものである。

（建築監視員）

第9条の2　特定行政庁は，政令で定めるところにより，当該市町村又は都道府県の職員のうちから建築監視員を命じ，前条第7項及び第10項に規定する特定行政庁の権限を行なわせることができる。

　　　（昭45法109・追加，平18法53・一部改正）

（建築監視員の資格）

令第14条　建築監視員は，次の各号の一に該当する者でなければならない。

　一　3年以上の建築行政に関する実務の経験を有する者

　二　建築士で1年以上の建築行政に関する実務の経験を有するもの

　三　建築の実務に関し技術上の責任のある地位にあつた建築士で国土交通大臣が前各号の一に該当する者と同等以上の建築行政に関する知識及び能力を有すると認めたもの

　　　（昭45政333・全改，平12政312・一部改正）

【解　説】

　法第9条の2は，違反建築物に対する是正措置の迅速化を図るために設けられた規定で，特定行政庁は建築監視員を命じたうえ法第9条第7項及び第10項の権限をこの建築監視員に行わせることができることとしたものである。

（違反建築物の設計者等に対する措置）

第9条の3　特定行政庁は，第9条第1項又は第10項の規定による命令をした場合（建築監視員が同条第10項の規定による命令をした場合を含む。）においては，国土交通省令で定めるところにより，当該命令に係る建築物の設計者，工事監理者若しくは工事の請負人（請負工事の下請人を含む。次項において同じ。）若しくは当該建築物について宅地建物取引業に係る取引をした宅地建物取引業者又は当該命令に係る浄化槽の製造業者の氏名又は名称及び住所その他国土交通省令で定める事項を，建築士法，建設業法（昭和24年法律第100号），浄化槽法（昭和58年法律第43号）又は宅地建物取引業法（昭和27年法律第176号）の定めるところによりこれらの者を監督する国土交通大臣又は都道府県知事に通知しなければならない。

2　国土交通大臣又は都道府県知事は，前項の規定による通知を受けた場合においては，遅滞なく，当該通知に係る者について，建築士法，建設業法，浄化槽法又は宅地建物取引業法による免許又は許可の取消し，業務の停止の処分その他必要な措置

2 建築基準法・施行令

を講ずるものとし，その結果を同項の規定による通知をした特定行政庁に通知しなければならない。

(昭45法109・追加，昭51法83・昭58法43・平11法160・一部改正)

【解　説】

違反建築物をなくすためには建築主の自覚が必要であるが，建築物の大部分は建築士の手によって設計され，建設業者によって建築され，宅地建物取引業者の手を介して取引されている実態からみれば，これらの建築関係者の建築に与える影響は絶大であり，その適正な設計，建築又は取引の確保なくしては法の目的は期しがたい。法第9条の3は，これら建築士等が違反建築に関与した場合には，その者を監督する行政庁が監督権を適正に行使するものとし，あわせて，そのための情報提供の制度を定めたものである。

（著しく保安上危険な建築物等の所有者等に対する勧告及び命令）

第10条　特定行政庁は，第6条第1項第1号に掲げる建築物その他政令で定める建築物の敷地，構造又は建築設備（いずれも第3条第2項の規定により次章の規定又はこれに基づく命令若しくは条例の規定の適用を受けないものに限る。）について，損傷，腐食その他の劣化が進み，そのまま放置すれば著しく保安上危険となり，又は著しく衛生上有害となるおそれがあると認める場合においては，当該建築物又はその敷地の所有者，管理者又は占有者に対して，相当の猶予期限を付けて，当該建築物の除却，移転，改築，増築，修繕，模様替，使用中止，使用制限その他保安上又は衛生上必要な措置をとることを勧告することができる。

2　特定行政庁は，前項の勧告を受けた者が正当な理由がなくてその勧告に係る措置をとらなかつた場合において，特に必要があると認めるときは，その者に対し，相当の猶予期限を付けて，その勧告に係る措置をとることを命ずることができる。

3　前項の規定による場合のほか，特定行政庁は，建築物の敷地，構造又は建築設備（いずれも第3条第2項の規定により次章の規定又はこれに基づく命令若しくは条例の規定の適用を受けないものに限る。）が著しく保安上危険であり，又は著しく衛生上有害であると認める場合においては，当該建築物又はその敷地の所有者，管理者又は占有者に対して，相当の猶予期限を付けて，当該建築物の除却，移転，改築，増築，修繕，模様替，使用禁止，使用制限その他保安上又は衛生上必要な措置をとることを命ずることができる。

4　第9条第2項から第9項まで及び第11項から第15項までの規定は，前2項の場合に準用する。

(昭34法156・昭45法109・平5法89・平16法67・平30法67・一部改正)

（第3章の規定に適合しない建築物に対する措置）

第5章　関係法令

第11条　特定行政庁は，建築物の敷地，構造，建築設備又は用途（いずれも第3条第2項（第86条の9第1項において準用する場合を含む。）の規定により第3章の規定又はこれに基づく命令若しくは条例の規定の適用を受けないものに限る。）が公益上著しく支障があると認める場合においては，当該建築物の所在地の市町村の議会の同意を得た場合に限り，当該建築物の所有者，管理者又は占有者に対して，相当の猶予期限を付けて，当該建築物の除却，移転，修繕，模様替，使用禁止又は使用制限を命ずることができる。この場合においては，当該建築物の所在地の市町村は，当該命令に基づく措置によつて通常生ずべき損害を時価によつて補償しなければならない。

2　前項の規定によつて補償を受けることができる者は，その補償金額に不服がある場合においては，政令の定める手続によつて，その決定の通知を受けた日から1月以内に土地収用法（昭和26年法律第219号）第94条第2項の規定による収用委員会の裁決を求めることができる。

（昭26法220・昭34法156・昭39法169・平16法67・一部改正）

（収用委員会の裁決の申請手続）

令第15条　補償金額について不服がある者が，法第11条第2項（法第88条第1項から第3項までにおいて準用する場合を含む。）の規定によつて収用委員会の裁決を求めようとする場合においては，土地収用法（昭和26年法律第219号）第94条第3項の規定による裁決申請書には，同項各号の規定にかかわらず，次の各号に掲げる事項を記載しなければならない。

一　申請者の住所及び氏名

二　当該建築物又は工作物の所在地

三　当該建築物又は工作物について申請者の有する権利

四　当該建築物又は工作物の用途及び構造の概要，附近見取図，配置図並びに各階平面図。ただし，命ぜられた措置に関係がない部分は，省略することができる。

五　法第11条第1項（法第88条第1項から第3項までにおいて準用する場合を含む。）の規定によつて特定行政庁が命じた措置

六　通知を受けた補償金額及びその通知を受領した年月日

七　通知を受けた補償金額を不服とする理由並びに申請者が求める補償金額及びその内訳

八　前各号に掲げるものを除くほか，申請者が必要と認める事項

2　建築基準法・施行令

（昭26政342・昭34政344・昭45政333・昭50政2・平11政352・一部改正）

【解　説】

　法第10条が単体規定の適用がない既存不適格建築物に対する是正措置を定めたものであるのに対し，法第11条は，集団規定の適用がない既存不適格建築物に対する是正措置を定めたものである。

（報告，検査等）

第12条　第6条第1項第1号に掲げる建築物で安全上，防火上又は衛生上特に重要であるものとして政令で定めるもの（国，都道府県及び建築主事を置く市町村が所有し，又は管理する建築物（以下この項及び第3項において「国等の建築物」という。）を除く。）及び当該政令で定めるもの以外の特定建築物（同号に掲げる建築物その他政令で定める建築物をいう。以下この条において同じ。）で特定行政庁が指定するもの（国等の建築物を除く。）の所有者（所有者と管理者が異なる場合においては，管理者。第3項において同じ。）は，これらの建築物の敷地，構造及び建築設備について，国土交通省令で定めるところにより，定期に，1級建築士若しくは2級建築士又は建築物調査員資格者証の交付を受けている者（次項及び次条第3項において「建築物調査員」という。）にその状況の調査（これらの建築物の敷地及び構造についての損傷，腐食その他の劣化の状況の点検を含み，これらの建築物の建築設備及び防火戸その他の政令で定める防火設備（以下「建築設備等」という。）についての第3項の検査を除く。）をさせて，その結果を特定行政庁に報告しなければならない。

2　国，都道府県又は建築主事を置く市町村が所有し，又は管理する特定建築物の管理者である国，都道府県若しくは市町村の機関の長又はその委任を受けた者（以下この章において「国の機関の長等」という。）は，当該特定建築物の敷地及び構造について，国土交通省令で定めるところにより，定期に，1級建築士若しくは2級建築士又は建築物調査員に，損傷，腐食その他の劣化の状況の点検（当該特定建築物の防火戸その他の前項の政令で定める防火設備についての第4項の点検を除く。）をさせなければならない。ただし，当該特定建築物（第6条第1項第1号に掲げる建築物で安全上，防火上又は衛生上特に重要であるものとして前項の政令で定めるもの及び同項の規定により特定行政庁が指定するものを除く。）のうち特定行政庁が安全上，防火上及び衛生上支障がないと認めて建築審査会の同意を得て指定したものについては，この限りでない。

3　特定建築設備等（昇降機及び特定建築物の昇降機以外の建築設備等をいう。以下

第5章　関係法令

この項及び次項において同じ。）で安全上，防火上又は衛生上特に重要であるものとして政令で定めるもの（国等の建築物に設けるものを除く。）及び当該政令で定めるもの以外の特定建築設備等で特定行政庁が指定するもの（国等の建築物に設けるものを除く。）の所有者は，これらの特定建築設備等について，国土交通省令で定めるところにより，定期に，1級建築士若しくは2級建築士又は建築設備等検査員資格者証の交付を受けている者（次項及び第12条の3第2項において「建築設備等検査員」という。）に検査（これらの特定建築設備等についての損傷，腐食その他の劣化の状況の点検を含む。）をさせて，その結果を特定行政庁に報告しなければならない。

4　国の機関の長等は，国，都道府県又は建築主事を置く市町村が所有し，又は管理する建築物の特定建築設備等について，国土交通省令で定めるところにより，定期に，1級建築士若しくは2級建築士又は建築設備等検査員に，損傷，腐食その他の劣化の状況の点検をさせなければならない。ただし，当該特定建築設備等（前項の政令で定めるもの及び同項の規定により特定行政庁が指定するものを除く。）のうち特定行政庁が安全上，防火上及び衛生上支障がないと認めて建築審査会の同意を得て指定したものについては，この限りでない。

5　特定行政庁，建築主事又は建築監視員は，次に掲げる者に対して，建築物の敷地，構造，建築設備若しくは用途，建築材料若しくは建築設備その他の建築物の部分（以下「建築材料等」という。）の受取若しくは引渡しの状況，建築物に関する工事の計画若しくは施工の状況又は建築物の敷地，構造若しくは建築設備に関する調査（以下「建築物に関する調査」という。）の状況に関する報告を求めることができる。

一　建築物若しくは建築物の敷地の所有者，管理者若しくは占有者，建築主，設計者，建築材料等を製造した者，工事監理者，工事施工者又は建築物に関する調査をした者

二　第77条の21第1項の指定確認検査機関

三　第77条の35の5第1項の指定構造計算適合性判定機関

6　特定行政庁又は建築主事にあつては第6条第4項，第6条の2第6項，第7条第4項，第7条の3第4項，第9条第1項，第10項若しくは第13項，第10条第1項から第3項まで，前条第1項又は第90条の2第1項の規定の施行に必要な限度において，建築監視員にあつては第9条第10項の規定の施行に必要な限度において，当該建築物若しくは建築物の敷地の所有者，管理者若しくは占有者，建築主，設計者，

242

2 建築基準法・施行令

建築材料等を製造した者，工事監理者，工事施工者又は建築物に関する調査をした者に対し，帳簿，書類その他の物件の提出を求めることができる。

7　建築主事又は特定行政庁の命令若しくは建築主事の委任を受けた当該市町村若しくは都道府県の職員にあつては第6条第4項，第6条の2第6項，第7条第4項，第7条の3第4項，第9条第1項，第10項若しくは第13項，第10条第1項から第3項まで，前条第1項又は第90条の2第1項の規定の施行に必要な限度において，建築監視員にあつては第9条第10項の規定の施行に必要な限度において，当該建築物，建築物の敷地，建築材料等を製造した者の工場，営業所，事務所，倉庫その他の事業場，建築工事場又は建築物に関する調査をした者の営業所，事務所その他の事業場に立ち入り，建築物，建築物の敷地，建築設備，建築材料，建築材料等の製造に関係がある物件，設計図書その他建築物に関する工事に関係がある物件若しくは建築物に関する調査に関係がある物件を検査し，若しくは試験し，又は建築物若しくは建築物の敷地の所有者，管理者若しくは占有者，建築主，設計者，建築材料等を製造した者，工事監理者，工事施工者若しくは建築物に関する調査をした者に対し必要な事項について質問することができる。ただし，住居に立ち入る場合においては，あらかじめ，その居住者の承諾を得なければならない。

8　特定行政庁は，確認その他の建築基準法令の規定による処分並びに第1項及び第3項の規定による報告に係る建築物の敷地，構造，建築設備又は用途に関する台帳を整備し，かつ，当該台帳（当該処分及び当該報告に関する書類で国土交通省令で定めるものを含む。）を保存しなければならない。

9　前項の台帳の記載事項その他その整備に関し必要な事項及び当該台帳（同項の国土交通省令で定める書類を含む。）の保存期間その他その保存に関し必要な事項は，国土交通省令で定める。

（昭26法195・昭34法156・昭45法109・昭51法83・昭58法44・平4法82・平10法100・平11法160・平16法67・平18法53・平18法92・平26法54・平28法47・平30法67・一部改正）

（建築物調査員資格者証）

第12条の2　国土交通大臣は，次の各号のいずれかに該当する者に対し，建築物調査員資格者証を交付する。

一　前条第1項の調査及び同条第2項の点検（第3項第3号において「調査等」という。）に関する講習で国土交通省令で定めるものの課程を修了した者

二　前号に掲げる者と同等以上の専門的知識及び能力を有すると国土交通大臣が認定した者

第5章 関係法令

2 　国土交通大臣は，前項の規定にかかわらず，次の各号のいずれかに該当する者に対しては，建築物調査員資格者証の交付を行わないことができる。

一 　未成年者

二 　成年被後見人又は被保佐人

三 　建築基準法令の規定により刑に処せられ，その執行を終わり，又はその執行を受けることがなくなつた日から起算して2年を経過しない者

四 　次項（第2号を除く。）の規定により建築物調査員資格者証の返納を命ぜられ，その日から起算して1年を経過しない者

3 　国土交通大臣は，建築物調査員が次の各号のいずれかに該当すると認めるときは，その建築物調査員資格者証の返納を命ずることができる。

一 　この法律又はこれに基づく命令の規定に違反したとき。

二 　前項第2号又は第4号のいずれかに該当するに至つたとき。

三 　調査等に関して不誠実な行為をしたとき。

四 　偽りその他不正の手段により建築物調査員資格者証の交付を受けたとき。

4 　建築物調査員資格者証の交付の手続その他建築物調査員資格者証に関し必要な事項は，国土交通省令で定める。

　　　（平26法54・追加）

（建築設備等検査員資格者証）

第12条の3 　建築設備等検査員資格者証の種類は，国土交通省令で定める。

2 　建築設備等検査員が第12条第3項の検査及び同条第4項の点検（次項第1号において「検査等」という。）を行うことができる建築設備等の種類は，前項の建築設備等検査員資格者証の種類に応じて国土交通省令で定める。

3 　国土交通大臣は，次の各号のいずれかに該当する者に対し，建築設備等検査員資格者証を交付する。

一 　検査等に関する講習で建築設備等検査員資格者証の種類ごとに国土交通省令で定めるものの課程を修了した者

二 　前号に掲げる者と同等以上の専門的知識及び能力を有すると国土交通大臣が認定した者

4 　前条第2項から第4項までの規定は，建築設備等検査員資格者証について準用する。この場合において，同条第2項中「前項」とあるのは「次条第3項」と，同条第3項第3号中「調査等」とあるのは「次条第2項に規定する検査等」と読み替えるものとする。

2　建築基準法・施行令

（平26法54・追加）

（身分証明書の携帯）

第13条　建築主事，建築監視員若しくは特定行政庁の命令若しくは建築主事の委任を受けた当該市町村若しくは都道府県の職員が第12条第7項の規定によつて建築物，建築物の敷地若しくは建築工事場に立ち入る場合又は建築監視員が第9条の2（第90条第3項において準用する場合を含む。）の規定による権限を行使する場合においては，その身分を示す証明書を携帯し，関係者に提示しなければならない。

2　第12条第7項の規定による権限は，犯罪捜査のために認められたものと解釈してはならない。

（昭34法156・昭45法109・平10法100・平16法67・平18法53・平26法54・一部改正）

（定期報告を要する建築物等）

令第16条　法第12条第1項の安全上，防火上又は衛生上特に重要であるものとして政令で定める建築物は，次に掲げるもの（避難階以外の階を法別表第1⒤欄(1)項から(4)項までに掲げる用途に供しないことその他の理由により通常の火災時において避難上著しい支障が生ずるおそれの少ないものとして国土交通大臣が定めるものを除く。）とする。

　一　地階又は3階以上の階を法別表第1⒤欄(1)項に掲げる用途に供する建築物及び当該用途に供する部分（客席の部分に限る。）の床面積の合計が100平方メートル以上の建築物

　二　劇場，映画館又は演芸場の用途に供する建築物で，主階が1階にないもの

　三　地階又は3階以上の階を法別表第1⒤欄(2)項に掲げる用途に供する建築物及び当該用途に供する部分の床面積の合計が200平方メートル以上の建築物

　四　3階以上の階を法別表第1⒤欄(3)項に掲げる用途に供する建築物及び当該用途に供する部分の床面積の合計が2,000平方メートル以上の建築物

　五　地階又は3階以上の階を法別表第1⒤欄(4)項に掲げる用途に供する建築物及び当該用途に供する部分の床面積の合計が200平方メートル以上の建築物

2　法第12条第1項の政令で定める建築物は，第14条の2に規定する建築物とする。

3　法第12条第3項の政令で定める特定建築設備等は，次に掲げるものとする。

　一　第129条の3第1項各号に掲げる昇降機（使用頻度が低く劣化が生じにくいことその他の理由により人が危害を受けるおそれのある事故が発生するおそれの少ないものとして国土交通大臣が定めるものを除く。）

第5章　関係法令

二　防火設備のうち，法第6条第1項第1号に掲げる建築物で第1項各号に掲げるものに設けるもの（常時閉鎖をした状態にあることその他の理由により通常の火災時において避難上著しい支障が生ずるおそれの少ないものとして国土交通大臣が定めるものを除く。）

（昭59政15・全改，平17政192・平28政6・一部改正）

【解　説】

　建築物の構造強度上の安全性，防火避難上の安全性，衛生環境上の安全，快適性などは，造り方（物的条件）と使い方（維持保全条件）により定まってくるものである。建築物がいかに適切に造られていても，使い方が適切でないときは，また，逆に建築物の造り方が適切でないときは，使い方でいかに補完しようとも，いずれも期待される性能は確保しがたい。

　建築基準法の技術規準の殆どが「状態規定」と称されているが，これらは，設計，施工の基準であると同時に，維持，保全すべき状態を示す物的基準でもある。建築物を造る段階においては，事前の建築確認制度（法第6条等）と事後の工事完了検査，使用承認の制度（法第7条，第7条の6等）を置いて，その適法性の確保を図り，使用開始後の適法性の確保のために本条による報告，検査等の制度を置いている。

　なお，法第12条第1項及び第3項による定期調査報告及び定期検査報告に関しては，建築士又は国土交通大臣の定める資格者を関与せしめることにより，調査，検査の実効性の確保を図るとともに，民間技術者の活用をも図っている。

（国，都道府県又は建築主事を置く市町村の建築物に対する確認，検査又は是正措置に関する手続の特例）

第18条　国，都道府県又は建築主事を置く市町村の建築物及び建築物の敷地については，第6条から第7条の6まで，第9条から第9条の3まで，第10条及び第90条の2の規定は，適用しない。この場合においては，次項から第25項までの規定に定めるところによる。

2　第6条第1項の規定によつて建築し，又は大規模の修繕若しくは大規模の模様替をしようとする建築物の建築主が国，都道府県又は建築主事を置く市町村である場合においては，当該国の機関の長等は，当該工事に着手する前に，その計画を建築主事に通知しなければならない。ただし，防火地域及び準防火地域外において建築物を増築し，改築し，又は移転しようとする場合（当該増築，改築又は移転に係る部分の床面積の合計が10平方メートル以内である場合に限る。）においては，この限りでない。

3　建築主事は，前項の通知を受けた場合においては，第6条第4項に定める期間内に，当該通知に係る建築物の計画が建築基準関係規定（第6条の4第1項第1号若しくは第2号に掲げる建築物の建築，大規模の修繕若しくは大規模の模様替又は同

2 建築基準法・施行令

項第3号に掲げる建築物の建築について通知を受けた場合にあつては，同項の規定により読み替えて適用される第6条第1項に規定する建築基準関係規定。以下この項及び第14項において同じ。）に適合するかどうかを審査し，審査の結果に基づいて，建築基準関係規定に適合することを認めたときは，当該通知をした国の機関の長等に対して確認済証を交付しなければならない。

4　国の機関の長等は，第2項の場合において，同項の通知に係る建築物の計画が特定構造計算基準又は特定増改築構造計算基準に適合するかどうかの前項に規定する審査を要するものであるときは，当該建築物の計画を都道府県知事に通知し，構造計算適合性判定を求めなければならない。ただし，当該建築物の計画が特定構造計算基準（第20条第1項第2号イの政令で定める基準に従つた構造計算で同号イに規定する方法によるものによつて確かめられる安全性を有することに係る部分のうち前項に規定する審査が比較的容易にできるものとして政令で定めるものに限る。）又は特定増改築構造計算基準（同項に規定する審査が比較的容易にできるものとして政令で定めるものに限る。）に適合するかどうかを第6条の3第1項ただし書の国土交通省令で定める要件を備える者である建築主事が前項に規定する審査をする場合は，この限りでない。

5　都道府県知事は，前項の通知を受けた場合において，当該通知に係る建築物の計画が建築基準関係規定に適合するものであることについて当該都道府県に置かれた建築主事が第3項に規定する審査をするときは，当該建築主事を当該通知に係る構造計算適合性判定に関する事務に従事させてはならない。

6　都道府県知事は，特別な構造方法の建築物の計画について第4項の構造計算適合性判定を行うに当たつて必要があると認めるときは，当該構造方法に係る構造計算に関して専門的な識見を有する者の意見を聴くものとする。

7　都道府県知事は，第4項の通知を受けた場合においては，その通知を受けた日から14日以内に，当該通知に係る構造計算適合性判定の結果を記載した通知書を当該通知をした国の機関の長等に交付しなければならない。

8　都道府県知事は，前項の場合（第4項の通知に係る建築物の計画が特定構造計算基準（第20条第1項第2号イの政令で定める基準に従つた構造計算で同号イに規定する方法によるものによつて確かめられる安全性を有することに係る部分に限る。）に適合するかどうかの判定を求められた場合その他国土交通省令で定める場合に限る。）において，前項の期間内に当該通知をした国の機関の長等に同項の通知書を交付することができない合理的な理由があるときは，35日の範囲内におい

第5章　関係法令

て，同項の期間を延長することができる。この場合においては，その旨及びその延長する期間並びにその期間を延長する理由を記載した通知書を同項の期間内に当該通知をした国の機関の長等に交付しなければならない。

9　都道府県知事は，第7項の場合において，第4項の通知の記載によつては当該建築物の計画が特定構造計算基準又は特定増改築構造計算基準に適合するかどうかを決定することができない正当な理由があるときは，その旨及びその理由を記載した通知書を第7項の期間（前項の規定により第7項の期間を延長した場合にあつては，当該延長後の期間）内に当該通知をした国の機関の長等に交付しなければならない。

10　国の機関の長等は，第7項の規定により同項の通知書の交付を受けた場合において，当該通知書が適合判定通知書であるときは，第3項の規定による審査をする建築主事に，当該適合判定通知書又はその写しを提出しなければならない。ただし，当該建築物の計画に係る第14項の通知書の交付を受けた場合は，この限りでない。

11　国の機関の長等は，前項の場合において，第3項の期間（第13項の規定により第3項の期間が延長された場合にあつては，当該延長後の期間）の末日の3日前までに，前項の適合判定通知書又はその写しを当該建築主事に提出しなければならない。

12　建築主事は，第3項の場合において，第2項の通知に係る建築物の計画が第4項の構造計算適合性判定を要するものであるときは，当該通知をした国の機関の長等から第10項の適合判定通知書又はその写しの提出を受けた場合に限り，第3項の確認済証を交付することができる。

13　建築主事は，第3項の場合（第2項の通知に係る建築物の計画が特定構造計算基準（第20条第1項第2号イの政令で定める基準に従つた構造計算で同号イに規定する方法によるものによつて確かめられる安全性を有することに係る部分に限る。）に適合するかどうかを審査する場合その他国土交通省令で定める場合に限る。）において，第3項の期間内に当該通知をした国の機関の長等に同項の確認済証を交付することができない合理的な理由があるときは，35日の範囲内において，同項の期間を延長することができる。この場合においては，その旨及びその延長する期間並びにその期間を延長する理由を記載した通知書を同項の期間内に当該通知をした国の機関の長等に交付しなければならない。

14　建築主事は，第3項の場合において，第2項の通知に係る建築物の計画が建築基準関係規定に適合しないことを認めたとき，又は建築基準関係規定に適合するかど

うかを決定することができない正当な理由があるときは，その旨及びその理由を記載した通知書を第3項の期間（前項の規定により第3項の期間を延長した場合にあつては，当該延長後の期間）内に当該通知をした国の機関の長等に交付しなければならない。

15　第2項の通知に係る建築物の建築，大規模の修繕又は大規模の模様替の工事は，第3項の確認済証の交付を受けた後でなければすることができない。

16　国の機関の長等は，当該工事を完了した場合においては，その旨を，工事が完了した日から4日以内に到達するように，建築主事に通知しなければならない。

17　建築主事が前項の規定による通知を受けた場合においては，建築主事等は，その通知を受けた日から7日以内に，その通知に係る建築物及びその敷地が建築基準関係規定（第7条の5に規定する建築物の建築，大規模の修繕又は大規模の模様替の工事について通知を受けた場合にあつては，第6条の4第1項の規定により読み替えて適用される第6条第1項に規定する建築基準関係規定。以下この条において同じ。）に適合しているかどうかを検査しなければならない。

18　建築主事等は，前項の規定による検査をした場合において，当該建築物及びその敷地が建築基準関係規定に適合していることを認めたときは，国の機関の長等に対して検査済証を交付しなければならない。

19　国の機関の長等は，当該工事が特定工程を含む場合において，当該特定工程に係る工事を終えたときは，その都度，その旨を，その日から4日以内に到達するように，建築主事に通知しなければならない。

20　建築主事が前項の規定による通知を受けた場合においては，建築主事等は，その通知を受けた日から4日以内に，当該通知に係る工事中の建築物等について，検査前に施工された工事に係る建築物の部分及びその敷地が建築基準関係規定に適合するかどうかを検査しなければならない。

21　建築主事等は，前項の規定による検査をした場合において，工事中の建築物等が建築基準関係規定に適合することを認めたときは，国土交通省令で定めるところにより，国の機関の長等に対して当該特定工程に係る中間検査合格証を交付しなければならない。

22　特定工程後の工程に係る工事は，前項の規定による当該特定工程に係る中間検査合格証の交付を受けた後でなければ，これを施工してはならない。

23　建築主事等は，第20項の規定による検査において建築基準関係規定に適合することを認められた工事中の建築物等について，第17項又は第20項の規定による検査を

第5章　関係法令

するときは，同項の規定による検査において建築基準関係規定に適合することを認められた建築物の部分及びその敷地については，これらの規定による検査をすることを要しない。

24　第6条第1項第1号から第3号までの建築物を新築する場合又はこれらの建築物（共同住宅以外の住宅及び居室を有しない建築物を除く。）の増築，改築，移転，大規模の修繕若しくは大規模の模様替の工事で避難施設等に関する工事を含むものをする場合においては，第18項の検査済証の交付を受けた後でなければ，当該新築に係る建築物又は当該避難施設等に関する工事に係る建築物若しくは建築物の部分を使用し，又は使用させてはならない。ただし，次の各号のいずれかに該当する場合には，検査済証の交付を受ける前においても，仮に，当該建築物又は建築物の部分を使用し，又は使用させることができる。

一　特定行政庁が，安全上，防火上又は避難上支障がないと認めたとき。

二　建築主事が，安全上，防火上及び避難上支障がないものとして国土交通大臣が定める基準に適合していることを認めたとき。

三　第16項の規定による通知をした日から7日を経過したとき。

25　特定行政庁は，国，都道府県又は建築主事を置く市町村の建築物又は建築物の敷地が第9条第1項，第10条第1項若しくは第3項又は第90条の2第1項の規定に該当すると認める場合においては，直ちに，その旨を当該建築物又は建築物の敷地を管理する国の機関の長等に通知し，これらの規定に掲げる必要な措置をとるべきことを要請しなければならない。

（昭26法195・昭34法156・昭45法109・昭51法83・昭58法44・平10法100・平11法160・平16法67・平18法92・平26法54・平30法67・一部改正）

【解　説】

　国，都道府県又は建築主事を置く市町村が所有し，管理し，又は占有する建築物についても，建築基準法並びに同法に基づく命令及び条例の規定が適用されるが，これらの機関は建築行政を執行する機関であり，すべての面において一般の場合と同様に扱うのは必ずしも望ましくないことから，法第18条は，これらの機関の建築物については，法第6条（建築確認），第7条（完了検査），第9条（違反是正措置）等に関して主に手続面の特例措置を定めるものである。

（構造耐力）

第20条　建築物は，自重，積載荷重，積雪荷重，風圧，土圧及び水圧並びに地震その他の震動及び衝撃に対して安全な構造のものとして，次の各号に掲げる建築物の区分に応じ，それぞれ当該各号に定める基準に適合するものでなければならない。

2　建築基準法・施行令

一　高さが60メートルを超える建築物　当該建築物の安全上必要な構造方法に関して政令で定める技術的基準に適合するものであること。この場合において，その構造方法は，荷重及び外力によつて建築物の各部分に連続的に生ずる力及び変形を把握することその他の政令で定める基準に従つた構造計算によつて安全性が確かめられたものとして国土交通大臣の認定を受けたものであること。

二　高さが60メートル以下の建築物のうち，第６条第１項第２号に掲げる建築物（高さが13メートル又は軒の高さが９メートルを超えるものに限る。）又は同項第３号に掲げる建築物（地階を除く階数が４以上である鉄骨造の建築物，高さが20メートルを超える鉄筋コンクリート造又は鉄骨鉄筋コンクリート造の建築物その他これらの建築物に準ずるものとして政令で定める建築物に限る。）　次に掲げる基準のいずれかに適合するものであること。

イ　当該建築物の安全上必要な構造方法に関して政令で定める技術的基準に適合すること。この場合において，その構造方法は，地震力によつて建築物の地上部分の各階に生ずる水平方向の変形を把握することその他の政令で定める基準に従つた構造計算で，国土交通大臣が定めた方法によるもの又は国土交通大臣の認定を受けたプログラムによるものによつて確かめられる安全性を有すること。

ロ　前号に定める基準に適合すること。

三　高さが60メートル以下の建築物のうち，第６条第１項第２号又は第３号に掲げる建築物その他その主要構造部（床，屋根及び階段を除く。）を石造，れんが造，コンクリートブロック造，無筋コンクリート造その他これらに類する構造とした建築物で高さが13メートル又は軒の高さが９メートルを超えるもの（前号に掲げる建築物を除く。）　次に掲げる基準のいずれかに適合するものであること。

イ　当該建築物の安全上必要な構造方法に関して政令で定める技術的基準に適合すること。この場合において，その構造方法は，構造耐力上主要な部分ごとに応力度が許容応力度を超えないことを確かめることその他の政令で定める基準に従つた構造計算で，国土交通大臣が定めた方法によるもの又は国土交通大臣の認定を受けたプログラムによるものによつて確かめられる安全性を有すること。

ロ　前２号に定める基準のいずれかに適合すること。

四　前３号に掲げる建築物以外の建築物　次に掲げる基準のいずれかに適合するも

第5章　関係法令

のであること。

　イ　当該建築物の安全上必要な構造方法に関して政令で定める技術的基準に適合すること。

　ロ　前3号に定める基準のいずれかに適合すること。

2　前項に規定する基準の適用上一の建築物であつても別の建築物とみなすことができる部分として政令で定める部分が二以上ある建築物の当該建築物の部分は，同項の規定の適用については，それぞれ別の建築物とみなす。

　　　　　　（平10法100・平18法92・平26法54・一部改正）

（構造方法に関する技術的基準）

令第36条　法第20条第1項第1号の政令で定める技術的基準（建築設備に係る技術的基準を除く。）は，耐久性等関係規定（この条から第36条の3まで，第37条，第38条第1項，第5項及び第6項，第39条第1項及び第4項，第41条，第49条，第70条，第72条（第79条の4及び第80条において準用する場合を含む。），第74条から第76条まで（これらの規定を第79条の4及び第80条において準用する場合を含む。），第79条（第79条の4において準用する場合を含む。），第79条の3並びに第80条の2（国土交通大臣が定めた安全上必要な技術的基準のうちその指定する基準に係る部分に限る。）の規定をいう。以下同じ。）に適合する構造方法を用いることとする。

2　法第20条第1項第2号イの政令で定める技術的基準（建築設備に係る技術的基準を除く。）は，次の各号に掲げる場合の区分に応じ，それぞれ当該各号に定める構造方法を用いることとする。

　一　第81条第2項第1号イに掲げる構造計算によつて安全性を確かめる場合　この節から第4節の2まで，第5節（第67条第1項（同項各号に掲げる措置に係る部分を除く。）及び第68条第4項（これらの規定を第79条の4において準用する場合を含む。）を除く。），第6節（第73条，第77条第2号から第6号まで，第77条の2第2項，第78条（プレキャスト鉄筋コンクリートで造られたはりで二以上の部材を組み合わせるものの接合部に適用される場合に限る。）及び第78条の2第1項第3号（これらの規定を第79条の4において準用する場合を含む。）を除く。），第6節の2，第80条及び第7節の2（第80条の2（国土交通大臣が定めた安全上必要な技術的基準のうちその指定する基準に係る部分に限る。）を除く。）の規定に適合する構造方法

　二　第81条第2項第1号ロに掲げる構造計算によつて安全性を確かめる場合　耐

2 建築基準法・施行令

久性等関係規定に適合する構造方法

　三　第81条第2項第2号イに掲げる構造計算によつて安全性を確かめる場合　この節から第7節の2までの規定に適合する構造方法

3　法第20条第1項第3号イ及び第4号イの政令で定める技術的基準（建築設備に係る技術的基準を除く。）は，この節から第7節の2までの規定に適合する構造方法を用いることとする。

（平19政49・全改，平25政217・平27政11・一部改正）

【解　説】

法第20条は，「建築物は，自重，積載荷重，積雪荷重，風圧，土圧及び水圧並びに地震その他の震動及び衝撃に対して安全な構造（中略）でなければならない」と規定している。そして，これを受け，すべての建築物がこれを満足するよう構造安全性を確保するための具体的な方法が令第36条以下に規定されている。

この内容を要約すれば次の通りである。

① 用途，規模，構造の種別並びに敷地の状況に応じ構造部材を有効に配置し，建築物全体が一様に構造上の安全性を確保すること。

② 地震，風圧等の水平力に対して抵抗部材を釣り合いよく配置し，構造上の部分的な脆弱性をなくすこと。

③ 建築物が，地震等の外力に対して変形や震動が生じないような剛性をもつこととあわせて靭性をもち，仮に建築物が破壊に至る場合でもそれが充分に時間をかけて進行し，人身事故を最小限にするような配置とすること。

また，法は，一定規模以上の建築物の設計に当たっては構造計算によってその構造が安全であることを確かめることを義務付けている。その計算方法及び各種構造規定は令第3章によらなければならない。

なお，その他の小規模の建築物は法による構造上の制限を免除されているのではなく，単に，構造計算による安全の確認を免除されているにすぎないことはいうまでもない。

（電気設備）

第32条　建築物の電気設備は，法律又はこれに基く命令の規定で電気工作物に係る建築物の安全及び防火に関するものの定める工法によつて設けなければならない。

【解　説】

法第32条にいう電気工作物に係る建築物の安全及び防火に関する法律又はこれに基づく命令とは，およそ電気を用いる建築設備に関して建築物の安全及び防火のために設けられている法令（条例を含む。）の全てをいう。したがって，建築基準法における排煙設備，非常用の照明装置・進入口（表示灯），予備電源，防火区画・防火戸等の開閉装置，避難施設，地下道の非常用設備などに関して定められている電気設備に関する規定のみならず，配管設備に関する令第129条の2の5の規定，防火区画の防火措置に関する令第112条第14項・第15項，防火壁の防

第5章　関係法令

火措置に関する令第113条第2項，界壁等の防火措置に関する令第114条第5項の規定等は，すべて本条にいう法律又はこれに基づく命令の範囲に属する。また，消防法における消防用設備等においても電気設備に関する多くの規定があるが，これらについても同様である。

　一般的な電気工作物に関する基準としては，電気事業法に基づく「電気設備に関する技術基準を定める省令」がある。この省令は，電気設備の設置義務に関する規定を有しない，すなわち，設置する場合における構造基準にとどまるが，建築基準法及び消防法においては，設置義務に係る基準及びその構造基準を規定しており，さらに建築基準法においては，そのほかにも，一般的な構造基準を定めている。

（避雷設備）

第33条　高さ20メートルをこえる建築物には，有効に避雷設備を設けなければならない。ただし，周囲の状況によつて安全上支障がない場合においては，この限りでない。

　　　（昭34法156・一部改正）

（設置）

令第129条の14　法第33条の規定による避雷設備は，建築物の高さ20メートルをこえる部分を雷撃から保護するように設けなければならない。

　　　（昭34政344・追加）

（構造）

令第129条の15　前条の避雷設備の構造は，次に掲げる基準に適合するものとしなければならない。

　一　雷撃によつて生ずる電流を建築物に被害を及ぼすことなく安全に地中に流すことができるものとして，国土交通大臣が定めた構造方法を用いるもの又は国土交通大臣の認定を受けたものであること。

　二　避雷設備の雨水等により腐食のおそれのある部分にあつては，腐食しにくい材料を用いるか，又は有効な腐食防止のための措置を講じたものであること。

　　（昭34政344・追加，昭45政333・昭55政196・平12政211・平12政312・一部改正）

【解　説】

　落雷による人命危害，建物火災その他の建物の損傷を防止するために，高さが20mを超える建築物については，周囲の状況によって安全上支障がない場合を除き，落雷設備を設けなければならない。この場合の高さには，階段室，昇降機塔その他の屋上部分についても参入される（令第2条第1項第6号ロ）。また，煙突，広告塔，記念塔，高架水槽等の工作物についても，高さが20mを超えれば落雷設備を設けなければならない（法第88条）。

　落雷設備は，建築物の高さ20mを超える部分を電撃から保護するように設け，その構造は，

254

2 建築基準法・施行令

国土交通大臣が指定する日本産業規格（ＪＩＳ　Ａ　4201—2003）に定めるものとしなければならない（令第129条の14，第129条の15）。この場合の落雷設備の中には，棟上導体，金網等によって行うゲージ及び架空地線を含んでいる。

（この章の規定を実施し，又は補足するため必要な技術的基準）

第36条　居室の採光面積，天井及び床の高さ，床の防湿方法，階段の構造，便所，防火壁，防火床，防火区画，消火設備，避雷設備及び給水，排水その他の配管設備の設置及び構造並びに浄化槽，煙突及び昇降機の構造に関して，この章の規定を実施し，又は補足するために安全上，防火上及び衛生上必要な技術的基準は，政令で定める。

（昭34法156・平10法100・平12法106・平30法67・一部改正）

【**解　説**】

　法第36条は，建築物の敷地，構造及び設備のうち，列挙された事項に関して，安全上，防火上及び衛生上要求される技術的基準を政令に委任する根拠規定である。本条にいう「この章の規定を実施し，又は補足するため」の趣旨は，法第2章の目的とするところ，すなわち単体規定本来の最低限の安全，防火，衛生等の性能を確保するという意であり，その限りにおいて，政令委任の内容は，網羅的かつ広範である。

　本条の委任に基づき制定されている政令は，令第2章，第3章，第4章及び第5章の4のうちの一部の規定である。

　なお，本条にいう「給水，排水その他の配管設備」とは，給排水設備，ガス設備，電線管・ダクト等を用いるところの電気設備，風道・熱媒・冷媒配管等を用いるところの冷暖房・換気・排煙設備，処理管・シュート等を用いるところの汚物処理設備などのほか，およそ管を用いる建築設備全般を指称するものであり，単に建築設備の確保のみならず，安全上，防火上及び衛生上の要件を課し得るものである。

（建築材料の品質）

第37条　建築物の基礎，主要構造部その他安全上，防火上又は衛生上重要である政令で定める部分に使用する木材，鋼材，コンクリートその他の建築材料として国土交通大臣が定めるもの（以下この条において「指定建築材料」という。）は，次の各号のいずれかに該当するものでなければならない。

　一　その品質が，指定建築材料ごとに国土交通大臣の指定する日本産業規格又は日本農林規格に適合するもの

　二　前号に掲げるもののほか，指定建築材料ごとに国土交通大臣が定める安全上，防火上又は衛生上必要な品質に関する技術的基準に適合するものであることについて国土交通大臣の認定を受けたもの

第5章　関係法令

（昭45法109・平10法100・平11法160・平30法33・一部改正）

（安全上，防火上又は衛生上重要である建築物の部分）

第144条の3　法第37条の規定により政令で定める安全上，防火上又は衛生上重要である建築物の部分は，次に掲げるものとする。

一　構造耐力上主要な部分で基礎及び主要構造部以外のもの

二　耐火構造，準耐火構造又は防火構造の構造部分で主要構造部以外のもの

三　第109条に定める防火設備又はこれらの部分

四　建築物の内装又は外装の部分で安全上又は防火上重要であるものとして国土交通大臣が定めるもの

五　主要構造部以外の間仕切壁，揚げ床，最下階の床，小ばり，ひさし，局部的な小階段，屋外階段，バルコニーその他これらに類する部分で防火上重要であるものとして国土交通大臣が定めるもの

六　建築設備又はその部分（消防法第21条の2第1項に規定する検定対象機械器具等及び同法第21条の16の2に規定する自主表示対象機械器具等，ガス事業法第2条第13項に規定するガス工作物及び同法第137条第1項に規定するガス用品，電気用品安全法（昭和36年法律第234号）第2条第1項に規定する電気用品，液化石油ガスの保安の確保及び取引の適正化に関する法律第2条第7項に規定する液化石油ガス器具等並びに安全上，防火上又は衛生上支障がないものとして国土交通大臣が定めるものを除く。）

（昭45政333・追加，昭50政2・旧第144条の2繰下，昭55政196・昭56政144・昭61政17・昭61政274・平5政170・平6政411・平11政371・平12政211・平12政312・平12政434・平15政476・平29政40・一部改正）

【解　説】

　建築物の主要な部材に使用される材料については，構造耐力上，防火上，衛生上の観点から一定の品質を確保する必要があるため，法第37条の規定により国土交通大臣は日本産業規格（JIS）又は日本農林規格（JAS）を指定できることとしている。

　指定できる内容は，令第144条の3の規定により構造部材，内外装材，建築設備，防火戸等とされており，実質的には建築物のほとんどすべての部分にわたっている。

　ただし，この規定は国土交通大臣がJIS又はJASを指定した時に，当該規格に該当する材料の使用を義務付けるものであって，JIS又はJASマーク表示材料の使用を義務付けるものではない。

　現在，基礎及び主要構造部に使用するセメントほか5品目が国土交通大臣により指定されている。ただし，その他の材料についても，各々の許容応力度を定める告示（昭和55年11月27日

2　建築基準法・施行令

付け建設省告示第1794号・第1795号，昭和55年12月１日付け建設省告示第1799号）や「枠組壁工法を用いた建築物の構造方法に関する安全上必要な技術規準を定める件」（昭和57年１月18日付け建設省告示第56号）等の個々の技術規準の中でＪＩＳ又はＪＡＳと同等以上としなければならないと規定されている場合があるので注意が必要である。

> **（地方公共団体の条例による制限の附加）**
>
> **第40条**　地方公共団体は，その地方の気候若しくは風土の特殊性又は特殊建築物の用途若しくは規模に因り，この章の規定又はこれに基く命令の規定のみによつては建築物の安全，防火又は衛生の目的を充分に達し難いと認める場合においては，条例で，建築物の敷地，構造又は建築設備に関して安全上，防火上又は衛生上必要な制限を附加することができる。

【解　説】

　法第２章及びこれに基づく政令等は，全国共通に適用がある技術的基準を中心に構成されているが，地方的実情から，さらに具体的措置，すなわち寒冷地における基礎の凍上防止措置，温暖地における木材の蟻害防止措置，激甚な台風常襲地における風害防止措置，密集温泉街における旅館に対する避難施設の強化措置などを追加する必要がある。

　法第40条は，これに対応したものであり，地方の気候，風土の特殊性又は特殊建築物に関して条例による制限の付加ができることとされている。都道府県下全域に共通的に定められるような事項は，知事以外の特定行政庁が存する場合にあっても，都道府県の条例で制定し，一市町村に限定されるような事項は，市町村の条例で制定することが妥当である。

> **（工事現場の危害の防止）**
>
> **第90条**　建築物の建築，修繕，模様替又は除却のための工事の施工者は，当該工事の施工に伴う地盤の崩落，建築物又は工事用の工作物の倒壊等による危害を防止するために必要な措置を講じなければならない。
>
> ２　前項の措置の技術的基準は，政令で定める。
>
> ３　第３条第２項及び第３項，第９条（第13項及び第14項を除く。），第９条の２，第９条の３（設計者及び宅地建物取引業者に係る部分を除く。）並びに第18条第１項及び第25項の規定は，第１項の工事の施工について準用する。
>
> （昭34法156・昭45法109・平10法100・平18法92・平26法54・一部改正）

【解　説】

　建築工事現場においては，従業者等の関係人に及ぼす損害のほか，特に市街地にあっては，周囲の第三者（隣地その他近傍の土地，建築物，工作物等を含む。）に及ぼす影響の大きさを踏まえ，政令において，工事関係人，一般通行人，隣接建築物，隣地地盤等に関連する危害の防止措置の技術的基準（令第７章の８　工事現場の危害の防止）が定められている。

　この規定は，法第87条の２又は法第88条によって指定された工作物及び建築設備について準

第5章 関係法令

用される。手続関係としては，法第12条第5項の規定に基づいて報告を求められた場合等，特に必要のある場合を除き，建築基準法令上は書類の提出を要しない。

なお，特に現場内の労働者の安全な労働条件の確保を図ること等を目的とした法令として労働安全衛生法（昭和47年法律第57号）があるが，建築基準法令の規定の適用が排除されるものではないことに留意する必要がある。

3 道路法・施行令・施行規則

（この法律の目的）

第1条 この法律は，道路網の整備を図るため，道路に関して，路線の指定及び認定，管理，構造，保全，費用の負担区分等に関する事項を定め，もつて交通の発達に寄与し，公共の福祉を増進することを目的とする。

【解 説】

道路法は，一義的には，道路網の整備を図ることを直接の目的としたものであり，それにより交通の発達に寄与し，公共の福祉を増進することを究極の目的としている。道路交通法が「道路における危険を防止し，その他交通の安全と円滑を図」ることを目的としていることに比べるとより積極的である。公物警察権の作用が，本来社会公共の秩序に対する障害の除去にとどまるべきであるのに対し，公物管理権の作用は積極的に公物本来の目的を達成させることを目的としているからである。また，道路運送法が「道路運送の総合的な発達を図」ることを目的としていることに比して，交通の発達に寄与するという，より包括的な目的を有していることも注目される。すなわち道路法は道路に関する管理法であり，道路運送法が，道路運送事業に関する規制法であるのに対し，道路網の整備を図ることにより，交通の発達に寄与するという，より基本的な目的を有しているものである。

「道路網」とは，単に道路という物的施設の集合体という物理的な概念にとどまらず，これを流れる人，物等の交通のネットワークという意味をも併せもつものである。したがって「道路網の整備」とは，単に物的な施設の建設にとどまらず，安全かつ円滑な道路交通を確保し，交通のネットワークの機能を発揮させるためになされる行為をも含むものと考えられる。

（用語の定義）

第2条 この法律において「道路」とは，一般交通の用に供する道で次条各号に掲げるものをいい，トンネル，橋，渡船施設，道路用エレベーター等道路と一体となつてその効用を全うする施設又は工作物及び道路の附属物で当該道路に附属して設けられているものを含むものとする。

2 この法律において「道路の附属物」とは，道路の構造の保全，安全かつ円滑な道路の交通の確保その他道路の管理上必要な施設又は工作物で，次に掲げるものをい

3 道路法・施行令・施行規則

う。

一　道路上のさく又は駒止

二　道路上の並木又は街灯で第18条第1項に規定する道路管理者の設けるもの

三　道路標識，道路元標又は里程標

四　道路情報管理施設（道路上の道路情報提供装置，車両監視装置，気象観測装置，緊急連絡施設その他これらに類するものをいう。）

五　道路に接する道路の維持又は修繕に用いる機械，器具又は材料の常置場

六　自動車駐車場又は自転車駐車場で道路上に，又は道路に接して第18条第1項に規定する道路管理者が設けるもの

七　共同溝の整備等に関する特別措置法（昭和38年法律第81号）第3条第1項の規定による共同溝整備道路又は電線共同溝の整備等に関する特別措置法（平成7年法律第39号）第4条第2項に規定する電線共同溝整備道路に第18条第1項に規定する道路管理者の設ける共同溝又は電線共同溝

八　前各号に掲げるものを除くほか，政令で定めるもの

3　この法律において「自動車」とは，道路運送車両法（昭和26年法律第185号）第2条第2項に規定する自動車をいう。

4　この法律において「駐車」とは，道路交通法（昭和35年法律第105号）第2条第1項第18号に規定する駐車をいう。

5　この法律において「車両」とは，道路交通法第2条第1項第8号に規定する車両をいう。

（昭32法79・昭34法66・昭38法81・昭46法46・平3法60・平7法39・平19法19・一部改正）

（道路の附属物）

令第34条の3　法第2条第2項第8号の政令で定める道路の附属物は，次に掲げるものとする。

一　道路の防雪又は防砂のための施設

二　ベンチ又はその上屋で道路管理者又は法第17条第4項の規定により歩道の新設等を行う指定市以外の市町村が設けるもの

三　車両の運転者の視線を誘導するための施設

四　他の車両又は歩行者を確認するための鏡

五　地点標

六　道路の交通又は利用に係る料金の徴収施設

（昭34政370・追加，昭38政343・昭41政102・昭46政252・昭49政151・平5政375・平17政125・

第5章　関係法令

（平19政304・平23政363・一部改正）

（道路の種類）

第3条　道路の種類は，左に掲げるものとする。

　　一　高速自動車国道

　　二　一般国道

　　三　都道府県道

　　四　市町村道

（昭32法79・追加，昭39法163・一部改正）

（道路の占用の許可）

第32条　道路に次の各号のいずれかに掲げる工作物，物件又は施設を設け，継続して道路を使用しようとする場合においては，道路管理者の許可を受けなければならない。

　　一　電柱，電線，変圧塔，郵便差出箱，公衆電話所，広告塔その他これらに類する工作物

　　二　水管，下水道管，ガス管その他これらに類する物件

　　三　鉄道，軌道その他これらに類する施設

　　四　歩廊，雪よけその他これらに類する施設

　　五　地下街，地下室，通路，浄化槽その他これらに類する施設

　　六　露店，商品置場その他これらに類する施設

　　七　前各号に掲げるものを除く外，道路の構造又は交通に支障を及ぼす虞のある工作物，物件又は施設で政令で定めるもの

2　前項の許可を受けようとする者は，左の各号に掲げる事項を記載した申請書を道路管理者に提出しなければならない。

　　一　道路の占用（道路に前項各号の1に掲げる工作物，物件又は施設を設け，継続して道路を使用することをいう。以下同じ。）の目的

　　二　道路の占用の期間

　　三　道路の占用の場所

　　四　工作物，物件又は施設の構造

　　五　工事実施の方法

　　六　工事の時期

　　七　道路の復旧方法

3　第1項の規定による許可を受けた者（以下「道路占用者」という。）は，前項各

3　道路法・施行令・施行規則

号に掲げる事項を変更しようとする場合においては，その変更が道路の構造又は交通に支障を及ぼす虞のないと認められる軽易なもので政令で定めるものである場合を除く外，あらかじめ道路管理者の許可を受けなければならない。

4　第1項又は前項の規定による許可に係る行為が道路交通法第77条第1項の規定の適用を受けるものである場合においては，第2項の規定による申請書の提出は，当該地域を管轄する警察署長を経由して行なうことができる。この場合において，当該警察署長は，すみやかに当該申請書を道路管理者に送付しなければならない。

5　道路管理者は，第1項又は第3項の規定による許可を与えようとする場合において，当該許可に係る行為が道路交通法第77条第1項の規定の適用を受けるものであるときは，あらかじめ当該地域を管轄する警察署長に協議しなければならない。

（昭35法105・昭46法46・平12法106・一部改正）

（道路の構造又は交通に支障を及ぼすおそれのある工作物等）

令第7条　法第32条第1項第7号の政令で定める工作物，物件又は施設は，次に掲げるものとする。

一　看板，標識，旗ざお，パーキング・メーター，幕及びアーチ

二　太陽光発電設備及び風力発電設備

三　津波からの一時的な避難場所としての機能を有する堅固な施設

四　工事用板囲，足場，詰所その他の工事用施設

五　土石，竹木，瓦その他の工事用材料

六　防火地域（都市計画法（昭和43年法律第100号）第8条第1項第5号の防火地域をいう。以下同じ。）内に存する建築物（以下「既存建築物」という。）を除去して，当該防火地域内にこれに代わる建築物として耐火建築物（建築基準法（昭和25年法律第201号）第2条第9号の2に規定する耐火建築物をいう。以下同じ。）を建築する場合（既存建築物が防火地域と防火地域でない地域にわたつて存する場合において，当該既存建築物を除去して，当該既存建築物の敷地（その近接地を含む。）又は当該防火地域内に，これに代わる建築物として耐火建築物を建築するときを含む。）において，当該耐火建築物の工事期間中当該既存建築物に替えて必要となる仮設店舗その他の仮設建築物

七　都市再開発法（昭和44年法律第38号）による市街地再開発事業に関する都市計画において定められた施行区域内の建築物に居住する者で同法第2条第6号に規定する施設建築物に入居することとなるものを一時収容するため必要な施設又は密集市街地における防災街区の整備の促進に関する法律（平成9年法律

第5章 関係法令

第49号）による防災街区整備事業に関する都市計画において定められた施行区
域内の建築物（当該防災街区整備事業の施行に伴い移転し，又は除却するもの
に限る。）に居住する者で当該防災街区整備事業の施行後に当該施行区域内に
居住することとなるものを一時収容するため必要な施設

八　高速自動車国道及び自動車専用道路以外の道路又は法第33条第2項第2号に
規定する高速自動車国道若しくは自動車専用道路の連結路附属地（以下「特定
連結路附属地」という。）に設ける食事施設，購買施設その他これらに類する
施設（第13号に掲げる施設を除く。）でこれらの道路の通行者又は利用者の利
便の増進に資するもの

九　トンネルの上又は高架の道路の路面下に設ける事務所，店舗，倉庫，住宅，
自動車駐車場，自転車駐車場，広場，公園，運動場その他これらに類する施設

十　次に掲げる道路の上空に設ける事務所，店舗，倉庫，住宅その他これらに類
する施設及び自動車駐車場

　　イ　都市計画法第8条第1項第3号の高度地区（建築物の高さの最低限度が定
　　　められているものに限る。）及び高度利用地区並びに同項第4号の2の都市
　　　再生特別地区内の高速自動車国道又は自動車専用道路

　　ロ　都市再生特別措置法（平成14年法律第22号）第36条の3第1項に規定する
　　　特定都市道路（イに掲げる道路を除く。）

十一　建築基準法第85条第1項に規定する区域内に存する道路（車両又は歩行者
の通行の用に供する部分及び路肩の部分を除く。）の区域内の土地に設ける同
項第1号に該当する応急仮設建築物で，被災者の居住の用に供するため必要な
もの

十二　道路の区域内の地面に設ける自転車（側車付きのものを除く。以下同
じ。），原動機付自転車（側車付きのものを除く。）又は道路運送車両法第3条
に規定する小型自動車若しくは軽自動車で2輪のもの（いずれも側車付きのも
のを除く。以下「2輪自動車」という。）を駐車させるため必要な車輪止め装
置その他の器具（第9号に掲げる施設に設けるものを除く。）

十三　高速自動車国道又は自動車専用道路に設ける休憩所，給油所及び自動車修
理所

　　（昭32政100・昭33政318・昭36政211・昭36政294・昭37政336・昭42政335・昭44政158・昭44政
　　232・昭45政333・平元政309・平10政289・平14政191・平15政523・平18政357・平19政304・平20
　　政5・平23政321・平24政294・平27政21・一部改正）

3　道路法・施行令・施行規則

（道路の占用の軽易な変更）

令第8条　法第32条第2項各号に掲げる事項の変更で道路の構造又は交通に支障を及ぼす虞のないと認められる軽易なもので政令で定めるものは，左の各号に掲げるものとする。

一　占用物件の構造の変更であつて重量の著しい増加を伴わないもの。

二　道路の構造又は交通に支障を及ぼす虞のない物件の占用物件に対する添加であつて，当該道路占用者が当該占用の目的に附随して行うもの。

【解　説】

道路は道路管理者によって一般交通の用に供され，その効果として一般の自由な通行が認められている。これが道路の本来の目的とするところである。このような道路の使用関係は，それが道路の本来の用法に従うところから道路の一般使用といわれる。一方，道路が一般交通の用に供されるということ，しかもそれが最も基本的な交通手段を提供するものであることから，これを根幹として生活圏が形成され，公的又は私的な諸活動が展開されることになる。特に電気，ガス，水道，下水道，交通等の公益事業，一般の営利事業等の活動がここに集中されるのは当然である。

しかも，これらの事業のためには種々の施設—電柱，電線，水管，下水道管，ガス管，鉄道，広告塔等を設ける必要があるので，公共用地として一定の空間を画している道路としては，これらの施設のための場を提供せざるを得ない場合が一般的に起こり得る。ここに道路を一般交通以外の用に供する関係が必然的に生ずるわけである。いわゆる道路の特別使用がこれである。一般使用関係を道路の第一次的——本来的機能であるとすれば，この特別使用関係はいわば道路の第二次的——副次的機能である。したがって，これはあくまでも道路の本来的機能を阻害しない範囲内でのみ認められるべき性格のものである。

ここで一般使用と特別使用との調整が道路管理上の重要な問題となるわけである。更には，特別使用相互の調整その他特別使用関係に規制を加えて道路の使用関係の秩序の維持を図らなければならない。この趣旨から，道路法では「道路の占用」の制度を設け，道路の特別使用関係の合理的な規制を図っている。

道路を占用しようとする者は，道路管理者の許可を受けなければならない。ただし，国の行う事業のための道路の占用については，道路管理者との協議によることとされている（法第35条）。また，水道事業，下水道事業，鉄道事業，ガス事業，電気事業等のための一定の工作物等の道路占用については，法第33条の許可基準に適合する限り，道路管理者は許可を与えなければならないが，この場合にはあらかじめ工事計画書を提出しなければならない（法第36条）。

一部の占用物件については，他の法律によって規制を受けることがある。

① 道路交通法　道路上で工事又は作業をし，広告板，アーチ等を設置し，露店，屋台店を出す等の行為をしようとするときは，所轄の警察署長の許可を要する（道路交通法第77条）。

この警察署長の許可は，これらの行為が一般的に禁止されていることを前提として，特定

第5章 関係法令

の場合にその禁止を解除し，適法にこれらの行為をなすことを可能とする処分である。したがって，この許可は道路使用の権利を設定するものではなく，かつ，主として道路の本来的機能（一般交通）を妨げない程度の一時的使用に限って許されるものである。このように，道路交通法第77条の許可は道路占用の許可とは権限の根拠及び作用において異なるわけであるが，権限の行使に当たっては両者が競合する場合があるので，この場合には相互に協議して調整を図ることになっている（法第32条5項，道路交通法第79条）。

なお，道路管理者の行う工事又は作業については，道路交通法80条により，同法第77条第1項第1号の規定にかかわらず，警察署長との協議で足りるものとされ，その協議について必要な事項は「工事又は作業を行う場合の道路の管理者と警察署長との協議に関する命令」（昭和35年総理府・建設省令第2号）で定められている。また，道路管理者が工事を請負人に請け負わせる場合には，請負人が許可申請をすれば道路管理者の協議は不要となるが，道路管理者が協議し，その工事に係る工事等の施行を請け負わせることも可能である。警察庁においては，後者の場合には協議した道路管理者はその工事の全般について管理していることが必要であるとの解釈がなされている（「道路交通法，道路交通法施行令，道路交通法施行規則等の運用について」昭和35年12月19日丙交発第50号警察庁保安局長通達）。

② 建築基準法　建築物は，(a)地下に建築するもの，(b)公衆便所，巡査派出所等公益上必要な建築物で通行上支障がないもの，(c)再開発地区計画の区域内の自動車のみの交通の用に供する道路等の道路の上空又は路面下に設ける建築物で一定の基準に適合し，特定行政庁が安全上等の支障がないと認めるもの，(d)公共用歩廊，高架道路下の建築物等で特定行政庁が許可したもの，(e)応急仮設建築物を除き，道路内に建築してはならない（建築基準法第44条・第85条，同法施行令第145条）。なお，消防法第7条参照。

③ 屋外広告物法　屋外広告物については，屋外広告物法及び同法に基づく条例により禁止又は制限されることがある（同法第3条〜第6条）。

（道路の占用の許可基準）

第33条　道路管理者は，道路の占用が前条第1項各号のいずれかに該当するものであつて道路の敷地外に余地がないためにやむを得ないものであり，かつ，同条第2項第2号から第7号までに掲げる事項について政令で定める基準に適合する場合に限り，同条第1項又は第3項の許可を与えることができる。

2　次に掲げる工作物又は施設で前項の規定に基づく政令で定める基準に適合するもののための道路の占用については，同項の規定にかかわらず，前条第1項又は第3項の許可を与えることができる。

一　前条第1項第5号から第7号までに掲げる工作物，物件又は施設のうち，高架の道路の路面下に設けられる工作物又は施設で，当該高架の道路の路面下の区域をその合理的な利用の観点から継続して使用するにふさわしいと認められるもの

二　前条第1項第5号から第7号までに掲げる工作物，物件又は施設のうち，高速

3　道路法・施行令・施行規則

自動車国道又は第48条の4に規定する自動車専用道路の連結路附属地（これらの道路のうち，これらの道路と当該道路以外の交通の用に供する通路その他の施設とを連結する部分で国土交通省令で定める交通の用に供するものに附属する道路の区域内の土地をいう。以下この号において同じ。）に設けられるこれらの道路の通行者の利便の増進に資する施設で，当該連結路附属地をその合理的な利用の観点から継続して使用するにふさわしいと認められるもの

三　前条第1項第1号，第4号又は第7号に掲げる工作物，物件又は施設のうち，並木，街灯その他道路（高速自動車国道及び第48条の4に規定する自動車専用道路を除く。以下この号において同じ。）の管理上当該道路の区域内に設けることが必要なものとして政令で定める工作物又は施設で，道路交通環境の向上を図る活動を行うことを目的とする特定非営利活動促進法（平成10年法律第7号）第2条第2項に規定する特定非営利活動法人その他の営利を目的としない法人又はこれに準ずるものとして国土交通省令で定める者が設けるもの

（平10法89・平11法160・平19法19・平26法53・一部改正）

（道路の占用の軽易な変更）

令第8条　法第32条第2項各号に掲げる事項の変更で道路の構造又は交通に支障を及ぼす虞のないと認められる軽易なもので政令で定めるものは，左の各号に掲げるものとする。

一　占用物件の構造の変更であつて重量の著しい増加を伴わないもの。

二　道路の構造又は交通に支障を及ぼす虞のない物件の占用物件に対する添加であつて，当該道路占用者が当該占用の目的に附随して行うもの。

（占用の期間に関する基準）

令第9条　法第32条第2項第2号に掲げる事項についての法第33条第1項の政令で定める基準は，占用の期間又は占用の期間が終了した場合においてこれを更新しようとする場合の期間が，次の各号に掲げる工作物，物件又は施設の区分に応じ，当該各号に定める期間であることとする。

一　次に掲げる工作物，物件又は施設　10年以内

イ　水道法（昭和32年法律第177号）による水管（同法第3条第2項に規定する水道事業又は同条第4項に規定する水道用水供給事業の用に供するものに限る。）

ロ　工業用水道事業法（昭和33年法律第84号）による水管（同法第2条第4項に規定する工業用水道事業の用に供するものに限る。）

第5章 関係法令

　ハ　下水道法（昭和33年法律第79号）による下水道管

　ニ　鉄道事業法（昭和61年法律第92号）又は全国新幹線鉄道整備法（昭和45年法律第71号）による鉄道で公衆の用に供するもの

　ホ　ガス事業法（昭和29年法律第51号）によるガス管（同法第2条第11項に規定するガス事業（同条第2項に規定するガス小売事業を除く。）の用に供するものに限る。）

　ヘ　電気事業法（昭和39年法律第170号）による電柱又は電線（同法第2条第1項第17号に規定する電気事業者（同項第3号に規定する小売電気事業者を除く。）がその事業の用に供するものに限る。）

　ト　電気通信事業法（昭和59年法律第86号）による電柱，電線又は公衆電話所（同法第120条第1項に規定する認定電気通信事業者が同項に規定する認定電気通信事業の用に供するものに限る。）

　チ　石油パイプライン事業法（昭和47年法律第105号）による石油管（同法第2条第3項に規定する石油パイプライン事業の用に供するものに限る。）

　二　その他の法第32条第1項各号に掲げる工作物，物件又は施設　5年以内

　　　（平18政357・全改，平28政43・平29政40・一部改正）

（一般工作物等の占用の場所に関する基準）

令第10条　法第32条第2項第3号に掲げる事項についての同条第1項各号に掲げる工作物，物件又は施設（電柱，電線，公衆電話所，水管，下水道管，ガス管，石油管，第7条第2号に掲げる工作物，同条第3号に掲げる施設，同条第6号に掲げる仮設建築物，同条第7号に掲げる施設，同条第8号に掲げる施設，同条第11号に掲げる応急仮設建築物及び同条第12号に掲げる器具を除く。以下この条において「一般工作物等」という。）に関する法第33条第1項の政令で定める基準は，次のとおりとする。

　一　一般工作物等（鉄道の軌道敷を除く。以下この号において同じ。）を地上（トンネルの上又は高架の道路の路面下の道路がない区域の地上を除く。次条第1項第2号，第11条の2第1項第1号，第11条の3第1項第1号，第11条の6第1項，第11条の7第1項及び第11条の8第1項において同じ。）に設ける場合においては，次のいずれにも適合する場所（特定連結路附属地の地上に設ける場合にあつては，ロ及びハのいずれにも適合する場所）であること。

　　イ　一般工作物等の道路の区域内の地面に接する部分は，次のいずれかに該当する位置にあること。

3 道路法・施行令・施行規則

(1) 法面

(2) 側溝上の部分

(3) 路端に近接する部分

(4) 歩道（自転車歩行者道を含む。第11条の6第1項第2号及び第11条の9第1項第2号を除き，以下この章において同じ。）内の車道（自転車道を含む。第11条の6第1項第1号，第11条の9第1項第1号及び第11条の10第1項第1号を除き，以下この章において同じ。）に近接する部分

(5) 一般工作物等の種類又は道路の構造からみて道路の構造又は交通に著しい支障を及ぼすおそれのない場合にあつては，分離帯，ロータリーその他これらに類する道路の部分

ロ 一般工作物等の道路の上空に設けられる部分（法敷，側溝，路端に近接する部分，歩道内の車道に近接する部分又は分離帯，ロータリーその他これらに類する道路の部分の上空にある部分を除く。）がある場合においては，その最下部と路面との距離が4.5メートル（歩道上にあつては，2.5メートル）以上であること。

ハ 一般工作物等の種類又は道路の構造からみて道路の構造又は交通に著しい支障を及ぼすおそれのない場合を除き，道路の交差し，接続し，又は屈曲する部分以外の道路の部分であること。

二 一般工作物等を地下に設ける場合においては，次のいずれにも適合する場所であること。

イ 一般工作物等の種類又は道路の構造からみて，路面をしばしば掘削し，又は他の占用物件と錯そうするおそれのない場所であること。

ロ 保安上又は工事実施上の支障のない限り，他の占用物件に接近していること。

ハ 道路の構造又は地上にある占用物件に支障のない限り，当該一般工作物等の頂部が地面に接近していること。

三 一般工作物等をトンネルの上に設ける場合においては，トンネルの構造の保全又はトンネルの換気若しくは採光に支障のない場所であること。

四 一般工作物等を高架の道路の路面下に設ける場合においては，高架の道路の構造の保全に支障のない場所であること。

五 一般工作物等を特定連結路附属地に設ける場合においては，連結路及び連結路により連結される道路の見通しに支障を及ぼさない場所であること。

第5章　関係法令

（平18政357・全改，平20政5・平23政321・平24政294・一部改正）

（電柱又は公衆電話所の占用の場所に関する基準）

令第11条　法第32条第2項第3号に掲げる事項についての電柱又は公衆電話所に関する法第33条第1項の政令で定める基準は，次のとおりとする。

　一　道路の敷地外に当該場所に代わる適当な場所がなく，公益上やむを得ないと認められる場所であること。

　二　電柱（鉄道の電柱を除く。）を地上に設ける場合においては次のいずれにも適合する場所であり，鉄道の電柱又は公衆電話所を地上に設ける場合においてはイに適合する場所であること。

　　イ　電柱又は公衆電話所の道路の区域内の地面に接する部分は，次のいずれかに該当する位置にあること。

　　　⑴　法面（法面のない道路にあつては，路端に近接する部分）

　　　⑵　歩道内の車道に近接する部分

　　ロ　同一の線路に係る電柱を道路（道路の交差し，接続し，又は屈曲する部分を除く。以下この号において同じ。）に設ける場合においては，道路の同じ側であること。

　　ハ　電柱を歩道を有しない道路に設ける場合において，その反対側に占用物件があるときは，当該占用物件との水平距離が8メートル以上であること。

　2　前条第2号から第5号までの規定は電柱について，同条第1号（ハに係る部分に限る。）及び第2号から第5号までの規定は公衆電話所について準用する。

　　　（平18政357・全改）

（電線の占用の場所に関する基準）

令第11条の2　法第32条第2項第3号に掲げる事項についての電線に関する法第33条第1項の政令で定める基準は，次のとおりとする。

　一　電線を地上に設ける場合においては，次のいずれにも適合する場所であること。

　　イ　電線の最下部と路面との距離が5メートル（既設の電線に附属して設ける場合その他技術上やむを得ず，かつ，道路の構造又は交通に支障を及ぼすおそれの少ない場合にあつては4.5メートル，歩道上にあつては2.5メートル）以上であること。

　　ロ　電線を既設の電線に附属して設ける場合においては，保安上の支障がなく，かつ，技術上やむを得ないとき又は公益上やむを得ない事情があると認

3　道路法・施行令・施行規則

められるときを除き，当該既設の電線に，これと錯そうするおそれがなく，かつ，保安上の支障のない程度に接近していること。

二　電線を地下（トンネルの上又は高架の道路の路面下の道路がない区域の地下を除く。次条第１項第２号及び第11条の４第１項において同じ。）に設ける場合においては，次のいずれにも適合する場所であること。

　　イ　道路を横断して設ける場合及び車道（歩道を有しない道路にあつては，路面の幅員の３分の２に相当する路面の中央部。以下この号及び第11条の７第１項第２号において同じ。）以外の部分に当該場所に代わる適当な場所がなく，かつ，公益上やむを得ない事情があると認められるときに電線の本線を車道の部分に設ける場合を除き，車道以外の部分であること。

　　ロ　電線の頂部と路面との距離が，保安上又は道路に関する工事の実施上の支障のない場合を除き，車道にあつては0.8メートル，歩道（歩道を有しない道路にあつては，路面の幅員の３分の２に相当する路面の中央部以外の部分。次条第１項第２号イ並びに第11条の７第１項第２号及び第３号において同じ。）にあつては0.6メートルを超えていること。

三　電線を橋又は高架の道路に取り付ける場合においては，桁の両側又は床版の下であること。

2　第10条第２号から第５号まで及び前条第１項第１号の規定は，電線について準用する。

（平18政357・全改，平24政294・一部改正）

（水管又はガス管の占用の場所に関する基準）

令第11条の３　法第32条第２項第３号に掲げる事項についての水管又はガス管に関する法第33条第１項の政令で定める基準は，次のとおりとする。

一　水管又はガス管を地上に設ける場合においては，道路の交差し，接続し，又は屈曲する部分以外の道路の部分であること。

二　水管又はガス管を地下に設ける場合においては，次のいずれにも適合する場所であること。

　　イ　道路を横断して設ける場合及び歩道以外の部分に当該場所に代わる適当な場所がなく，かつ，公益上やむを得ない事情があると認められるときに水管又はガス管の本線を歩道以外の部分に設ける場合を除き，歩道の部分であること。

　　ロ　水管又はガス管の本線の頂部と路面との距離が1.2メートル（工事実施上

269

第5章　関係法令

やむを得ない場合にあつては，0.6メートル）を超えていること。

2　第10条第1号（ロに係る部分に限る。）及び第2号から第5号まで，第11条第1項第1号並びに前条第1項第3号の規定は，水管又はガス管について準用する。

（平18政357・追加）

（下水道管の占用の場所に関する基準）

令第11条の4　法第32条第2項第3号に掲げる事項についての下水道管に関する法第33条第1項の政令で定める基準は，下水道管の本線を地下に設ける場合において，その頂部と路面との距離が3メートル（工事実施上やむを得ない場合にあつては，1メートル）を超えていることとする。

2　第10条第1号（ロに係る部分に限る。）及び第2号から第5号まで，第11条第1項第1号，第11条の2第1項第3号並びに前条第1項第1号及び第2号（イに係る部分に限る。）の規定は，下水道管について準用する。

（平18政357・追加）

（石油管の占用の場所に関する基準）

令第11条の5　法第32条第2項第3号に掲げる事項についての石油管に関する法第33条第1項の政令で定める基準は，次のとおりとする。

一　トンネルの上の道路がない区域に設ける場合及び地形の状況その他特別の理由によりやむを得ないと認められる場合を除き，地下であること。

二　石油管を地下に設ける場合においては，次のいずれにも適合する場所であること。

イ　道路を横断して設ける場合及びトンネルの上又は高架の道路の路面下の道路がない区域に設ける場合を除き，原則として車両の荷重の影響の少ない場所であり，かつ，石油管の導管と道路の境界線との水平距離が保安上必要な距離以上であること。

ロ　道路の路面下に設ける場合においては，高架の道路の路面下の道路がない区域に設ける場合を除き，次に定めるところによる深さの場所であること。

(1)　市街地においては，防護構造物により石油管の導管を防護する場合にあつては当該防護構造物の頂部と路面との距離が1.5メートルを，その他の場合にあつては石油管の導管の頂部と路面との距離が1.8メートルを超えていること。

(2)　市街地以外の地域においては，石油管の導管の頂部（防護構造物により

270

3　道路法・施行令・施行規則

　　その導管を防護する場合にあつては，当該防護構造物の頂部）と路面との距離が1.5メートルを超えていること。

　ハ　道路の路面下以外の場所に設ける場合においては，トンネルの上の道路がない区域に設ける場合を除き，当該石油管の導管の頂部と地面との距離が1.2メートル（防護工又は防護構造物によりその導管を防護する場合においては，市街地にあつては0.9メートル，市街地以外の地域にあつては0.6メートル）を超えていること。

　ニ　高架の道路の路面下に設ける場合においては，道路を横断して設ける場合を除き，当該石油管の導管と道路の境界線との水平距離が保安上必要な距離以上であること。

三　石油管を地上に設ける場合においては，次のいずれにも適合する場所であること。

　イ　トンネルの中でないこと。

　ロ　高架の道路の路面下の道路のない区域にあつては，当該高架の道路の桁の両側又は床版の下であり，かつ，当該石油管を取り付けることができる場所であること。

　ハ　石油管の最下部と路面との距離が5メートル以上であること。

2　第10条第2号から第5号まで，第11条の2第1項第3号及び第11条の3第1項第1号の規定は，石油管について準用する。この場合において，第10条第2号中「適合する場所」とあるのは，「適合する場所（高架の道路の路面下の地下に設ける場合にあつては，イ及びロに適合する場所）」と読み替えるものとする。

　　　（平18政357・追加）

（太陽光発電設備等の占用の場所に関する基準）

令第11条の6　法第32条第2項第3号に掲げる事項についての第7条第2号に掲げる工作物，同条第3号に掲げる施設又は同条第8号に掲げる施設（以下この条において「太陽光発電設備等」という。）に関する法第33条第1項の政令で定める基準は，太陽光発電設備等を地上に設ける場合においては，次のいずれにも適合する場所であることとする。

一　太陽光発電設備等の道路の区域内の地面に接する部分は，車道以外の道路の部分にあること。

二　自転車道，自転車歩行者道又は歩道上に設ける場合においては，道路の構造からみて道路の構造又は交通に著しい支障のない場合を除き，当該太陽光発電

第5章　関係法令

設備等を設けたときに自転車又は歩行者が通行することができる部分の一方の側の幅員が，国道にあつては道路構造令（昭和45年政令第320号）第10条第3項本文，第10条の2第2項又は第11条第3項に規定する幅員，都道府県道又は市町村道にあつてはこれらの規定に規定する幅員を参酌して法第30条第3項の条例で定める幅員であること。

2　第10条第1号（ロ及びハに係る部分に限る。）及び第2号から第5号までの規定は，太陽光発電設備等について準用する。

（平24政294・追加）

（特定仮設店舗等の占用の場所に関する基準）

令第11条の7　法第32条第2項第3号に掲げる事項についての第7条第6号に掲げる仮設建築物又は同条第7号に掲げる施設（以下「特定仮設店舗等」という。）に関する法第33条第1項の政令で定める基準は，特定仮設店舗等を地上に設ける場合において，次のいずれにも適合する場所であることとする。

一　道路の一方の側に設ける場合にあつては12メートル以上，道路の両側に設ける場合にあつては24メートル以上の幅員の道路であること。

二　法面（のり），側溝上の部分又は歩道上の部分（道路の構造又は道路の周辺の状況上やむを得ないと認められる場合において，当該道路の交通に著しい支障を及ぼさないときにあつては，これらの部分及び車道内の歩道に近接する部分）であること。

三　歩道上の部分に設ける場合においては，特定仮設店舗等を設けたときに歩行者がその一方の側を通行することができる場所であること。

四　特定仮設店舗等を設けることによつて通行することができなくなる路面の部分の幅員が道路の一方の側につき4メートル以下であること。

2　第10条第1号（ハに係る部分に限る。）及び第2号から第5号までの規定は，特定仮設店舗等について準用する。

（平18政357・追加，平24政294・旧第11条の6繰下・一部改正）

（応急仮設住宅の占用の場所に関する基準）

令第11条の8　法第32条第2項第3号に掲げる事項についての第7条第11号に掲げる応急仮設建築物（以下「応急仮設住宅」という。）に関する法第33条第1項の政令で定める基準は，応急仮設住宅を地上に設ける場合においては，次の各号のいずれかに該当する位置にあることとする。

一　法面（のり）

3　道路法・施行令・施行規則

　二　側溝上の部分

　三　路端に近接する部分（車両又は歩行者の通行の用に供する部分及び路肩の部
　　分を除く。）

　2　第10条第1号（ロ及びハに係る部分に限る。）及び第2号から第5号までの規
　　定は，応急仮設住宅について準用する。

　　　　（平20政5・追加，平23政321・旧第11条の7繰下・一部改正，平24政294・一部改正）

（自転車駐車器具の占用の場所に関する基準）

令第11条の9　法第32条第2項第3号に掲げる事項についての第7条第12号に規定す
　る自転車を駐車させるため必要な車輪止め装置その他の器具（以下この条におい
　て「自転車駐車器具」という。）に関する法第33条第1項の政令で定める基準
　は，次のいずれにも適合する場所であることとする。

　一　車道以外の道路の部分（分離帯，ロータリーその他これらに類する道路の部
　　分を除く。次条第1項第1号において同じ。）であること。

　二　法面若しくは側溝上の部分又は自転車道，自転車歩行者道若しくは歩道上に
　　設ける場合においては，道路の構造からみて道路の構造又は交通に著しい支障
　　のない場合を除き，当該自転車駐車器具を自転車の駐車の用に供したときに自
　　転車又は歩行者が通行することができる部分の一方の側の幅員が，国道にあつ
　　ては道路構造令第10条第3項本文，第10条の2第2項又は第11条第3項に規定
　　する幅員，都道府県道又は市町村道にあつてはこれらの規定に規定する幅員を
　　参酌して法第30条第3項の条例で定める幅員であること。

　2　第10条第1号及び第5号の規定は，自転車駐車器具について準用する。この場
　　合において，同条第1号中「地上（」とあるのは「地面（」と，「地上を」とあ
　　るのは「地面を」と，「次のいずれにも適合する場所（特定連結路附属地の地上
　　に設ける場合にあつては，ロ及びハのいずれにも適合する場所）」とあるのは
　　「ロ及びハのいずれにも適合する場所」と読み替えるものとする。

　　　　（平18政357・追加，平20政5・旧第11条の7繰下・一部改正，平23政321・旧第11条の8繰下・
　　　　一部改正，平23政424・平24政294・一部改正）

（原動機付自転車等駐車器具の占用の場所に関する基準）

令第11条の10　法第32条第2項第3号に掲げる事項についての第7条第12号に規定す
　る原動機付自転車又は2輪自動車を駐車させるため必要な車輪止め装置その他の
　器具（以下この条において「原動機付自転車等駐車器具」という。）に関する法
　第33条第1項の政令で定める基準は，次のいずれにも適合する場所であることと

第5章　関係法令

する。

一　車道以外の道路の部分内の車道に近接する部分であること。

二　道路の構造からみて道路の構造又は交通に著しい支障のない場合を除き，当該原動機付自転車等駐車器具を原動機付自転車（側車付きのものを除く。）又は2輪自動車の駐車の用に供したときに自転車又は歩行者が通行することができる部分の幅員が，国道にあつては道路構造令第10条第3項本文，第10条の2第2項又は第11条第3項に規定する幅員，都道府県道又は市町村道にあつてはこれらの規定に規定する幅員を参酌して法第30条第3項の条例で定める幅員であること。

2　第10条第1号及び第5号の規定は，原動機付自転車等駐車器具について準用する。この場合において，同条第1号中「地上（」とあるのは「地面（」と，「地上を」とあるのは「地面を」と，「次のいずれにも適合する場所（特定連結路附属地の地上に設ける場合にあつては，ロ及びハのいずれにも適合する場所）」とあるのは「ロ及びハのいずれにも適合する場所」と読み替えるものとする。

　　（平18政357・追加，平19政304・一部改正，平20政5・旧第11条の8繰下・一部改正，平23政321・旧第11条の9繰下・一部改正，平23政424・平24政294・一部改正）

（構造に関する基準）

令第12条　法第32条第2項第4号に掲げる事項についての法第33条第1項の政令で定める基準は，次のとおりとする。

一　地上に設ける場合においては，次のいずれにも適合する構造であること。

　　イ　倒壊，落下，剥離，汚損，火災，荷重，漏水その他の事由により道路の構造又は交通に支障を及ぼすことがないと認められるものであること。

　　ロ　電柱の脚釘は，路面から1.8メートル以上の高さに，道路の方向と平行して設けるものであること。

　　ハ　特定仮設店舗等又は第7条第8号に掲げる施設（特定連結路附属地に設けるものを除く。）にあつては，必要最小限度の規模であり，かつ，道路の交通に及ぼす支障をできる限り少なくするものであること。

二　地下に設ける場合においては，次のいずれにも適合する構造であること。

　　イ　堅固で耐久性を有するとともに，道路及び地下にある他の占用物件の構造に支障を及ぼさないものであること。

　　ロ　車道に設ける場合においては，道路の強度に影響を与えないものであること。

3 道路法・施行令・施行規則

ハ 電線，水管，下水道管，ガス管又は石油管については，各戸に引き込むために地下に設けるものその他国土交通省令で定めるものを除き，国土交通省令で定めるところにより，当該占用物件の名称，管理者，埋設した年その他の保安上必要な事項を明示するものであること。

三 橋又は高架の道路に取り付ける場合においては，当該橋又は高架の道路の強度に影響を与えない構造であること。

四 特定連結路附属地に設ける場合においては，次のいずれにも適合する構造であること。

イ 連結路及び連結路により連結される道路の見通しに支障を及ぼさないものであること。

ロ 当該工作物，物件又は施設の規模及び用途その他の状況に応じ，当該工作物，物件又は施設と連絡する道路の安全かつ円滑な交通に支障を及ぼさないように，必要な規模の駐車場及び適切な構造の通路その他の施設を設けるものであること。

（平18政357・全改，平23政321・平24政294・一部改正）

（工事実施の方法に関する基準）

令第13条 法第32条第2項第5号に掲げる事項についての法第33条第1項の政令で定める基準は，次のとおりとする。

一 占用物件の保持に支障を及ぼさないために必要な措置を講ずること。

二 道路を掘削する場合においては，溝掘，つぼ掘又は推進工法その他これに準ずる方法によるものとし，えぐり掘の方法によらないこと。

三 路面の排水を妨げない措置を講ずること。

四 原則として，道路の一方の側は，常に通行することができることとすること。

五 工事現場においては，さく又は覆いの設置，夜間における赤色灯又は黄色灯の点灯その他道路の交通の危険防止のために必要な措置を講ずること。

六 前各号に定めるところによるほか，電線，水管，下水道管，ガス管若しくは石油管（以下この号において「電線等」という。）が地下に設けられていると認められる場所又はその付近を掘削する工事にあつては，保安上の支障のない場合を除き，次のいずれにも適合するものであること。

イ 試掘その他の方法により当該電線等を確認した後に実施すること。

ロ 当該電線等の管理者との協議に基づき，当該電線等の移設又は防護，工事

第5章　関係法令

の見回り又は立会いその他の保安上必要な措置を講ずること。

　ハ　ガス管又は石油管の付近において，火気を使用しないこと。

（昭40政57・昭60政40・一部改正，平18政357・旧第15条繰上・一部改正）

（工事の時期に関する基準）

令第14条　法第32条第2項第6号に掲げる事項についての法第33条第1項の政令で定める基準は，次のとおりとする。

　一　他の占用に関する工事又は道路に関する工事の時期を勘案して適当な時期であること。

　二　道路の交通に著しく支障を及ぼさない時期であること。特に道路を横断して掘削する工事その他道路の交通を遮断する工事については，交通量の最も少ない時間であること。

（平18政357・旧第16条繰上・一部改正）

（道路の復旧の方法に関する基準）

令第15条　法第32条第2項第7号に掲げる事項についての法第33条第1項の政令で定める基準は，次のとおりとする。

　一　占用のために掘削した土砂を埋め戻す場合においては，層ごとに行うとともに，確実に締め固めること。

　二　占用のために掘削した土砂をそのまま埋め戻すことが不適当である場合においては，土砂の補充又は入換えを行つた後に埋め戻すこと。

　三　砂利道の表面仕上げを行う場合においては，路面を砂利及び衣土をもつて掘削前の路面形に締め固めること。

（平18政357・旧第17条繰上・一部改正）

（技術的細目）

令第16条　第10条から前条までに規定する基準を適用するについて必要な技術的細目は，国土交通省令で定める。ただし，第11条の5に規定する石油管（第9条第1号チに掲げる石油管に限る。以下この条において同じ。）の占用の場所に関する基準又は第12条に規定する石油管の構造に関する基準を適用するについて必要な技術的細目は，石油パイプライン事業法第15条第3項第2号の規定に基づく主務省令の規定（石油管の設置の場所又は構造に係るものに限る。）の例による。

（昭60政40・追加，平12政312・一部改正，平18政357・旧第17条の2繰上・一部改正）

（電線等の名称等の明示）

則第4条の3の2　令第12条第2号ハの国土交通省令で定める電線若しくは水管，下

水道管若しくはガス管又は石油管は，次の各号のいずれかに該当するものとする。

一　管路に収容されない電線又は外径が0.08メートルに満たない管路に収容される電線

二　多段積みの管路に収容される電線で，最上段の管路以外の管路に収容されるもの

三　並列多段積みの管路の最上段の管路に収容される電線のうち，両側に電線を収容する管路があり，かつ，そのいずれかから0.08メートルに満たない距離にある管路に収容されるもの（該当する電線を収容する2本の管路が隣接することとなる場合にあつては，当該隣接する管路のうちのいずれかに収容される電線）

四　外径が0.08メートルに満たない水管，下水道管又はガス管（1キログラム毎平方センチメートル以上の圧力のガスを通ずるものを除く。）

五　洞道又はコンクリート造の堅固なトラフに収容されるもの

六　コンクリート造の堅固な構造を有するものであつて，外形上当該占用物件の名称及び管理者が明らかであると認められるもの

七　市街地を形成している地域又は市街地を形成する見込みの多い地域以外の地域内の道路において，他の占用物件が埋設されていない場所に埋設されるもの

2　令第12条第2号ハの規定により占用物件について明示すべき事項は，次の各号に掲げるものとする。

一　名称

二　管理者

三　埋設した年

四　電気事業法（昭和39年法律第170号）の規定に基づいて設ける電線にあつては，電圧

五　ガス事業法（昭和29年法律第51号）の規定に基づいて設けるガス管にあつてはガスの圧力，その他のガス管にあつてはガスの圧力及び種類

六　石油管にあつては，石油の圧力及び種類

3　令第12条第2号ハの規定による明示は，次の各号に掲げるところによらなければならない。

一　おおむね2メートル以下の間隔で行うこと。

二　当該占用物件又はこれに附属して設けられる物件に，ビニールその他の耐久

第5章 関係法令

性を有するテープを巻き付ける等の方法により行うこと。

　三　退色その他により明示に係る事項の識別が困難になるおそれがないように行うこと。

　四　当該占用物件を損傷するおそれがないように行うこと。

（昭46建令6・追加，昭48建令2・昭61建令8・一部改正，平2建令3・旧第4条の3繰下，平12建令41・平18国交令123・一部改正）

（掘削により露出することとなるガス管の防護）

則第4条の4の5　令第13条第6号ロの保安上必要な措置のうち，ガス事業法の規定に基づいて設けられているガス管でその管理者以外の者の掘削により露出することとなるものの防護については，ガス工作物の技術上の基準を定める省令（平成12年通商産業省令第111号）第54条第1号，第2号，第3号ハ及び第4号イの例による。

（昭46建令6・追加，昭61建令8・旧第4条の4繰下・一部改正，平15国交令20・平18国交令123・一部改正）

【解　説】

　法第33条は，道路管理者が道路占用の許可を与える場合の基準を定めたものである。これは道路占用の二次的意義にかんがみ，必要以上の道路占用及び道路管理上好ましくない道路占用を排除するために，道路管理者が許可を行う場合の裁量を拘束しようという趣旨に基づく。

　道路管理者が，道路占用の許可又はその変更の許可を与えることができるのは，占用物件が法第32条第1項各号のいずれかに該当し，他に余地がなくやむを得ないものであり，政令で定める基準に適合する場合に限られる。

①　占用物件は，法第32条第1項各号のいずれかに該当するものに限られる。

②　占用許可は法第33条第2項に規定する場合を除き「道路の敷地外に余地がないためにやむを得ない場合」に限られる。道路の占用が，道路本来の目的からは好ましくないことである以上，他に余地がある場合に占用を認める必要はないからである。「やむを得ない場合」とは，諸般の事情を考慮して他に用地を獲得することが著しく困難な場合である。

③　占用許可は，政令で定める基準に適合する場合でなければならない。政令では，次の事項について，通路の構造保全又は交通の危険防止の見地から基準を定めている。

1　占用の期間に関する基準（施行令第9条）

2　一般工作物等の占用の場所に関する基準（施行令第10条）

3　電柱又は公衆電話所の占用の場所に関する基準（施行令第11条）

4　電線の占用の場所に関する基準（施行令第11条の2）

5　水管又はガス管の占用の場所に関する基準（施行令第11条の3）

6　下水道管の占用の場所に関する基準（施行令第11条の4）

7　石油管の占用の場所に関する基準（施行令第11条の5）

3 道路法・施行令・施行規則

8 太陽光発電設備等の占用の場所に関する基準（施行令第11条の6）

9 特定仮設店舗等の占用の場所に関する基準（施行令第11条の7）

10 応急仮設住宅の占用の場所に関する基準（施行令第11条の8）

11 自転車駐車器具の占用の場所に関する基準（施行令第11条の9）

12 原動機付自転車等駐車器具の占用の場所に関する基準（施行令第11条の10）

13 構造に関する基準（施行令第12条）

14 工事実施の方法に関する基準（施行令第13条）

15 工事の時期に関する基準（施行令第14条）

16 道路の復旧の方法に関する基準（施行令第15条）

（工事の調整のための条件）

第34条 道路管理者は，第32条第1項又は第3項の規定による許可を与えようとする場合において，道路を不経済に損傷し，又は道路の交通に著しい支障を及ぼさないために必要があると認めるときは，当該申請に係る道路の占用に関する工事と他の申請に係る道路の占用に関する工事若しくは他の道路占用者の道路の占用又は道路に関する工事とを相互に調整するために当該許可に対して必要な条件を附することができる。この場合において，道路管理者は，あらかじめ当該申請に係る道路の占用に関する工事を行おうとする者又は他の道路占用者の意見を聞かなければならない。

【解 説】

道路の占用の許可に際し，他の占用工事，道路工事等との調整のため必要な条件を付することができることを定めた規定である。一般に道路の占用は道路の構造又は交通に支障を及ぼすおそれがあるが，特に工事を伴う道路の占用にあってはこの傾向が著しく，これを放任すれば道路を不経済に損傷し，交通に著しい支障を及ぼすおそれがある。

したがって，このような占用を許可するに当たっては，他の占用工事，道路工事等との間に合理的な調整を図り，道路の機能を確保しようというのがこの条の趣旨である。

（道路の占用の禁止又は制限区域等）

第37条 道路管理者は，次に掲げる場合においては，第33条，第35条及び前条第2項の規定にかかわらず，区域を指定して道路（第2号に掲げる場合にあつては，歩道の部分に限る。）の占用を禁止し，又は制限することができる。

一 交通が著しくふくそうする道路又は幅員が著しく狭い道路について車両の能率的な運行を図るために特に必要があると認める場合

二 幅員が著しく狭い歩道の部分について歩行者の安全かつ円滑な通行を図るために特に必要があると認める場合

三 災害が発生した場合における被害の拡大を防止するために特に必要があると認

第5章　関係法令

める場合

2　道路管理者は，前項の規定により道路の占用を禁止し，又は制限する区域を指定しようとする場合においては，あらかじめ当該地域を管轄する警察署長に，当該道路の占用を禁止し，又は制限しようとする理由及び区域について協議しなければならない。当該道路の占用の禁止又は制限の区域の指定を解除しようとする場合においても，同様とする。

3　道路管理者は，前2項の規定に基いて道路の占用を禁止し，又は制限する区域を指定しようとする場合においては，あらかじめその旨を公示しなければならない。

（平25法30・平30法6・一部改正）

【解　説】

道路の占用は，道路の構造又は交通に多かれ少なかれ支障を及ぼすものであるから，法は道路の占用を許可制とし道路本来の機能が阻害されないように図っているが，ある特定の道路の構造又は交通事情から道路占用により一定区域の車両の円滑な交通等が阻害される場合には，このような個別的な制限では，目的を達することができず，区域全体について一律に制限する必要がある。このために，一定の区域における道路の占用を禁止し，又は制限することができることとしたのが本条の規定である。

道路の使用関係については，道路法の規定による道路管理面からの規制が加えられていることに加え，道路交通法の規定によって交通警察面からの規制が加えられている。すなわち，道路を占用しようとする者は，道路法の規定に基づき占用の許可を受け又は協議しなければならないと同時に，当該占用が道路交通法第77条1項の規定に該当するときは，同条の規定による許可も受けなければならないこととなる。そこで，この間の調整をとるため，道路交通法第79条は，道路管理者又は警察署長がそれぞれの規定に基づいて許可を与えようとする場合には，あらかじめ，相互に協議しなければならないこととしている。これと表裏している本条の規定による道路の占用の禁止又は制限についても，道路管理権と交通警察権との調整を図る必要があるので，道路管理者が第1項の規定により道路の占用の禁止・制限の区域を指定しようとする場合には，あらかじめ当該地域を管轄する警察署長に協議しなければならない。

占用の禁止又は制限区域の指定を解除しようとする場合も，同様に，あらかじめ当該地域を管轄する警察署長に，その指定を解除しようとする理由及び区域について協議しなければならないこととなっている。その趣旨等は，指定の場合と同様である。

本条の道路の占用の禁止又は制限が不意に行われると，占用の禁止又は制限を知らないために無駄な占用の許可申請又は協議の手続きがとられたり，第三者に不測の損害をもたらすおそれがあるので，第3項の規定で，道路管理者が，道路の占用を禁止し，又は制限する区域を指定しようとする場合は，あらかじめ，その旨を公示しなければならない。

（道路管理者の道路の占用に関する工事の施行）

第38条　道路管理者は，道路の構造を保全するために必要があると認める場合又は道

3　道路法・施行令・施行規則

路占用者の委託があつた場合においては，道路の占用に関する工事で道路の構造に関係のあるものを自ら行うことができる。

2　前項の場合において，道路の構造を保全するために必要があると認めて道路管理者が自ら工事を行おうとするときは，当該道路管理者は，道路占用者に対して，あらかじめ自ら当該工事を行うべき旨及び当該工事を行うべき時期を通知しなければならない。

【解　説】

　道路の占用に関する工事は，道路占用者が道路の占用を開始し，継続し，又は廃止するために行われる工事であり，道路占用者の利益を目的とするものであるから，本来道路占用者が行うべきものである。しかし，道路の占用はすべて道路の構造又は交通に支障を及ぼすおそれがあり，特に道路の占用に関する工事はそのおそれが強いので，施行令で占用に関する工事の実施方法，実施の時期，道路の復旧方法等について基準を定めるとともに，道路管理者は占用工事と他の工事との調整のために必要な条件を付することができることとしているが（法第34条），場合によっては，道路の占用に関する工事を道路管理者自らが行うことが望ましいことがある。本条はこうした場合において，道路管理者が道路の占用に関する工事を行うことができることとしたものである。

　なお，道路占用者の意思にかかわらず，道路管理者が自己の判断に基づいて道路の占用に関する工事を行う場合には，道路管理者に通知義務を課して，道路占用者の利便を図ることとしている。

（占用料の徴収）

第39条　道路管理者は，道路の占用につき占用料を徴収することができる。ただし，道路の占用が国の行う事業及び地方公共団体の行う事業で地方財政法（昭和23年法律第109号）第6条に規定する公営企業以外のものに係る場合においては，この限りでない。

2　前項の規定による占用料の額及び徴収方法は，道路管理者である地方公共団体の条例（指定区間内の国道にあつては，政令）で定める。但し，条例で定める場合においては，第35条に規定する事業及び全国にわたる事業で政令で定めるものに係るものについては，政令で定める基準の範囲をこえてはならない。

（昭33法36・昭34法66・昭39法163・平11法87・平25法30・一部改正）

（指定区間内の国道に係る占用料の額）

令第19条　指定区間内の国道に係る占用料の額は，別表占用料の欄に定める金額（第7条第8号に掲げる施設のうち特定連結路附属地に設けるもの及び同条第13号に掲げる施設にあつては，同表占用料の欄に定める額及び道路の交通量等から見込

まれる当該施設において行われる営業により通常得られる売上収入額に応じて国土交通省令で定めるところにより算定した額を勘案して占用面積1平方メートルにつき1年当たりの妥当な占用の対価として算定した額。以下この項及び次項において同じ。）に，法第32条第1項若しくは第3項の規定により許可をし，法第35条の規定により同意をし，又は法第48条の27の規定により協議が成立した占用の期間（電線共同溝に係る占用料にあつては，電線共同溝整備法第10条，第11条第1項若しくは第12条第1項の規定により許可をし，又は電線共同溝整備法第21条の規定により協議が成立した占用することができる期間（当該許可又は当該協議に係る電線共同溝への電線の敷設工事を開始した日が当該許可をし，又は当該協議が成立した日と異なる場合には，当該敷設工事を開始した日から当該占用することができる期間の末日までの期間）。以下この項，次項，次条第1項及び別表の備考第9号において同じ。）に相当する期間を同表占用料の単位の欄に定める期間で除して得た数を乗じて得た額（その額が100円に満たない場合にあつては，100円）とする。ただし，当該占用の期間が翌年度以降にわたる場合においては，同表占用料の欄に定める金額に，各年度における占用の期間に相当する期間を同表占用料の単位の欄に定める期間で除して得た数を乗じて得た額（その額が100円に満たない場合にあつては，100円）の合計額とする。

2　前項の規定にかかわらず，指定区間内の国道に係る道路の占用のうち占用の期間が1月未満のものについての占用料の額は，別表占用料の欄に定める金額に，当該占用の期間に相当する期間を同表占用料の単位の欄に定める期間で除して得た数を乗じて得た額に1.08を乗じて得た額（その額が100円に満たない場合にあつては，100円）とする。ただし，当該占用の期間が翌年度にわたる場合においては，同表占用料の欄に定める金額に，各年度における占用の期間に相当する期間を同表占用料の単位の欄に定める期間で除して得た数を乗じて得た額に1.08を乗じて得た額（その額が100円に満たない場合にあつては，100円）の合計額とする。

3　国土交通大臣は，指定区間内の国道に係る占用料で次に掲げる占用物件に係るものについて，特に必要があると認めるときは，前2項の規定にかかわらず，前2項に規定する額の範囲内において別に占用料の額を定め，又は占用料を徴収しないことができる。

一　応急仮設住宅

二　地方財政法（昭和23年法律第109号）第6条に規定する公営企業に係るもの

3　道路法・施行令・施行規則

　三　独立行政法人鉄道建設・運輸施設整備支援機構が建設し，又は災害復旧工事を行う鉄道施設及び独立行政法人日本高速道路保有・債務返済機構が管理を行う鉄道施設並びに鉄道事業法による鉄道事業者又は索道事業者がその鉄道事業又は索道事業で一般の需要に応ずるものの用に供する施設

　四　公職選挙法（昭和25年法律第100号）による選挙運動のために使用する立札，看板その他の物件

　五　街灯，公共の用に供する通路及び駐車場法（昭和32年法律第106号）第17条第1項に規定する都市計画において定められた路外駐車場

　六　前各号に掲げるもののほか，前2項に規定する額の占用料を徴収することが著しく不適当であると認められる占用物件で，国土交通大臣が定めるもの

4　指定区間内の国道に係る占用料で指定区間の指定の日の前日までに道路管理者である都道府県又は指定市が徴収すべきものの額は，前3項の規定にかかわらず，当該指定区間の指定の際現に当該指定区間の存する都道府県又は指定市が法第39条第2項の規定に基づく条例で定めている占用料の額とする。

　　（昭42政335・全改，昭44政158・昭45政209・昭62政54・平元政72・平3政304・平7政256・平7政363・平9政74・平10政37・平10政289・平11政352・平12政312・平14政385・平15政293・平17政203・一部改正，平18政357・旧第19条の2繰上・一部改正，平19政235・平19政304・平20政5・平23政321・平24政294・平25政243・平26政88・平28政182・平30政280・一部改正）

（指定区間内の国道に係る占用料の徴収方法）

令第19条の2　指定区間内の国道に係る占用料は，法第32条第1項若しくは第3項の規定により許可をし，法第35条の規定により同意をし，又は法第48条の27の規定により協議が成立した占用の期間に係る分を，当該占用の許可をし，同意をし，又は協議が成立した日（電線共同溝に係る占用料にあつては，電線共同溝整備法第10条，第11条第1項若しくは第12条第1項の規定により許可をし，又は電線共同溝整備法第21条の規定により協議が成立した日（当該許可又は当該協議に係る電線共同溝への電線の敷設工事を開始した日が当該許可をし，又は当該協議が成立した日と異なる場合には，当該敷設工事を開始した日））から1月以内に納入告知書（法第13条第2項の規定により都道府県又は指定市が占用料を徴収する事務を行つている場合にあつては，納入通知書）により一括して徴収するものとする。ただし，当該占用の期間が翌年度以降にわたる場合においては，翌年度以降の占用料は，毎年度，当該年度分を4月30日までに徴収するものとする。

2　前項の占用料で既に納めたものは，返還しない。ただし，国土交通大臣が法第

第 5 章　関係法令

71条第２項の規定により道路の占用の許可を取り消した場合において，既に納め
た占用料の額が当該占用の許可の日から当該占用の許可の取消しの日までの期間
につき算出した占用料の額を超えるときは，その超える額の占用料は，返還す
る。

3　指定区間内の国道に係る占用料で指定区間の指定の日の前日までに道路管理者
である都道府県又は指定市が徴収すべきものは，前２項の規定にかかわらず，当
該指定区間の指定の際現に当該指定区間の存する都道府県又は指定市が法第39条
第２項の規定に基づく条例で定めている占用料の徴収方法により徴収するものと
する。

　　　（昭33政163・追加，昭40政57・昭42政335・平７政256・平11政352・平12政312・一部改正，平

　　18政357・旧第19条の３繰上・一部改正，平28政182・平30政280・一部改正）

（占用料の収入の帰属）

令第19条の３　法第39条の規定に基づく占用料は，指定区間内の国道に係るものにあ
つては国，指定区間外の国道に係るものにあつては道路管理者である都道府県又
は指定市若しくは指定市以外の市，都道府県道又は市町村道に係るものにあつて
は道路管理者である都道府県又は市町村の収入とする。

2　法第13条第２項の規定により都道府県又は指定市が指定区間内の国道の管理を
行つている場合においては，当該管理を行つている指定区間内の国道に係る占用
料は，前項の規定にかかわらず，当該都道府県又は指定市の収入とする。

3　前項の規定により都道府県又は指定市の収入となるべき指定区間内の国道に係
る占用料で法第13条第２項の規定により都道府県又は指定市が指定区間内の国道
の管理を行うこととされる日の前日までに国が徴収すべきものは，前項の規定に
かかわらず，国の収入とする。

4　第１項の規定により国の収入となるべき指定区間内の国道に係る占用料で法第
13条第２項の規定により国土交通大臣が都道府県又は指定市が行つていた指定区
間内の国道の管理を解除する日の前日までに当該都道府県又は指定市が徴収すべ
きものは，第１項の規定にかかわらず，当該都道府県又は指定市の収入とする。

5　第１項の規定により国の収入となるべき指定区間内の国道に係る占用料で当該
指定区間の指定の日の前日までに道路管理者である都道府県又は指定市が徴収す
べきものは，同項の規定にかかわらず，当該都道府県又は指定市の収入とする。

6　第１項の規定により道路管理者である都道府県又は指定市の収入となるべき国
道に係る占用料で，当該国道に係る指定区間の指定の廃止の日の前日までに国が

3　道路法・施行令・施行規則

徴収すべきものは，同項の規定にかかわらず，国の収入とする。

（昭33政163・追加，昭40政57・平11政352・平12政312・一部改正，平18政357・旧第19条の４繰上）

【解　説】

道路の占用許可は，特定の者に対して道路を継続的に使用する権利を設定するものであるから，道路管理者は，明文の規定がなくても，許可の条件として道路占用者に占用料の納付義務を課することができるのであるが，法第39条は，その旨を明確にするとともに，徴収方法等について必要な規制を加えたものである。

一般に公共用物の占用料の性質については，対価説と報償説がある。前者は公共用物の利用によって占用者が受ける利益を徴収するという考え方であり，後者は，公共用物の管理は住民一般の負担において行われるものであるのに，占用は，特定人に特別の使用を許し，かつ，公共用物の管理費用を増加させるものであるから費用の一部を徴収して負担の公平を図るという考え方である。

道路管理権は，公権的な側面と私権的な側面との複合体と考えられ，対価説は，道路の利用形態が一般の土地利用形態と類似していることに着目したもので，道路管理権の私権的側面に，また，報償説は，公権的側面にそれぞれ親近性を有するものである。このように，対価説と報償説は道路管理権の持つ２つの側面をそれぞれ表現したものであり，いずれか一方が正当というものではないと考えられる。ただし，具体の占用料の算定に当たっては，土地の使用について現に明確な受益が発生していることに着目し，原則的には対価説によることが妥当と考えられている。

（占用物件の管理）

第39条の８　道路占用者は，国土交通省令で定める基準に従い，道路の占用をしている工作物，物件又は施設（以下これらを「占用物件」という。）の維持管理をしなければならない。

（平30法６・追加）

（占用物件の維持管理に関する基準）

則第４条の５の５　法第39条の８の国土交通省令で定める基準は，道路占用者が，道路の構造若しくは交通に支障を及ぼし，又は及ぼすこととなるおそれがないように，適切な時期に，占用物件の巡視，点検，修繕その他の当該占用物件の適切な維持管理を行うこととする。

（平30国交令74・追加）

【解　説】

道路占用者の占用物件の維持管理義務に関する規定である。平成30年の法改正により追加さ

第5章　関係法令

れた。

　この規定は，全ての占用物件が道路の構造や交通に支障を及ぼすことを防止することを目的とするものであり，全ての道路占用者に対して，占用物件の維持管理義務を課すものである。

　維持管理の基準については，各物件の管理等について定めた個別の法令において維持管理の基準が定められている場合，当該基準に従って維持管理が適切になされている場合には，道路の構造又は交通に支障を及ぼしていない限り，則第4条の5の5の基準に従った維持管理がなされているものと認められる一方で，個別法令に定める基準が遵守されていない場合には，同条の基準に従った維持管理がなされていないものと認められる。

　なお，個別法令において維持管理の基準が定められていない占用物件については，道路の構造又は交通に支障を及ぼさない限り，同条の基準に違反するものとは取り扱わないこととされている。

（占用物件の維持管理に関する措置）

第39条の9　道路管理者は，道路占用者が前条の国土交通省令で定める基準に従つて占用物件の維持管理をしていないと認めるときは，当該道路占用者に対し，その是正のため必要な措置を講ずべきことを命ずることができる。

　　　　（平30法6・追加）

【解　説】

　措置命令は，維持管理義務違反の「是正のため必要な」措置に限って行われる。

　措置命令の具体的な内容として，例えば，個別法令の維持管理の基準違反が認められる場合においては，個別法令に規定された点検等の維持管理の実施及びその結果の報告を命ずることが考えられる。また，道路の構造又は交通への支障が認められる場合においては，損傷箇所の修繕のほか，類似事象の未然防止のため，当該損傷箇所と類似の条件（占用物件の構造，占用開始後経過年数及び耐用年数，占用場所等）下にある占用物件の点検等の実施及びその結果の報告を命ずることが考えられる。

（原状回復）

第40条　道路占用者は，道路の占用の期間が満了した場合又は道路の占用を廃止した場合においては，占用物件を除却し，道路を原状に回復しなければならない。ただし，原状に回復することが不適当な場合においては，この限りでない。

2　道路管理者は，道路占用者に対して，前項の規定による原状の回復又は原状に回復することが不適当な場合の措置について必要な指示をすることができる。

　　　　（平30法6・一部改正）

【解　説】

　本条の規定は，占用終了時における道路占用者の原状回復義務及び道路管理者の指示権限に関する規定である。

3 道路法・施行令・施行規則

「原状」とは，占用の許可を受けた時における当該占用の場所の道路の状況であり，「原状に回復することが不適当な場合」とは，除却することが不適当な場合も含むものである。

なお，原状回復に要する費用は，道路占用者の負担となる。

（添加物件に関する適用）

第41条 道路管理者以外の者が占用物件に関し新たに道路の構造又は交通に支障を及ぼす虞のある物件を添加しようとする行為は，本節の規定の適用については，新たな道路の占用とみなす。

【解　説】

本条の規定は，既許可の占用物件に対し，当該占用物件に関する道路占用者又は第三者が新たに物件を添加しようとする場合の規定である。これは既存の占用物件に関し新たに道路の構造又は交通に支障を及ぼすおそれのある物件を添加しようとする行為については，独立の占用とみなして既存の占用とは別個に処理し，道路の占用が放漫に流れるのを防ごうとする趣旨である。占用者が，自ら既許可の占用物件になんらかの物件を添加しようとする場合は，その物件が道路の構造又は交通に支障を及ぼすおそれのないものであるときは法第32条第3項の規定による占用の変更又は法第35条の規定による協議事項として処理され，それ以外のときは本条の規定の適用を受けることになる。「道路管理者以外の者」とは，道路管理者を除くすべての者の意味で，法第35条の規定により協議占用を認められている者を含むことは当然である。

「添加」とは，物理的に附加することで，電柱にペンキ塗装を行う等の通常道路の構造又は交通に支障を及ぼすおそれのない行為は含まれないが，木製又は金属製等の薄板を貼り付けること等は添加といえる。

本条にいう物件添加行為は，「新たな道路の占用」とみなされるものであるから，法第32条第1項の許可を必要とすることはもとより，法第35条の規定により協議占用を認められている者の場合においても同様に別途協議を要する。法第33条に規定する許可基準についても，既存の占用とは別に，改めてこれに適合するか否かが判断されることとなる。法第34条に基づく工事調整のための条件についても同様である。

法第39条に基づく占用料は，添加物件について，独立して算定し，徴収すべきことは当然である。

無許可の物件添加行為は，無許可占用として，法第71条の規定による監督処分の対象となるほか，罰則の適用があることは，一般の無許可占用の場合と同様である。

本条適用の場合は，新たな占用であるから，道路交通法第77条の規定による警察署長の道路使用許可を受けることとなるのはいうまでもなく，また広告物を設置する場合は屋外広告物法が適用されること，選挙ポスターを添加する場合，公職選挙法の適用を受けること等他の法令の規制等を受ける場合が多いので，留意する必要がある。

（違法放置等物件に対する措置）

第44条の2 道路管理者は，第43条第2号の規定に違反して，道路を通行している車両から落下して道路に放置された当該車両の積載物，道路に設置された看板その他

第5章　関係法令

の道路に放置され，又は設置された物件（以下この条において「違法放置等物件」
という。）が，道路の構造に損害を及ぼし，若しくは交通に危険を及ぼし，又はそ
れらのおそれがあると認められる場合であつて，次の各号のいずれかに該当すると
きは，当該違法放置等物件を自ら除去し，又はその命じた者若しくは委任した者に
除去させることができる。

一　当該違法放置等物件の占有者，所有者その他当該違法放置等物件について権原
　　を有する者（以下この条において「違法放置等物件の占有者等」という。）に対
　　し第71条第1項の規定により必要な措置をとることを命じた場合において，当該
　　措置をとることを命ぜられた者が当該措置をとらないとき。

二　当該違法放置等物件の占有者等が現場にいないために，第71条第1項の規定に
　　より必要な措置をとることを命ずることができないとき。

2〜8　（略）

（平3法60・追加，平11法87・平28法19・一部改正）

【解　説】

　本条は，平成28年の法改正により，違法放置等物件の対策の強化のため改正された。

　従来，道路管理者自らが道路上に違法に設置された看板等を除去しようとした場合には，相
当の期間の事前の公告を行う等の措置が必要であったが，改正により速やかに除去することが
できることとされた。

　このほか，現に道路の構造に損害を及ぼし，又は交通に危険を及ぼしているものではない
が，固定部分の腐食が進んでいる，風で飛散する危険があるなど，それらのおそれがあると認
められる場合についても，速やかに除去ができることとされた。

　本条の措置の具体的な対象は，法第43条第2号の規定に違反して，道路に落下した車両積載
物，沿道や上空から道路上に転落又は落下した物件で除去されていない物件その他の道路に放
置された物件のほか，同号の規定に違反して，占有者等の積極的な意思のもとに道路に設置さ
れた看板その他の物件を含むものである。なお，本条による措置の対象となる物件はいわゆる
「有価物」に限られ，経済的価値がなく，明らかに廃棄されたと認められる物件については，
廃棄物として通常の維持管理，清掃により処理されることとなる。

（道路管理者等の監督処分）

第71条　道路管理者は，次の各号のいずれかに該当する者に対して，この法律若しく
　　はこの法律に基づく命令の規定によつて与えた許可，承認若しくは認定（以下この
　　条及び第72条の2第1項において「許可等」という。）を取り消し，その効力を停
　　止し，若しくはその条件を変更し，又は行為若しくは工事の中止，道路（連結許可
　　等に係る自動車専用道路と連結する施設を含む。以下この項において同じ。）に存
　　する工作物その他の物件の改築，移転，除却若しくは当該工作物その他の物件によ

288

り生ずべき損害を予防するために必要な施設をすること若しくは道路を原状に回復することを命ずることができる。

　一　この法律若しくはこの法律に基づく命令の規定又はこれらの規定に基づく処分に違反している者

　二　この法律又はこの法律に基づく命令の規定による許可又は承認に付した条件に違反している者

　三　偽りその他不正な手段によりこの法律又はこの法律に基づく命令の規定による許可等を受けた者

2　道路管理者は，次の各号のいずれかに該当する場合においては，この法律又はこの法律に基づく命令の規定による許可等を受けた者に対し，前項に規定する処分をし，又は措置を命ずることができる。

　一　道路に関する工事のためやむを得ない必要が生じた場合

　二　道路の構造又は交通に著しい支障が生じた場合

　三　前2号に掲げる場合のほか，道路の管理上の事由以外の事由に基づく公益上やむを得ない必要が生じた場合

3　第44条第4項又は前2項の規定により必要な措置をとることを命じようとする場合において，過失がなくて当該措置を命ずべき者を確知することができないときは，道路管理者は，その者の負担において，当該措置を自ら行い，又はその命じた者若しくは委任した者にこれを行わせることができる。この場合においては，相当の期限を定めて，当該措置を行うべき旨及びその期限までに当該措置を行わないときは，道路管理者又はその命じた者若しくは委任した者が当該措置を行う旨を，あらかじめ公告しなければならない。

4　道路管理者（第97条の2の規定により権限の委任を受けた北海道開発局長を含む。以下この項及び次項において同じ。）は，その職員のうちから道路監理員を命じ，第24条，第32条第1項若しくは第3項，第37条，第40条，第43条，第44条第3項若しくは第4項，第46条第1項若しくは第3項，第47条第3項，第47条の4第2項若しくは第48条第1項若しくは第2項の規定又はこれらの規定に基づく処分に違反している者（第1項又は第2項の規定による道路管理者の処分に違反している者を含む。）に対して第1項の規定によるその違反行為若しくは工事の中止を命じ，又は道路に存する工作物その他の物件の改築，移転，除却若しくは当該工作物その他の物件により生ずべき損害を予防するために必要な施設をすること若しくは道路を原状に回復することを命ずる権限を行わせることができる。

第5章　関係法令

5　道路管理者は，前項の規定により命じた道路監理員に第43条の2，第47条の4第1項，第48条第4項，第48条の12又は第48条の16の規定による権限を行わせることができる。

6　道路監理員は，前2項の規定による権限を行使する場合においては，その身分を示す証票を携帯し，関係人の請求があつたときは，これを呈示しなければならない。

7　前項の規定による証票の様式その他必要な事項は，国土交通省令で定める。

（昭33法36・昭34法66・昭39法163・昭46法46・平元法56・平5法89・平11法160・平16法101・平25法30・平26法53・平30法6・一部改正）

（証票の様式）

則第5条

2　法第71条第7項（法第91条第2項において準用する場合を含む。）の規定による証票の様式は，別記様式第7とする。

（昭32建令11・昭40建令13・昭47建令7・平6建令25・一部改正）

【解　説】

監督権が発動されるのは，大別して2つの場合である。その1は違法，不正の状態を是正するための処分又は措置命令であり（第1項関係），2は，適法状態にあるが公益上の必要がある場合に，許可，承認を受けている者に対してする処分又は措置命令（第2項関係）である。このうち違法等の状態にある者に対しては，道路法においても罰則を設けて予防措置を講じているのであるが，そのような違法の状態を速やかに解消することが別途必要であるために，本条を設けたものである。

許可，承認又は認定とは，法第32条の規定による占用の許可，法第24条の規定による道路に関する工事若しくは道路の維持を行うことについての承認，法第39条の5の規定による入札占用計画の認定等である。

（監督処分に伴う損失の補償等）

第72条　道路管理者は，第24条又は第32条第1項若しくは第3項の規定による承認又は許可を受けた者が前条第2項第2号又は第3号の規定による処分によつて通常受けるべき損失を補償しなければならない。

2　第44条第6項及び第7項の規定は，前項の規定による損失の補償について準用する。

3　道路管理者は，第1項の規定による補償の原因となつた損失が前条第2項第3号の規定による処分に因るものである場合においては，当該補償金額を当該事由を生じさせた者に負担させることができる。

3　道路法・施行令・施行規則

（平30法6・一部改正）

【解　説】

　法第24条の規定による承認工事又は法第32条の規定による占用に関しては，法第71条第2項により，道路管理者の監督処分権の発動が認められているが，この場合において損失補償義務が発生するのは，同条同項第2号（構造・交通の支障），第3号（公益上やむを得ない必要）に該当する場合に限られている。第1号（道路に関する工事のためやむを得ない必要）に該当する場合は，そもそも道路を占用することに伴う内在的な制約と考えられるから，補償の規定はおかれていないのである。

　公益上やむを得ない必要が生じた場合に行う監督処分（法第71条第2項第3号）に伴う損失補償については，当該事由を生ぜしめた者にその負担を求めることができる。例えば，飛行場の建設に伴って近傍の占用物件を除去する必要が生じた場合の飛行場設置者，地下鉄の昇降口工事のため占用物件の移転が必要となった場合の地下鉄設置者等が考えられる。

（報告及び立入検査）

第72条の2　道路管理者は，この法律（次項に規定する規定を除く。）の施行に必要な限度において，国土交通省令で定めるところにより，この法律若しくはこの法律に基づく命令の規定による許可等を受けた者に対し，道路管理上必要な報告をさせ，又はその職員に，当該許可等に係る行為若しくは工事に係る場所若しくは当該許可等を受けた者の事務所その他の事業場に立ち入り，当該許可等に係る行為若しくは工事の状況若しくは工作物，帳簿，書類その他の物件を検査させることができる。

2　（略）

3　前2項の規定により立入検査をする職員は，その身分を示す証明書を携帯し，関係人の請求があつたときは，これを提示しなければならない。

4　第1項及び第2項の規定による立入検査の権限は，犯罪捜査のために認められたものと解釈してはならない。

（平25法30・追加，平30法6・一部改正）

【解　説】

　本条第1項の規定により，道路管理者は，法の施行に必要な限度において，道路占用者に対し，道路管理上必要な報告をさせ，又はその職員に，道路の占用の場所若しくは道路占用者の事務所その他の事業所に立ち入り，道路の占用の状況若しくは工作物，帳簿，書類その他の物件を検査させることができる。

　報告徴収等に当たっては，道路管理上の必要性があれば足り，法第39条の8に規定する維持管理義務違反であることは要さない。

第5章　関係法令

4　労働安全衛生法

1．目的と適用

　労働安全衛生法は，労働災害の防止に関する総合的・計画的な対策を推進することにより職場における労働者の安全と健康を確保するとともに，快適な作業環境の形成を促進することを目的としている。労働安全衛生法の主たる義務主体は，労働者を使用して事業を行う者（事業者という。）で，労働安全衛生法の大部分の条文は，この事業者が遵守すべき事項を定めている〈法第1条・法第2条〉。

2．安全衛生管理体制

　事業者は，一定規模以上の事業場には，総括安全衛生管理者，安全管理者，衛生管理者，安全衛生推進者，産業医，安全・衛生委員会等を置くとともに，特に危険な作業等には作業主任者をつけなければならないことが定められている。

　また，建設工事における元請の統括安全衛生責任者及び元方安全衛生管理者の選任，下請の安全衛生責任者の選任が定められている〈法第10条～法第19条〉。

3．技術基準等

　事業場における機械設備等について，労働者の安全衛生を確保するための最低の基準が定められ，事業者，元方事業者，注文者，リース業者，建築物貸与者等にその遵守を義務づけている。なお，遵守すべき具体的な基準は，労働安全衛生規則，クレーン等安全規則，高気圧作業安全衛生規則，酸素欠乏症等防止規則等の厚生労働省令に定められている〈法第20条～法第36条〉。

4．機械等に関する規則

　クレーンなどの特に危険な作業を必要とする機械等については，製造の許可，検査，検定等の制度が設けられ，これらの機械等の製造，流通，設置の各段階における安全性の確保を図っている。また，有害物についても，製造の許可，表示，有害性の事前調査等が定められ，同じく，製造，流通，使用の各段階における安全衛生の確保を図っている〈法第37条～法第58条〉。

5．安全衛生教育，就業制限等

　労働者に対する雇入れ時又は作業変更時の安全衛生教育，特定の危険又は有害な業務に就かせる場合の特別教育，職長等に対する教育について定めるとともに，特に危険な作業に関する就業制限，中高年齢者等の適正配置等による人の面での安全衛生の確保を図っている〈法第59条～法第63条〉。

6．健康の保持増進のための措置

　労働者の健康を管理するため，雇入れ時及び定期の健康診断，又は有害な業務に従事する労働者に対する特殊健康診断の実施を定めるとともに，作業環境の改善，病者の就業禁止，有害業務の作業時間の制限及び健康教育等労働者の健康の保持増進のための努力義務等が定められている〈法第64条～法第71条〉。

7．その他

　事業場における安全衛生対策の実効を期すため，安全・衛生コンサルタント制度を定めるとともに，行政機関における計画の審査，安全，衛生専門官制度，使用停止命令等の監督措置が定められている。なお，労働安全衛生法に定める規定は，大部分が違反すれば罰せられる強行規定である〈法第81条～法第123条〉。

⬛1　法の概要

⑴　労働安全衛生法の目的と適用の範囲

　労働安全衛生法は，労働基準法と相まって，労働災害の防止のための危害防止基準の確立，責任体制の明確化，及び自主的活動の促進の措置を講ずるなどその防止に関する総合的・計画的な対策を推進することにより，職場における労働者の安全と健康を確保するとともに，快適な作業環境の形成を促進することを目的とするものである〈法第1条〉。

　労働基準法は，主として使用者と労働者という雇用関係を前提として，最低基準の確保に重点を置いた規制の仕方をしているが，労働安全衛生法では，最低基準の遵守確保にとどまらず，事業場内における安全衛生管理体制の確立，危険な機械や有害物の製造，流通段階での規制の強化，重層下請，リース等特殊な労働関係の規制，健康管理手帳制度など健康管理の充実など幅の広い総合的な対策の促進を目的として規制がなされている。また，労働者の安全と健康の確保と併せ，労働基準法では考えられていない快適な作業環境形成の促進を目的としている。

　労働安全衛生法の適用範囲は，事業者の義務とされている最低基準の遵守確保に関する規定については労働基準法と同じとみてよいが，機械設備の流通段階の規制，重層下請，リース等の特殊な労働関係の規制などの規定は，雇用関係の範囲を超えて適用されるので注意する必要がある。

⑵　安全衛生管理体制

　事業場における労働災害を防止することは，事業を経営する事業者（その事業における経営主体のことをいい，個人企業にあってはその事業主個人をいい，会社その他の法人の場合には法人そのものを指す。）の責任であり，企業自体が自主的に災害防止活動を推進することが大

第5章　関係法令

切である。そして，企業の災害防止活動推進の母体となるものが安全衛生管理体制である。

労働安全衛生法では，事業場における安全衛生管理体制について次のような職制，委員会等を定めている〈法第10条～法第19条・法第25条の2・法第30条〉。

《安全衛生管理の職制，委員会等の設置義務》

1．安全衛生管理についての職制

イ）　総括安全衛生管理者〈法第10条〉

ロ）　安全管理者〈法第11条〉

ハ）　衛生管理者〈法第12条〉

ニ）　安全衛生推進者等〈法第12条の2〉

ホ）　産業医〈法第13条〉

ヘ）　労働者の健康管理等を行う者〈法第13条の2〉

ト）　作業主任者〈法第14条〉

チ）　統括安全衛生責任者〈法第15条〉

リ）　元方安全衛生管理者〈法第15条の2〉

ヌ）　店社安全衛生管理者〈法第15条の3〉

ル）　安全衛生責任者〈法第16条〉

ヲ）　救護技術管理者〈法第25条の2第2号〉

2．委員会等

イ）　安全委員会〈法第17条〉

ロ）　衛生委員会〈法第18条〉

ハ）　安全衛生委員会〈法第19条〉

ニ）　協議組織〈法第30条第1項第1号〉

このうち，1．のイ）～ホ），ト）及び2．のイ）ロ）ハ）については，事業場（建設業の場合は，工事現場の元請及び下請がそれぞれ一の事業場となる場合が多い。従って，一の工事現場に複数の事業場が存在するのが一般的である。）ごとに選任又は設置が義務づけられているものである。また，1．のチ）～ヲ）及び2．のニ）については，建設工事で一般的となっている下請を使用して作業を進める現場において選任又は設置が義務づけられているものである。

なお，これら職制の選任基準等についても労働安全衛生法，同法施行令及び労働安全衛生規則に定められており，その概要は次のとおりである。

《総括安全衛生管理者等の選任基準》

建設業においては，その事業場の労働者が常時100人以上の場合には，その事業場で，事業の実施を統括管理する者をもって充てる総括安全衛生管理者を選任し，安全

4 労働安全衛生法

衛生に関する業務を総括管理させなければならない〈法第10条・令第2条〉。常時50人以上の労働者を使用する事業場においては、一定の資格を有する安全管理者、衛生管理者を選任し、安全衛生業務のうち技術的事項を管理させなければならない〈法第11条・法第12条・令第3条・令第4条〉。また、常時10人以上50人未満の労働者を使用する事業所においては、安全衛生推進者（又は衛生推進者）を選任し、安全衛生に関する業務を担当させなければならない〈法第12条の2，則第12条の2〉。

　また、特に労働災害を防止するための管理を必要とする作業については、一定の資格を有する作業主任者を選任し、その者に労働者の指揮その他の事項を行わせなければならない〈法第14条〉。

　作業主任者の選任を必要とする作業のうち特に建設工事に関係の深いものは、表1－1のとおりである〈令第6条〉。

表1－1　作業主任者の選任を必要とする作業

作　業　主　任　者	作　業　の　内　容	資　格
高圧室内作業主任者	圧気工法で行われる潜函工法その他の高圧室内の作業	免許者
ガス溶接作業主任者	アセチレン又はガス集合装置を用いて行う溶接等の作業	
地山の掘削作業主任者	地山の掘削の作業	講習修了者
土止め支保工作業主任者	切梁り・腹起こしの取付け又は取り外しの作業	
ずい道等の掘削等作業主任者	掘削の作業 ずり積み、ずい道支保工組立、ロックボルト取付、コンクリート等吹付の作業	
ずい道等の覆工作業主任者	ずい道型枠支保工の組立・移動・解体、コンクリート打設の作業	
採石のための掘削作業主任者	岩石の採取のための掘削作業	
型枠支保工の組立て等作業主任者	型枠支保工の組立・解体の作業	
足場の組立て等作業主任者	足場の組立・解体・変更の作業	
建築物等の鉄骨の組立て等作業主任者	鉄骨等の組立・解体・変更の作業	
木造建築物の組立て等作業主任者	軒高が5m以上の木造建築物の構造部材の組立、屋根下地、外壁下地の取付の作業	

第5章 関係法令

コンクリート造の工作物の解体等作業主任者	高さが5m以上のコンクリート造の工作物の解体・破壊の作業
酸素欠乏危険作業主任者	酸素欠乏危険場所における作業

なお，建設業においては，事業場の労働者の数が50人以上の場合には，安全委員会，衛生委員会又は安全衛生委員会を設置しなければならない〈令第8条・令第9条〉。

〈特定元方事業者が行うべき事項〉

次に，建設工事現場において，元請，下請等の異なる事業者の労働者が混在して作業を行う場合には，元方事業者は，協議組織の設置，作業間の連絡調整，作業場所の巡視，下請が行う安全衛生教育に対する指導援助，機械・設備等の配置などに関する計画の作成，合図の統一などを行わなければならない〈法第30条〉。

なお，この場合，工事現場全体の労働者の数が常時50人以上（ただし，ずい道等の建設工事又は圧気工法による作業を行う工事にあっては，常時30人以上）である場合は，その工事の実施を統括管理する者（多くは現場の所長）を統括安全衛生責任者に選任し，上記の事項を行わせなければならない〈法第15条・令第7条〉。

また，上記の統括安全衛生責任者を選任した特定元方事業者は，一定の資格を有する者のうちから元方安全衛生管理者を選任し，統括安全衛生責任者の指揮のもとに上記の統括安全衛生責任者が統括管理すべき事項のうち技術的事項を管理させなければならない〈法第15条の2〉。

さらに，建設業に属する事業の元方事業者は，中小規模の建設現場における統括安全衛生管理について，当該建設現場の現場所長，安全担当者に対して指導を行う店社安全衛生管理者を設けなければならない〈法第15条の3〉。

⑶ 労働災害を防止するための技術基準

労働災害の原因は種々雑多であるが，労働安全衛生法では，これを次の5項目にまとめ，事業者はそれぞれについて必要な措置を講じなければならないこととしている。

《労働災害防止のために事業者が講ずべき措置》

1) 機械・器具その他の設備，爆発性の物，発火性の物，引火性の物等及び電気・熱その他のエネルギーによる危険の防止〈法第20条〉

2) 掘削等の作業方法及び高所等の場所などに係る危険の防止〈法第21条〉

3) 原材料，ガス，粉じん，酸素欠乏空気，放射線，騒音・振動，異常気圧，排気・廃液等による健康障害の防止〈法第22条〉

4) 作業場についての通路・床面等の保全，換気，採光，照明，避難その他労働者の健康，風紀及び生命の保持〈法第23条〉

5) 労働者の作業行動から生ずる労働災害の防止〈法第24条〉

4　労働安全衛生法

　なお，必要な措置の具体的な基準は，労働安全衛生規則，クレーン等安全規則，高気圧作業安全衛生規則，酸素欠乏症等防止規則等の厚生労働省令によって詳細に定められている。これらの基準は，事業者が自ら使用する労働者の危険等を防止するためにとらなければならない措置の基準であるが，建設工事を自ら行う注文者に対しては，下請等の労働者に使用させる機械設備等について，その労働者の労働災害を防止するための，特別な規則が置かれている〈則第644条～則第669条〉。また，建設機械等のリース業者についても労働災害防止のための規制がなされている〈則第665条～則第669条〉。

⑷　重大事故発生時における救護の安全を確保するための措置〈法第25条の２〉

⑸　技術上の指針及び望ましい作業環境の標準

　厚生労働大臣は，事業者が遵守すべき最低の基準のほか，事業者が講ずべき措置の適切かつ有効な実施を図るため，業種又は作業ごとに技術上の指針を公表し，あるいは快適な作業環境の形成を図るため，必要があると認めるときは，望ましい作業環境の標準を公表するとともに，事業者又はその団体に対して，これらの指針又は標準に関して必要な指導・勧告を行うことができることとなっている。これに関しては，現在，スリップフォーム工法，感電防止用漏電遮断装置及び使用の安全基準，コンベヤの安全基準，移動式足場の安全基準，墜落防止用ネットに関する技術上の指針等が公表されている〈法第28条〉。

⑹　機械等及び有害物に関する規制

　危険な作業を必要とする機械等及び有害物については，次のような規制がある。

　まず，一定以上の大きさのクレーン，エレベーター，ボイラー等，特に危険な作業を必要とする機械等については，都道府県労働局長又は登録製造時等検査機関の製造許可・検査，労働基準監督署長の設置・変更等に係る検査を受け，検査証の交付を受けたものでなければ使用してはならない〈法第37条・法第38条〉。また，クレーンの過負荷防止装置，防じんマスク，型枠支保工用のパイプサポート及び補助サポート等，鋼管足場用の部材等，吊り足場用の吊りチェーン等，合板足場板，車両系建設機械（ブルドーザー，パワーショベル等），再圧室などは厚生労働大臣が定める規格又は安全装置を具備しなければ，譲渡し，貸与し，又は設置してはならない〈法第42条〉。

⑺　安全衛生教育，就業制限等

　①　安全衛生教育を実施すべき場合

　事業者は，次の場合には労働者に対して安全衛生教育を実施しなければならない〈法第59条・法第60条〉。

　(i)　労働者を雇い入れたとき。

　(ii)　労働者の作業内容を変更したとき。

　(iii)　ローラーの運転，アーク溶接等危険又は有害な業務に就かせるとき。

　(iv)　職長その他の作業中の労働者を直接指導監督する者を新たに任命しようとするとき。

　なお，これら安全衛生教育の内容，実施方法等についての詳細は，労働安全衛生規則〈則第35条～則第40条の３〉，厚生労働大臣の告示（安全衛生特別教育規程その他）に示されている。

　②　免許等の有資格者以外に就かせてはならない業務

第5章　関係法令

一定の危険業務については，都道府県労働局長の免許を受けた者，又は都道府県労働局長の登録を受けた者が行う技能講習を修了した者等一定の資格を有する者でなければ，その業務に就かせてはならない〈法第61条〉。

このほか，労働災害防止上，その就業に当たって特に配慮を必要とする者については，事業者はその心身の条件に応じて，適正な配置を行うようにしなければならない〈法第62条〉。

(8) 健康管理基準

労働安全衛生法においては，労働者の健康管理に関して，快適な作業環境の維持，有害業務を行う作業場の環境の測定，健康診断の実施，病者の就業制限，作業時間の制限等の措置が定められている〈法第64条～法第71条〉。

(9) 安全衛生改善計画の作成の指示等事業場における自主的・総合的な改善指導の促進

都道府県労働局長は，事業場の施設その他の事項について，労働災害の防止を図るため総合的な改善措置を講ずる必要があると認めるときは，事業者に対して，安全又は衛生に関する改善計画を作成すべきことを指示することができる〈法第78条〉。

この計画等について，専門的な助言を与え，安全衛生の診断及び指導を業として行うものとして，労働安全コンサルタント及び労働衛生コンサルタントの制度がある。コンサルタントは，指定コンサルタント試験機関が行う試験に合格すると，指定登録機関に備える名簿に登録されることとなっている〈法第81条～法第87条〉。

(10) 建設工事の計画の届出及び計画作成時の有資格者の参画等

建設工事のうち重大な労働災害を生ずる恐れがある特に大規模なものを開始しようとする事業者は，その計画をあらかじめ厚生労働大臣に届け出なければならない。また，機械設備及び厚生労働大臣へ届出が必要な建設工事以外の建設工事のうち，表1－2に示すものを開始しようとする事業者は，その計画をあらかじめ労働基準監督署長に届け出なければならない〈法第88条第1項～第3項〉。

厚生労働大臣への届出が必要な大規模な建設工事及び労働基準監督署長への届出が必要な建設工事のうち，改造，解体及び破壊以外の工事の計画等を作成するときは，一定の資格を有する者を参画させなければならない〈法第88条第4項〉。

また，届出を受けた厚生労働大臣又は労働基準監督署長は，その計画が労働安全衛生法その他関係法令に違反すると認める場合は，工事の開始を差し止め，又は計画の変更を命ずることができることとなっている〈法第88条第6項〉。

なお，届出のあった計画のうち，高度の技術的検討を要するものについて厚生労働大臣は審査をすることができることとなっている〈法第89条〉。

表1－2　所轄労働基準監督署長へ計画の届出を必要とする設備又は工事

法令条項	設備，工事	能　力　・　規　模　等
クレーン則第5条	クレーン	吊り上げ荷重3 t以上 （吊り上げ荷重3 t未満は設置報告書の提出）

4　労働安全衛生法

クレーン則第96条	デリック	吊り上げ荷重2t以上 （吊り上げ荷重2t未満は設置報告書の提出）
クレーン則第140条	エレベーター	積載荷重1t以上 （積載荷重1t未満は設置報告書の提出）
クレーン則第174条	建設用リフト	ガイドレール又は昇降路の高さ18m以上で，積載荷重0.25t以上 （高さ18m未満は設置報告書の提出）
ゴンドラ則第10条	ゴンドラ	
法第88条第3項 安衛則第90条	建設工事	高さ31mを超える建築物又は工作物
	橋梁工事	最大支間50m以上
	トンネル工事	
	掘削工事	掘削の高さ又は深さ10m以上
	潜函、シールド工事等	圧気工法による作業
	砕石工事	掘削の高さ又は深さ10m以上

（注）　法第88条第2項の届出は設置等の工事の開始の日の30日前までに，法第88条第4項の届
　　　出は工事の開始の日の14日前までに，所定の様式，書類を添付し労働基準監督署長に届
　　　け出る。法令条項のうち，法＝労働安全衛生法，令＝労働安全衛生法施行令，安衛則＝
　　　労働安全衛生規則，クレーン則＝クレーン等安全規則，ゴンドラ則＝ゴンドラ安全規
　　　則。

(11)　その他工事に関連する規制事項

　以上のほか，労働安全衛生法で規定している工事に関連する規制事項は，次の主なものがある。

1．用語の定義〈法第2条〉

　イ）　労働災害　労働者の就業に係る建設物，設備，原材料，ガス，蒸気，粉じん等により，又は作業行動その他業務に起因して，労働者が負傷し，疾病にかかり又は死亡することをいう。

　ロ）　労働者　職業の種類を問わず，事業又は事務所に使用される者で，賃金を支払われる者をいう。

　ハ）　事業者　事業を行う者で，労働者を使用するものをいう。

2．事業者等の責務〈法第3条〉

第5章 関係法令

イ) 事業者は単に労働災害防止のための最低基準を守るだけでなく，快適な作業環境の実現と労働条件の改善を通じて，職場における労働者の安全と健康を確保しなければならない。また，事業者は，国が実施する労働災害の防止に関する施策に協力しなければならない。

ロ) 機械，器具その他の設備を設計し，製造し若しくは輸入する者，建設物を建設し若しくは設計する者等は，これらの設計・建築等に際してこれらが使用されることによる労働災害の発生の防止に資するように努めなければならない。

ハ) 建設工事の注文者は，施工方法，工期等について，安全で衛生的な作業の遂行を損なう恐れのある条件を付さないよう配慮しなければならない。

3. 罰 則〈法第115条の3～法第123条〉

この法律に規定されている事項を確保するための手段は，労働基準法と同様である。なお，この法律の各条項に違反した場合の罰則は，その大部分が6月以下の懲役又は50万円以下の罰金となっている。

② 労働安全衛生法施行令

労働安全衛生法の施行のための政令で，次のような事項が規定されている。
① 用語の定義〈令第1条〉
② 安全管理者，作業主任者などの安全衛生管理体制の職制の選任基準及び安全委員会などの設置基準〈令第2条～令第9条の2〉
③ 検査，検定等を受けるべき機械等〈令第12条～令第15条〉
④ 就業制限に係る業務〈令第20条〉
⑤ 製造禁止の有害物，製造の許可を受けるべき有害物等〈令第16条・令第17条〉
⑥ その他

③ 労働安全衛生規則

労働安全衛生法の第5条，第10条，第27条その他の規定に基づいて制定された省令で，労働安全衛生法関係法令の中核をなすものである。この省令は，第1編 通則，第2編 安全基準，第3編 衛生基準，第4編 特別規制の全4編により構成されている。

第1編は，労働安全衛生法の施行規則的な性格をもっており，労働安全衛生法の各条文の規定を受けて安全衛生管理体制，安全衛生教育，就業制限その他の一般的事項が定められている〈則第1条～則第100条〉。

第2編の安全基準及び第3編の衛生基準は，労働安全衛生法第4章において規定されている労働災害を防止するために事業者が講じなければならない措置の具体的な事項を定めており，その配列は労働安全衛生法第4章の順序に従っている〈則第101条～則第634条〉。

すなわち，まず法第20条第1号の機械，器具その他の設備による危険の防止措置として，機

300

械，建設機械及び型枠支保工についての防護措置の基準が規定され，つづいて同条第2号に掲げられている危険物等による爆発，火災の防止措置，さらに同条第3号の電気，熱その他のエネルギー関係がこれにつづいている。次は，法第21条第1項の作業関係で，同条に列記されている順序に従い，掘削作業，採石作業，荷役作業等のそれぞれについて安全基準が設けられている。

法第21条第2項の危険な場所に係る労働災害の防止については，高所から墜落等による危険の防止，飛来崩壊災害による危険の防止についての規定がそれぞれ設けられている。

そして最後に，法第23条の規定を受けて，通路，階段，足場等についての規定が設けられているのである。

第3編は，衛生に関する技術基準を定めたもので，安全基準と同様の配列により条文が置かれている。

第4編は，労使関係の場を超えた問題について規定した条文が置かれており，建設業等における特定元方事業者の義務，下請に機械等を使用させる注文者の義務，リース業者に対する規制等が定められている〈則第634条の2～則第678条〉。

4 クレーン等安全規則等

クレーン等安全規則は，クレーン，移動式クレーン，デリック，エレベーター，建設用リフト及び簡易リフトを使用する作業において生ずる労働災害を防止するため，労働安全衛生法に基づいて制定された省令である。

この省令の構成は，総則（用語の定義），機械の製造及び設置に当たっての検査，届出，安全装置，安全措置，就業制限，特別安全教育，機械の定期自主検査，機械の性能検査，運転者又は玉掛け作業者の資格試験，講習等に関する全10章247箇条の条文から成っている。

このほか，関係の省令の例として，次のものがある。
① 高気圧作業安全衛生規則
② ゴンドラ安全規則
③ 酸素欠乏症等防止規則
④ 粉じん障害防止規則

5 労働安全衛生法関係告示

労働安全衛生法関係で厚生労働大臣の定める告示の主要なものとしては，次のものがある。
① 安全衛生特別教育規程
② 各種作業主任者技能講習規程
③ 車両系建設機械運転技能講習規程

5 建設業法

1．建設業の許可

施工能力，資力，信用のない建設業者の輩出を防止し，職種別業者の専門化を促進

する等，建設業の近代化を図るため，業種別許可制度が採られている。また，建設業を営もうとする者であつて，4,000万円以上（許可を受けようとする建設業が建築工事業である場合は，6,000万円以上）の下請契約を締結して建設工事を行うものは特定建設業の許可を，その他のものは一般建設業の許可が必要とされている。

２．請負契約

　1)　建設工事の注文者と請負人との間にみられる不合理な取引関係を改善するため注文者が取引上の地位を不当に利用して通常必要と認められる原価に満たない低い請負代金を定めることの禁止，不当な使用資材等の購入強制の禁止等請負契約関係の適正化を図るための規定が設けられている。

　2)　建設工事の下請負人の経済的地位を強化するため，元請負人に対して，工事目的物の受領や下請代金の支払等について一定の義務を課し，特に特定建設業者に対しては，下請代金の支払期日，下請負人に対する指導等に関する義務が加重されている。

　3)　建設工事の請負契約に関する紛争の解決を図るため，国土交通省及び都道府県に建設工事紛争審査会を設置することとされている。

３．施工技術の確保

　建設工事の適正な施工を確保するため，建設工事現場における技術者の設置が義務づけられるとともに，施工技術の向上を図るため，技術検定制度が設けられている。

４．指導，監督

　建設工事の適正な施工の確保と建設業の健全な発達を図るため，建設業者等に対する指導，監督に関する規定が設けられており，建設業者等の非違行為に対する監督処分等必要な措置がとられている。

１　法の目的及び定義

(1)　目　的

　この法律は，建設業を営む者の資質の向上，建設工事の請負契約の適正化等を図ることによつて，建設工事の適正な施工を確保し，発注者を保護するとともに，建設業の健全な発達を促進し，もつて公共の福祉の増進に寄与することを目的とする〈法第1条〉。

　今日，建設業の国民経済に占めるウエイトは大きく，道路，河川，公園，上下水道等の社会資本や住宅等の整備を通じて，国土建設の直接の担い手としてわが国の経済社会において重要な役割を果たしている。

5 建設業法

　建設業法の目的は，国民の生命，身体，財産の保護に重大な関係を有し，経済の発展及び社会の向上に密接な関連を有する公共施設をはじめ，産業施設，住宅等建設工事の目的物が，より安全に建設され，また，より経済的に行われ，それが公共の福祉の増進に資することを目的とするものである。

　この目的達成のために，法第1条に具体的に掲げられている建設業を営む者の資質の向上，建設工事の請負契約の適正化のほか，建設業の許可制度の実施，下請負人の保護，建設工事の請負契約に関する紛争の解決，建設工事の施工技術の確保，建設業者等に対する監督等の規定が置かれている。

(2) 用語の定義

　法第2条において，次のように用語の定義がなされている。

① 建設工事とは，土木建築に関する工事で別表第一の上欄に掲げるものをいうとされている。すなわち，土木一式工事，建築一式工事のほか大工工事，左官工事等26の専門工事があり，合計29業種に分類されている。また，各建設工事の内容については，昭和47年建設省告示第350号で示されている。

② 建設業とは，元請，下請その他いかなる名義をもってするかを問わず，建設工事の完成を請け負う営業をいうとされている。すなわち，営利の目的で建設工事の完成を請け負うことを業とするものならば，使用される名義の如何を問わず，すべて建設業となる。

③ 建設業者とは，法第3条第1項の許可を受けて建設業を営む者をいうとされている。

④ 発注者とは，建設工事（他の者から請け負ったものを除く。）の注文者をいうとされている。

⑤ 下請契約とは，建設工事を他の者から請け負った建設業を営む者と他の建設業を営む者との間で当該建設工事の全部又は一部について締結される請負契約をいうとされている。

⑥ 元請負人とは，下請契約における注文者で建設業者であるものをいうとされている。

⑦ 下請負人とは，下請契約における請負人をいうとされている。

② 建設業の許可

(1) 許可制度の概要

　建設業法においては，建設業を営もうとする者について許可制度がとられている。その概要は次のとおりである。

① 大臣許可と知事許可

　建設業を営もうとする者は，二以上の都道府県の区域内に営業所を設けて営業をしようとする場合には国土交通大臣の，一の都道府県の区域内にのみ営業所を設けて営業をしようとする場合には当該都道府県知事の許可を受けなければならない。この許可は，営業についての地域的制限はなく都道府県知事の許可であっても全国で営業活動ができる〈法第3条第1項本文〉。

② 適用除外

　建設業を営もうとする者であっても，政令で定める軽微な建設工事のみを請け負うことを

第5章　関係法令

営業とする者は，建設業の許可を受けなくても営業を営むことができる。

　政令で定める軽微な建設工事とは，工事1件の請負代金の額が建築一式工事にあっては1,500万円に満たない工事又は延べ面積が150㎡に満たない木造住宅工事であり，建築一式工事以外の建設工事にあっては500万円に満たない工事である〈法第3条第1項ただし書〉。

③　一般建設業の許可と特定建設業の許可

　建設業の許可は，一般建設業の許可と特定建設業の許可の区分により与えられる。

　特定建設業の許可は，発注者から直接請け負う1件の建設工事につき，その工事の全部又は一部を，下請代金の額（その工事に係る下請契約が二以上あるときは，下請代金の額の総額）が，4,000万円以上（建築工事業は6,000万円以上）となる下請契約を締結して施工しようとする者が受けるものであり，その他の者は一般建設業の許可を受けることになる〈法第3条第1項〉。

　従って，特定建設業の許可と関連して，次の場合は，特定建設業の許可を受けた者でなければ，その者が発注者から直接請け負った建設工事を施工するための下請契約を締結してはならない〈法第16条〉。

《特定建設業の許可を受けた者のみに認められる下請契約》

1)　その下請契約に係る下請代金の額が，1件で，4,000万円以上（建築工事業は6,000万円以上）である下請契約

2)　その下請契約を締結することにより，その下請契約及び既に締結された当該建設工事を施工するための他のすべての下請契約に係る下請代金の総額が，4,000万円以上（建築工事業は6,000万円以上）となる下請契約

---

④　業種別許可

　建設業の許可は，一般建設業の許可又は特定建設業の許可を問わず，29の建設工事の種類ごとに，それぞれ対応する建設業の業種ごとに分けて受けることとされており，許可を受けていない建設業に係る建設工事は請け負うことができない。ただし，本体工事に附帯する工事については，請け負うことができることとされている〈法第3条第2項・法第4条〉。

⑤　許可の有効期間

　建設業の許可の有効期間は，5年とされており，引き続き建設業を営もうとする場合には，許可の更新を受けなければならない〈法第3条第3項〉。

(2)　許可の申請

　建設業の許可を受けようとする者は，商号又は名称，営業所の名称及び所在地等一定の事項を記載した許可申請書に，工事経歴書，直前3年の各営業年度における工事施工金額を記載した書面等の書類を添付して，国土交通大臣の許可を申請しようとする場合にあっては，その主たる営業所の所在地を管轄する都道府県知事を経由して国土交通大臣に（例えば，大阪府に本店があり他の都道府県にも支店があるときは，大阪府知事を経由して国土交通大臣），都道府県知事の許可を申請しようとする場合にあっては，その営業所を管轄する都道府県知事に提出するものとされている〈法第5条・法第6条〉。

5 建設業法

　この場合，国土交通大臣の許可を受けようとする者は，登録免許税法の定めるところにより，15万円の登録免許税を申請者の主たる営業地を所管する地方整備局等の所在地を管轄する税務署宛納付し，その領収証書を許可申請書に貼り付けて提出し，許可の更新又は同一許可区分内における追加許可の場合は，5万円の許可手数料に相当する額の収入印紙を貼って納めなければならない。

　また，都道府県知事の許可に係る許可手数料は，地方公共団体の手数料の標準に関する政令により新規の許可にあっては9万円，その他の許可（許可の更新又は同一許可区分内における追加許可）にあっては5万円を標準として条例で定める許可手数料を納付することとされている〈法第10条〉。

⑶　許可の基準

　建設業の許可は，許可を受けようとする者が次の基準に適合している場合でなければ国土交通大臣又は都道府県知事は許可をしてはならないこととされている。

　①　一般建設業の許可の基準

《経営業務の管理責任者の設置》

　法人である場合においてはその役員（業務を執行する社員，取締役，執行役又はこれらに準ずる者）のうち常勤であるものの1人が，個人である場合においてはその者又はその支配人のうち1人が，許可を受けようとする建設業に関して5年以上経営業務の管理責任者としての経験を有する者等であることが必要である〈法第7条第1号〉。

《営業所ごとに専任の技術者の設置》

　その営業所ごとに，次のいずれかに該当する一定の資格又は実務の経験を有する者で専任のものを置かなければならない〈法第7条第2号〉。

　　イ）　許可を受けようとする建設業に係る建設工事に関し高等学校を卒業した後5年以上又は大学を卒業した後3年以上の実務の経験を有する者で在学中に国土交通省令で定める学科を修めた者等

　　ロ）　許可を受けようとする建設業に係る建設工事に関し10年以上の実務の経験を有する者

　　ハ）　国土交通大臣が上記に掲げる者と同等以上の知識及び技術又は技能を有するものと認定した者

《誠実性，財産的基礎又は金銭的信用のあること》

1)　法人である場合においては当該法人又はその役員若しくは政令で定める使用人が，個人である場合においてはその者又は政令で定める使用人が，請負契約に関して不正又は不誠実な行為をする恐れが明らかな者でないことが必要である〈法第7条第3号〉。

第5章 関係法令

2) 請負契約（政令で定める軽微な建設工事に係るものを除く。）を履行するに足る
財産的基礎又は金銭的信用を有しないことが明らかな者でないことが必要である
〈法第7条第4号〉。

② 特定建設業の許可の基準

特定建設業の許可を受けようとする者は，次の基準に適合していることが必要である。

《特定建設業の許可の要件》

1) 法第7条第1号及び第3号（管理責任者，誠実性）に該当すること〈法第15条第
1号〉。

2) 営業所ごとに次のいずれかに該当する者で専任のものを置くこと。ただし，指定
建設業（土木工事業，建築工事業，電気工事業，管工事業，鋼構造物工事業，舗装
工事業，造園工事業）ではイに該当する者，又はそれと同等の能力を有すると国土
交通大臣が認定した者（特別認定講習受講者等）でなければならない。

イ）技術検定等の試験に合格した者又は国土交通大臣が定める免許を受けた者。

ロ）法第7条第2号イ，ロ，又はハに該当する者のうち，許可を受けようとする
建設業に係る建設工事で，発注者から直接請け負い，その請負代金の額が6,000
万円以上であるものに関し2年以上指導監督的な実務の経験を有する者。

ハ）国土交通大臣がイ又はロに掲げる者と同等以上の能力を有するものと認定し
た者〈法第15条第2号〉。

3) 発注者との間の請負契約で，その請負代金の額が8,000万円以上であるものを履
行するに足る財産的基礎を有すること〈法第15条第3号〉。

このように，特定建設業の許可は，一般建設業の許可に比べその要件が加重されて
いる。

⑷ 請負契約

① 請負契約についての概要

建設工事の請負契約は，私法上の契約としてなされるものであるから，私法の基本的理念で
ある「契約自由の原則」，「信義誠実の原則」は，建設工事の請負契約にも適用される。建設業
法が「建設工事の請負契約の当事者は，各々の対等な立場における合意に基づいて公正な契約
を締結し，信義に従って誠実にこれを履行しなければならない」と規定しているのも，これら
の原則を改めて確認したものである〈法第18条〉。

しかし，建設工事の請負契約は，注文生産という特殊性から注文者に対して著しく有利な規
定が置かれることが一般的傾向としてみられる。このため，建設業法は，請負契約の片務性を
排除し，建設工事の請負契約の適正化と下請負人の保護を図り，もって建設工事の適正な施工
を確保するため，以下に述べるような具体的な規定を設けている。また，これらの規定の実効

5　建設業法

性を期するため，建設業法は，中央建設業審議会において建設工事の標準請負契約約款を作成し，その実施を勧告することができることとしている〈法第34条第2項〉。

　②　請負契約書の作成

　建設工事の請負契約が成立した場合，その契約内容が不明瞭であると，後になって当事者間に契約内容をめぐって紛争が生じる恐れが大きい。したがって，成立した契約の内容を書面に記載することにより，その明確化を図るとともに，相手方に注意を喚起させ，後になって紛争の生じる余地のないようにする必要がある。

　そのため，建設工事の請負契約の当事者は，契約の締結に際して一定の事項について書面に記載し，署名又は記名押印をして相互に交付しなければならない〈法第19条〉。

　交付する書面に記載すべき事項は，次のとおりである。

《請負契約書に記載すべき事項》

1)　工事内容

2)　請負代金の額

3)　工事着手の時期及び工事完成の時期

4)　請負代金の全部又は一部の前金払若しくは出来形部分に対する支払の定めをするときは，その支払の時期及び方法

5)　当事者の一方から設計変更又は工事着手の延期若しくは工事の全部若しくは一部の中止の申出があった場合における工期の変更，請負代金の額の変更又は損害の負担及びそれらの額の算定方法に関する定め

6)　天災その他不可抗力による工期の変更又は損害の負担及びその額の算定方法に関する定め

7)　価格等（物価統制令第2条に規定する価格等をいう。）の変動若しくは変更に基づく請負代金の額又は工事内容の変更

8)　工事の施工により第三者が損害を受けた場合における賠償金の負担に関する定め

9)　注文者が工事に使用する資材を提供し，又は建設機械その他の機械を貸与するときは，その内容及び方法に関する定め

10)　注文者が工事の全部又は一部の完成を確認するための検査の時期及び方法並びに引渡しの時期

11)　工事完成後における請負代金の支払の時期及び方法

12)　工事の目的物が種類又は品質に関して契約の内容に適合しない場合におけるその不適合を担保すべき責任又は当該責任の履行に関して講ずべき保証保険契約の締結その他の措置に関する定めをするときは，その内容

13)　各当事者の履行の遅滞その他債務の不履行の場合における遅滞利息，違約金そ

第5章 関係法令

　の他の損害金

14)　契約に関する紛争の解決方法

　③　現場代理人の選任等に関する通知〈法第19条の2〉
　④　不当に低い請負代金の禁止〈法第19条の3〉
　⑤　不当な使用資材等の購入強制の禁止〈法第19条の4〉
　⑥　建設工事の見積り等〈法第20条〉
　⑦　契約の保証〈法第21条〉
　⑧　一括下請負の禁止〈法第22条〉
　⑨　発注者に対する勧告〈法第19条の5〉
　⑩　公正取引委員会への措置請求等〈法第42条〉

(5)　元請負人の義務

　建設業法は，建設工事の下請負人の経済的地位の確立を図り，その体質の改善を促進するため，元請負人に対して一定の義務を課するとともに，特に特定建設業者に対しては，下請代金の支払期日，下請負人に対する指導等に関する義務を強化して下請負人の保護を図っている。

　①　下請負人の意見の聴取〈法第24条の2〉
　②　下請代金の支払〈法第24条の3〉
　③　検査及び引渡し〈法第24条の4〉
　④　特定建設業者の下請代金の支払期日等

---

1)　特定建設業者が注文者となった下請契約（下請契約における請負人が特定建設業者又は資本金額が4,000万円以上の法人であるものは除く。）における下請代金の支払期日は，下請負人からの建設工事の目的物の引渡しの申出の日から50日以内で，かつ，できる限り短い期間内において定められなければならない。また，下請代金の支払期日が定められなかつたときは引渡しの申出の日が，申出の日から50日を超える日に支払期日が定められているときは申出の日から起算して50日を経過する日が下請代金の支払期日とみなされる〈法第24条の5第1項・第2項〉。

2)　特定建設業者は，特定建設業者が注文者となつた下請契約の下請代金の支払について，一般の金融機関で割引を受けることが困難であると認められる手形を交付してはならない〈法第24条の5第3項〉。

3)　特定建設業者は，特定建設業者が注文者となった下請契約に係る下請代金を支払期日までに支払わなければならず，その支払をしなかった場合は，一定の遅滞利息を支払わなければなない〈法第24条の5第4項〉。

---

　⑤　下請負人に対する特定建設業者の指導等〈法第24条の6〉

(6)　施工技術の確保

　建設業法の目的は，建設工事の適正な施工を確保し，発注者を保護するとともに，建設業の

5 建設業法

健全な発達を促進することであるが，科学技術の進歩が著しく，新しい工法等が絶えず導入され，また，建設工事に対する需要も著しい今日において，この目的を十分に達成するためには，建設業者が進歩する科学技術に対応してその施工技術の向上を図るとともに，実際の工事にその技術が生かされることが必要である。このため，建設業法に建設業者が施工技術の確保に努めるべきことを規定するとともに〈法第25条の27〉，建設工事現場における技術者の設置義務，施工技術の向上を図るための技術検定制度を設けている。

> ### 《主任技術者及び監理技術者の設置》
>
> 1) 建設業者は，その請け負った建設工事を施工するときは，当該工事現場における建設工事の技術上の管理をつかさどる者として，一定の実務の経験を有する主任技術者を置かなければならず，また，発注者から直接建設工事を請け負った特定建設業者は，当該建設工事に係る下請契約の請負代金の額の総額が4,000万円（建築工事業は6,000万円以上）以上となる場合においては，これに代えて一定の指導監督的な実務の経験を有する監理技術者を置かなければならない〈法第26条第1項・第2項〉。
>
> 2) 公共性のある工作物に関する重要な工事で，政令で定められているものについては，工事現場ごとに専任の主任技術者又は監理技術者を置かなければならない〈法第26条第3項〉。
>
> 3) 当該工事が土木一式工事又は建築一式工事である場合においては，当該建設工事を総合的に管理する技術者のほかに，一式工事を構成する各専門工事の施工についての技術上の管理をつかさどる技術者を置いて自ら施工するか，当該建設工事に係る許可を受けた建設業者に当該工事を施工させなければならない〈法第26条の2第1項〉。
>
> 4) 建設業者が許可を受けた建設業に係る建設工事の附帯工事を自ら施工する場合においては，当該附帯工事に係る技術者を置かなければならず，自ら施工することができない場合には，当該建設工事に係る許可を受けた建設業者に当該工事を施工させなければならない〈法第26条の2第2項〉。

(7) 標識の掲示

建設業者は，その店舗や建設工事現場ごとに，公衆の見やすい場所に，それぞれ国土交通省令によって定められている様式（店舗用のものと工事現場用のものの2種類がある。）に商号又は名称，代表者の氏名，一般建設業又は特定建設業の別，許可を受けた建設業の業種，許可番号及び許可年月日を，さらに工事現場用には主任技術者又は監理技術者の氏名等を記入した標識を掲げておかなければならない〈法第40条〉。

(8) 建設業者に対する指導及び監督

第5章 関係法令

建設工事の適正な施工と建設業の健全な発達を図るため，建設業者に対する指導，監督に関する規定が設けられており，適当でない行為あるいは不法な行為等のあったものに対しては，行政指導又は監督処分等行政上必要な措置が行われる。具体的な内容としては，次のものがある。

① 報告及び検査

国土交通大臣又は都道府県知事は，建設業者が不正な行為を行った場合，建設工事を適切に施工しなかったため公衆に危害を及ぼした場合，その他特に必要があると認めたときは，その業者の業務，財産又は工事の施工状況について報告を求めたり，営業所や事故の発生した工事現場に直接立ち入り，書類や工事現場の物件等について検査を行うことができる〈法第31条〉。

この報告又は立入検査についてもその執行を担保するため，業者がこれを拒否した場合について罰則が適用されることとなっている〈法第52条〉。

② 指導及び勧告

国土交通大臣又は都道府県知事は，建設業を営む者又は届出のあった建設業者団体に対して，建設工事の適正な施工を確保し，又は建設業の健全な発達を図るために必要な指導，助言及び勧告ができる。また，特定建設業者が元請負人となった建設工事に関する賃金の支払遅延及び第三者に対する損害賠償の立替払については，当該特定建設業者の許可をした国土交通大臣又は都道府県知事が当該特定建設業者に対して，適切な措置を講ずるよう勧告することができることとなっている〈法第41条〉。

③ 行政処分

建設業者に対する監督上の行政処分としては，指示，営業の停止及び許可の取消の3種類があり，これらの行政処分は，当該建設業者を許可した国土交通大臣又は都道府県知事が行うこととなっている〈法第28条〜法第29条の4〉。

(ⅰ) 指示処分

指示処分は，監督処分のうちでは最も軽い処分で，建設業法に違反した場合（法第19条の3，法第19条の4及び第24条の3から第24条の5までを除く。），特定建設業者が法第41条第2項又は第3項の規定による勧告に従わない場合，又は次のいずれかに該当する事実があった場合に，当該建設業者に対してそれを是正させるためにとるべき措置を命令するものである〈法第28条第1項・第2項〉。

《指示処分が行われる場合》

1) 建設工事を適切に施工しなかったため，工事関係者以外の一般公衆に危害を及ぼしたとき，又は危害を及ぼす恐れが大である場合

（落下物防護用施設をしないで工事を施工したため，工事用材料等が落下して道路を通行中の者を死傷させた場合等）

2) 請負契約に関して不誠実な行為をした場合

（建設工事を請け負い，その工事代金を受領していながら工事を施工しない場合等）

5 建設業法

3) 建設業者（建設業者が法人であるときは，当該法人又はその役員）又は政令で定める使用人（支配人及び支店又は営業所の代表者）が業務に関し他の法令に違反し，建設業者として不適当であると認められる場合

（贈賄事件の事実が判明した場合，建築基準法，労働基準法等に違反した事実が判明した場合等）

4) 一括下請負禁止に違反した場合

（発注者の書面による承諾なしに，工事を一括して他人に請け負わせたり，他の建設業者から一括して建設工事を請け負った場合）

5) 工事現場に置いた主任技術者又は監理技術者が工事の施工の管理について著しく不適当であり，かつ，その変更が公益上必要であると認められる場合

6) 軽微でない建設工事について許可対象外業者と下請契約を締結した場合

7) 建設業者が，特定建設業の許可を受けていない元請負人から4,000万円以上（建築工事業は6,000万円以上）の建設工事を請け負った場合

8) 建設業者が，実情を知って，営業の停止又は営業の禁止を命ぜられた者と下請契約を締結した場合

なお，以上に掲げたもののうち，1)及び3)に該当するものについては，当該建設業者に指示処分を行うほか，特に必要があると認められるときは，工事の注文者に対しても適当な措置をとるよう勧告することができる。

(ii) 営業の停止処分

指示処分を行う場合は，事件が比較的軽微な場合であるが，前述の指示処分の1)から8)までのいずれかに該当し，その事実について情状が重く，指示処分のみでは十分でない場合には，営業の停止処分が行われる。営業の停止とは，請負契約の締結及び入札，見積等これに付随する行為の停止であり，営業の停止を命ずる期間は，1年以内の期間とされており，営業の停止を命ぜられる範囲は，事件の内容により，営業の全部又はその一部（地域を限定した営業停止，工事の種類を限定した営業停止，又はその両方を含んだ営業の停止がある。）について行われる。

また，軽微なもので指示処分を受けたものであっても，その指示に従わなかった場合においては，営業停止処分が行われる〈法第28条第3項〉。

(iii) 許可の取消処分

許可の取消処分は，建設業を行うことを許していたことを解除することであり，次の場合になされる〈法第29条・法第29条の2〉。

1) 経営業務の管理責任者がいなくなった場合

2) 営業所ごとに置くことになっている専任の技術者がいなくなった場合

3) 許可を受けた後，許可拒否要件に該当することとなった場合

第5章 関係法令

4) 許可を受けた後1年以内に営業を開始しなかつたり，1年以上営業を休止した場合

5) 廃業届の提出要件に該当するに至った場合

6) 不正の手段によって許可（許可の更新を含む。）を受けていた場合

7) 前述の指示処分の項の1)から8)までのうちで，その情状が特に重い場合

8) 営業の停止処分に従わなかった場合

9) 建設業者の営業所の所在地又は建設業者の所在を確知できない場合

(iv) 営業の禁止

　　国土交通大臣又は都道府県知事は，建設業者に対し，営業の停止又は許可の取消の行政処分を行う場合は，当該建設業者が法人であるときはその役員（取締役等）及び処分の原因である事実について相当の責任を有する営業所長等に対して，当該建設業者が個人であるときは経営者及び処分の原因である事実について相当の責任を有する支配人等に対して，新たに営業を開始することを禁止しなければならない〈法第29条の4〉。

(v) 許可対象外業者に対する行政処分

　　一般に，行政処分とは許可や免許等を受けた者を対象として，当該処分をした行政庁が行うものであるが，建設業法においては，軽微な建設工事のみを請け負うことを営業としている者を許可対象から外しており，他の営業規制法と同様に許可対象外業者を行政処分の対象外におくと事故発生の原因ともなりかねないため，次のような場合は，都道府県知事は建設業を営む者に対し，指示又は営業停止を命ずることができることとなっている〈法第28条第2項・第3項〉。

1) 建設工事を適切に施工しなかったため公衆に危害を及ぼしたとき，又は危害を及ぼす恐れが大であるとき。

2) 請負契約に関し著しく不誠実な行為をしたとき。

第6章

参考資料

第6章　参考資料

1　屋外広告物法

［昭和24年6月3日
法 律 第 189 号］

最近改正　平成30年5月30日法律第33号

第1章　総則

（平16法111・章名追加）

（目的）

第1条　この法律は，良好な景観を形成し，若しくは風致を維持し，又は公衆に対する危害を防止するために，屋外広告物の表示及び屋外広告物を掲出する物件の設置並びにこれらの維持並びに屋外広告業について，必要な規制の基準を定めることを目的とする。

（平16法111・一部改正）

（定義）

第2条　この法律において「屋外広告物」とは，常時又は一定の期間継続して屋外で公衆に表示されるものであつて，看板，立看板，はり紙及びはり札並びに広告塔，広告板，建物その他の工作物等に掲出され，又は表示されたもの並びにこれらに類するものをいう。

2　この法律において「屋外広告業」とは，屋外広告物（以下「広告物」という。）の表示又は広告物を掲出する物件（以下「掲出物件」という。）の設置を行う営業をいう。

（昭48法81・平16法111・一部改正）

第2章　広告物等の制限

（平16法111・章名追加）

（広告物の表示等の禁止）

第3条　都道府県は，条例で定めるところにより，良好な景観又は風致を維持するために必要があると認めるときは，次に掲げる地域又は場所について，広告物の表示又は掲出物件の設置を禁止することができる。

一　都市計画法（昭和43年法律第100号）第2章の規定により定められた第1種低層住居専用地域，第2種低層住居専用地域，第1種中高層住居専用地域，第2種中高層住居専用地域，田園住居地域，景観地区，風致地区又は

伝統的建造物群保存地区

二　文化財保護法（昭和25年法律第214号）第27条又は第78条第1項の規定により指定された建造物の周囲で，当該都道府県が定める範囲内にある地域，同法第109条第1項若しくは第2項又は第110条第1項の規定により指定され，又は仮指定された地域及び同法第143条第2項に規定する条例の規定により市町村が定める地域

三　森林法（昭和26年法律第249号）第25条第1項第11号に掲げる目的を達成するため保安林として指定された森林のある地域

四　道路，鉄道，軌道，索道又はこれらに接続する地域で，良好な景観又は風致を維持するために必要があるものとして当該都道府県が指定するもの

五　公園，緑地，古墳又は墓地

六　前各号に掲げるもののほか，当該都道府県が特に指定する地域又は場所

2　都道府県は，条例で定めるところにより，良好な景観又は風致を維持するために必要があると認めるときは，次に掲げる物件に広告物を表示し，又は掲出物件を設置することを禁止することができる。

一　橋りよう

二　街路樹及び路傍樹

三　銅像及び記念碑

四　景観法（平成16年法律第110号）第19条第1項の規定により指定された景観重要建造物及び同法第28条第1項の規定により指定された景観重要樹木

五　前各号に掲げるもののほか，当該都道府県が特に指定する物件

3　都道府県は，条例で定めるところにより，公衆に対する危害を防止するために必要があると認めるときは，広告物の表示又は掲出物件の設置を禁止することができる。

（昭25法214・昭27法71・昭29法131・昭38法92・昭43法101・昭45法109・昭50法49・平4法82・平11法87・一部改正，平16法111・旧第4条繰上・一部改正，平16法61・平29法26

314

1　屋外広告物法

・一部改正）

（広告物の表示等の制限）

第4条　都道府県は，条例で定めるところにより，良好な景観を形成し，若しくは風致を維持し，又は公衆に対する危害を防止するために必要があると認めるときは，広告物の表示又は掲出物件の設置（前条の規定に基づく条例によりその表示又は設置が禁止されているものを除く。）について，都道府県知事の許可を受けなければならないとすることその他必要な制限をすることができる。

（平16法111・追加）

（広告物の表示の方法等の基準）

第5条　前条に規定するもののほか，都道府県は，良好な景観を形成し，若しくは風致を維持し，又は公衆に対する危害を防止するために必要があると認めるときは，条例で，広告物（第3条の規定に基づく条例によりその表示が禁止されているものを除く。）の形状，面積，色彩，意匠その他表示の方法の基準若しくは掲出物件（同条の規定に基づく条例によりその設置が禁止されているものを除く。）の形状その他設置の方法の基準又はこれらの維持の方法の基準を定めることができる。

（平16法111・全改）

（景観計画との関係）

第6条　景観法第8条第1項の景観計画に広告物の表示及び掲出物件の設置に関する行為の制限に関する事項が定められた場合においては，当該景観計画を策定した景観行政団体（同法第7条第1項の景観行政団体をいう。以下同じ。）の前3条の規定に基づく条例は，当該景観計画に即して定めるものとする。

（平16法111・全改）

第3章　監督

（平16法111・章名追加）

（違反に対する措置）

第7条　都道府県知事は，条例で定めるところにより，第3条から第5条までの規定に基づく条例に違反した広告物を表示し，若しくは当該条例に違反した掲出物件を設置し，又はこれらを管理する者に対し，これらの表示若しくは設置の停止を命じ，又は相当の期限を定め，これらの除却その他良好な景観を形成し，若しくは風致を維持し，又は公衆に対する危害を防止するために必要な措置を命ずることができる。

2　都道府県知事は，前項の規定による措置を命じようとする場合において，当該広告物を表示し，若しくは当該掲出物件を設置し，又はこれらを管理する者を過失がなくて確知することができないときは，これらの措置を自ら行い，又はその命じた者若しくは委任した者に行わせることができる。ただし，掲出物件を除却する場合においては，条例で定めるところにより，相当の期限を定め，これを除却すべき旨及びその期限までに除却しないときは，自ら又はその命じた者若しくは委任した者が除却する旨を公告しなければならない。

3　都道府県知事は，第1項の規定による措置を命じた場合において，その措置を命ぜられた者がその措置を履行しないとき，履行しても十分でないとき，又は履行しても同項の期限までに完了する見込みがないときは，行政代執行法（昭和23年法律第43号）第3条から第6条までに定めるところに従い，その措置を自ら行い，又はその命じた者若しくは委任した者に行わせ，その費用を義務者から徴収することができる。

4　都道府県知事は，第3条から第5条までの規定に基づく条例（以下この項において「条例」という。）に違反した広告物又は掲出物件が，はり紙，はり札等（容易に取り外すことができる状態で工作物等に取り付けられているはり札その他これに類する広告物をいう。以下この項において同じ。），広告旗（容易に移動させることができる状態で立てられ，又は容易に取り外すことができる状態で工作物等に取り付けられている広告の用に供する旗（これを支える台を含む。）をいう。以下この項において同じ。）又は立看板等（容易に移動させることができる状

第6章　参考資料

態で立てられ，又は工作物等に立て掛けられて
いる立看板その他これに類する広告物又は掲出
物件（これらを支える台を含む。）をいう。以
下この項において同じ。）であるときは，その
違反に係るはり紙，はり札等，広告旗又は立看
板等を自ら除却し，又はその命じた者若しくは
委任した者に除却させることができる。ただ
し，はり紙にあつては第1号に，はり札等，広
告旗又は立看板等にあつては次の各号のいずれ
にも該当する場合に限る。

一　条例で定める都道府県知事の許可を受けな
　　ければならない場合に明らかに該当すると認
　　められるにもかかわらずその許可を受けない
　　で表示され又は設置されているとき，条例に
　　適用を除外する規定が定められている場合に
　　あつては当該規定に明らかに該当しないと認
　　められるにもかかわらず禁止された場所に表
　　示され又は設置されているとき，その他条例
　　に明らかに違反して表示され又は設置されて
　　いると認められるとき。

二　管理されずに放置されていることが明らか
　　なとき。

　　　　　（昭27法71・昭38法92・昭48法81・平16法111・一部改正）

（除却した広告物等の保管，売却又は廃棄）

第8条　都道府県知事は，前条第2項又は第4項
　の規定により広告物又は掲出物件を除却し，又
　は除却させたときは，当該広告物又は掲出物件
　を保管しなければならない。ただし，除却し，
　又は除却させた広告物がはり紙である場合は，
　この限りでない。

2　都道府県知事は，前項の規定により広告物又
　は掲出物件を保管したときは，当該広告物又は
　掲出物件の所有者，占有者その他当該広告物又
　は掲出物件について権原を有する者（以下この
　条において「所有者等」という。）に対し当該
　広告物又は掲出物件を返還するため，条例で定
　めるところにより，条例で定める事項を公示し
　なければならない。

3　都道府県知事は，第1項の規定により保管し
　た広告物若しくは掲出物件が滅失し，若しくは

破損するおそれがあるとき，又は前項の規定に
よる公示の日から次の各号に掲げる広告物若し
くは掲出物件の区分に従い当該各号に定める期
間を経過してもなお当該広告物若しくは掲出物
件を返還することができない場合において，条
例で定めるところにより評価した当該広告物若
しくは掲出物件の価額に比し，その保管に不相
当な費用若しくは手数を要するときは，条例で
定めるところにより，当該広告物又は掲出物件
を売却し，その売却した代金を保管することが
できる。

一　前条第4項の規定により除却された広告物
　　2日以上で条例で定める期間

二　特に貴重な広告物又は掲出物件　3月以上
　　で条例で定める期間

三　前2号に掲げる広告物又は掲出物件以外の
　　広告物又は掲出物件　2週間以上で条例で定
　　める期間

4　都道府県知事は，前項に規定する広告物又は
　掲出物件の価額が著しく低い場合において，同
　項の規定による広告物又は掲出物件の売却につ
　き買受人がないとき，又は売却しても買受人が
　ないことが明らかであるときは，当該広告物又
　は掲出物件を廃棄することができる。

5　第3項の規定により売却した代金は，売却に
　要した費用に充てることができる。

6　前条第2項及び第4項並びに第1項から第3
　項までに規定する広告物又は掲出物件の除却，
　保管，売却，公示その他の措置に要した費用
　は，当該広告物又は掲出物件の返還を受けるべ
　き広告物又は掲出物件の所有者等（前条第2項
　に規定する措置を命ずべき者を含む。）に負担
　させることができる。

7　第2項の規定による公示の日から起算して6
　月を経過してもなお第1項の規定により保管し
　た広告物又は掲出物件（第3項の規定により売
　却した代金を含む。以下この項において同
　じ。）を返還することができないときは，当該
　広告物又は掲出物件の所有権は，当該広告物又
　は掲出物件を保管する都道府県に帰属する。

316

1 屋外広告物法

（平16法111・追加）

第4章 屋外広告業

（平16法111・章名追加）

第1節 屋外広告業の登録等

（平16法111・節名追加）

（屋外広告業の登録）

第9条 都道府県は，条例で定めるところにより，その区域内において屋外広告業を営もうとする者は都道府県知事の登録を受けなければならないものとすることができる。

（昭48法81・追加，平16法111・旧第8条繰下・一部改正）

第10条 都道府県は，前条の条例には，次に掲げる事項を定めるものとする。

一 登録の有効期間に関する事項

二 登録の要件に関する事項

三 業務主任者の選任に関する事項

四 登録の取消し又は営業の全部若しくは一部の停止に関する事項

五 その他登録制度に関し必要な事項

2 前条の条例は，前項第1号から第4号までに掲げる事項について，次に掲げる基準に従つて定めなければならない。

一 前項第1号に規定する登録の有効期間は，5年であること。

二 前項第2号に掲げる登録の要件に関する事項は，登録を受けようとする者が次のいずれかに該当するとき，又は申請書若しくはその添付書類のうちに重要な事項について虚偽の記載があり，若しくは重要な事実の記載が欠けているときは，その登録を拒否しなければならないものとすること。

イ 当該条例の規定により登録を取り消され，その処分のあつた日から2年を経過しない者

ロ 屋外広告業を営む法人が当該条例の規定により登録を取り消された場合において，その処分のあつた日前30日以内にその役員であつた者でその処分のあつた日から2年を経過しない者

ハ 当該条例の規定により営業の停止を命ぜ

られ，その停止の期間が経過しない者

ニ この法律に基づく条例又はこれに基づく処分に違反して罰金以上の刑に処せられ，その執行を終わり，又は執行を受けることがなくなつた日から2年を経過しない者

ホ 屋外広告業に関し成年者と同一の能力を有しない未成年者でその法定代理人がイからニまで又はへのいずれかに該当するもの

ヘ 法人でその役員のうちにイからニまでのいずれかに該当する者があるもの

ト 業務主任者を選任していない者

三 前項第3号に掲げる業務主任者の選任に関する事項は，登録を受けようとする者にあつては営業所ごとに次に掲げる者のうちから業務主任者となるべき者を選任するものとし，登録を受けた者にあつては当該業務主任者に広告物の表示及び掲出物件の設置に係る法令の規定の遵守その他当該営業所における業務の適正な実施を確保するため必要な業務を行わせるものとすること。

イ 国土交通大臣の登録を受けた法人（以下「登録試験機関」という。）が広告物の表示及び掲出物件の設置に関し必要な知識について行う試験に合格した者

ロ 広告物の表示及び掲出物件の設置に関し必要な知識を修得させることを目的として都道府県の行う講習会の課程を修了した者

ハ イ又はロに掲げる者と同等以上の知識を有するものとして条例で定める者

四 前項第4号の登録の取消し又は営業の全部若しくは一部の停止に関する事項は，登録を受けた者が次のいずれかに該当するときは，その登録を取消し，又は6月以内の期間を定めてその営業の全部若しくは一部の停止を命ずることができるものとすること。

イ 不正の手段により屋外広告業の登録を受けたとき。

ロ 第2号ロ又はニからトまでのいずれかに該当することとなつたとき。

ハ この法律に基づく条例又はこれに基づく

第6章　参考資料

処分に違反したとき。

（平16法111・追加，平23法61・一部改正）

（屋外広告業を営む者に対する指導，助言及び勧告）

第11条　都道府県知事は，条例で定めるところにより，屋外広告業を営む者に対し，良好な景観を形成し，若しくは風致を維持し，又は公衆に対する危害を防止するために必要な指導，助言及び勧告を行うことができる。

（昭48法81・追加，平16法111・旧第10条繰下・一部改正）

第2節　登録試験機関

（平16法111・追加）

（登録）

第12条　第10条第2項第3号イの規定による登録は，同号イの試験の実施に関する事務（以下「試験事務」という。）を行おうとする者の申請により行う。

（平16法111・追加）

（欠格条項）

第13条　次の各号のいずれかに該当する法人は，第10条第2項第3号イの規定による登録を受けることができない。

一　この法律の規定に違反して，刑に処せられ，その執行を終わり，又は執行を受けることがなくなつた日から起算して2年を経過しない者であること。

二　第25条第1項又は第2項の規定により登録を取り消され，その取消しの日から起算して2年を経過しない者であること。

三　その役員のうちに，第1号に該当する者があること。

（平16法111・追加）

（登録の基準）

第14条　国土交通大臣は，第12条の規定により登録を申請した者が次に掲げる要件のすべてに適合しているときは，第10条第2項第3号イの規定による登録をしなければならない。この場合において，登録に関して必要な手続は，国土交通省令で定める。

一　試験を別表の上欄に掲げる科目について行

い，当該科目についてそれぞれ同表の下欄に掲げる試験委員が問題の作成及び採点を行うものであること。

二　試験の信頼性の確保のための次に掲げる措置がとられていること。

イ　試験事務について専任の管理者を置くこと。

ロ　試験事務の管理（試験に関する秘密の保持及び試験の合格の基準に関することを含む。）に関する文書が作成されていること。

ハ　ロの文書に記載されたところに従い試験事務の管理を行う専任の部門を置くこと。

三　債務超過の状態にないこと。

（平16法111・追加）

（登録の公示等）

第15条　国土交通大臣は，第10条第2項第3号イの規定による登録をしたときは，当該登録を受けた者の名称及び主たる事務所の所在地並びに当該登録をした日を公示しなければならない。

2　登録試験機関は，その名称又は主たる事務所の所在地を変更しようとするときは，変更しようとする日の2週間前までに，その旨を国土交通大臣に届け出なければならない。

3　国土交通大臣は，前項の規定による届出があつたときは，その旨を公示しなければならない。

（平16法111・追加）

（役員の選任及び解任）

第16条　登録試験機関は，役員を選任し，又は解任したときは，遅滞なく，その旨を国土交通大臣に届け出なければならない。

（平16法111・追加）

（試験委員の選任及び解任）

第17条　登録試験機関は，第14条第1号の試験委員を選任し，又は解任したときは，遅滞なく，その旨を国土交通大臣に届け出なければならない。

（平16法111・追加）

（秘密保持義務等）

1　屋外広告物法

第18条　登録試験機関の役員若しくは職員（前条の試験委員を含む。次項において同じ。）又はこれらの職にあつた者は，試験事務に関して知り得た秘密を漏らしてはならない。

2　試験事務に従事する登録試験機関の役員及び職員は，刑法（明治40年法律第45号）その他の罰則の適用については，法令により公務に従事する職員とみなす。

（平16法111・追加）

（試験事務規程）

第19条　登録試験機関は，国土交通省令で定める試験事務の実施に関する事項について試験事務規程を定め，国土交通大臣の認可を受けなければならない。これを変更しようとするときも，同様とする。

2　国土交通大臣は，前項の規定により認可をした試験事務規程が試験事務の適正かつ確実な実施上不適当となつたと認めるときは，登録試験機関に対して，これを変更すべきことを命ずることができる。

（平16法111・追加）

（財務諸表等の備付け及び閲覧等）

第20条　登録試験機関は，毎事業年度経過後３月以内に，その事業年度の財産目録，貸借対照表及び損益計算書又は収支計算書並びに事業報告書（その作成に代えて電磁的記録（電子的方式，磁気的方式その他の人の知覚によつては認識することができない方式で作られる記録であつて，電子計算機による情報処理の用に供されるものをいう。以下この条において同じ。）の作成がされている場合における当該電磁的記録を含む。次項及び第33条において「財務諸表等」という。）を作成し，５年間登録試験機関の事務所に備えて置かなければならない。

2　試験を受けようとする者その他の利害関係人は，登録試験機関の業務時間内は，いつでも，次に掲げる請求をすることができる。ただし，第２号又は第４号の請求をするには，登録試験機関の定めた費用を支払わなければならない。

一　財務諸表等が書面をもつて作成されているときは，当該書面の閲覧又は謄写の請求

二　前号の書面の謄本又は抄本の請求

三　財務諸表等が電磁的記録をもつて作成されているときは，当該電磁的記録に記録された事項を国土交通省令で定める方法により表示したものの閲覧又は謄写の請求

四　前号の電磁的記録に記録された事項を電磁的方法であつて国土交通省令で定めるものにより提供することの請求又は当該事項を記載した書面の交付の請求

（平16法111・追加，平17法87・一部改正）

（帳簿の備付け等）

第21条　登録試験機関は，国土交通省令で定めるところにより，試験事務に関する事項で国土交通省令で定めるものを記載した帳簿を備え，保存しなければならない。

（平16法111・追加）

（適合命令）

第22条　国土交通大臣は，登録試験機関が第14条各号のいずれかに適合しなくなつたと認めるときは，その登録試験機関に対し，これらの規定に適合するため必要な措置をとるべきことを命ずることができる。

（平16法111・追加）

（報告及び検査）

第23条　国土交通大臣は，試験事務の適正な実施を確保するため必要があると認めるときは，登録試験機関に対して，試験事務の状況に関し必要な報告を求め，又はその職員に，登録試験機関の事務所に立ち入り，試験事務の状況若しくは設備，帳簿，書類その他の物件を検査させることができる。

2　前項の規定により立入検査をする職員は，その身分を示す証明書を携帯し，関係人の請求があつたときは，これを提示しなければならない。

3　第１項の規定による立入検査の権限は，犯罪捜査のために認められたものと解してはならない。

（平16法111・追加）

第6章　参考資料

（試験事務の休廃止）

第24条　登録試験機関は，国土交通大臣の許可を受けなければ，試験事務の全部又は一部を休止し，又は廃止してはならない。

2　国土交通大臣は，前項の規定による許可をしたときは，その旨を公示しなければならない。

（平16法111・追加）

（登録の取消し等）

第25条　国土交通大臣は，登録試験機関が第13条第1号又は第3号に該当するに至つたときは，当該登録試験機関の登録を取り消さなければならない。

2　国土交通大臣は，登録試験機関が次の各号のいずれかに該当するときは，当該登録試験機関に対して，その登録を取り消し，又は期間を定めて試験事務の全部若しくは一部の停止を命ずることができる。

一　第15条第2項，第16条，第17条，第20条第1項，第21条又は前条第1項の規定に違反したとき。

二　正当な理由がないのに第20条第2項各号の規定による請求を拒んだとき。

三　第19条第1項の規定による認可を受けた試験事務規程によらないで試験事務を行つたとき。

四　第19条第2項又は第22条の規定による命令に違反したとき。

五　不正な手段により第10条第2項第3号イの規定による登録を受けたとき。

3　国土交通大臣は，前2項の規定により登録を取り消し，又は前項の規定により試験事務の全部若しくは一部の停止を命じたときは，その旨を公示しなければならない。

（平16法111・追加）

第5章　雑則

（平16法111・章名追加）

（特別区の特例）

第26条　この法律中都道府県知事の権限に属するものとされている事務で政令で定めるものは，特別区においては，政令で定めるところにより特別区の長が行なうものとする。この場合においては，この法律中都道府県知事に関する規定は，特別区の長に関する規定として特別区の長に適用があるものとする。

（昭39法169・追加，昭48法81・旧第7条の3繰下，平16法111・旧第12条繰下）

（大都市等の特例）

第27条　この法律中都道府県が処理することとされている事務で政令で定めるものは，地方自治法（昭和22年法律第67号）第252条の19第1項の指定都市（以下「指定都市」という。）及び同法第252条の22第1項の中核市（以下「中核市」という。）においては，政令で定めるところにより，指定都市又は中核市（以下「指定都市等」という。）が処理するものとする。この場合においては，この法律中都道府県に関する規定は，指定都市等に関する規定として指定都市等に適用があるものとする。

（昭31法148・追加，昭37法161・旧第8条の2繰上，昭48法81・旧第8条繰下・一部改正，平六法49・平11法87・一部改正，平16法111・旧第13条繰下・一部改正）

（景観行政団体である市町村の特例等）

第28条　都道府県は，地方自治法第252条の17の2の規定によるもののほか，第3条から第5条まで，第7条又は第8条の規定に基づく条例の制定又は改廃に関する事務の全部又は一部を，条例で定めるところにより，景観行政団体である市町村又は地域における歴史的風致の維持及び向上に関する法律（平成20年法律第40号）第7条第1項に規定する認定市町村である市町村（いずれも指定都市及び中核市を除く。）が処理することとすることができる。この場合においては，都道府県知事は，あらかじめ，当該市町村の長に協議しなければならない。

（平16法111・追加，平20法40・一部改正）

（適用上の注意）

第29条　この法律及びこの法律の規定に基づく条例の適用に当たつては，国民の政治活動の自由その他国民の基本的人権を不当に侵害しないように留意しなければならない。

1　屋外広告物法

（平16法111・追加）

第6章　罰則

（平16法111・章名追加）

第30条　第18条第1項の規定に違反した者は，1年以下の懲役又は100万円以下の罰金に処する。

（平16法111・追加）

第31条　第25条第2項の規定による試験事務の停止の命令に違反したときは，その違反行為をした登録試験機関の役員又は職員は，1年以下の懲役又は100万円以下の罰金に処する。

（平16法111・追加）

第32条　次の各号のいずれかに該当するときは，その違反行為をした登録試験機関の役員又は職員は，30万円以下の罰金に処する。

一　第21条の規定に違反して帳簿を備えず，帳簿に記載せず，若しくは帳簿に虚偽の記載をし，又は帳簿を保存しなかつたとき。

二　第23条第1項の規定による報告を求められて，報告をせず，若しくは虚偽の報告をし，又は同項の規定による検査を拒み，妨げ，若しくは忌避したとき。

三　第24条第1項の規定による許可を受けないで，試験事務の全部を廃止したとき。

（平16法111・追加）

第33条　第20条第1項の規定に違反して財務諸表等を備えて置かず，財務諸表等に記載すべき事項を記載せず，若しくは虚偽の記載をし，又は正当な理由がないのに同条第2項各号の規定による請求を拒んだ者は，20万円以下の過料に処する。

（平16法111・追加）

第34条　第3条から第5条まで及び第7条第1項の規定に基づく条例には，罰金又は過料のみを科する規定を設けることができる。

（昭48法81・旧第9条繰下・一部改正，平16法111・旧第14条繰下・一部改正）

附　則

1　この法律は，公布の日から起算して90日を経過した日から施行する。

2　広告物取締法（明治44年法律第70号）は，廃止する。

3　この法律施行前にした広告物取締法に違反する行為に対する罰則の適用に関しては，なお，従前の例による。

附　則　（昭和25年5月30日法律第214号）　抄

（施行期日）

第1条　この法律施行の期日は，公布の日から起算して3月を超えない期間内において，政令で定める。

（昭和25年政令第276号で昭和25年8月29日から施行）

（平16法61・旧第113条・一部改正）

附　則　（昭和27年4月5日法律第71号）

この法律は，公布の日から施行する。

附　則　（昭和29年5月29日法律第131号）　抄

1　この法律は，昭和29年7月1日から施行する。

附　則　（昭和31年6月12日法律第148号）

1　この法律は，地方自治法の一部を改正する法律（昭和31年法律第147号）の施行の日から施行する。

（施行の日＝昭和31年9月1日）

2　この法律の施行の際海区漁業調整委員会の委員又は農業委員会の委員の職にある者の兼業禁止及びこの法律の施行に伴う都道府県又は都道府県知事若しくは都道府県の委員会その他の機関が処理し，又は管理し，及び執行している事務の地方自治法第252条の19第1項の指定都市（以下「指定都市」という。）又は指定都市の市長若しくは委員会その他の機関への引継に関し必要な経過措置は，それぞれ地方自治法の一部を改正する法律（昭和31年法律第147号）附則第4項及び第9項から第15項までに定めるところによる。

附　則　（昭和37年9月15日法律第161号）　抄

1　この法律は，昭和37年10月1日から施行する。

附　則　（昭和38年5月24日法律第92号）

この法律は，公布の日から起算して90日を経過した日から施行する。

第6章　参考資料

附　則　（昭和39年7月11日法律第169号）　抄

（施行期日）

1　この法律は，昭和40年4月1日から施行する。

附　則　（昭和43年6月15日法律第101号）　抄

この法律（第1条を除く。）は，新法の施行の日から施行する。

（施行の日＝昭和44年6月14日）

附　則　（昭和45年6月1日法律第109号）　抄

（施行期日）

1　この法律は，公布の日から起算して1年をこえない範囲内において政令で定める日から施行する。

（昭和45年政令第270号で昭和46年1月1日から施行）

附　則　（昭和48年9月17日法律第81号）

この法律は，公布の日から起算して90日を経過した日から施行する。

附　則　（昭和50年7月1日法律第49号）　抄

（施行期日）

1　この法律は，公布の日から起算して3箇月を経過した日から施行する。

附　則　（平成4年6月26日法律第82号）　抄

（施行期日）

第1条　この法律は，公布の日から起算して1年を超えない範囲内において政令で定める日から施行する。

（平成5年政令第169号で平成5年6月25日から施行）

（用途地域に関する経過措置）

第2条　この法律の施行の際現に第1条の規定による改正前の都市計画法（以下「旧都市計画法」という。）第8条第1項第1号に規定する用途地域に関する都市計画が定められている都市計画区域について，建設大臣，都道府県知事又は市町村が第1条の規定による改正後の都市計画法（以下「新都市計画法」という。）第2章の規定により行う用途地域に関する都市計画の決定及びその告示は，この法律の施行の日から起算して3年以内にしなければならない。

第3条　この法律の施行の際現に旧都市計画法の規定により定められている都市計画区域内の用途地域に関しては，この法律の施行の日から起算して3年を経過する日（その日前に新都市計画法第2章の規定により，当該都市計画区域について，用途地域に関する都市計画が決定されたときは，当該都市計画の決定に係る都市計画法第20条第1項（同法第22条第1項において読み替える場合を含む。）の規定による告示があった日。次条，附則第5条及び附則第18条において同じ。）までの間は，旧都市計画法第8条，第9条，第12条の6第1項並びに第13条第1項第5号及び第9号の規定は，なおその効力を有する。

（屋外広告物法等の一部改正に伴う経過措置）

第18条　この法律の施行の際現に旧都市計画法の規定により定められている都市計画区域内の用途地域に関しては，この法律の施行の日から起算して3年を経過する日までの間は，この法律による改正前の次に掲げる法律の規定は，なおその効力を有する。

一　屋外広告物法

附　則　（平成6年6月29日法律第49号）　抄

（施行期日）

1　この法律中，第1章の規定及び次項の規定は地方自治法の一部を改正する法律（平成6年法律第48号）中地方自治法（昭和22年法律第67号）第2編第12章の改正規定の施行の日から，第2章の規定は地方自治法の一部を改正する法律中地方自治法第3編第3章の改正規定の施行の日から施行する。

（第2編第12章の改正規定の施行の日＝平成7年4月1日）

附　則　（平成11年7月16日法律第87号）　抄

（施行期日）

第1条　この法律は，平成12年4月1日から施行する。ただし，次の各号に掲げる規定は，当該各号に定める日から施行する。

一　第1条中地方自治法第250条の次に5条，節名並びに2款及び款名を加える改正規定（同法第250条の9第1項に係る部分（両議院の同意を得ることに係る部分に限る。）に限る。），第40条中自然公園法附則第9項及び

322

第10項の改正規定（同法附則第10項に係る部分に限る。），第244条の規定（農業改良助長法第14条の3の改正規定に係る部分を除く。）並びに第472条の規定（市町村の合併の特例に関する法律第6条，第8条及び第17条の改正規定に係る部分を除く。）並びに附則第7条，第10条，第12条，第59条ただし書，第60条第4項及び第5項，第73条，第77条，第157条第4項から第6項まで，第160条，第163条，第164条並びに第202条の規定　公布の日

（国等の事務）

第159条　この法律による改正前のそれぞれの法律に規定するもののほか，この法律の施行前において，地方公共団体の機関が法律又はこれに基づく政令により管理し又は執行する国，他の地方公共団体その他公共団体の事務（附則第161条において「国等の事務」という。）は，この法律の施行後は，地方公共団体が法律又はこれに基づく政令により当該地方公共団体の事務として処理するものとする。

（処分，申請等に関する経過措置）

第160条　この法律（附則第1条各号に掲げる規定については，当該各規定。以下この条及び附則第163条において同じ。）の施行前に改正前のそれぞれの法律の規定によりされた許可等の処分その他の行為（以下この条において「処分等の行為」という。）又はこの法律の施行の際現に改正前のそれぞれの法律の規定によりされている許可等の申請その他の行為（以下この条において「申請等の行為」という。）で，この法律の施行の日においてこれらの行為に係る行政事務を行うべき者が異なることとなるものは，附則第2条から前条までの規定又は改正後のそれぞれの法律（これに基づく命令を含む。）の経過措置に関する規定に定めるものを除き，この法律の施行の日以後における改正後のそれぞれの法律の適用については，改正後のそれぞれの法律の相当規定によりされた処分等の行為又は申請等の行為とみなす。

2　この法律の施行前に改正前のそれぞれの法律の規定により国又は地方公共団体の機関に対し報告，届出，提出その他の手続をしなければならない事項で，この法律の施行の日前にその手続がされていないものについては，この法律及びこれに基づく政令に別段の定めがあるもののほか，これを，改正後のそれぞれの法律の相当規定により国又は地方公共団体の相当の機関に対して報告，届出，提出その他の手続をしなければならない事項についてその手続がされていないものとみなして，この法律による改正後のそれぞれの法律の規定を適用する。

（不服申立てに関する経過措置）

第161条　施行日前にされた国等の事務に係る処分であって，当該処分をした行政庁（以下この条において「処分庁」という。）に施行日前に行政不服審査法に規定する上級行政庁（以下この条において「上級行政庁」という。）があったものについての同法による不服申立てについては，施行日以後においても，当該処分庁に引き続き上級行政庁があるものとみなして，行政不服審査法の規定を適用する。この場合において，当該処分庁の上級行政庁とみなされる行政庁は，施行日前に当該処分庁の上級行政庁であった行政庁とする。

2　前項の場合において，上級行政庁とみなされる行政庁が地方公共団体の機関であるときは，当該機関が行政不服審査法の規定により処理することとされる事務は，新地方自治法第2条第9項第1号に規定する第1号法定受託事務とする。

（罰則に関する経過措置）

第163条　この法律の施行前にした行為に対する罰則の適用については，なお従前の例による。

（その他の経過措置の政令への委任）

第164条　この附則に規定するもののほか，この法律の施行に伴い必要な経過措置（罰則に関する経過措置を含む。）は，政令で定める。

（検討）

第250条　新地方自治法第2条第9項第1号に規

第6章 参考資料

定する第1号法定受託事務については，できる限り新たに設けることのないようにするとともに，新地方自治法別表第1に掲げるもの及び新地方自治法に基づく政令に示すものについては，地方分権を推進する観点から検討を加え，適宜，適切な見直しを行うものとする。

第251条 政府は，地方公共団体が事務及び事業を自主的かつ自立的に執行できるよう，国と地方公共団体との役割分担に応じた地方税財源の充実確保の方途について，経済情勢の推移等を勘案しつつ検討し，その結果に基づいて必要な措置を講ずるものとする。

　　　　附　則 （平成16年5月28日法律第61号）　抄

（施行期日）

第1条 この法律は，平成17年4月1日から施行する。

　　　　附　則 （平成16年6月18日法律第111号）　抄

（施行期日）

第1条 この法律は，景観法（平成16年法律第110号）の施行の日から施行する。ただし，第1条中都市計画法第8条，第9条，第12条の5及び第13条の改正規定，第3条，第5条，第7条から第10条まで，第12条，第16条中都市緑地法第35条の改正規定，第17条，第18条，次条並びに附則第4条，第5条及び第7条の規定は，景観法附則ただし書に規定する日から施行する。

　　　（施行の日＝平成16年12月17日）

　　　（規定する日＝平成17年6月1日）

　　　（平16法112・一部改正）

（屋外広告物法の一部改正に伴う経過措置）

第3条 この法律の施行前に第4条の規定による改正前の屋外広告物法（以下「旧屋外広告物法」という。）第7条第1項の規定により命ぜられた措置については，第4条の規定による改正後の屋外広告物法（以下「新屋外広告物法」という。）第7条第1項及び第3項の規定にかかわらず，なお従前の例による。

2　この法律の施行の際現に旧屋外広告物法第8条及び第9条の規定に基づく条例（以下この条において「旧条例」という。）を定めている都道府県（旧屋外広告物法第13条の規定によりその事務を処理する地方自治法（昭和22年法律第67号）第252条の19第1項の指定都市及び同法第252条の22第1項の中核市を含む。）が，新屋外広告物法第9条の規定に基づく条例（以下この条において「新条例」という。）を定め，これを施行するまでの間は，旧屋外広告物法第8条，第9条及び第14条（第9条第2項に係る部分に限る。）の規定は，なおその効力を有する。

3　新条例には，新条例の施行の際現に屋外広告業を営んでいる者（新条例の施行の日の前日まで旧条例が適用される場合にあっては，新条例の施行の際現に旧条例の規定に基づき届出をして屋外広告業を営んでいる者）については，新条例の施行の日から6月以上で条例で定める期間（当該期間内に新条例の規定に基づく登録の拒否の処分があったときは，その日までの間）は，新条例の規定にかかわらず，登録を受けなくても，引き続き屋外広告業を営むことができる旨を定めなければならない。この場合においては，併せて，その者がその期間内に当該登録の申請をした場合において，その期間を経過したときは，その申請について登録又は登録の拒否の処分があるまでの間も同様とする旨を定めなければならない。

4　新条例には，新条例の施行の際現に旧屋外広告物法第9条第1項に規定する講習会修了者等である者について，新条例に規定する業務主任者となる資格を有する者とみなす旨を定めなければならない。

5　この法律の施行前に国土交通大臣が定める試験に合格した者は，新屋外広告物法第10条第2項第3号イの試験に合格した者とみなす。

第4条 この法律の施行の際現に旧都市計画法第8条第1項第6号の規定により定められている美観地区（附則第2条第1項前段に規定する美観地区を除く。）についての第5条の規定による改正後の屋外広告物法第3条第1項第1号の規定の適用については，なお従前の例による。

324

1　屋外広告物法

（罰則に関する経過措置）

第5条　この法律の施行前にした行為に対する罰則の適用については，なお従前の例による。

（政令への委任）

第6条　附則第2条から前条までに定めるもののほか，この法律の施行に関して必要な経過措置は，政令で定める。

　　　　附　則　（平成16年6月18日法律第112号）　抄

（施行期日）

第1条　この法律は，公布の日から起算して3月を超えない範囲内において政令で定める日から施行する。

　　（平成16年政令第274号で平成16年9月17日から施行）

　　　　附　則　（平成17年7月15日法律第83号）　抄

（施行期日）

第1条　この法律は，平成19年4月1日から施行する。

（助教授の在職に関する経過措置）

第2条　次に掲げる法律の規定の適用については，この法律の施行前における助教授としての在職は，准教授としての在職とみなす。

　一から四まで　略

　五　屋外広告物法（昭和24年法律第189号）別表

　　（平30法33・一部改正）

───────────────

○会社法の施行に伴う関係法律の整備等に関する法律（平成17法律87）抄

（罰則に関する経過措置）

第527条　施行日前にした行為及びこの法律の規定によりなお従前の例によることとされる場合における施行日以後にした行為に対する罰則の適用については，なお従前の例による。

（政令への委任）

第528条　この法律に定めるもののほか，この法律の規定による法律の廃止又は改正に伴い必要な経過措置は，政令で定める。

　　　　附　則　（平成17年7月26日法律第87号）　抄

この法律は，会社法の施行の日から施行する。

　　（施行の日＝平成18年5月1日）

───────────────

　　　　附　則　（平成20年5月23日法律第40号）　抄

（施行期日）

第1条　この法律は，公布の日から起算して6月を超えない範囲内において政令で定める日から施行する。

　　（平成20年政令第336号で平成20年11月4日から施行）

　　　　附　則　（平成23年6月3日法律第61号）　抄

（施行期日）

第1条　この法律は，公布の日から起算して1年を超えない範囲内において政令で定める日（以下「施行日」という。）から施行する。

　　（平成23年政令第395号で平成24年4月1日から施行）

　　　　附　則　（平成29年5月12日法律第26号）　抄

（施行期日）

第1条　この法律は，公布の日から起算して2月を超えない範囲内において政令で定める日から施行する。ただし，次の各号に掲げる規定は，当該各号に定める日から施行する。

　一　附則第25条の規定　公布の日

　二　第1条中都市緑地法第4条，第34条，第35条及び第37条の改正規定，第2条中都市公園法第3条第2項の改正規定及び同条の次に1条を加える改正規定，第4条中生産緑地法第3条に1項を加える改正規定，同法第8条に1項を加える改正規定，同法第10条の改正規定，同条の次に5条を加える改正規定及び同法第11条の改正規定並びに第5条及び第6条の規定並びに次条第1項及び第2項並びに附則第3条第2項，第6条，第7条，第10条，第13条，第14条，第18条（地域における歴史的風致の維持及び向上に関する法律（平成20年法律第40号）第31条第5項第1号の改正規定に限る。），第19条，第20条，第22条及び第23条（国家戦略特別区域法（平成25年法律第107号）第15条の改正規定に限る。）の規定
　　公布の日から起算して1年を超えない範囲内において政令で定める日

　　（平成29年政令第155号で平成30年4月1日から施行）

（政令への委任）

第6章　参考資料

第25条　この附則に定めるもののほか，この法律の施行に関し必要な経過措置は，政令で定める。

　　　　附　則 （平成30年5月30日法律第33号）　抄

（施行期日）

第1条　この法律は，公布の日から起算して1年6月を超えない範囲内において政令で定める日から施行する。ただし，次の各号に掲げる規定は，当該各号に定める日から施行する。

一から三まで　略

四　第3条中特許法第107条第3項の改正規定，第109条の見出しを削り，同条の前に見出しを付し，同条の次に1条を加える改正規定，第112条第1項及び第6項の改正規定，第195条第6項の改正規定並びに第195条の2の見出しを削り，同条の前に見出しを付し，同条の次に1条を加える改正規定並びに第6条及び第7条の規定並びに附則第11条，第15条，第23条及び第25条から第32条までの規定
　公布の日から起算して1年を超えない範囲内において政令で定める日

（平成31年政令第1号で平成31年4月1日から施行）

別表（第14条関係）

（平16法111・追加，平17法83・一部改正）

科目	試験委員
1　この法律，この法律に基づく条例その他関係法令に関する科目	1　学校教育法（昭和22年法律第26号）による大学（以下「大学」という。）において行政法学を担当する教授若しくは准教授の職にあり，又はこれらの職にあつた者 2　前号に掲げる者と同等以上の知識及び経験を有する者
2　広告物の形状，色彩及び意匠に関する科目	1　大学において美術若しくはデザインを担当する教授若しくは准教授の職にあり，又はこれらの職

（続き）

科目	試験委員
	にあつた者 2　前号に掲げる者と同等以上の知識及び経験を有する者
3　広告物及び掲出物件の設計及び施工に関する科目	1　大学において建築学を担当する教授若しくは准教授の職にあり，又はこれらの職にあつた者 2　前号に掲げる者と同等以上の知識及び経験を有する者

○景観法及び景観法の施行に伴う関係法律の整備等に関する法律の施行に伴う関係政令の整備等に関する政令（抄）

（平成16年12月15日
政　令　第　399　号）

　　　　附　則

（施行期日）

第1条　この政令は，景観法の施行の日（平成16年12月17日）から施行する。

（屋外広告物法の一部改正に伴う経過措置）

第2条　景観法の施行に伴う関係法律の整備等に関する法律第4条の規定の施行前に同条の規定による改正前の屋外広告物法（昭和24年法律第189号）第7条第2項又は第4項の規定により都道府県知事が除却し，又は除却させた広告物又は広告物を掲出する物件については，景観法の施行に伴う関係法律の整備等に関する法律第4条の規定による改正後の屋外広告物法第8条の規定は，適用しない。

2　屋外広告物法施行規則

（平成16年12月15日
国土交通省令第102号）

最近改正　平成18年4月28日国土交通省令第58号

　屋外広告物法（昭和24年法律第189号）第14条，第19条第1項，第20条第2項第3号及び第4号並びに第21条の規定に基づき，並びに同法を実

2　屋外広告物法施行規則

施するため，屋外広告物法施行規則を次のように定める。

　　　屋外広告物法施行規則

（登録の申請）

第1条　屋外広告物法（以下「法」という。）第10条第2項第3号イの規定による登録を受けようとする者は，別記様式第1号による申請書に次に掲げる書類を添えて，これを国土交通大臣に提出しなければならない。

一　定款又は寄附行為及び登記簿の謄本

二　申請に係る意思の決定を証する書類

三　役員（持分会社（会社法（平成17年法律第86号）第575条第1項に規定する持分会社をいう。）にあっては，業務を執行する社員をいう。以下同じ。）の氏名及び略歴を記載した書類

四　試験事務（法第12条に規定する試験事務をいう。以下同じ。）以外の業務を行おうとするときは，その業務の種類及び概要を記載した書類

五　登録を受けようとする者が法第13条各号のいずれにも該当しない法人であることを誓約する書面

六　法別表の上欄に掲げる科目について，それぞれ同表の下欄に掲げる試験委員により問題の作成及び採点が行われるものであることを証する書類

七　試験委員の略歴を記載した書類

八　法第14条第2号ロに規定する試験事務の管理に関する文書として，次に掲げるもの

　　イ　試験の実施に関する計画の策定方法に関する文書

　　ロ　試験に関する秘密の保持の方法を記載した文書

　　ハ　問題の作成の方法及び試験の合格の基準に関する事項を記載した文書

　　ニ　試験委員の選任及び解任の方法に関する文書

　　ホ　試験事務に関する公正の確保に関する事項を記載した文書

九　法第14条第2号ハに規定する専任の部門が置かれていることを説明した書類

十　申請の日の属する事業年度の前事業年度における貸借対照表及び損益計算書

十一　その他参考となる事項を記載した書類

（平18国交令58・一部改正）

（登録試験機関登録簿）

第2条　法第10条第2項第3号イの規定による登録は，登録試験機関登録簿に次に掲げる事項を記載してするものとする。

一　登録年月日及び登録番号

二　登録試験機関（法第10条第2項第3号イに規定する登録試験機関をいう。以下同じ。）の名称

三　主たる事務所の所在地

四　役員の氏名

五　試験委員の氏名

（登録事項の変更の届出）

第3条　登録試験機関は，法第15条第2項の規定による届出をしようとするときは，次に掲げる事項を記載した届出書を国土交通大臣に提出しなければならない。

一　変更しようとする事項

二　変更しようとする年月日

三　変更の理由

2　登録試験機関は，法第16条又は第17条の規定による届出をしようとするときは，次に掲げる事項を記載した届出書を国土交通大臣に提出しなければならない。

一　選任又は解任された役員又は試験委員の氏名

二　選任又は解任の年月日

三　選任又は解任の理由

四　選任の場合にあっては，選任された者の略歴

五　役員の選任の場合にあっては，当該役員が法第13条第3号に該当しない者であることを誓約する書面

六　試験委員の選任又は解任の場合にあっては，法別表の上欄に掲げる科目についてそれ

第6章　参考資料

それ同表の下欄に掲げる試験委員により問題の作成及び採点が行われるものであることを証する書類

3　国土交通大臣は，前2項の規定による届出を受理したときは，当該届出に係る事項が法第13条第3号に該当する場合又は法第14条第1号に掲げる要件に適合しない場合を除き，届出があった事項を登録試験機関登録簿に登録しなければならない。

（試験事務規程）

第4条　登録試験機関は，法第19条第1項前段の規定により認可を受けようとするときは，試験事務の開始前に，申請書に試験事務規程を添えて国土交通大臣に提出しなければならない。

2　法第19条第1項の国土交通省令で定める試験事務の実施に関する事項は，次に掲げるものとする。

一　試験事務を行う時間及び休日に関する事項

二　試験事務を行う事務所及び試験地に関する事項

三　試験の受験の申込みに関する事項

四　試験の受験手数料の額及び収納の方法に関する事項

五　試験の日程，公示方法その他の試験の実施の方法に関する事項

六　終了した試験の問題及び当該試験の合格基準の公表に関する事項

七　試験の合格証明書の交付及び再交付に関する事項

八　不正受験者の処分に関する事項

九　帳簿（法第21条に規定する帳簿をいう。第7条第2項及び第3項において同じ。）その他の試験事務に関する書類の管理に関する事項

十　その他試験事務の実施に関し必要な事項

（電磁的記録に記録された事項を表示する方法）

第5条　法第20条第2項第3号の国土交通省令で定める方法は，当該電磁的記録に記録された事項を紙面又は出力装置の映像面に表示する方法

とする。

（電磁的記録に記録された事項を提供するための電磁的方法）

第6条　法第20条第2項第4号の国土交通省令で定める方法は，次に掲げるもののうち，登録試験機関が定めるものとする。

一　送信者の使用に係る電子計算機（入出力装置を含む。以下この号及び次条第2項において同じ。）と受信者の使用に係る電子計算機とを電気通信回線で接続した電子情報処理組織を使用する方法であって，当該電気通信回線を通じて情報が送信され，受信者の使用に係る電子計算機に備えられたファイルに当該情報が記録されるもの

二　磁気ディスク，シー・ディー・ロムその他これに準ずる方法により一定の事項を確実に記録しておくことができる物（次条第2項及び第3項において「磁気ディスク等」という。）をもって調製するファイルに情報を記録したものを交付する方法

2　前項各号に掲げる方法は，受信者がファイルへの記録を出力することによる書面を作成することができるものでなければならない。

（帳簿の備付け等）

第7条　法第21条の国土交通省令で定める事項は，次のとおりとする。

一　試験年月日

二　試験地

三　受験者の受験番号，氏名，生年月日，住所及び合否の別

四　合格年月日

2　前項各号に掲げる事項が，電子計算機に備えられたファイル又は磁気ディスク等に記録され，必要に応じ登録試験機関において電子計算機その他の機器を用いて明確に紙面に表示されるときは，当該記録をもって帳簿への記載に代えることができる。

3　登録試験機関は，帳簿（前項の規定による記録が行われた同項のファイル又は磁気ディスク等を含む。）を，試験事務の全部を廃止するま

328

で保存しなければならない。

4 登録試験機関は，次に掲げる書類を備え，試験を実施した日から３年間保存しなければならない。

一 試験の受験申込書及び添付書類

二 終了した試験の問題及び答案用紙

（立入検査を行う職員の証明書）

第8条 法第23条第２項の身分を示す証明書の様式は，別記様式第２号によるものとする。

（試験事務の休廃止の許可の申請）

第9条 登録試験機関は，法第24条の規定により試験事務の全部又は一部の休止又は廃止の許可を受けようとするときは，次に掲げる事項を記載した申請書を国土交通大臣に提出しなければならない。

一 休止し，又は廃止しようとする試験事務の範囲

二 休止し，又は廃止しようとする年月日

三 休止しようとする場合にあっては，その期間

四 休止又は廃止の理由

　　附　則

この省令は，景観法の施行に伴う関係法律の整備等に関する法律（平成16年法律第111号）の施行の日（平成16年12月17日）から施行する。

　　附　則 （平成18年４月28日国土交通省令第58号）
抄

（施行期日）

第1条 この省令は，会社法の施行の日（平成18年５月１日）から施行する。

（経過措置）

第3条 この省令の施行前にしたこの省令による改正前の省令の規定による処分，手続，その他の行為は，この省令による改正後の省令（以下「新令」という。）の規定の適用については，新令の相当規定によってしたものとみなす。

様式　略

3　屋外広告物条例ガイドライン

〔昭和39年3月27日〕
〔建設都総発第7号都市総務課長通達〕

最近改正　平成30年3月30日国都景歴第54号

（目的）

第1条 この条例は，屋外広告物法（昭和24年法律第189号。以下「法」という。）の規定に基づき，屋外広告物（投影広告物（建築物等に光で投影する方法により表示される広告物をいう。）を除く。以下「広告物」という。）及び屋外広告業について必要な規制を行ない，もつて良好な景観を形成し，若しくは風致を維持し，又は公衆に対する危害を防止することを目的とする。

（広告物のあり方）

第2条 広告物又は広告物を掲出する物件（以下「掲出物件」という。）は，良好な景観若しくは風致を害し，又は公衆に対し危害を及ぼすおそれのないものでなければならない。

（禁止地域等）

第3条 次に掲げる地域又は場所においては，広告物を表示し，又は掲出物件を設置してはならない。

一 都市計画法（昭和43年法律第100号）第２章の規定により定められた第１種低層住居専用地域，第２種低層住居専用地域，第１種中高層住居専用地域，第２種中高層住居専用地域，田園住居地域，景観地区，風致地区，特別緑地保全地区，緑地保全地域，生産緑地地区又は伝統的建造物群保存地区（知事が指定する区域を除く。）

一ノ二 景観法（平成16年法律第110号）第74条第１項の規定により指定された準景観地区であって，同法第75条第１項に規定する条例により制限を受ける地域のうち，知事が指定する区域

一ノ三 景観法第76条第３項の地区計画等形態意匠条例（以下「地区計画等形態意匠条例」

第6章　参考資料

という。」により制限を受ける地域のうち, 知事が指定する区域

二　市民農園整備促進法（平成2年法律第44号）第2条第2項に規定する市民農園の区域（知事が指定する区域を除く。）

三　文化財保護法（昭和25年法律第214号）第27条又は第78条第1項の規定により指定された建造物及びその周辺で知事が指定する範囲内にある地域並びに同法第109条第1項若しくは第2項又は第110条第1項の規定により指定され, 又は仮指定された地域

四　○○県文化財保護条例（昭和　年県条例第　号）第　条の規定により指定された建造物及び同条例第　条の規定により指定された○○○並びにこれらの周囲で知事が指定する範囲内にある地域

五　森林法（昭和26年法律第249号）第25条第1項第11号の規定により指定された保安林のある地域（知事が指定する区域を除く。）

五ノ二　自然環境保全法（昭和47年法律第85号）第3章及び第4章の規定により指定された原生自然環境保全地域及び自然環境保全地域（知事が指定する区域を除く。）

六　都市の美観風致を維持するための樹木の保存に関する法律（昭和37年法律第142号）第2条第1項の規定により指定された保存樹林のある地域

七　高速自動車国道及び自動車専用道路（休憩所又は給油所の存する区域のうち知事が指定する区域を除く。）の全区間, 道路（高速自動車国道及び自動車専用道路を除く。）の知事が指定する区間並びに鉄道, 軌道及び索道の知事が指定する区間

八　道路及び鉄道等（鉄道, 軌道及び索道をいう。以下同じ。）に接続する地域で知事が指定する区域

九　都市公園法（昭和31年法律第79号）第2条第1項に規定する都市公園及び社会資本整備重点計画法施行令（平成15年政令第162号）第2条各号に規定する公園又は緑地の区域

十　河川, 湖沼, 渓谷, 海浜, 高原, 山, 山岳及びこれらの附近の地域で, 知事が指定する区域

十一　港湾, 空港, 駅前広場及びこれらの附近の地域で, 知事が指定する区域

十二　官公署, 学校, 図書館, 公会堂, 公民館, 体育館及び公衆便所の建物並びにその敷地

十二の二　博物館, 美術館及び病院の建物並びにその敷地で, 規則で定める基準に適合するもの

十三　古墳, 墓地及びこれらの周囲の地域で, 知事が指定する区域

十四　社寺, 教会, 火葬場の建造物及びその境域で, 知事が指定する区域

十五　○○○○○……………

第4条　知事が指定する場所から展望することができる広告物又は掲出物件で規則で定めるものについては, これを設置してはならない。

（禁止物件）

第5条　次に掲げる物件には, 広告物を表示し, 又は掲出物件を設置してはならない。

一　橋りよう, トンネル, 高架構造及び分離帯

二　石垣, よう壁の類

三　街路樹, 路傍樹及び都市の美観風致を維持するための樹木の保存に関する法律第2条第1項の規定により指定された保存樹

四　信号機, 道路標識及び歩道柵, 駒止めの類並びに里程標の類

五　電柱, 街灯柱その他電柱の類で知事が指定するもの

六　消火栓, 火災報知機及び火の見やぐら

七　郵便ポスト, 電話ボックス及び路上変電塔

八　送電塔, 送受信塔及び照明塔

九　煙突及びガスタンク, 水道タンクその他タンクの類

十　銅像, 神仏像及び記念碑の類

十一　景観法第19条第1項の規定により指定された景観重要建造物及び同法第28条第1項の規定により指定された景観重要樹木

3 屋外広告物条例ガイドライン

2 道路の路面には，広告物を表示してはならない。

（許可地域等）

第6条 次に掲げる地域又は場所（第3条各号に掲げる地域又は場所を除く。）において，広告物を表示し，又は掲出物件を設置しようとする者は，規則で定めるところにより，知事の許可を受けなければならない。

一　景観法第8条第2項第1号に規定する景観計画区域（知事が指定する区域を除く。）

一ノ二　地区計画等形態意匠条例により制限を受ける地域

一ノ三　第3条第1号かつこ書，第2号かつこ書，第5号かつこ書又は第5号の2かつこ書に規定する区域

二　第3条第7号の休憩所又は給油所の存する区域のうち知事が指定する区域並びに道路及び鉄道等の知事が指定する区間

三　道路及び鉄道等に接続する地域で知事が指定する区域

四　河川，湖沼，渓谷，海浜，高原，山，山岳及びこれらの附近の地域で知事が指定する区域

五　港湾，空港，駅前広場及びこれらの附近の地域で，知事が指定する区域

六　○○○○○……………

2 前項各号に掲げる地域又は場所のほか，市及び次の各号に掲げる区域において，広告物を表示し，又は掲出物件を設置しようとする者は，規則で定めるところにより，知事の許可を受けなければならない。

　　　○○郡○○町大字○○

　　　○○郡○○村大字○○

第7条 知事が指定する場所から展望することができる広告物又は掲出物件で規則で定めるもの（第4条に該当するものを除く。）を表示し，又は設置しようとする者は，規則で定めるところにより，知事の許可を受けなければならない。

（広告物活用地区）

第8条 知事は，第3条に規定する地域又は場所以外の区域で，活力ある街並を維持する上で広告物が重要な役割を果たしている区域を，広告物活用地区として指定することができる。

2 広告物活用地区において表示され，又は設置される広告物又は掲出物件については，規則で定めるところにより，景観上，安全上支障を及ぼすおそれのないものとして知事の確認を受けたものに限り，第5条，第6条及び第14条の規定は，適用しない。

（景観保全型広告整備地区）

第9条 知事は，第3条及び第6条に規定する地域又は場所で，良好な景観を保全するため良好な広告物又は掲出物件の新設・改修等を図ることが特に必要な区域を，景観保全型広告整備地区として指定することができる。

2 知事は，景観保全型広告整備地区を指定しようとするときは，当該景観保全型広告整備地区における広告物の表示又は掲出物件の設置に関する基本方針（以下「基本方針」という。）を定めるものとする。

3 前項の基本方針には，次に掲げる事項を定めるものとする。

一　広告物の表示及び掲出物件の設置に関する基本構想

二　広告物及び掲出物件の位置，形状，面積，色彩，意匠その他表示の方法に関する事項

4 知事は，基本方針を定め又はこれを変更したときは遅滞なく，これを公表しなければならない。

5 景観保全型広告整備地区において，広告物を表示し，又は掲出物件を設置しようとする者は，当該景観保全型広告整備地区に係る基本方針に適合するように努めなければならない。

6 第3条に規定する地域又は場所で知事が景観保全型広告整備地区として指定した区域において，広告物を表示し，又は掲出物件を設置しようとする者は，規則で定めるところにより，知事にその旨を届け出なければならない。

7 知事は，前項の届出があつた場合において，

第6章　参考資料

当該景観保全型広告整備地区に係る基本方針の内容に照らして必要があると認めるときは，当該届出をした者に対して，必要な助言又は勧告をすることができる。

（広告物協定地区）

第10条　相当規模の一団の土地又は道路，河川等に隣接する相当の区間にわたる土地（これらの土地のうち，公共施設の用に供する土地その他規則で定める土地を除く。）の所有者及び地上権又は賃借権を有する者（以下「土地所有者等」と総称する。）は，一定の区域を定め，当該区域の景観を整備するため，当該区域における広告物及び掲出物件に関する協定（以下「広告物協定」という。）を締結し，当該広告物協定が適当である旨の知事の認定を受けることができる。

2　広告物協定においては，次に掲げる事項を定めるものとする。

一　広告物協定の目的となる土地の区域（以下「広告物協定地区」という。）

二　広告物又は掲出物件の位置，形状，面積，色彩，意匠その他表示の方法に関する事項

三　広告物協定の有効期間

四　広告物協定に違反した場合の措置

五　その他広告物協定の実施に関する事項

3　広告物協定に係る土地所有者等は，第1項の認定を受けた広告物協定を変更しようとする場合においては，その全員の合意をもってその旨を定め，知事の認定を受けなければならない。

4　知事は，第1項又は前項の認定をしたときは，当該認定を受けた広告物協定に係る土地所有者等に対して技術的支援等を行うよう努めなければならない。

5　広告物協定地区内の土地所有者等で当該広告物協定に係る土地所有者等以外の土地所有者等は，第1項又は第3項の認定後いつでも，知事に対して書面でその意思を表示することによって，当該広告物協定に加わることができる。

6　知事は，第1項又は第3項の認定を受けた広告物協定に係る広告物協定地区内において広告

物を表示し，又は掲出物件を設置する者に対し，当該広告物協定地区内の景観を整備するために必要な指導又は助言をすることができる。

7　広告物協定に係る土地所有者等は，第1項又は第3項の認定を受けた広告物協定を廃止しようとする場合においては，その過半数の合意をもってその旨を定め，知事の認定を受けなければならない。

（適用除外）

第11条　次に掲げる広告物又は掲出物件については，第3条から前条までの規定は，適用しない。

一　法令の規定により表示する広告物又はこれの掲出物件

二　削除

三　公職選挙法（昭和25年法律第100号）による選挙運動のために使用するポスター，立札等又はこれらの掲出物件

2　次に掲げる広告物又はこれの掲出物件については，第3条及び第6条の規定は，適用しない。

一　自己の氏名，名称，店名若しくは商標又は自己の事業若しくは営業の内容を表示するため，自己の住所又は事業所，営業所若しくは作業場に表示する広告物又はこれの掲出物件で，規則で定める基準に適合するもの

二　前号に掲げるもののほか，自己の管理する土地又は物件に管理上の必要に基づき表示する広告物又はこれの掲出物件で規則で定める基準に適合するもの

二ノ二　工事現場の板塀その他これに類する板囲いに表示される広告物で，規則で定める基準に適合するもの

三　冠婚葬祭又は祭礼等のため，一時的に表示する広告物又はこれの掲出物件

四　講演会，展覧会，音楽会等のためその会場の敷地内に表示する広告物又はこれの掲出物件

五　電車又は自動車に表示される広告物で，規則で定める基準に適合するもの

332

3 屋外広告物条例ガイドライン

六　自動車で他の都道府県に存する運輸支局又は自動車検査登録事務所に係る自動車登録番号を有するものに当該都道府県の屋外広告物条例の規定に従つて表示される広告物

七　人，動物又は車両（電車又は自動車を除く。），船舶等に表示される広告物

八　地方公共団体が設置する公共掲示板に規則で定めるところにより表示する広告物

八ノ二　国又は地方公共団体が公共的目的をもつて表示する広告物又はこれを掲出する物件で知事が指定するもの

3　次に掲げる広告物又は掲出物件については，第5条第1項の規定は，適用しない。

一　同項第1号から第5号に掲げる物件（都市の美観風致を維持するための樹木の保存に関する法律第2条第1項の規定により指定された保存樹を除く。）に国又は地方公共団体が公共的目的をもつて表示する広告物で知事が指定するもの

二　同項第2号，第8号，第9号又は第11号に掲げる物件にその所有者又は管理者が自己の氏名，名称，店名若しくは商標又は自己の事業若しくは営業の内容を表示するため表示する広告物で規則で定める基準に適合するもの

三　前号に掲げるもののほか，同項各号に掲げる物件にその所有者又は管理者が管理上の必要に基づき表示する広告物

四　前2号に掲げるもののほか，第5条第1項第9号に掲げる物件に表示する広告物で規則で定める基準に適合するもの

五　第1号から第3号に掲げる広告物の掲出物件

4　政治資金規正法（昭和23年法律第194号）第6条第1項の届出を行つた政治団体が政治活動のために表示又は設置するはり紙，はり札等，広告旗又は立看板等で，規則で定める基準に適合するものについては，第6条の規定は，適用しない。

5　自己の氏名，名称，店名若しくは商標又は自己の事業若しくは営業の内容を表示するため，

自己の住所又は事業所，営業所若しくは作業所に表示する広告物又はこの掲出物件で，第2項第1号に掲げるもの以外のものについては，規則で定めるところにより知事の許可を受けて表示し，又は設置する場合に限り，第3条の規定は，適用しない。

6　道標，案内図板その他公共的目的をもつた広告物若しくは公衆の利便に供することを目的とする広告物又はこれらの掲出物件については，規則で定めるところにより知事の許可を受けて表示し，又は設置する場合に限り，第3条の規定は適用しない。

7　公益上必要な施設又は物件で知事が指定するものに表示し，又は設置する広告物又は掲出物件であって，その広告料収入を当該公益上必要な施設又は物件の設置又は管理に要する費用に充てるものについては，規則で定めるところにより知事の許可を受けて表示し，又は設置する場合に限り，第3条の規定は，適用しない。

8　法人その他の団体が表示し，又は設置する広告物又は掲出物件であって，その広告料収入を地域における公共的な取組であって知事が定めるものに要する費用の全部又は一部に充てるものについては，規則で定めるところにより知事の許可を受けて表示し，又は設置する場合に限り，第3条及び第5条（第1号，第3号，第4号，第6号及び第7号を除く。）の規定は，適用しない。

9　公益上必要な施設又は物件で知事が指定するものに，規則で定める基準に適合して寄贈者名等を表示する場合においては，第3条，第5条及び第6条の規定は，適用しない。

（経過措置）

第12条　第3条から第7条まで，第9条及び第10条の規定による知事の指定又は認定があつた際，当該指定のあつた地域若しくは場所又は物件に現に適法に表示され，又は設置されていた広告物又は掲出物件については，当該指定の日から3年間（この条例の規定による許可を受けていたものにあつては，当該許可の期間）は，

第6章　参考資料

これらの規定は，適用しない。その期間内にこの条例の規定による許可の申請があつた場合においてその期間が経過したときは，その申請に対する処分がある日まで，また同様とする。

（禁止広告物）

第13条　次に掲げる広告物又は掲出物件については，これを表示し，又は設置してはならない。

一　著しく汚染し，たい色し，又は塗料等のはく離したもの

二　著しく破損し，又は老朽したもの

三　倒壊又は落下のおそれがあるもの

四　信号機又は道路標識等に類似し，又はこれらの効用を妨げるようなもの

五　道路交通の安全を阻害するおそれのあるもの

（規格の設定）

第14条　次に掲げる広告物又は掲出物件を表示し，又は設置しようとするときは，規則で定める規格に適合しなければならない。

一　広告板

二　立看板

三　置看板

四　はり紙

五　はり札

六　広告幕

七　突出広告

八　野立広告

九　電柱又は街灯柱を利用する広告物

十　電車又は自動車の外面を利用する広告物

十一　広告塔

十二　その他規則で定める広告物又は掲出物件

（許可等の期間及び条件）

第15条　知事は，この条例の規定による許可又は確認（以下「許可等」という。）をする場合においては，許可等の期間を定めるほか，美観風致を維持し，又は公衆に対する危害を防止するため必要な条件を附することができる。

2　前項の許可等の期間は，3年をこえることができない。

3　知事は，申請に基づき，許可等の期間を更新

することができる。この場合においては，前2項の規定を準用する。

（変更等の許可等）

第16条　この条例の規定による許可等を受けた者は，当該許可等に係る広告物又は掲出物件を変更し，又は改造しようとするとき（規則で定める軽微な変更又は改造しようとするときを除く。）は，規則で定めるところにより，知事の許可等を受けなければならない。

2　知事は，前項の規定による許可等をする場合においては，前条の規定を準用する。

（許可の基準）

第17条　この条例の規定による広告物の表示又は掲出物件の設置の許可の基準は，規則で定める。

2　知事は，広告物の表示又は掲出物件の設置が前項の基準に適合しない場合においても，特にやむを得ないと認めるときは，第34条に規定する屋外広告物審議会の議を経て，これを許可することができる。

（許可等の表示）

第18条　この条例の規定による許可等を受けた者は，当該許可等に係る広告物又は掲出物件に許可等の証票を貼付しておかなければならない。ただし，許可等の押印又は打刻印を受けたものについては，この限りでない。

2　前項の許可等の証票又は許可等の押印若しくは打刻印は，許可等の期限を明示したものでなければならない。

（管理義務）

第19条　広告物を表示し，若しくは掲出物件を設置する者若しくはこれらを管理する者又は広告物若しくは掲出物件の所有者若しくは占有者（以下「広告物の所有者等」という。）は，これらに関し補修，除却その他必要な管理を怠らないようにし，良好な状態に保持しなければならない。

（点検）

第19条の2　広告物の所有者等は，その所有し，又は占有する広告物又は掲出物件について，規

3 屋外広告物条例ガイドライン

則で定めるところにより，法第10条第2項第3号の規定による国土交通大臣の登録を受けた法人（以下「登録試験機関」という。）が広告物の表示及び掲出物件の設置に関し必要な知識について行う試験に合格した者（以下「屋外広告士」という。）その他これと同等以上の知識を有するものとして規則で定める者に，当該広告物又は掲出物件の本体，接合部，支持部分等の劣化及び損傷の状況の点検をさせなければならない。ただし，規則で定める広告物又は掲出物件については，この限りでない。

2 広告物の所有者等は，この条例の規定による許可又は許可の更新の申請を行う場合には，前項の点検の結果を知事に提出しなければならない。

（除却義務）

第20条 広告物を表示し，又は掲出物件を設置する者は，許可等の期間が満了したとき，若しくは第22条の規定により許可等が取り消されたとき，又は広告物の表示若しくは掲出物件の設置が必要でなくなつたときは，遅滞なく，当該広告物又は掲出物件を除却しなければならない。第12条に規定する広告物又は掲出物件について，同条の規定による期間が経過した場合においても，同様とする。

2 この条例の規定による許可等に係る広告物又は掲出物件を除却した者は，遅滞なく，規則で定めるところにより，その旨を知事に届け出なければならない。

第21条 削除

（許可等の取消し）

第22条 知事は，この条例の規定による許可等を受けた者が次の各号のいずれかに該当するときは，許可等を取り消すことができる。

一 第15条第1項（同条第3項又は第16条第2項において準用する場合を含む。）の規定による許可等の条件に違反したとき

二 第16条第1項の規定に違反したとき

三 次条第1項の規定による知事の命令に違反したとき

四 虚偽の申請その他不正の手段により許可等を受けたとき

（違反に対する措置）

第23条 知事は，この条例の規定又はこの条例の規定に基づく許可等に付した条件に違反した広告物又は掲出物件については，当該広告物を表示し，若しくは当該掲出物件を設置し，又はこれらを管理する者に対し，これらの表示若しくは設置の停止を命じ，又は5日以上の期限を定め，これらの除却その他良好な景観を形成し，若しくは風致を維持し，又は公衆に対する危害を防止するために必要な措置を命ずることができる。

2 知事は，前項の規定による措置を命じようとする場合において，当該広告物を表示し，若しくは当該掲出物件を設置し，又はこれらを管理する者を過失がなくて確知することができないときは，これらの措置を自ら行い，又はその命じた者若しくは委任した者に行なわせることができる。ただし，掲出物件を除却する場合においては，5日以上の期限を定めて，その期限までにこれを除却すべき旨及びその期限までに除却しないときは，自ら又はその命じた者若しくは委任した者が除却する旨を公告するものとする。

（広告物又は掲出物件を保管した場合の公示事項）

第23条の2 法第8条第2項の条例で定める事項は，次に掲げるものとする。

一 保管した広告物又は掲出物件の名称又は種類及び数量

二 保管した広告物又は掲出物件の放置されていた場所及びその広告物又は掲出物件を除却した日時

三 その広告物又は掲出物件の保管を始めた日時及び保管の場所

四 前3号に掲げるもののほか，保管した広告物又は掲出物件を返還するため必要と認められる事項

（広告物又は掲出物件を保管した場合の公示の

第6章　参考資料

方法）

第23条の3　法第8条第2項の規定による公示は，次に掲げる方法により行わなければならない。

一　前条各号に掲げる事項を，保管を始めた日から起算して14日間（法第8条第3項第1号に規定する広告物については，○日間），規則で定める場所に掲示すること。

二　法第8条第3項第2号に規定する広告物又は掲出物件については，前号の公示の期間が満了しても，なおその広告物又は掲出物件の所有者，占有者その他当該広告物又は掲出物件について権原を有する者（第23条の7において「所有者等」という。）の氏名及び住所を知ることができないときは，その掲示の要旨を公報又は新聞紙に掲載すること。

2　知事は，前項に規定する方法による公示を行うとともに，規則で定める様式による保管物件一覧簿を規則で定める場所に備え付け，かつ，これをいつでも関係者に自由に閲覧させなければならない。

（広告物又は掲出物件の価額の評価の方法）

第23条の4　法第8条第3項の規定による広告物又は掲出物件の価額の評価は，取引の実例価格，当該広告物又は掲出物件の使用期間，損耗の程度その他当該広告物又は掲出物件の価額の評価に関する事情を勘案してするものとする。この場合において，知事は，必要があると認めるときは，広告物又は掲出物件の価額の評価に関し専門的知識を有する者の意見を聴くことができる。

（保管した広告物又は掲出物件を売却する場合の手続）

第23条の5　知事は，法第8条第3項の規定による保管した広告物又は掲出物件について，規則で定める方法により売却するものとする。

（公示の日から売却可能となるまでの期間）

第23条の6　法第8条第3項各号で定める期間は，次のとおりとする。

一　法第7条第4項の規定により除却された広

告物○日

二　特に貴重な広告物又は掲出物件○月

三　前2号に掲げる広告物又は掲出物件以外の広告物又は掲出物件○週間

（広告物又は掲出物件を返還する場合の手続）

第23条の7　知事は，保管した広告物又は掲出物件（法第8条第3項の規定により売却した代金を含む。）を当該広告物又は掲出物件の所有者等に返還するときは，返還を受ける者にその氏名及び住所を証するに足りる書類を提示させる等の方法によってその者がその広告物又は掲出物件の返還を受けるべき所有者等であることを証明させ，かつ，規則で定める様式による受領書と引換えに返還するものとする。

（立入検査）

第24条　知事は，この条例の規定を施行するため必要な限度において，広告物を表示し，若しくは掲出物件を設置する者若しくはこれらを管理する者から報告若しくは資料の提出を求め，又はその命じた者をして広告物若しくは掲出物件の存する土地若しくは建物に立ち入り，広告物若しくは掲出物件を検査させることができる。

2　前項の規定により立入検査をする職員は，その身分を示す証明書を携帯し，関係人の請求があつたときは，これを提示しなければならない。

（処分，手続等の効力の承継）

第25条　広告物を表示し，若しくは掲出物件を設置する者又はこれらを管理する者について変更があつた場合においては，この条例又はこの条例に基づく規則により従前のこれらの者がした手続その他の行為は，新たにこれらの者となつた者がしたものとみなし，従前のこれらの者に対してした処分手続その他の行為は，新たにこれらの者となつた者に対してしたものとみなす。

（管理者の設置）

第26条　この条例の規定による許可等に係る広告物又は掲出物件を表示し，又は設置する者は，これらを管理する者を置かなければならない。

336

3 屋外広告物条例ガイドライン

ただし，規則で定める広告物又は掲出物件については，この限りでない。

2 規則で定める広告物又は掲出物件については，前項の管理する者は，法第10条第2項第3号の規定による国土交通大臣の登録を受けた法人（以下「登録試験機関」という。）が広告物の表示及び設置に関し必要な知識について行う試験に合格した者その他の規則で定める資格を有する者でなければならない。

（管理者等の届出）

第27条 広告物を表示し，又は掲出物件を設置する者は，前条第1項の規定により管理する者を置いたときは，遅滞なく，規則で定めるところにより，当該管理する者の氏名又は名称及び住所その他規則で定める事項を知事に届け出なければならない。

2 この条例の規定による許可等に係る広告物若しくは掲出物件を表示し，若しくは設置する者又はこれらを管理する者に変更があつたときは，新たにこれらの者となつた者は，遅滞なく，規則で定めるところにより，その旨を知事に届け出なければならない。

3 この条例の規定による許可等に係る広告物若しくは掲出物件を表示し，若しくは設置する者又はこれらを管理する者は，これらが滅失したときは，遅滞なく，規則で定めるところにより，その旨を知事に届け出なければならない。

4 この条例の規定による許可等に係る広告物若しくは掲出物件を表示し，若しくは設置する者又はこれらを管理する者がその氏名若しくは名称又は住所を変更したときは，遅滞なく，規則で定めるところにより，その旨を知事に届け出なければならない。

（公告）

第28条 知事は，第3条から第9条までの規定による指定をし，又はこれらを変更したとき並びに第10条の規定による認定をしたときは，その旨を公告するものとする。

第29条 削除

（屋外広告業の登録）

第30条 屋外広告業を営もうとする者は，知事の登録を受けなければならない。

2 前項の登録の有効期間は，5年とする。

3 前項の有効期間の満了後引き続き屋外広告業を営もうとする者は，更新の登録を受けなければならない。

4 前項の更新の登録の申請があった場合において，第2項の有効期間の満了の日までにその申請に対する処分がなされないときは，従前の登録は，同項の有効期間の満了後もその処分がなされるまでの間は，なお効力を有する。

5 前項の場合において，更新の登録がなされたときは，その登録の有効期間は，従前の登録の有効期間の満了の日の翌日から起算するものとする。

（登録の申請）

第30条の2 前条第1項又は第3項の規定により登録を受けようとする者（以下「登録申請者」という。）は，知事に次に掲げる事項を記載した登録申請書を提出しなければならない。

一 商号，名称又は氏名及び住所

二 ○○県の区域（○○市の区域を除く。以下同じ。）内において営業を行う営業所の名称及び所在地

三 法人である場合においては，その役員（業務を執行する社員，取締役，執行役又はこれらに準ずる者をいう。以下同じ。）の氏名

四 未成年者である場合においては，その法定代理人の氏名及び住所（法定代理人が法人である場合においては，その商号又は名称及び住所並びにその役員の氏名）

五 第2号の営業所ごとに選任される業務主任者の氏名及び所属する営業所の名称

2 前項の登録申請書には，登録申請者が第30条の4第1項各号のいずれにも該当しない者であることを誓約する書面その他規則で定める書類を添付しなければならない。

（登録の実施）

第30条の3 知事は，前条の規定による書類の提出があったときは，次条第1項の規定により登

337

録を拒否する場合を除くほか，遅滞なく，次に掲げる事項を屋外広告業者登録簿に登録しなければならない。

一　前条第1項各号に掲げる事項

二　登録年月日及び登録番号

2　知事は，前項の規定による登録をしたときは，遅滞なく，その旨を登録申請者に通知しなければならない。

（登録の拒否）

第30条の4　知事は，登録申請者が次の各号のいずれかに該当するとき，又は第30条の2第1項の登録申請書若しくはその添付書類のうちに重要な事項について虚偽の記載があり，若しくは重要な事実の記載が欠けているときは，その登録を拒否しなければならない。

一　第33条の2第1項の規定により登録を取り消され，その処分のあった日から2年を経過しない者

二　屋外広告業者（第30条第1項又は第3項の登録を受けて屋外広告業を営む者をいう。以下同じ。）で法人であるものが第33条の2第1項の規定により登録を取り消された場合において，その処分のあった日前30日以内にその屋外広告業者の役員であった者でその処分のあった日から2年を経過しないもの

三　第33条の2第1項の規定により営業の停止を命ぜられ，その停止の期間が経過しない者

四　屋外広告物法に基づく条例又はこれに基づく処分に違反して罰金以上の刑に処せられ，その執行を終わり，又は執行を受けることがなくなった日から2年を経過しない者

五　屋外広告業に関し成年者と同一の能力を有しない未成年者でその法定代理人が前各号又は次号のいずれかに該当するもの

六　法人でその役員のうちに第1号から第4号までのいずれかに該当する者があるもの

七　第30条の2第1項第2号の営業所ごとに業務主任者を選任していない者

2　知事は，前項の規定により登録を拒否したときは，遅滞なく，その理由を示して，その旨を

申請者に通知しなければならない。

（登録事項の変更の届出）

第30条の5　屋外広告業者は，第30条の2第1項各号に掲げる事項に変更があったときは，その日から30日以内に，その旨を知事に届け出なければならない。

2　知事は，前項の規定による届出を受理したときは，当該届出に係る事項が前条第1項第5号から第7号までのいずれかに該当する場合を除き，届出があった事項を屋外広告業者登録簿に登録しなければならない。

3　第30条の2第2項の規定は，第1項の規定による届出について準用する。

（屋外広告業者登録簿の閲覧）

第30条の6　知事は，屋外広告業者登録簿を一般の閲覧に供しなければならない。

（廃業等の届出）

第30条の7　屋外広告業者が次の各号のいずれかに該当することとなった場合においては，当該各号に定める者は，その日（第1号の場合にあっては，その事実を知った日）から30日以内に，その旨を知事に届け出なければならない。

一　死亡した場合その相続人

二　法人が合併により消滅した場合その法人を代表する役員であった者

三　法人が破産により解散した場合その破産管財人

四　法人が合併及び破産以外の理由により解散した場合その清算人

五　〇〇県の区域内において屋外広告業を廃止した場合屋外広告業者であった個人又は屋外広告業者であった法人を代表する役員

2　屋外広告業者が前項各号のいずれかに該当するに至ったときは，屋外広告業者の登録は，その効力を失う。

（登録の抹消）

第30条の8　知事は，屋外広告業者の登録がその効力を失ったとき又は第33条の2第1項の規定により屋外広告業者の登録を取り消したときは，屋外広告業者登録簿から当該屋外広告業者

3　屋外広告物条例ガイドライン

の登録を抹消しなければならない。

（講習会）

第31条　知事は規則で定めるところにより，広告物の表示及び広告物を掲出する物件の設置に関し必要な知識を修得させることを目的とする講習会を開催しなければならない。

2　知事は，規則で定めるところにより，講習会の運営に関する事務を他の者に委託することができる。

3　第1項の講習会を受けようとする者は，別に条例で定めるところにより，講習手数料を納付しなければならない。

4　前3項に定めるほか，講習会に関し必要な事項は，規則で定める。

（業務主任者の設置）

第32条　屋外広告業者は，第30条の2第2号の営業所ごとに，次に掲げる者のうちから業務主任者を選任し，次項に定める業務を行わせなければならない。

一　登録試験機関が広告物の表示及び掲出物件の設置に関し必要な知識について行う試験に合格した者

二　前条第1項の講習会の課程を修了した者

三　他の都道府県又は指定都市若しくは中核市の行う講習会の課程を修了した者

四　職業能力開発促進法（昭和44年法律第64号）に基づく職業訓練指導員免許所持者，技能検定合格者又は職業訓練修了者であって広告美術仕上げに係るもの

五　知事が，規則で定めるところにより，前4号に掲げる者と同等以上の知識を有するものと認定した者

2　業務主任者は，次に掲げる業務の総括に関することを行うものとする。

一　この条例その他広告物の表示及び掲出物件の設置に関する法令の規定の遵守に関すること

二　広告物の表示又は掲出物件の設置に関する工事の適正な施工その他広告物の表示又は掲出物件の設置に係る安全の確保に関すること

三　第32条の3に規定する帳簿のうち，規則で定める事項の記載に関すること

四　前3号に掲げるものの他，業務の適正な実施の確保に関すること

（標識の掲示）

第32条の2　屋外広告業者は，規則で定めるところにより，第30条の2第1項第2号の営業所ごとに，公衆の見やすい場所に，商号，名称又は氏名，登録番号その他規則で定める事項を記載した標識を掲げなければならない。

（帳簿の備付け等）

第32条の3　屋外広告業者は，規則で定めるところにより，第30条の2第1項第2号の営業所ごとに帳簿を備え，その営業に関する事項で規則で定めるものを記載し，これを保存しなければならない。

（屋外広告業を営む者に対する指導，助言及び勧告）

第33条　知事は，○○県の区域内で屋外広告業を営む者に対し，良好な景観を形成し，若しくは風致を維持し，又は公衆に対する危害を防止するために必要な指導，助言及び勧告を行うことができる。

（登録の取消し等）

第33条の2　知事は，屋外広告業者が次の各号のいずれかに該当するときは，その登録を取り消し，又は6月以内の期間を定めてその営業の全部若しくは一部の停止を命ずることができる。

一　不正の手段により屋外広告業者の登録を受けたとき。

二　第30条の4第1項第2号又は第4号から第7号までのいずれかに該当することとなったとき。

三　第30条の5第1項の規定による届出をせず，又は虚偽の届出をしたとき。

四　屋外広告物法に基づく条例又はこれに基づく処分に違反したとき。

2　第30条の4第2項の規定は，前項の規定による処分をした場合に準用する。

（監督処分簿の備付け等）

第6章　参考資料

第33条の3　知事は，屋外広告業者監督処分簿を備え，これを規則で定める閲覧所において公衆の閲覧に供しなければならない。

2　知事は，前条第1項の規定による処分をしたときは，前項の屋外広告業者監督処分簿に，当該処分の年月日及び内容その他規則で定める事項を登載しなければならない。

（報告及び検査）

第33条の4　知事は，○○県の区域内で屋外広告業を営む者に対して，特に必要があると認めるときは，その営業につき，必要な報告をさせ，又はその職員をして営業所その他営業に関係のある場所に立ち入り，帳簿，書類その他の物件を検査し，若しくは関係者に質問させることができる。

2　前項の規定により立入検査をする職員は，その身分を示す証明書を携帯し，関係者の請求があったときは，これを提示しなければならない。

3　第1項の規定による立入検査の権限は，犯罪捜査のために認められたものと解釈してはならない。

（手数料）

第33条の5　この条例の規定による許可等又は登録（許可等又は登録の更新を含む。）を受けようとする者は，別に条例で定めるところにより，手数料を納付しなければならない。ただし，政治資金規正法第6条の届出を行った政治団体がはり紙，はり札等，広告旗又は立看板等を表示するための許可（許可の更新を含む。）を受けようとするときは，この限りでない。

（審議会）

第34条　広告物に関する重要事項を調査審議するため，県に屋外広告物審議会（以下「審議会」という。）を置く。

2　知事は，次に掲げる場合においては，審議会の意見をきかなければならない。

一　第3条から第9条までの規定による指定をし，第10条の規定による認定をし，又はこれらを変更しようとするとき

二　第11条第2項第1号，第2号，第2号の2若しくは第5号，同条第3項第1号，同条第6項若しくは第17条第1項に規定する基準，第9条第2項に規定する基本方針若しくは第14条に規定する規格を定め，又はこれらを変更しようとするとき

3　審議会は，広告物に関する事項について，知事に建議することができる。

4　審議会の組織，委員の任期，運営その他必要な事項は，規則で定める。

（景観行政団体である市町村が処理する事務の範囲等）

第34条の2　別表の上欄に掲げる事務は，それぞれ下欄に掲げる市町村が処理することとする。

（規則への委任）

第35条　この条例の施行に関し必要な事項は，規則で定める。

（罰則）

第35条の2　次の各号のいずれかに該当する者は，1年以下の懲役又は50万円以下の罰金に処する。

一　第30条第1項又は第3項の規定に違反して登録を受けないで屋外広告業を営んだ者

二　不正の手段により第30条第1項又は第3項の登録を受けた者

三　第33条の2第1項の規定による営業の停止の命令に違反した者

第36条　第23条第1項の規定による知事の命令に違反した者は，50万円以下の罰金に処する。

第37条　次の各号のいずれかに該当する者は，30万円以下の罰金に処する。

一　第3条から第7条までの規定に違反して広告物又は掲出物件を表示し，又は設置した者

二　第16条の規定に違反して広告物又は掲出物件を変更し，又は改造した者

三　第20条第1項の規定に違反して広告物又は掲出物件を除却しなかつた者

四　第30条の5第1項の規定による届出をせず，又は虚偽の届出をした者

五　第32条第1項の規定に違反して業務主任者

3　屋外広告物条例ガイドライン

を選任しなかった者

第38条　次の各号のいずれかに該当する者は，20万円以下の罰金に処する。

一　第24条第1項の規定による報告をせず，若しくは虚偽の報告をし，又は同項の規定による検査を拒み，妨げ，若しくは忌避した者

二　第33条の4第1項の規定による報告をせず，若しくは虚偽の報告をし，又は同項の規定による検査を拒み，妨げ，若しくは忌避し，又は質問に対して答弁をせず，若しくは虚偽の答弁をした者

（両罰規定）

第39条　法人の代表者又は法人若しくは人の代理人，使用人その他の従業者が，その法人又は人の業務に関して第35条の2から前条までの違反行為をした場合において，行為者を罰するほか，その法人又は人に対し，各本条の罰金刑を科する。

第39条の2　次の各号のいずれかに該当する者は，5万円以下の過料に処する。

一　第30条の7第1項の規定による届出を怠った者

二　第32条の2の規定による標識を掲げない者

三　第32条の3の規定に違反して，帳簿を備えず，帳簿に記載せず，若しくは虚偽の記載をし，又は帳簿を保存しなかった者

（適用上の注意）

第40条　この条例の適用にあたつては，国民の政治活動の自由その他国民の基本的人権を不当に侵害しないように留意しなければならない。

別　表

事　　務	市　町　村
1　法第3条から第5条まで，第7条及び第8条の規定に基づく条例の制定及び改廃（○○に関するものを除く。）	○○市，○○町，・・・・
・・・・・・・・・	・・・・・

　　　附　則

この条例は，公布の日から起算して3月をこえ

ない範囲内において規則で定める日から施行する。

　　　附　則　（昭和48年11月建設省都公緑発第81号）

1　この条例は，○○○の日から施行する。ただし，この条例による改正後の屋外広告物条例（以下「新条例」という。）第22条の2及び第22条の4の規定は，この条例の施行の日から起算して90日を経過した日から施行する。

2　新条例第22条の2の規定の施行の際，現に屋外広告業を営んでいる者については，同条の施行の日から30日間は同条第1項の届出をしないで引き続き屋外広告業を営むことができる。

3　知事は，○○○の日から起算して90日以内に新条例第22条の3に規定する講習会を開催しなければならない。

　　　附　則　（昭和60年8月建設省都公緑発第61号）

この条例は，公布の日から施行する。ただし，第22条の4第1項第2号の改正規定は，昭和60年10月1日から施行する。

　　　附　則　（平成16年12月国土交通省都公緑発第149号）

1　この条例は，景観法の施行に伴う関係法律の整備等に関する法律（平成16年法律第111号）の施行の日から施行する。ただし，次の各号に掲げる規定は，当該各号に定める日から施行する。

一　○○の規定平成○年○月○日

二　・・・・・・・・・・・

2　この条例による改正後の屋外広告物条例（以下「新条例」という。）第30条から第33条の4までの規定の施行の際現にこの条例による改正前の屋外広告物条例（以下「旧条例」という。）第30条の規定に基づき届出をして屋外広告業を営んでいる者については，新条例の施行の日から6月（この期間内に新条例の規定に基づく登録の拒否の処分があったときは，その日までの間）は，新条例の規定にかかわらず，登録を受けなくても，引き続き屋外広告業を営むことができる。この場合において，その者がこの期間内に当該登録の申請をした場合におい

341

第6章　参考資料

て，その期間を経過したときは，その申請について登録又は登録の拒否の処分があるまでの間も同様とする。

3　新条例の施行の際現に旧条例第32条第1項に規定する講習会修了者等である者については，新条例第32条第1項に規定する業務主任者となる資格を有する者とみなす。

　　　附　則　（平成23年7月国都景歴第4号）

この条例は，民法等の一部を改正する法律（平成23年法律第61号）の施行の日から施行する。

○屋外広告物条例ガイドライン運用上の参考事項
第1　条例ガイドライン第3条関係

1　第1号又は第5号の風致地区又は保安林の地域は，その全域を禁止地域とすることが適当であると思われる。従つて，かつこ書きによる除外措置は，これらの地区，地域の状況に照らし，やむを得ない場合に限り，除外地域以外の区域の禁止の効果を損なわない範囲内において行うことが望ましい。第1号の景観地区についてもこの基本的な考え方は同様であるが，良好な景観の形成に資する屋外広告物の積極的な活用が想定される場合については，除外地域とすることも考えられる。なお，「美観地区」を「景観地区」とする改正規定は，景観法第3章の規定の施行の日に施行することが望ましい。また，景観法の施行に伴う関係法律の整備に関する法律（平成16年法律第111号）第1条の規定による改正前の都市計画法第8条第1項第6号の規定により定められた美観地区であって，景観法の施行に伴う関係法律の整備に関する法律による改正前の建築基準法第68条の規定により地方公共団体の条例で建築物の形態又は色彩その他の意匠の制限が定められているもの以外のものについて引き続き禁止区域とする場合には，「景観法の施行に伴う関係法律の整備に関する法律（平成16年法律第111号）第1条の規定による改正前の都市計画法の第8条第1項第6号の規定により定められた美観地区」を本条

の禁止区域として別途規定する等の方法をとることが望ましい。

2　第1号の2又は第1号の3の地域は，これらの規定に掲げる条例による制限の内容が景観地区の規制と同等であると認められる場合においては，第1項の景観地区と同様の扱いとすることが望ましい。なお，第1号の2及び第1号の3を追加する改正規定は，景観法第3章の規定の施行の日に施行することが望ましい。

3　第3号の改正規定は，文化財保護法の一部を改正する法律（平成16年法律第61号）の施行の日（平成17年4月1日）から施行することが望ましい。

4　第7号の規定においては，高速自動車国道及び自動車専用道路の具体名を明示することが望ましい。また，東海道新幹線鉄道，山陽新幹線鉄道，東北新幹線鉄道又は上越新幹線鉄道（以下「東海道新幹線鉄道等」という。）の沿線の都府県（指定都市を含む。）にあつては，同号の規定を次のようにすることが望ましい。

　七　高速自動車国道，自動車専用道路（休憩所又は給油所の存する区域のうち知事が指定する区域を除く。）及び東海道新幹線鉄道等の全区間並びに道路（高速自動車国道及び自動車専用道路を除く。）の知事が指定する区間並びに鉄道（東海道新幹線鉄道等を除く。），軌道及び索道の知事が指定する区間

5　第7号及び第8号の指定は，例えば都市内の景観のすぐれた街路の区間，景観のすぐれた山岳，海浜，湖沼，河川，樹林等を通過し，又はこれらを展望できる道路及び鉄道等（高速自動車国道，自動車専用道路及び東海道新幹線鉄道等を除く。）の区間並びに当該道路及び鉄道等並びに高速自動車国道，自動車専用道路及び東海道新幹線鉄道等から展望できる区域等，特に良好な景観の形成又は風致の維持を必要とする区間，区域について行うことが適当である。

第2　条例ガイドライン第4条関係

1　本条の規定の趣旨は，一定の眺望点から望む街並，自然，名所・旧跡等景勝地の景観を維持

342

3　屋外広告物条例ガイドライン

・整備するため，当該眺望点から見える広告物等について規制を行おうとするものである。
（条例ガイドライン第7条において同じ。）

第3　条例ガイドライン第6条関係

1　許可地域の指定に当たつては，土地利用の状況等必要に応じて細分化し，区分ごとに許可基準を変え，地域の特性に応じた段階的な規制を行うことが望ましい。特に，景観計画区域内における許可の基準については，景観法第8条第1項の景観計画に広告物の表示及び掲出物件の設置に関する行為の制限に関する事項が定められた場合においては，当該景観計画を策定した景観行政団体の屋外広告条例に基づく許可基準は，当該景観計画に則して定める必要がある。また，地域の景観と広告物との調和を図るため，必要に応じて，広告物の全体量を一定以下に抑制したり，広告物の表示方法，色彩，意匠等に関する規制の強化を図ることが望ましい。

2　第1項第2号前段の規定は，高速自動車国道又は自動車専用道路の休憩所及び給油所の存する区域のうち本線から展望できない場所において表示し，又は設置される広告物又は掲出物件であることが望ましい。

3　第1項第2号後段及び第3号の規定は，道路及び鉄道等の禁止区間以外の全区間並びに道路及び鉄道等から展望できる地域で禁止地域以外の区域（路端からおおむね500メートルないし1,000メートルまで）について行うことが適当であると思われる。ただし，市街地内については，状況に応じ適宜措置することが必要である。

4　第1項第2号から第6号までにおいては，禁止地域の隣接地域は，原則として許可地域とし，禁止地域と無規制地域とが直接することはできる限りさけることが望ましい。

第4　条例ガイドライン第9条関係

1　景観保全型広告整備地区の指定と併せ，広告物の意匠，色彩，形状等に関し専門的な知識を有する者のアドバイスを行える様な体制を整えることが望ましい。また，この際，当該専門的

な知識を有する者としては，屋外広告士その他の屋外広告士と同等以上の資格を有する者とすることが望ましい。

第5　条例ガイドライン第11条関係

1　第2項第1号の自家広告の基準においては，一事業所当りの表示面積を，禁止地域内においてはおおむね5平方メートル以下，許可地域内においてはおおむね10平方メートル以下とし，かつ，周囲の景観と調和したものとすることが望ましい。なお，美観風致を害するおそれのある色彩，例えば蛍光塗料によるようなものは，なるべく制限することが望ましい。

2　第2項第2号の管理上の必要に基づく広告物の基準においては，表示面積を必要最小限度にとどめ，おおむね0.3平方メートル以下とし，かつ，周囲の景観と調和したものとすることが望ましい。

3　第2項第2号の2の工事現場の板塀その他これに類する仮囲いに表示される広告物は，当該工事期間中に限り表示されるもので，周囲の景観と調和したものであり，かつ，宣伝の用に供されていない広告物をいう。

4　第2項第5号の自動車，電車に表示する広告物の基準は，おおむね次の基準の範囲内とすることが望ましい。

（単位センチメートル）

		側　部	前　部	後　部
電　車	表示面積・箇所	45×60以下 左右各2箇まで	41×25以下 1箇	41×25以下 1箇
乗合自動車	表示面積・箇所	45×90以下 左右各1箇		50×90以下 1箇

5　第2項第8号の2及び第3項第1号の国又は地方公共団体には，必要な場合には，国又は地方公共団体以外の公共的な団体を加えることとしてもさしつかえない。

第6章　参考資料

6　第3項第2号の禁止物件に表示する自家広告の基準においては，広告物の表示面積をおおむね5平方メートル以下とし，かつ，周囲の景観と調和したものとすることが望ましい。

7　第4項の政治資金規正法第6条第1項の届出を行った政治団体が政治活動のために表示又は設置するはり紙等についての規則で定める基準は，例えば以下の例ような具体的かつ客観的なものであるべきである。

一　表示面積が〇平方メートル以下であること。

二　色彩の地色が〇色ではなく，かつ，蛍光塗料を用いていないこと。

三　表示期間が〇日以内であること

四　表示期間並びに表示者名又は管理者名及びその連絡先を明示していること。

五　表示又は掲出する場所又は施設の管理者（管理者がない場合にはその所有者）の承諾を得ていること

8　第6項の公衆の利便に供することを目的とする広告物又はこれを掲出する物件については，近隣の施設や店舗等を案内する民間の案内誘導広告物についてもその基準を定め，当該案内誘導広告物の統一化を誘導することが望ましい。

9　第7項の公益上必要な施設又は物件とは，案内図板，公共掲示板等，地域の状況に照らし，知事が定めるものとし，デジタルサイネージも含まれる。また，同項に基づく規則においては，周囲の景観との調和等について，許可の要件を定めることが望ましい。

10　第8項の法人その他の団体については，特段の制約はなく，法人格についても，必ずしも必要ではない。具体的には，地方公共団体，特定非営利活動法人，一般社団法人，一般財団法人，株式会社，地方自治法（昭和22年法律第67号）第260条の2第1項に規定する地縁による団体のほか，任意団体等が想定される。また，地域における公共的な取組とは，道路，公園その他の公共施設の整備又は維持管理，街灯，ベンチ，上屋等の整備又は維持管理，防犯又は防

災活動，地域の活性化等に資するイベントの開催等，地域の状況に照らし，知事が定めるものとする。条例ガイドライン第11条第8項に基づく規則においては，周囲の景観との調和等について，許可の要件を定めることが望ましい。

11　第8項に規定する寄贈者名等の表示は，おおむね次に定めるところによることが望ましい。

一　表示の大きさは，表示方向から見た場合における当該施設又は物件の外郭線内を1平面とみなしたものの大きさの20分の1以下で，かつ，0.5平方メートル以下であること。

二　表示は，原則として1箇所限りとすること。

三　蛍光塗料の使用はなるべく制限すること。

第6　条例ガイドライン第14条関係

1　広告物の規格は，広告物の表示又は設置の位置，形状，面積，色彩，意匠等について定めることが望ましい。

第7　条例ガイドライン第15条関係

1　第19条の2第2項の規定によらない場合には，本条第1項の規定による許可等の条件として，この条例の規定による許可及び許可の更新の際，安全性の確保を図るため，広告物の取付部分の変形又は腐食，主要部材の変形又は腐食，ボルト，ビス等のゆるみ，表示面の破損等構造面に関する安全点検報告書の添付を義務づけることが望ましい。

2　許可等の期間については，公衆に対する危害の防止の観点から，中心市街地や観光地等，通行者が多い区域では，3年より短い期間を設定することが望ましい。

第8　条例ガイドライン第17条関係

1　第1項の許可の基準は，自家広告以外の広告物については，おおむね次のように措置することが望ましい。

一　高速自動車国道，東海道新幹線等の高速交通施設から展望できる地域で知事が指定する区域内においては，野立広告物は，路端からの距離を500メートル以上，相互間の距離を300メートルから500メートル程度以上とし，表示面積を50平方メートル以下にとどめるも

344

3 屋外広告物条例ガイドライン

のとする。

二 一般の道路及び鉄道等から展望できる地域で知事が指定する区域内においては，野立広告物は，路端からの距離及び相互間の距離を100メートル以上とし，表示面積を30平方メートル以下にとどめるものとする。

三 条例ガイドライン第6条第1項に規定する区域のうち，前2号の区域以外の区域においては，広告物の乱立を防止するため，広告物相互間の距離を100メートル以上，表示面積を30平方メートル以下にとどめるものとする。同条第2項に規定する区域においても，同程度とするものとする。

四 屋上広告物の高さは，地上からこれを設置する箇所までの高さの3分の2の範囲内であつて，かつ，15メートルないし20メートル以下にとどめるものとする。なお，地上から広告物の頂点までの高さは，48メートル以下にとどめるものとし，それによりがたい事由がある場合にも51メートルをこえないものとする。

五 電柱の類に直接塗装するもの又は巻き付けにする広告物については，地上1.2メートル以上の箇所に表示するものとし，その長さは1.5メートル以下とするものとする。袖付けにするものについては，歩道上に突出す場合は地上2.5メートルないし3メートル以上，車道上に突出す場合は地上4.5メートル以上の箇所に表示するものとし，その長さは1.2メートル以下，出幅0.2メートル以下とするものとする。なお，袖付けにするものは，原則として歩道又は民地側へ向けることが望ましい。広告物の箇数は，塗装又は巻き付けにするもの1巻きと袖付けにするもの1箇以内にとどめるものとする。

2 第1項の許可の基準は自家広告については，一事業所当りの表示面積を，禁止区域内においては15平方メートル以下，許可地域内の野立広告については50平方メートル以下とし，かつ，周囲の景観と調和したものとすることが望まし

い。なお，美観風致を害するおそれのある色彩，例えば蛍光塗料によるようなものは，なるべく制限することが望ましい。

第8の2 条例ガイドライン第19条関係

1 本条は，広告物の所有者等が，第19条の2第1項の規定による点検を適切に行うとともに，当該点検により広告物等の損傷，腐食，劣化その他の異状を把握したときには，速やかに補修，除却その他必要な措置（以下「補修等」という。）を講じること等により，広告物等の良好な状態を保持しなければならないという趣旨である。

第8の3 条例ガイドライン第19条の2関係

1 第1項の点検にあたっては，屋外広告業の事業者団体が作成している技術基準等を参考に，主に広告物の接合部，支持部分等の変形又は腐食，主要部材の変形又は腐食，ボルト，ビス等のゆるみ又は劣化，表示面の破損等を確認することが望ましい。

2 第1項の「これと同等以上の知識を有するものとして規則で定める者」としては，屋外広告業の事業者団体が公益目的事業として実施する広告物の点検に関する技能講習の修了者等が考えられる。

3 第2項の点検の結果の提出については，広告物の所有者等が，点検の結果又はそれに基づく補修等の措置に関する実施状況（従前の状況を含む。）について，写真等により作成し，保存した記録を提出させることが適当である。

4 本条の広告物の所有者等が，広告物を表示し，若しくは掲出物件を設置する者又はこれらを管理する者に該当する場合には，第23条，第24条等の規定を適用することができる。

第8の4 条例ガイドライン第23条の2関係

1 公示は必ずしも除却した広告物等1件毎に必要なわけではなく，例えば広告物等の種別毎，除却場所毎などにある程度まとめて公示することは差し支えない。

2 第4号の事項としては，例えば返還場所の連絡先，写真等が考えられる。

第6章　参考資料

第8の5　条例ガイドライン第23条の3関係

1　第1号の規則で定める場所としては，例えば県の事務所への掲示，現場での公示，公報への掲載が考えられる。

第8の6　条例ガイドライン第23条の7関係

1　規則で定める受領証の様式として別添様式1を作成したので，参考としていただきたい。

第9　条例ガイドライン第26条関係

1　第2項の資格は，登録試験機関が行う試験に合格した者その他のこれと同等以上の資格とすることが望ましい。

第10　条例ガイドライン第30条から第33条の4関係

1　屋外広告業の登録制度については，都道府県，指定都市及び中核市の屋外広告業者の手続的・経済的な負担の軽減と登録事務の効率化のための措置を講ずることが望ましい。このためには，都道府県の登録を受けた業者については，指定都市又は中核市においては当該市の登録を受けた業者とみなして業務主任者の必置等必要な規定を適用するとともに，市長が当該業者に対し営業停止命令を行うことができるように当該市の条例において以下の規定を追加することが考えられる。なお，本規定を置くにあたり，都道府県，指定都市及び中核市の間で密接に連携を行い一体的な運用を図るべきである。

　　（○○県の登録を受けた者に関する特例）

　第33条の2の2　第30条から第30条の6まで，第30条の8及び第33条の2の規定は，○○県屋外広告物条例第○条の登録を受けている者には，適用しない。

　　2　前項に規定する者であって○○市の区域内で屋外広告業を営むものについては，同項に掲げる規定を除き，第30条第1項の登録を受けた屋外広告業者とみなしてこの条例の規定を適用する。

　　3　第1項に規定する者は，○○市の区域内で屋外広告業を営もうとするときは，規則で定めるところにより，その旨を市長に届け出なければならない。その届出に係る事項について変更があったとき又は○○市の区域内で屋外広告業を廃止したときも同様とする。

　　4　屋外広告業者が○○県屋外広告物条例第○条の登録を受けたときは，その者に係る第30条第1項又は第3項の登録は，その効力を失う。

　　5　市長は，第1項に規定する者であって○○市の区域内で屋外広告業を営むものが，第33条の2第1項第2号から第4号までのいずれかに該当するときは，その者に対し，6月以内の期限を定めて○○市の区域内における営業の全部若しくは一部の停止を命ずることができる。

　　6　第30条の4第2項の規定は，前項の規定による処分をした場合に準用する。

2　条例に前項の規定を置く場合においては，前項の規定の第5項の処分をしたときについても，条例ガイドライン第33条の3の監督処分簿に登載することとすることが望ましい。また，前項の規定の第5項の営業の停止の命令に違反した者について，条例ガイドライン第33条の2第1項の営業の停止の命令に違反した者と同様の罰則を規定することが望ましい。さらに，前項の規定の第3項の届出を怠った者について，第30条の7第1項の届出を怠った者と同様の罰則を規定することが望ましい。

3　登録の申請時の添付書面，申請書の様式等の全国的な統一を図るため，別添の屋外広告業登録規則参考資料（案）を作成したので，規則の策定の際にはこれによることが望ましい。なお，当該参考資料（案）は，登録制度に必要な規則のうち，全国的に統一を図ることが望ましい部分についてのみ記載していることから，当該参考資料（案）に規定する他，必要と認められる規定を適宜置くことが望ましい。

第11　条例ガイドライン第34条の2関係

1　景観行政団体である指定都市・中核市以外の市町村が屋外広告物条例の制定・改廃に関する事務を処理することとした場合においては，そ

3　屋外広告物条例ガイドライン

の事務の内容に応じ，法第7条及び第8条に基づく除却，除却した広告物の保管，売却，廃棄等の事務についても，地方自治法第252条の17の2に基づき，当該市町村が併せて処理することとすることが望ましい。

【屋外広告業登録規則参考資料（案）】

（登録の更新の申請期限）

第1条　屋外広告業者は，条例第30条第3項の規定による更新の登録を受けようとするときは，その者が現に受けている登録の有効期間満了日の30日前までに当該登録の更新を申請しなければならない。

（登録申請書の様式）

第2条　条例第30条の2第1項に規定する登録申請書は，別記様式第1号によるものとする。

（登録申請書の添付書類）

第3条　条例第30条の2第2項に規定する規則で定める書類は，次に掲げるものとする。

　一　屋外広告業の登録を受けようとする者（以下「登録申請者」という。）が法人である場合にあってはその役員（業務を執行する社員，取締役，執行役又はこれらに準ずる者をいう。以下同じ。），営業に関し成年者と同一の能力を有しない未成年者である場合にあってはその法定代理人（法定代理人が法人である場合にあってはその役員を含む。以下同じ。）が条例第30条の4第1項各号に該当しない者であることを誓約する書面

　二　登録申請者が選任した業務主任者が条例第32条第1項各号に掲げる要件のいずれかに適合する者であることを証する書面

　三　登録申請者（法人である場合にあってはその役員を，営業に関し成年者と同一の能力を有しない未成年者である場合にあってはその法定代理人を含む。）の略歴を記載した書面

　四　登録申請者が法人である場合にあっては，登記事項証明書

2　知事は，次に掲げる者に係る本人確認情報（住民基本台帳法（昭和42年法律第81号）第30

条の5第1項に規定する本人確認情報をいう。以下同じ。）について，同法第30条の7第5項の規定によるその提供を受けることができないとき，又は同法第30条の8第1項の規定によるその利用ができないときは，登録申請者に対し，住民票の抄本又はこれに代わる書面を提出させることができる。

　一　登録申請者が個人である場合にあっては，当該登録申請者

　二　登録申請者が法人である場合にあっては，その役員（当該役員が営業に関し成年者と同一の能力を有しない未成年者である場合にあっては，当該役員及びその法定代理人）

　三　登録申請者が選任した業務主任者

3　第1項第1号の誓約書の様式は，別記様式第2号とする。

4　第1項第3号の略歴書の様式は，別記様式第3号とする。

（変更の届出）

第4条　条例第30条の5第1項の規定により変更の届出をする場合において，当該変更が次に掲げるものであるときは，当該各号に掲げる書面を別記様式第4号による変更届出書に添付しなければならない。

　一　条例第30条の2第1項第1号に掲げる事項の変更（変更の届出をした者が法人である場合に限る。）　登記事項証明書

　二　条例第30条の2第1項第2号に掲げる事項の変更（商業登記の変更を必要とする場合に限る。）　登記事項証明書

　三　条例第30条の2第1項第3号に掲げる事項の変更　登記事項証明書並びに前条第1項第1号及び第3号の書面

　四　条例第30条の2第1項第4号に掲げる事項の変更　前条第1項第1号及び第3号の書面

　五　条例第30条の2第1項第5号に掲げる事項の変更　前条第1項第2号の書面

2　都道府県知事は，前条第2項各号に掲げる者に係る本人確認情報について，住民基本台帳法第30条の7第5項の規定によるその提供を受け

ることができないとき，又は同法第30条の8第
1項の規定によるその利用ができないときは，
変更の届出をした者に対し，住民票の抄本又は
これに代わる書面を提出させることができる。

（廃業等の手続）

第5条　条例第30条の7の規定による廃業等の届
出は，別記様式第5号による廃業等届出書によ
り行うものとする。

（標識の掲示）

第6条　条例第32条の2に規定する規則で定める
事項は，次に掲げる事項とする。

一　法人である場合にあっては，その代表者の
　氏名

二　登録番号及び登録年月日

三　業務主任者の氏名

2　条例第32条の2の規定により屋外広告業者が
掲げる標識は，別記様式第6号によるものとす
る。

（帳簿の記載事項等）

第7条　条例第32条の3の規定により屋外広告業
者が備える帳簿の記載事項は，次に掲げる事項
とする。

一　注文者の商号，名称又は氏名及び住所

二　広告物の表示又は掲出物件の設置の場所

三　表示した広告物又は設置した掲出物件の名
　称又は種類及び数量

四　当該表示又は設置の年月日

五　請負金額

2　前項各号に掲げる事項が電子計算機に備えら
れたファイル又は磁気ディスク，シー・ディー
・ロムその他これらに準ず　る方法により一定
の事項を確実に記録しておくことができる物
（以下「磁気ディスク等」という。）に記録さ
れ，必要に応じ屋外広告業者の営業所において
電子計算機その他の機器を用いて明確に紙面に
表示されるときは，当該記録をもって帳簿への
記載に代えることができる。

3　第1項の帳簿（前項の規定により記録が行わ
れた同項のファイル又は磁気ディスク等を含
む。）は，広告物の表示又は設置の契約ごとに

作成しなければならない。

4　屋外広告業者は，第1項の帳簿（第2項の規
定による記録が行われた同項のファイル又は磁
気ディスク等を含む。）を各事業年度の末日を
もって閉鎖するものとし，閉鎖後5年間営業所
ごとに当該帳簿を保存しなければならない。

【屋外広告物条例ガイドライン運用上の参考事項
第10関係】

　指定都市及び中核市が屋外広告物条例ガイドラ
イン運用上の参考事項第10の「第33条の2の2
（○○県の登録を受けた者に関する特例）」に掲
げる規定を条例で規定する場合にあっては，以下
の規定を追加することが望ましい。

（特例屋外広告業者の届出）

第8条　条例第33条の2の2第3項の規定により
届出を行おうとする特例屋外広告業者は，別記
様式8号による届出書を市長に提出しなければ
ならない。

2　前項の届出書には，次の書類を添付しなけれ
ばならない。

一　○○県屋外広告物条例第○条の登録を受け
　たことを証する書面

二　第3条第1項第2号に掲げる書面

（特例屋外広告業者の変更の届出）

第9条　特例屋外広告業者は，次の各号に掲げる
事項に変更があったときは，別記様式第9号に
よる変更届出書を市長に提出しなければならな
い。

一　商号，名称又は氏名及び住所並びに法人に
　あつては，その代表者の氏名

二　○○市の区域内において営業を行う営業所
　の名称及び所在地

三　前号の営業所ごとに置かれる業務主任者の
　氏名及び所属する営業所の名称

2　前項の場合において，当該変更が前項第3号
に掲げる事項の変更であるときは，前条第2項
第2号に掲げる書面を変更届出書に添付しなけ
ればならない。

6 投影広告物条例ガイドライン

【参考規則資料を修正する部分】

指定都市及び中核市が屋外広告条例ガイドライン運用上の参考事項第10の「第33条の2の2（○○県の登録を受けた者に関する特例）」に掲げる規定を条例で規定する場合にあっては，屋外広告業登録規則参考資料（案）の第6条を以下の通り修正することが望ましい。

第6条　（略）

2　（略）

3　条例第33条の2の2第2項の規定により条例第30条第1項の登録を受けた屋外広告業者とみなされた者（以下「特例屋外広告業者」という。）については，前2項の規定は，第1項第2号中「登録番号及び登録年月日」とあるのは「届出番号及び届出年月日」と，前項中「別記様式第6号」とあるのは「別記様式第6号の2」と読み替えて適用する。

4　屋外広告物法の規定に基づく登録試験機関の登録をした件

〔平成17年4月8日
国土交通省告示第421号〕

屋外広告物法（昭和24年法律第189号）第10条第2項第3号イの規定により，次の機関を登録試験機関として登録をしたので，同法第15条第1項の規定により公示する。

一　登録年月日　平成17年3月30日

二　登録試験機関の名称　一般社団法人全日本屋外広告業団体連合会

三　主たる事務所の所在地　東京都墨田区亀沢1丁目17番14号

5　屋外広告物法第10条第2項第3号イの試験に合格した者とみなす者を定める件

〔平成16年12月15日
国土交通省告示第1590号〕

景観法の施行に伴う関係法律の整備に関する法律（平成16年法律第111号）附則第3条第5項の規定に基づき，同法第4条の規定による改正後の屋外広告物法（昭和24年法律第189号）第10条第2項第3号イの試験に合格した者とみなす者を次のように定める。

景観法の施行に伴う関係法律の整備に関する法律（平成16年法律第111号）附則第3条第5項の規定に基づき，同法第4条の規定による改正後の屋外広告物法（昭和24年法律第189号）第10条第2項第3号イの試験に合格した者とみなす者は，次のいずれかに掲げる者とする。

1　平成13年4月1日から平成16年12月16日までの間に建設業法施行規則の一部を改正する省令（平成16年国土交通省令第104号）による改正前の建設業法施行規則（昭和24年建設省令第14号）第17条の2第4項の表に規定する社団法人全日本屋外広告業団体連合会が実施する屋外広告士資格審査・証明事業として行われた試験に合格した者

2　平成4年3月25日から平成13年3月31日までの間に平成13年国土交通省告示第355号による廃止前の屋外広告物に係る色彩，意匠，素材等に関する知識及び技術の審査・証明事業認定規程（平成4年建設省告示第428号）に基づき平成4年建設省告示第790号により認定された社団法人全日本屋外広告業団体連合会が実施する屋外広告士資格審査・証明事業として行われた試験（特別講習の修了考査を含む。）に合格した者

　　　附　則

この告示は，景観法の施行の日（平成16年12月17日）から施行する。

6　投影広告物条例ガイドライン

〔平成30年3月30日
国都景歴第54号公園緑地・景観課長通知〕

（目的）

第1条　この条例は，屋外広告物法（昭和24年法律第189号。以下「法」という。）の規定に基づき，屋外広告物（以下「広告物」という。）

のうち投影広告物について必要な事項を定め，もつて良好な景観を形成し，若しくは風致を維持し，又は公衆に対する危害を防止することを目的とする。

（定義）

第2条　この条例において「投影広告物」とは，建築物等に光で投影する方法（以下単に「投影」という。）により表示される広告物をいう。

2　この条例において「投影機」とは，投影広告物を投影する機器及びそれに付加されたものをいう。

（投影広告物のあり方）

第3条　投影広告物及び投影機は，良好な景観若しくは風致を害し，又は公衆に対し危害を及ぼすおそれのないものでなければならない。

（禁止地域等）

第4条　次に掲げる地域又は場所においては，投影広告物を表示し，又は投影機を設置してはならない。

一　都市計画法（昭和43年法律第100号）第2章の規定により定められた第1種低層住居専用地域，第2種低層住居専用地域，第1種中高層住居専用地域，第2種中高層住居専用地域，田園住居地域（知事が指定する区域を除く。）

二　高速自動車国道及び自動車専用道路（休憩所又は給油所の存する区域のうち知事が指定する区域を除く。）の全区間，道路（高速自動車国道及び自動車専用道路を除く。）の知事が指定する区間並びに鉄道，軌道及び索道の知事が指定する区間

三　道路及び鉄道等（鉄道，軌道及び索道をいう。以下同じ。）に接続する地域で知事が指定する区域

四　自然環境保全法（昭和47年法律第85号）第3章及び第4章の規定により指定された原生自然環境保全地域及び自然環境保全地域（知事が指定する区域を除く。）

五　その他知事が定める地域又は場所

第5条　知事が指定する場所から展望することができる投影広告物又は投影機で規則で定めるものについては，これを表示し，又は設置してはならない。

（禁止物件）

第6条　次に掲げる物件には，投影広告物を表示してはならない。

一　橋りよう，トンネル，高架構造及び分離帯

二　信号機，道路標識及び歩道柵，駒止めの類並びに里程標の類

三　その他知事が定める物件

2　道路の路面には，投影広告物を表示してはならない。ただし，交通を遮断する等の措置によって，道路交通の安全を阻害するおそれのない場合については，この限りでない。

3　次に掲げる物件には，投影機を設置してはならない。

一　橋りよう，トンネル，高架構造及び分離帯

二　石垣，よう壁の類

三　街路樹，路傍樹及び都市の美観風致を維持するための樹木の保存に関する法律第2条第1項の規定により指定された保存樹

四　信号機，道路標識及び歩道柵，駒止めの類並びに里程標の類

五　電柱，街灯柱その他電柱の類で知事が指定するもの

六　消火栓，火災報知機及び火の見やぐら

七　郵便ポスト，電話ボックス及び路上変電塔

八　送電塔，送受信塔及び照明塔

九　煙突及びガスタンク，水道タンクその他タンクの類

十　銅像，神仏像及び記念碑の類

十一　景観法第19条第1項の規定により指定された景観重要建造物及び同法第28条第1項の規定により指定された景観重要樹木

（許可地域等）

第7条　次に掲げる地域又は場所（第4条各号に掲げる地域又は場所を除く。）において，投影広告物を表示し，又は投影機を設置しようとする者は，規則で定めるところにより，知事

6 投影広告物条例ガイドライン

の許可を受けなければならない。

一 都市計画法（昭和43年法律第100号）第2章の規定により定められた景観地区，風致地区，特別緑地保全地区，緑地保全地域，生産緑地地区又は伝統的建造物群保存地区（知事が指定する区域を除く。）

二 景観法（平成16年法律第110号）第74条第1項の規定により指定された準景観地区であって，同法第75条第1項に規定する条例により制限を受ける地域のうち，知事が指定する区域

三 景観法第8条第2項第1号に規定する景観計画区域（知事が指定する区域を除く。）

四 景観法第76条第3項の地区計画等形態意匠条例（以下「地区計画等形態意匠条例」という。）により制限を受ける地域

五 市民農園整備促進法（平成2年法律第44号）第2条第2項に規定する市民農園の区域（知事が指定する区域を除く。）

六 文化財保護法（昭和25年法律第214号）第27条又は第78条第1項の規定により指定された建造物及びその周辺で知事が指定する範囲内にある地域並びに同法第109条第1項若しくは第2項又は第110条第1項の規定により指定され，又は仮指定された地域

七 ○○県文化財保護条例（昭和年県条例第号）第条の規定により指定された建造物及び同条例第条の規定により指定された○○○並びにこれらの周囲で知事が指定する範囲内にある地域

八 森林法（昭和26年法律第249号）第25条第1項第11号の規定により指定された保安林のある地域（知事が指定する区域を除く。）

九 都市の美観風致を維持するための樹木の保存に関する法律（昭和37年法律第142号）第2条第1項の規定により指定された保存樹林のある地域

十 都市公園法（昭和31年法律第79号）第2条第1項に規定する都市公園及び社会資本整備重点計画法施行令（平成15年政令第162号）第2条各号に規定する公園又は緑地の区域

十一 河川，湖沼，渓谷，海浜，高原，山，山岳及びこれらの附近の地域で知事が指定する区域

十二 港湾，空港，駅前広場及びこれらの附近の地域で，知事が指定する区域

十三 官公署，学校，図書館，公会堂，公民館，体育館及び公衆便所の建物並びにその敷地

十四 博物館，美術館及び病院の建物並びにその敷地で，規則で定める基準に適合するもの

十五 古墳，墓地及びこれらの周囲の地域で，知事が指定する区域

十六 社寺，教会，火葬場の建造物及びその境域で，知事が指定する区域

十七 第4条第2号の休憩所又は給油所の存する区域のうち知事が指定する区域並びに道路及び鉄道等の知事が指定する区間

十八 道路及び鉄道等に接続する地域で知事が指定する区域

十九 第4条第1号かつこ書に規定する区域

2 前項各号に掲げる地域又は場所のほか，市及び次の各号に掲げる区域において，投影広告物を表示し，又は投影機を設置しようとする者は，規則で定めるところにより，知事の許可を受けなければならない。

○○郡○○町大字○○

○○郡○○村大字○○

第8条 知事が指定する場所から展望することができる投影広告物又は投影機で規則で定めるもの（第5条に該当するものを除く。）を表示し，又は設置しようとする者は，規則で定めるところにより，知事の許可を受けなければならない。

（投影広告物活用地区）

第9条 知事は，第4条に規定する地域又は場所以外の区域で，活力ある街並を維持する上で投影広告物が重要な役割を果たしている区域を，投影広告物活用地区として指定することができる。

第6章　参考資料

2　投影広告物活用地区において表示され，又は設置される投影広告物又は投影機については，規則で定めるところにより，景観上，安全上支障を及ぼすおそれのないものとして知事の確認を受けたものに限り，第6条，第7条及び第13条の規定は，適用しない。

（投影広告物協定地区）

第10条　相当規模の一団の土地又は道路，河川等に隣接する相当の区間にわたる土地（これらの土地のうち，公共施設の用に供する土地その他規則で定める土地を除く。）の所有者及び地上権又は賃借権を有する者（以下「土地所有者等」と総称する。）は，一定の区域を定め，当該区域の景観を整備するため，当該区域における投影広告物に関する協定（以下「投影広告物協定」という。）を締結し，当該投影広告物協定が適当である旨の知事の認定を受けることができる。

2　投影広告物協定においては，次に掲げる事項を定めるものとする。

　　一　投影広告物協定の目的となる土地の区域（以下「投影広告物協定地区」という。）

　　二　投影広告物の位置，面積，色彩，表示時間帯その他表示の方法に関する事項

　　三　投影機の設置場所その他投影機の設置に関する事項

　　四　投影広告物協定の有効期間

　　五　投影広告物協定に違反した場合の措置

　　六　その他投影広告物協定の実施に関する事項

3　投影広告物協定に係る土地所有者等は，第1項の認定を受けた投影広告物協定を変更しようとする場合においては，その全員の合意をもってその旨を定め，知事の認定を受けなければならない。

4　知事は，第1項又は前項の認定をしたときは，当該認定を受けた投影広告物協定に係る土地所有者等に対して技術的支援等を行うよう努めなければならない。

5　投影広告物協定地区内の土地所有者等で当該投影広告物協定に係る土地所有者等以外の土地所有者等は，第1項又は第3項の認定後いつでも，知事に対して書面でその意思を表示することによって，当該投影広告物協定に加わることができる。

6　知事は，第1項又は第3項の認定を受けた投影広告物協定に係る投影広告物協定地区内において投影広告物を表示し，又は投影機を設置する者に対し，当該投影広告物協定地区内の景観を整備するために必要な指導又は助言をすることができる。

7　投影広告物協定に係る土地所有者等は，第1項又は第3項の認定を受けた投影広告物協定を廃止しようとする場合においては，その過半数の合意をもってその旨を定め，知事の認定を受けなければならない。

（適用除外）

第11条　まちの活性化等に資するイベントのため，公益性があり期間限定で表示される投影広告物及びこれを表示するために設置される投影機については，第4条，第5条，第7条及び第8条の規定は，適用しない。

2　次に掲げる投影広告物又はこれらを表示するために設置される投影機については，第4条及び第7条の規定は，適用しない。

　　一　講演会，展覧会，音楽会等のためその会場の敷地内に表示する投影広告物

　　二　国又は地方公共団体が公共的目的をもって表示する投影広告物

　　三　工事現場の板塀その他これに類する板囲いに表示される投影広告物で，規則で定める基準に適合するもの

　　四　自己の氏名，名称，店名若しくは商標又は自己の事業若しくは営業の内容を表示するため，自己の住所又は事業所，営業所若しくは作業場に表示する投影広告物で，規則で定める基準に適合するもの

　　五　前号に掲げるもののほか，自己の管理する土地又は物件に管理上の必要に基づき表示する投影広告物で規則で定める基準に適合するもの

6 投影広告物条例ガイドライン

3 政治資金規正法（昭和23年法律第194号）第6条第1項の届出を行った政治団体が政治活動のために表示する投影広告物で，規則で定める基準に適合するものについては，第7条の規定は，適用しない。

4 自己の氏名，名称，店名若しくは商標又は自己の事業若しくは営業の内容を表示するため，自己の住所又は事業所，営業所若しくは作業所に表示する投影広告物で，第2項第4号に掲げるもの以外のものについては，規則で定めるところにより知事の許可を受けて表示する場合に限り，第4条の規定は，適用しない。

5 案内図その他公共的目的をもつた投影広告物若しくは公衆の利便に供することを目的とする投影広告物については，規則で定めるところにより知事の許可を受けて表示する場合に限り，第4条の規定は適用しない。

6 法人その他の団体が表示する投影広告物であって，その広告料収入を地域における公共的な取組であって知事が定めるものに要する費用の全部又は一部に充てるものについては，規則で定めるところにより知事の許可を受けて表示する場合に限り，第4条の規定は，適用しない。

（禁止投影広告物）

第12条 次に掲げる投影広告物又は投影機については，これを表示し，又は設置してはならない。

一 信号機又は道路標識等に類似し，又はこれらの効用を妨げるようなもの

二 道路交通の安全を阻害するおそれのあるもの

（規格の設定）

第13条 投影広告物を表示しようとするときは，規則で定める規格に適合しなければならない。

（許可等の期間及び条件）

第14条 知事は，この条例の規定による許可又は確認（以下「許可等」という。）をする場合に

おいては，許可等の期間を定めるほか，美観風致を維持し，又は公衆に対する危害を防止するため必要な条件を付することができる。

2 前項の許可等の期間は，3年をこえることができない。

3 知事は，申請に基づき，許可等の期間を更新することができる。この場合においては，前2項の規定を準用する。

（変更等の許可等）

第15条 この条例の規定による許可等を受けた者は，当該許可等に係る投影広告物又は投影機を変更し，又は改造しようとするとき（規則で定める軽微な変更又は改造しようとするときを除く。）は，規則で定めるところにより，知事の許可等を受けなければならない。

2 知事は，前項の規定による許可等をする場合においては，前条の規定を準用する。

（許可の基準）

第16条 この条例の規定による投影広告物の表示又は投影機の設置の許可の基準は，規則で定める。

2 知事は，投影広告物の表示又は投影機の設置が前項の基準に適合しない場合においても，特に必要があると認めるときは，第33条に規定する屋外広告物審議会の議を経て，これを許可することができる。

（許可等の表示）

第17条 この条例の規定による許可等を受けた者は，当該許可等に係る投影機に許可等の証票を貼付しておかなければならない。

2 前項の許可等の証票は，許可等の期限を明示したものでなければならない。

（管理義務）

第18条 投影広告物を表示する者若しくは管理する者又は投影機の所有者（占有者を含む。）若しくは使用者（以下「投影広告物の表示者等」という。）は，これらに関し必要な管理を怠らないようにし，良好な状態に保持しなければならない。

（除却義務）

第6章 参考資料

第19条 投影広告物を表示し，又は投影機を設置
する者は，許可等の期間が満了したとき，若
しくは第20条の規定により許可等が取り消さ
れたとき，又は投影広告物の表示若しくは投
影機の設置が必要でなくなつたときは，遅滞
なく，投影広告物の表示を停止し，又は投影
機を除却しなければならない。

2 この条例の規定による許可等に係る投影広告
物の表示を停止し，又は投影機を除却した者
は，遅滞なく，規則で定めるところにより，
その旨を知事に届け出なければならない。

（許可等の取消し）

第20条 知事は，この条例の規定による許可等を
受けた者が次の各号のいずれかに該当すると
きは，許可等を取り消すことができる。

一 第14条第1項（同条第3項又は第15条第2
項において準用する場合を含む。）の規定に
よる許可等の条件に違反したとき

二 第15条第1項の規定に違反したとき

三 次条第1項の規定による知事の命令に違反
したとき

四 虚偽の申請その他不正の手段により許可等
を受けたとき

（違反に対する措置）

第21条 知事は，この条例の規定又はこの条例の
規定に基づく許可等に付した条件に違反した
投影広告物又は投影機については，当該投影
広告物を表示し，若しくは当該投影機を設置
し，又はこれらを管理する者に対し，これら
の表示若しくは設置の停止を命じ，又は5日
以上の期限を定め，これらの除却その他良好
な景観を形成し，若しくは風致を維持し，又
は公衆に対する危害を防止するために必要な
措置を命ずることができる。

2 知事は，前項の規定による措置を命じよう
とする場合において，当該投影広告物を表示
し，若しくは当該投影機を設置し，又はこれ
らを管理する者を過失がなくて確知すること
ができないときは，これらの措置を自ら行
い，又はその命じた者若しくは委任した者に

行なわせることができる。ただし，投影機を
除却する場合においては，5日以上の期限を
定めて，その期限までにこれを除却すべき旨
及びその期限までに除却しないときは，自ら
又はその命じた者若しくは委任した者が除却
する旨を公告するものとする。

（投影機を保管した場合の公示事項）

第22条 法第8条第2項の条例で定める事項は，
次に掲げるものとする。

一 保管した投影機の名称又は種類及び数量

二 保管した投影機の放置されていた場所及び
その投影機を除却した日時

三 その投影機の保管を始めた日時及び保管の
場所

四 前3号に掲げるもののほか，保管した投影
機を返還するため必要と認められる事項

（投影機を保管した場合の公示の方法）

第23条 法第8条第2項の規定による公示は，前
条各号に掲げる事項を，保管を始めた日から
起算して14日間（法第8条第3項第1号に規
定する広告物については，○日間），規則で定
める場所に掲示すること。

2 知事は，前項に規定する方法による公示を行
うとともに，規則で定める様式による保管物
件一覧簿を規則で定める場所に備え付け，か
つ，これをいつでも関係者に自由に閲覧させ
なければならない。

（投影機の価額の評価の方法）

第24条 法第8条第3項の規定による投影機の価
額の評価は，取引の実例価格，当該投影機の
使用期間，損耗の程度その他当該投影機の価
額の評価に関する事情を勘案してするものと
する。この場合において，知事は，必要があ
ると認めるときは，投影機の価額の評価に関
し専門的知識を有する者の意見を聴くことが
できる。

（保管した投影機を売却する場合の手続）

第25条 知事は，法第8条第3項の規定により保
管した投影機を売却しようとするときは，規
則で定める方法によるものとする。

6　投影広告物条例ガイドライン

（公示の日から売却可能となるまでの期間）

第26条　法第8条第3項第2号及び同項第3号で定める期間は，それぞれ次のとおりとする。

　一　特に貴重な投影機○月

　二　前号に掲げる投影機以外の投影機○週間

（投影機を返還する場合の手続）

第27条　知事は，保管した投影機（法第8条第3項の規定により売却した代金を含む。）を当該投影機の所有者等に返還するときは，返還を受ける者にその氏名及び住所を証するに足りる書類を提示させる等の方法によってその者がその投影機の返還を受けるべき所有者等であることを証明させ，かつ，規則で定める様式による受領書と引換えに返還するものとする。

（立入検査）

第28条　知事は，この条例の規定を施行するため必要な限度において，投影広告物を表示し，若しくは投影機を設置する者若しくはこれらを管理する者から報告若しくは資料の提出を求め，又はその命じた者をして投影広告物若しくは投影機の存する土地若しくは建物に立ち入り，投影広告物若しくは投影機を検査させることができる。

2　前項の規定により立入検査をする職員は，その身分を示す証明書を携帯し，関係人の請求があつたときは，これを提示しなければならない。

（処分，手続等の効力の承継）

第29条　投影広告物を表示し，若しくは投影機を設置する者又はこれらを管理する者について変更があつた場合においては，この条例又はこの条例に基づく規則により従前のこれらの者がした手続その他の行為は，新たにこれらの者となつた者がしたものとみなし，従前のこれらの者に対してした処分手続その他の行為は，新たにこれらの者となつた者に対してしたものとみなす。

（管理者の設置）

第30条　この条例の規定による許可等に係る投影広告物を表示し，又は投影機を設置する者は，これらを管理する者を置かなければならない。ただし，規則で定める投影広告物又は投影機については，この限りでない。

（管理者等の届出）

第31条　投影広告物を表示し，又は投影機を設置する者は，前条の規定により管理する者を置いたときは，遅滞なく，規則で定めるところにより，当該管理する者の氏名又は名称及び住所その他規則で定める事項を知事に届け出なければならない。

2　この条例の規定による許可等に係る投影広告物若しくは投影機を表示し，若しくは設置する者又はこれらを管理する者に変更があつたときは，新たにこれらの者となつた者は，遅滞なく，規則で定めるところにより，その旨を知事に届け出なければならない。

3　この条例の規定による許可等に係る投影機を設置する者又は管理する者は，これが滅失したときは，遅滞なく，規則で定めるところにより，その旨を知事に届け出なければならない。

4　この条例の規定による許可等に係る投影広告物若しくは投影機を表示し，若しくは設置する者又はこれらを管理する者がその氏名若しくは名称又は住所を変更したときは，遅滞なく，規則で定めるところにより，その旨を知事に届け出なければならない。

（公告）

第32条　知事は，第4条から第9条までの規定による指定をし，又はこれらを変更したとき並びに第10条の規定による認定をしたときは，その旨を公告するものとする。

（審議会）

第33条　投影広告物に関する重要事項を調査審議するため，県に投影広告物審議会（以下「審議会」という。）を置く。

2　知事は，次に掲げる場合においては，審議会の意見をきかなければならない。

　一　第4条から第9条までの規定による指定を

し，第10条の規定による認定をし，又はこれらを変更しようとするとき

二　第11条第2項第3号，第4号若しくは第5号，同条第5項若しくは第16条第1項に規定する基準若しくは第13条に規定する規格を定め，又はこれらを変更しようとするとき

3　審議会は，広告物に関する事項について，知事に建議することができる。

4　審議会の組織，委員の任期，運営その他必要な事項は，規則で定める。

（景観行政団体である市町村が処理する事務の範囲等）

第34条　別表の上覧に掲げる事務は，それぞれ下欄に掲げる市町村が処理することとする。

（規則への委任）

第35条　この条例の施行に関し必要な事項は，規則で定める。

（罰則）

第36条　第21条第1項の規定による知事の命令に違反した者は，50万円以下の罰金に処する。

第37条　次の各号のいずれかに該当する者は，30万円以下の罰金に処する。

一　第4条から第8条までの規定に違反して投影広告物を表示し，又は投影機を設置した者

二　第15条の規定に違反して投影広告物又は投影機を変更し，又は改造した者

三　第19条第1項の規定に違反して投影広告物の表示を停止又は投影機を除却しなかつた者

第38条　第28条第1項の規定による報告をせず，若しくは虚偽の報告をし，又は同項の規定による検査を拒み，妨げ，若しくは忌避した者は，20万円以下の罰金に処する。

（両罰規定）

第39条　法人の代表者又は法人若しくは人の代理人，使用人その他の従業者が，その法人又は人の業務に関して第36条から前条までの違反行為をした場合において，行為者を罰するほか，その法人又は人に対し，各本条の罰金刑を科する。

（適用上の注意）

第40条　この条例の適用にあたつては，国民の政治活動の自由その他国民の基本的人権を不当に侵害しないように留意しなければならない。

別表

事　　務	市　町　村
1　法第3条から第5条まで，第7条及び第8条の規定に基づく条例の制定及び改廃（○○に関するものを除く。）	○○市，○○町，・・・・
・・・・・・・・・	・・・・・

附　則

この条例は，公布の日から起算して○月をこえない範囲内において規則で定める日から施行する。

○投影広告物条例ガイドライン運用上の参考事項

本ガイドラインの目的

本ガイドラインは，近年，プロジェクションマッピングが世界の様々な都市において盛んに行われるようになっていることを踏まえ，プロジェクションマッピングの活用を促進するため地方公共団体が必要な事項を条例で定める際の参考として発出するものである。

条例ガイドライン第4条関係

1　第2号の規定においては，高速自動車国道及び自動車専用道路の具体名を明示することが望ましい。また，東海道新幹線鉄道，山陽新幹線鉄道，東北新幹線鉄道，上越新幹線鉄道，北陸新幹線鉄道，九州新幹線鉄道又は北海道新幹線鉄道（以下「東海道新幹線鉄道等」という。）の沿線の都府県（指定都市を含む。）にあつては，同号の規定を次のようにすることが望ましい。

二　高速自動車国道，自動車専用道路（休憩所又は給油所の存する区域のうち知事が指定する区域を除く。）及び東海道新幹線鉄道等の全区間，道路（高速自動車国道及び自動車専用道路を除く。）の知事が指定する区間並び

6 投影広告物条例ガイドライン

に鉄道（東海道新幹線鉄道等を除く。），軌道及び索道の知事が指定する区間

2 第2号及び第3号の指定は，例えば都市内の景観のすぐれた街路の区間，景観のすぐれた山岳，海浜，湖沼，河川，樹林等を通過し，又はこれらを展望できる道路及び鉄道等（高速自動車国道，自動車専用道路及び東海道新幹線鉄道等を除く。）の区間並びに当該道路及び鉄道等並びに高速自動車国道，自動車専用道路及び東海道新幹線鉄道等から展望できる区域等，特に良好な景観の形成又は風致の維持を必要とする区間又は区域について行うことが適当である。

条例ガイドライン第5条関係

1 本条の規定の趣旨は，一定の眺望点から望む街並，自然，名所・旧跡等景勝地の景観を維持・整備するため，当該眺望点から見える投影広告物等について規制を行おうとするものである。（条例ガイドライン第8条において同じ。）

条例ガイドライン第6条関係

1 観光名所になっている橋りょう，車両の通行のないトンネル等については，本条から除外することや，第11条第1項の適用除外に加えるといった対応も考えられる。

条例ガイドライン第7条関係

1 第1項第3号又は第4号の地域は，これらの規定に掲げる条例による制限の内容が景観地区の規制と同等であると認められる場合においては，第1項第1号の景観地区と同様の扱いとすることが望ましい。

2 許可地域の指定に当たつては，土地利用の状況等必要に応じて細分化し，区分ごとに許可基準を変え，地域の特性に応じた段階的な規制を行うことが望ましい。特に，景観計画区域内における許可の基準については，景観法第8条第1項の景観計画に投影広告物の表示及び投影機の設置に関する行為の制限に関する事項が定められた場合においては，当該景観計画を策定した景観行政団体の屋外広告条

例に基づく許可基準は，当該景観計画に則して定める必要がある。

3 文化財保護法（昭和25年法律第214号）第27条又は第78条第1項の規定により指定された建造物及びその周辺で知事が指定する範囲内にある地域並びに同法第109条第1項若しくは第2項又は第110条第1項の規定により指定された地域において，投影広告物を表示し，又は投影機を設置しようとする者は，同法第43条第1項及び第2項，第81条第1項，第125条第1項及び第184条第1項第2号に基づく許可又は届出の手続きが必要である。

4 第1項第17号前段の規定は，高速自動車国道又は自動車専用道路の休憩所及び給油所の存する区域のうち本線から展望できない場所において表示し，又は設置される投影広告物又は投影機であることが望ましい。

5 第1項第17号後段及び第18号の規定は，道路及び鉄道等の禁止区間以外の全区間並びに道路及び鉄道等から展望できる地域で禁止地域以外の区域（路端からおおむね500メートルないし1,000メートルまで）について行うことが適当であると思われる。ただし，市街地内については，状況に応じ適宜措置することが必要である。

6 禁止地域の隣接地域は，原則として許可地域とし，禁止地域と無規制地域とが隣接することはできる限り避けることが望ましい。

条例ガイドライン第9条関係

1 第2項の規則については，表示する面積を定めず，建物等の壁面全体への表示を可能とすることが望ましい。

条例ガイドライン第11条関係

1 第1項の公益性については，例えば以下の例のような基準により各地方公共団体で判断することが望ましい。また，期間の上限については，1ヶ月から数ヶ月程度とすることが望ましい。

一 企業広告等の占める割合（企業広告等が表示されていた投影時間と企業広告等が表示さ

357

れていた投影面積の積を総投影時間と総投影面積の積で除した数値をいう。）が概ね1／3以下であること

二　投影広告物の内容又は収益の用途が，学術，文化，芸術又はスポーツの振興，国際相互理解の促進，地球環境の保全，青少年の健全な育成その他の公益に関する目的を有すること

三　不特定かつ多数の者の利益の増進に寄与すること

四　法令，条例又は公序良俗に反しないこと

五　関係者が，暴力団，暴力団関係企業，総会屋若しくはこれらに準ずる者又はその構成（以下総称して「反社会的勢力」という）ではなく，なおかつ，反社会的勢力に対して資金等を供給する，便宜を供与する等の関与がないこと

2　第2項第2号の国又は地方公共団体には，必要な場合には，国又は地方公共団体以外の公共的な団体を加えることとしてもさしつかえない。

3　第2項第3号の工事現場の板塀その他これに類する仮囲いに表示される投影広告物は，当該工事期間中に限り表示されるもので，宣伝の用に供されていない投影広告物をいう。

4　第2項第4号の自家広告の基準については，一事業所当りの表示面積を，禁止地域内においてはおおむね5平方メートル以下，許可地域内においてはおおむね10平方メートル以下とする。

5　第2項第5号の管理上の必要に基づく広告物の基準については，表示面積を必要最小限度にとどめ，おおむね0.3平方メートル以下とする。

6　第3項の政治資金規正法第6条第1項の届出を行った政治団体が政治活動のために表示する投影広告物についての規則で定める基準は，例えば以下の例のような具体的かつ客観的なものであるべきである。

一　表示面積が○平方メートル以下であること

二　表示期間が○日以内であること

三　投影機に表示期間並びに表示者名又は管理者名及びその連絡先を明示していること

四　表示又は掲出する場所又は施設の管理者（管理者がない場合にはその所有者）の承諾を得ていること

7　第4項の自家広告の基準については，一事業所当りの表示面積を，禁止区域内においては15平方メートル以下とする。

8　第5項の公衆の利便に供することを目的とする投影広告物については，近隣の施設や店舗等を案内する民間の案内誘導広告物についてもその基準を定め，当該案内誘導広告物の統一化を誘導することが望ましい。

9　第6項の法人その他の団体については，特段の制約はなく，法人格についても，必ずしも必要ではない。具体的には，地方公共団体，特定非営利活動法人，一般社団法人，一般財団法人，株式会社，地方自治法（昭和22年法律第67号）第260条の2第1項に規定する地縁による団体のほか，任意団体等が想定される。また，地域における公共的な取組とは，道路，公園その他の公共施設の整備又は維持管理，街灯，ベンチ，上屋等の整備又は維持管理，防犯又は防災活動，地域の活性化等に資するイベントの開催等，地域の状況に照らし，知事が定めるものとする。

条例ガイドライン第13条関係

1　投影広告物の規格は，広告物の表示又は設置の位置，面積，色彩等について定めることが望ましい。

2　面積，色彩等は，広告板等と同様の用途で表示される投影広告物については広告板等と同様の規格を，イベント等のために表示される投影広告物については広告板等より緩和した規格をそれぞれ定めることが考えられる。

3　商業地域等においては，表示する面積を定めず，建物等の壁面全体への表示を可能とすることが望ましい。

条例ガイドライン第16条関係

6 投影広告物条例ガイドライン

1 第1項の許可をする際には，投影機の設置場所を含め，交通安全等に支障なく，他法令に違反のない旨確認するものとする。

条例ガイドライン第22条関係

1 公示は必ずしも除却した投影機1件毎に必要なわけではなく，例えば投影機の種別毎，除却場所毎などにある程度まとめて公示することは差し支えない。

2 第4号の事項としては，例えば返還場所の連絡先，写真等が考えられる。

条例ガイドライン第23条関係

1 第1項の規則で定める場所としては，例えば県の事務所への掲示，現場での公示，公報への掲載が考えられる。

条例ガイドライン第27条関係

1 規則で定める受領証の様式は別添様式1を参考とされたい。

条例ガイドライン第34条関係

1 景観行政団体である指定都市・中核市以外の市町村が屋外広告物条例の制定・改廃に関する事務を処理することとした場合においては，その事務の内容に応じ，法第7条及び第8条に基づく除却，除却した投影機の保管，売却，廃棄等の事務についても，地方自治法第252条の17の2に基づき，当該市町村が併せて処理することとすることが望ましい。

第6章　参考資料

7　地方公共団体屋外広告物担当課一覧　　（令和元年5月1日現在）

国土交通省都市局公園緑地・景観課
〒100—8918東京都千代田区霞が関2—1—3　（ＴＥＬ）03—5253—8111（代）

【都道府県】

団体名	担当課	郵便番号	所在地	TEL／FAX
北海道	建設部都市計画課基本計画・景観グループ	060-8588	札幌市中央区北3条西6丁目	ＴＥＬ　011-231-4111 ＦＡＸ　011-232-1147
青森県	県土整備部都市計画課都市計画・景観グループ	030-8570	青森市長島一丁目1番1号	ＴＥＬ　017-734-9681 ＦＡＸ　017-734-8196
岩手県	県土整備部都市計画課	020-8570	盛岡市内丸10番1号	ＴＥＬ　019-629-5891 ＦＡＸ　019-629-9137
宮城県	都市計画課	980-8570	仙台市青葉区本町3—8—1	ＴＥＬ　022-211-3132 ＦＡＸ　022-211-3295
秋田県	建設部都市計画課	010-8570	秋田市山王四丁目1番1号	ＴＥＬ　018-860-2441 ＦＡＸ　018-860-3845
山形県	県土整備部県土利用政策課	990-8570	山形市松波二丁目8番1号	ＴＥＬ　023-630-2660 ＦＡＸ　023-630-2582
福島県	土木部都市計画課	960-8670	福島市杉妻町2—16	ＴＥＬ　024-521-7508 ＦＡＸ　024-521-7956
茨城県	土木部都市局都市計画課	310-8555	水戸市笠原町978番6	ＴＥＬ　029-301-4579 ＦＡＸ　029-301-4599
栃木県	県土整備部都市計画課	320-8501	宇都宮市塙田1—1—20	ＴＥＬ　028-623-2463 ＦＡＸ　028-623-2595
群馬県	県土整備部都市計画課まちづくり室	371-8570	前橋市大手町1—1—1	ＴＥＬ　027-226-3652 ＦＡＸ　027-221-5566
埼玉県	都市整備部田園都市づくり課	330-9301	さいたま市浦和区高砂3丁目15番1号	ＴＥＬ　048-830-5528 ＦＡＸ　048-830-4879
千葉県	県土整備部都市整備局公園緑地課景観づくり推進班	260-8667	千葉市中央区市場町1—1	ＴＥＬ　043-223-3998 ＦＡＸ　043-222-6447
東京都	都市づくり政策部緑地景観課	163-8001	東京都新宿区西新宿2—8—1	ＴＥＬ　03-5388-3335 ＦＡＸ　03-5388-1351
神奈川県	県土整備局都市部都市整備課	231-8588	横浜市中区日本大通1	ＴＥＬ　045-210-6209 ＦＡＸ　045-210-8883

7 地方公共団体屋外広告物担当課一覧

山梨県	県土整備部景観づくり推進室	400-8501	甲府市丸の内1－6－1	TEL 055-223-1325 FAX 055-223-1857
長野県	建設部都市・まちづくり課	380-8570	長野市大字南長野字幅下692-2	TEL 026-235-7348 FAX 026-252-7315
新潟県	土木部都市局都市政策課	950-8570	新潟市中央区新光町4－1	TEL 025-280-5426 FAX 025-285-0624
富山県	土木部建築住宅課	930-8501	富山市新総曲輪1－7	TEL 076-444-9661 FAX 076-444-4423
石川県	土木部都市計画課景観形成推進室	920-8580	金沢市鞍月1－1	TEL 076-225-1759 FAX 076-225-1760
岐阜県	都市政策課	500-8570	岐阜市藪田南2－1－1	TEL 058-272-1111 FAX 058-278-2764
静岡県	交通基盤部都市局景観まちづくり課	420-8601	静岡市葵区追手町9－6	TEL 054-221-3702 FAX 054-221-3493
愛知県	都市整備局都市基盤部公園緑地課景観グループ	460-8501	名古屋市中区三の丸3－1－2	TEL 052-954-6612 FAX 052-953-5329
三重県	県土整備部都市政策課	514-8570	津市広明町13番地	TEL 059-224-2748 FAX 059-224-3270
福井県	土木部都市計画課	910-8580	福井市大手3丁目17番1号	TEL 0776-20-0497 FAX 0776-20-0693
滋賀県	土木交通部都市計画課	520-8577	大津市京町4－1－1	TEL 077-528-4184 FAX 077-528-4906
京都府	建設交通部都市計画課	602-8570	京都市上京区下立売通新町西入薮ノ内町	TEL 075-414-5327 FAX 075-414-5329
大阪府	建築企画課調整グループ	559-8555	大阪市住之江区南港北1丁目14番16号	TEL 06-6210-9718 FAX 06-6210-9714
兵庫県	県土整備部まちづくり局都市政策課景観形成室	650-8657	神戸市中央区下山手通5丁目10－1	TEL 078-362-3642 FAX 078-362-9487
奈良県	くらし創造部景観・環境局 景観・自然環境課	630-8501	奈良市登大路町30番地	TEL 0742-27-8752 FAX 0742-22-8276
和歌山県	都市政策課	640-8585	和歌山市小松原通1－1	TEL 073-441-3228 FAX 073-441-3232

第6章　参考資料

鳥取県	生活環境部くらしの安心局住まいまちづくり課景観・建築指導室	680-8570	鳥取市東町一丁目220番地	ＴＥＬ　0857-26-7371 ＦＡＸ　0857-26-8113
島根県	土木部都市計画課景観政策室	690-8501	松江市殿町1番地	ＴＥＬ　0852-22-6143 ＦＡＸ　0852-22-6004
岡山県	土木部都市局都市計画課	700-8570	岡山市北区内山下2―4―6	ＴＥＬ　086-226-7491 ＦＡＸ　086-226-0273
広島県	土木建築局都市計画課	730-8511	広島市中区基町10―52	ＴＥＬ　082-513-4111 ＦＡＸ　082-223-2397
山口県	都市計画課	753-8501	山口市滝町1―1	ＴＥＬ　083-933-3733 ＦＡＸ　083-933-3749
徳島県	県土整備部都市計画課	770-8570	徳島市万代町1―1	ＴＥＬ　088-621-2568 ＦＡＸ　088-621-2869
香川県	土木部都市計画課総務グループ	760-8570	高松市番町四丁目1番10号	ＴＥＬ　087-832-3559 ＦＡＸ　087-806-0222
愛媛県	土木部道路都市局都市計画課	790-8570	松山市一番町四丁目4―2	ＴＥＬ　089-912-2736 ＦＡＸ　089-912-2734
高知県	都市計画課	780-8570	高知市丸ノ内1丁目2番20号	ＴＥＬ　088-823-9846 ＦＡＸ　088-823-9349
福岡県	建築都市部公園街路課	812-8577	福岡市博多区東公園7番7号	ＴＥＬ　092-643-3757 ＦＡＸ　092-643-3752
佐賀県	県土整備部都市計画課景観担当	840-8570	佐賀市城内一丁目1―59	ＴＥＬ　0952-25-7326 ＦＡＸ　0952-25-7314
長崎県	都市政策課	850-8570	長崎市尾上町3番1号	ＴＥＬ　095-894-3151 ＦＡＸ　095-894-3462
熊本県	都市計画課	862-8570	熊本市中央区水前寺6丁目18番1号	ＴＥＬ　096-333-2522 ＦＡＸ　096-387-1152
大分県	土木建築部都市・まちづくり推進課	870-8501	大分市大手町3丁目1番1号	ＴＥＬ　097-506-4672 ＦＡＸ　097-506-1778
宮崎県	県土整備部都市計画課美しい宮崎づくり推進室美しい宮崎づくり推進担当	880-8501	宮崎市橘通東2―10―1	ＴＥＬ　0985-24-0041 ＦＡＸ　0985-32-4456
鹿児島県	都市計画課	890-8577	鹿児島市鴨池新町10番1号	ＴＥＬ　099-286-3680 ＦＡＸ　099-286-5633
沖縄県	土木建築部都市計画・モノレール課	900-8570	那覇市泉崎1丁目2番2号	ＴＥＬ　098-866-2408 ＦＡＸ　098-866-5938

7　地方公共団体屋外広告物担当課一覧

【政令指定都市】

団体名	担当課	郵便番号	所在地	ＴＥＬ／ＦＡＸ
札幌市	建設局総務部道路管理課	060-8611	札幌市中央区北１条西２丁目	ＴＥＬ　011-211-2452 ＦＡＸ　011-218-5134
仙台市	都市整備局計画部都市景観課	980-8671	仙台市青葉区国分町三丁目７番１号	ＴＥＬ　022-214-8288 ＦＡＸ　022-214-8300
さいたま市	都市局都市計画部都市計画課	330-9588	さいたま市浦和区常盤６丁目４番４号	ＴＥＬ　048-829-1409 ＦＡＸ　048-829-1979
千葉市	都市計画課都市景観デザイン室	260-8722	千葉市中央区千葉港１―１	ＴＥＬ　043-245-5307 ＦＡＸ　043-245-5627
横浜市	都市整備局景観調整課	231-0017	横浜市中区港町１丁目１番地	ＴＥＬ　045-671-2648 ＦＡＸ　045-663-8641
川崎市	路政課	210-0007	川崎市川崎区駅前本町12―1　川崎駅前タワー・リバーク17階	ＴＥＬ　044-200-2814 ＦＡＸ　044-200-3978
相模原市	都市建設局まちづくり計画部建築・住まい政策課	252-5277	相模原市中央区中央２丁目11―15	ＴＥＬ　042-769-9252 ＦＡＸ　042-754-8490
新潟市	都市政策部都市計画課	951-8550	新潟市中央区学校町通１番町602番地１	ＴＥＬ　025-226-2825 ＦＡＸ　025-229-5150
静岡市	都市局建築部建築総務課屋外広告物係	420-8602	静岡市葵区追手町５番１号	ＴＥＬ　054-221-1123 ＦＡＸ　054-221-1135
浜松市	都市整備部土地政策課	435-8652	浜松市中区元城町103番地の２	ＴＥＬ　053-457-2344 ＦＡＸ　053-457-2601
名古屋市	住宅都市局都市景観室	460-8508	名古屋市中区三の丸三丁目１番１号	ＴＥＬ　052-972-2735 ＦＡＸ　052-972-4485
京都市	都市計画局広告景観づくり推進室	604-8101	京都市中京区柳馬場通御池下る柳八幡町65番地　京都朝日ビル10階	ＴＥＬ　075-708-7646 ＦＡＸ　075-251-2877
大阪市	建設局総務部管理課	559-0034	大阪市住之江区南港北２―１―10　ＡＴＣビル　ＩＴＭ棟６階	ＴＥＬ　06-6615-6687 ＦＡＸ　06-6615-6576
堺市	都市景観室	590-0078	堺市堺区南瓦町３番１号	ＴＥＬ　072-228-7432 ＦＡＸ　072-228-8468
神戸市	建設局道路部管理課	650-8570	神戸市中央区加納町６丁目５番１号	ＴＥＬ　078-322-5385 ＦＡＸ　078-322-6081

第6章　参考資料

岡山市	都市・交通部都市計画課	700-8544	岡山市北区大供一丁目1番1号	ＴＥＬ　086-803-1373 ＦＡＸ　086-803-1741
広島市	都市整備局都市計画課	730-8586	広島市中区国泰寺町一丁目6番34号	ＴＥＬ　082-504-2277 ＦＡＸ　082-504-2512
北九州市	建設局総務部管理課	803-8501	北九州市小倉北区城内1番1号	ＴＥＬ　093-582-2271 ＦＡＸ　093-582-2312
福岡市	住宅都市局都市景観室	810-8620	福岡市中央区天神1丁目8番1号	ＴＥＬ　092-711-4395 ＦＡＸ　092-733-5590
熊本市	都市建設局都市整備景観課	860-8601	熊本市中央区手取本町1番1号	ＴＥＬ　096-328-2537 ＦＡＸ　096-351-2182

【中核市】

団体名	担当課	郵便番号	所在地	ＴＥＬ／ＦＡＸ
旭川市	建築部建築指導課	070-8525	旭川市6条通9丁目46番地	ＴＥＬ　0166-25-8561 ＦＡＸ　0166-24-7009
函館市	都市建設部まちづくり景観課	040-8666	函館市東雲町4番13号	ＴＥＬ　0138-21-3389 ＦＡＸ　0138-27-3778
青森市	都市整備部建築営繕課	038-8505	青森市柳川二丁目1番1号	ＴＥＬ　017-761-4358 ＦＡＸ　017-761-4342
八戸市	まちづくり文化推進室	031-8686	八戸市内丸一丁目1―1	ＴＥＬ　0178-43-9425 ＦＡＸ　0178-41-2302
盛岡市	都市整備部景観政策課	020-8532	盛岡市津志田14―37―2	ＴＥＬ　019-651-4111 ＦＡＸ　019-637-1919
秋田市	都市計画課	010-8560	秋田市山王一丁目1番1号	ＴＥＬ　018-888-5764 ＦＡＸ　018-888-5763
山形市	まちづくり政策部まちなみデザイン課	990-8540	山形市旅篭町二丁目3―25	ＴＥＬ　023-641-1212 ＦＡＸ　023-624-8903
福島市	都市政策部都市計画課	960-8601	福島市五老内町3番1号	ＴＥＬ　024-525-3761 ＦＡＸ　024-533-0026
郡山市	都市整備部開発建築指導課	963-8601	郡山市朝日一丁目23番7号	ＴＥＬ　024-924-2371 ＦＡＸ　024-938-2720
いわき市	都市計画課	970-8686	いわき市平字梅本21番地	ＴＥＬ　0246-22-7512 ＦＡＸ　0246-24-4306
宇都宮市	都市整備部建築指導課	320-8540	宇都宮市旭1―1―5	ＴＥＬ　028-632-2573 ＦＡＸ　028-632-5421
前橋市	都市計画部都市計画課	371-8601	前橋市大手町二丁目12番1号	ＴＥＬ　027-898-6974 ＦＡＸ　027-221-2361

7 地方公共団体屋外広告物担当課一覧

高崎市	都市整備部都市計画課景観室	370-8501	高崎市高松町35―1	TEL	027-321-1350
				FAX	027-323-5296
川越市	都市景観課	350-8601	川越市元町1―3―1	TEL	049-224-8811
				FAX	049-225-9800
越谷市	建築住宅課	343-8501	越谷市越ヶ谷四丁目2番1号	TEL	048-963-9205
				FAX	048-965-0948
川口市	都市計画課	334-0011	川口市三ツ和1―14―3	TEL	048-242-6333
				FAX	048-285-2003
船橋市	都市計画部都市計画課	273-8501	船橋市湊町2―10―25	TEL	047-436-2528
				FAX	047-436-2544
柏市	土木部道路総務課	277-8505	柏市柏5丁目10番1号	TEL	04-7167-1299
				FAX	04-7160-1788
八王子市	まちなみ整備部まちなみ景観課	192-8501	八王子市元本郷町三丁目24番1号	TEL	042-620-7267
				FAX	042-626-3616
横須賀市	都市部まちなみ景観課	238-8550	横須賀市小川町11番地	TEL	046-822-8127
				FAX	046-826-0420
甲府市	まちづくり部都市計画課	400-8501	甲府市丸の内1―18―1	TEL	055-237-5829
				FAX	055-232-4834
長野市	都市整備部都市政策課	380-8512	長野市大字鶴賀緑町1613番地	TEL	026-224-7179
				FAX	026-224-7297
富山市	活力都市創造部都市計画課屋外広告物係	930-8510	富山市新桜町7番38号	TEL	076-443-2109
				FAX	076-443-2190
金沢市	都市整備局景観政策課	920-8577	金沢市広坂1丁目1番1号	TEL	076-220-2364
				FAX	076-224-5046
岐阜市	まちづくり景観課	500-8720	岐阜市神田町1丁目11番地	TEL	058-265-3985
				FAX	058-264-8608
豊田市	建築相談課	471-8501	豊田市西町3丁目60番地	TEL	0565-34-6649
				FAX	0565-34-6948
豊橋市	都市計画部都市計画課	440-8501	豊橋市今橋町1番地	TEL	0532-51-2615
				FAX	0532-56-5108
岡崎市	まちづくりデザイン課	444-8601	岡崎市十王町二丁目9番地	TEL	0564-23-7252
				FAX	0564-23-6514
福井市	建設部監理課	910-8511	福井市大手3丁目10番1号	TEL	0776-20-5555
				FAX	0776-20-5563
大津市	未来まちづくり部まちづくり計画課	520-8575	大津市御陵町3―1	TEL	077-528-2956
				FAX	077-527-1028

第6章　参考資料

高槻市	都市創造部都市づくり推進課	569-8501	高槻市桃園町2－1	ＴＥＬ　072-674-7552 ＦＡＸ　072-661-7008
東大阪市	建設局都市整備部みどり景観課	577-8521	東大阪市荒本北1丁目1番1号	ＴＥＬ　06-4309-3227 ＦＡＸ　06-4309-3831
豊中市	都市計画推進部都市計画課景観形成係	561-8501	豊中市中桜塚3丁目1番1号	ＴＥＬ　06-6858-2419 ＦＡＸ　06-6854-9534
枚方市	都市整備部景観住宅整備課	573-0027	枚方市大垣内町2丁目9番15号　枚方市役所分館2階	ＴＥＬ　072-841-1478 ＦＡＸ　072-841-5101
八尾市	都市整備部都市政策課	581-0003	八尾市本町一丁目1番1号	ＴＥＬ　072-924-3850 ＦＡＸ　072-924-0207
寝屋川市	まち政策部まちづくり指導課	572-8555	寝屋川市本町1番1号	ＴＥＬ　072-824-1181 ＦＡＸ　072-825-2618
姫路市	まちづくり指導課都市景観指導室	670-8501	姫路市安田4－1	ＴＥＬ　079-221-2541 ＦＡＸ　079-221-2757
西宮市	都市局都市計画部都市デザイン課	662-8567	西宮市六湛寺町10－3	ＴＥＬ　0798-35-3950 ＦＡＸ　0798-34-6638
尼崎市	都市整備局都市計画部開発指導課	660-8501	尼崎市東七松町1－23－1	ＴＥＬ　06-6489-6606 ＦＡＸ　06-6489-6597
明石市	都市局都市整備室都市総務課	673-8686	明石市中崎1－5－1	ＴＥＬ　078-918-5037 ＦＡＸ　078-918-5109
奈良市	都市整備部景観課	630-8580	奈良市二条大路南1丁目1番1号	ＴＥＬ　0742-34-5209 ＦＡＸ　0742-34-4885
和歌山市	都市建設局都市計画部まちなみ景観課	640-8511	和歌山市七番丁23番地	ＴＥＬ　073-435-1082 ＦＡＸ　073-435-1367
鳥取市	都市整備部都市環境課景観緑化係	680-8571	鳥取市尚徳町116	ＴＥＬ　0857-20-3271 ＦＡＸ　0857-20-3048
松江市	歴史まちづくり部まちづくり文化財課	690-8540	松江市末次町86番地	ＴＥＬ　0852-55-5696 ＦＡＸ　0852-55-5658
倉敷市	建設局都市計画部都市計画課都市景観室	710-8565	倉敷市西中新田640番地	ＴＥＬ　086-426-3494 ＦＡＸ　086-421-1600
呉市	都市計画課	737-8501	呉市中央4丁目1番6号	ＴＥＬ　0823-25-3366 ＦＡＸ　0823-24-6831
福山市	土木管理課	720-8501	福山市東桜町3番5号	ＴＥＬ　084-928-1079 ＦＡＸ　084-928-1734
下関市	都市計画課景観係	750-8521	下関市南部町1番1号	ＴＥＬ　083-231-1225 ＦＡＸ　083-231-1901

7　地方公共団体屋外広告物担当課一覧

高松市	都市計画課	760-8571	高松市番町一丁目8番15号	ＴＥＬ　087-839-2455 ＦＡＸ　087-839-2452
松山市	都市デザイン課	790-8571	松山市二番町四丁目7番地2	ＴＥＬ　089-948-6848 ＦＡＸ　089-934-1807
高知市	都市計画課	780-8571	高知市本町5丁目1番45号	ＴＥＬ　088-823-9465 ＦＡＸ　088-823-9454
久留米市	都市建設部都市計画課	830-8520	久留米市城南町15番地3	ＴＥＬ　0942-30-9083 ＦＡＸ　0942-30-9714
長崎市	まちづくり部景観推進室	850-8685	長崎市桜町2番22号	ＴＥＬ　095-829-1177 ＦＡＸ　095-829-1175
佐世保市	都市整備部まち整備課	857-8585	佐世保市八幡町1番10号	ＴＥＬ　0956-24-1111 ＦＡＸ　0956-25-9678
大分市	まちなみ企画課景観推進担当班	870-8504	大分市荷揚町2番31号	ＴＥＬ　097-537-5968 ＦＡＸ　097-534-6120
宮崎市	都市整備部景観課屋外広告物指導係	880-8505	宮崎市橘通西1丁目1－1	ＴＥＬ　0985-21-1817 ＦＡＸ　0985-21-1816
鹿児島市	都市景観課	892-8677	鹿児島市山下町11番1号	ＴＥＬ　099-216-1425 ＦＡＸ　099-216-1398
那覇市	都市計画課都市デザイン室	900-8585	那覇市泉崎1丁目1番1号	ＴＥＬ　098-951-3246 ＦＡＸ　098-951-3245

【屋外広告物条例制定済みのその他の市町村】

団体名	担当課	郵便番号	所在地	ＴＥＬ／ＦＡＸ
北海道 小樽市	建設部新幹線・まちづくり推進室	047-8660	小樽市花園2丁目12番1号	ＴＥＬ　0134-32-4111 ＦＡＸ　0134-32-3963
青森県 弘前市	都市整備部都市計画課	036-8551	弘前市大字上白銀町1－1	ＴＥＬ　0172-35-1111 ＦＡＸ　0172-35-3765
岩手県 平泉町	平泉町建設水道課	029-4192	岩手県西磐井郡平泉町平泉字志羅山45－2	ＴＥＬ　0191-46-5569 ＦＡＸ　0191-46-3080
秋田県 横手市	建設部都市計画課	013-8502	横手市旭川一丁目3番41号	ＴＥＬ　0182-32-2408 ＦＡＸ　0182-32-4024
福島県 会津若松市	建設部都市計画課	965-8601	会津若松市東栄町3番46号	ＴＥＬ　0242-39-1261 ＦＡＸ　0242-39-1450
福島県 白河市	都市計画課景観係	961-8602	白河市八幡小路7－1	ＴＥＬ　0248-22-1111 ＦＡＸ　0248-24-1854

第6章　参考資料

茨城県 水戸市	都市計画部都市計画課	310-8610	水戸市中央1丁目4番1号	ＴＥＬ　029-224-1111 ＦＡＸ　029-224-1117
茨城県 土浦市	都市産業部都市計画課	300-8686	土浦市大和町9－1	ＴＥＬ　029-826-1111 ＦＡＸ　029-826-3401
茨城県 つくば市	都市計画部都市計画課	305-8555	つくば市研究学園一丁目1番地1	ＴＥＬ　029-883-1111 ＦＡＸ　029-868-7595
茨城県 守谷市	都市整備部都市計画課	302-0198	守谷市大柏950番地の1	ＴＥＬ　0297-45-1111 ＦＡＸ　0297-45-2804
栃木県 日光市	建設部都市計画課	321-1292	日光市今市本町1番地	ＴＥＬ　0288-21-5102 ＦＡＸ　0288-21-5176
栃木県 那須町	建設課	329-3292	栃木県那須郡那須町大字寺子丙3－13	ＴＥＬ　0287-72-6907 ＦＡＸ　0287-72-1009
栃木県 那須塩原市	建設部都市計画課	325-8501	那須塩原市共墾社108－2	ＴＥＬ　0287-62-7159 ＦＡＸ　0287-62-7224
群馬県 桐生市	都市整備部都市計画課	376-8501	桐生市織姫町1番1号	ＴＥＬ　0277-46-1111 ＦＡＸ　0277-45-0088
群馬県 伊勢崎市	都市計画部都市計画課	372-8501	伊勢崎市今泉町2丁目410	ＴＥＬ　0270-27-2767 ＦＡＸ　0270-23-0601
群馬県 太田市	都市政策部都市計画課	373-8718	太田市浜町2番35号	ＴＥＬ　0276-47-1839 ＦＡＸ　0276-47-1883
群馬県 藤岡市	都市建設部都市計画課	375-8601	藤岡市中栗須327	ＴＥＬ　0274-40-2824 ＦＡＸ　0274-22-6444
群馬県 富岡市	建設水道部都市計画課	370-2392	富岡市富岡1460－1	ＴＥＬ　0274-62-1511 ＦＡＸ　0274-62-0357
群馬県 下仁田町	建設水道課	370-2601	群馬県甘楽郡下仁田町大字下仁田682	ＴＥＬ　0274-64-8807 ＦＡＸ　0274-82-5766
群馬県 中之条町	建設課	377-0494	群馬県吾妻郡中之条町大字中之条町1091	ＴＥＬ　0279-75-8828 ＦＡＸ　0279-75-6562
群馬県 川場村	むらづくり振興課	378-0101	群馬県利根郡川場村大字谷地2390－2	ＴＥＬ　0278-52-2111 ＦＡＸ　0278-52-2333
埼玉県 八潮市	都市計画課景観デザイン係	340-8588	八潮市中央一丁目2番地1	ＴＥＬ　048-996-2111 ＦＡＸ　048-997-7669
埼玉県 新座市	都市整備部建築開発課	352-8623	新座市野火止一丁目1番1号	ＴＥＬ　048-477-4309 ＦＡＸ　048-481-0500

7 　地方公共団体屋外広告物担当課一覧

埼玉県 戸田市	都市整備部都市計画課	335-8588	戸田市上戸田一丁目18番1号	ＴＥＬ　048-441-1800 ＦＡＸ　048-433-2200
埼玉県 春日部市	都市整備部都市計画課景観担当	344-8577	春日部市中央六丁目2番地	ＴＥＬ　048-736-1111 ＦＡＸ　048-736-1974
埼玉県 三郷市	まちづくり推進部都市デザイン課都市計画係	341-8501	三郷市花和田648番地1	ＴＥＬ　048-953-1111 ＦＡＸ　048-953-8981
埼玉県 熊谷市	都市整備部都市計画課	360-0195	熊谷市中曽根654番地1（大里庁舎）	ＴＥＬ　0493-39-4813 ＦＡＸ　0493-39-5603
千葉県 流山市	都市計画部都市計画課	270-0192	流山市平和台1－1－1	ＴＥＬ　0471-50-6087 ＦＡＸ　0471-59-0954
神奈川県 平塚市	まちづくり政策部まちづくり政策課	254-8686	平塚市浅間町9－1	ＴＥＬ　0463-23-1111 ＦＡＸ　0463-21-8781
神奈川県 藤沢市	計画建築部街なみ景観課	251-8601	藤沢市朝日町1－1	ＴＥＬ　0466-25-1111 ＦＡＸ　0466-50-8223
神奈川県 小田原市	都市部まちづくり交通課	250-8555	小田原市荻窪300	ＴＥＬ　0465-33-1593 ＦＡＸ　0465-33-1579
神奈川県 茅ヶ崎市	都市部景観みどり課	253-8686	茅ヶ崎市茅ヶ崎1－1－1	ＴＥＬ　0467-82-1111 ＦＡＸ　0467-57-8377
神奈川県 秦野市	建築指導課	257-8501	秦野市桜町1－3－2	ＴＥＬ　0463-83-0883 ＦＡＸ　0463-82-7410
神奈川県 大和市	街づくり計画部街づくり推進課	242-8601	大和市下鶴間1丁目1－1	ＴＥＬ　046-260-5483 ＦＡＸ　046-264-6105
長野県 小布施町	建設水道課	381-0297	長野県上高井郡小布施町大字小布施1491－2	ＴＥＬ　026-214-9105 ＦＡＸ　026-247-3113
長野県 松本市	都市政策課	390-8620	松本市丸の内3番7号	ＴＥＬ　0263-34-3015 ＦＡＸ　0263-33-3202
長野県 飯田市	地域計画課	395-8501	飯田市大久保町2534	ＴＥＬ　0265-22-4511 ＦＡＸ　0265-52-1133
長野県 諏訪市	都市計画課	392-8511	諏訪市高島一丁目22番30号	ＴＥＬ　0266-52-4141 ＦＡＸ　0266-52-8164
長野県 安曇野市	建築住宅課	399-8281	安曇野市豊科6000	ＴＥＬ　0263-71-2242 ＦＡＸ　0263-72-3569
長野県 駒ヶ根市	都市計画課	399-4192	駒ヶ根市赤須町20番1号	ＴＥＬ　0265-83-2111 ＦＡＸ　0265-83-1278

第6章　参考資料

新潟県 新発田市	建築課	957-0053	新発田市中央町5丁目 2番13号	T E L F A X	0254-26-3557 0254-26-3559
新潟県 佐渡市	建設課	952-1292	佐渡市千種232番地	T E L F A X	0259-63-5118 0259-63-3765
岐阜県 各務原市	建築指導課	504-8555	各務原市那加桜町1— 69	T E L F A X	058-383-1111 058-383-1406
岐阜県 下呂市	建築課	509-2506	下呂市萩原町羽根2605 —1	T E L F A X	0576-53-2010 0576-52-3676
岐阜県 高山市	建築住宅課	506-8555	高山市花岡町2—18	T E L F A X	0577-35-3159 0577-35-3168
岐阜県 多治見市	都市政策課	507-8703	多治見市日ノ出町2— 15	T E L F A X	0572-22-1321 0572-25-6436
岐阜県 美濃市	都市整備課	501-3792	美濃市1350	T E L F A X	0575-33-1122 0575-31-0052
岐阜県 恵那市	都市住宅課	509-7292	恵那市長島町正家1— 1—1	T E L F A X	0573-26-2111 0575-25-8294
静岡県 沼津市	都市計画部まちづく り指導課	410-8601	沼津市御幸町16—1	T E L F A X	055-934-4762 055-933-1412
静岡県 熱海市	観光建設部まちづく り課都市計画室	413-8550	熱海市中央町1—1	T E L F A X	0557-86-6383 0557-86-6416
静岡県 三島市	計画まちづくり部都 市計画課	411-8666	三島市北田町4—47	T E L F A X	055-983-2631 055-973-7241
静岡県 富士宮市	都市整備部都市計画 課	418-8601	富士宮市弓沢町150	T E L F A X	0544-22-1408 0544-22-1208
静岡県 富士市	都市整備部建築指導 課	417-8601	富士市永田町1丁目 100	T E L F A X	0545-55-2909 0545-53-2773
静岡県 御殿場市	都市建設部都市計画 課	412-8601	御殿場市萩原483	T E L F A X	0550-82-4231 0550-82-4232
静岡県 袋井市	都市建設部都市計画 課	437-8666	袋井市新屋1丁目1— 1	T E L F A X	0538-44-3122 0538-44-3145
静岡県 裾野市	建設部まちづくり課	410-1192	裾野市佐野1059	T E L F A X	055-995-1829 055-994-0272
静岡県 伊豆の国 市	都市整備部都市計画 課	410-2211	伊豆の国市長岡340— 1	T E L F A X	055-948-2909 055-948-1468

7　地方公共団体屋外広告物担当課一覧

福井県 大野市	産経建設部建築営繕課	912-8666	大野市天神町１－１	ＴＥＬ ＦＡＸ	0779-64-4815 0779-66-1118
滋賀県 彦根市	都市建設部都市計画課景観・まちなみ保全室	522-8517	彦根市元町４－２	ＴＥＬ ＦＡＸ	0749-30-6124 0749-24-8517
滋賀県 長浜市	都市建設部都市計画課	526-8501	長浜市八幡東町632番地	ＴＥＬ ＦＡＸ	0749-65-6562 0749-65-6760
滋賀県 草津市	都市計画部都市計画課	525-8588	草津市草津３丁目13番30号	ＴＥＬ ＦＡＸ	077-561-6507 077-561-2486
滋賀県 守山市	都市経済部都市活性化局都市計画課	524-8585	守山市吉身２丁目５－22	ＴＥＬ ＦＡＸ	077-582-1132 077-582-6947
滋賀県 甲賀市	建設部都市計画課	528-8502	甲賀市水口町水口6053番地	ＴＥＬ ＦＡＸ	0748-69-2203 0748-63-4601
滋賀県 野洲市	都市建設部都市計画課	520-2395	野洲市小篠原2100番地１	ＴＥＬ ＦＡＸ	077-587-6324 077-586-2176
滋賀県 湖南市	建設経済部都市政策課	520-3288	湖南市中央一丁目１番地	ＴＥＬ ＦＡＸ	0748-71-2348 0748-72-7964
滋賀県 高島市	都市整備部都市政策課	520-1631	高島市今津町名小路１丁目４番地１	ＴＥＬ ＦＡＸ	0740-22-0904 0740-22-4889
滋賀県 米原市	土木部都市計画課	521-8601	米原市顔戸488番地３	ＴＥＬ ＦＡＸ	0749-52-6926 0749-52-8790
滋賀県 東近江市	土木部都市計画課	527-8527	東近江市八日市緑町10番５号	ＴＥＬ ＦＡＸ	0748-24-5655 0748-24-1249
京都府 宇治市	都市整備部歴史まちづくり推進課	611-0013	宇治市宇治琵琶33	ＴＥＬ ＦＡＸ	0774-20-8918 0774-21-0400
京都府 伊根町	企画観光課	626-0493	京都府与謝郡伊根町字日出651	ＴＥＬ ＦＡＸ	0772-32-0502 0772-32-1333
兵庫県 丹波篠山市	まちづくり部地域計画課景観室	669-2397	篠山市北新町41	ＴＥＬ ＦＡＸ	079-552-1118 079-552-0619
兵庫県 豊岡市	都市整備部都市整備課	668-8666	豊岡市中央町２番４号	ＴＥＬ ＦＡＸ	0796-23-1712 0796-24-8254
兵庫県 芦屋市	都市建設部都市計画課	659-8501	芦屋市精道町７番６号	ＴＥＬ ＦＡＸ	0797-38-2109 0797-38-2164
奈良県 橿原市	まちづくり部緑地景観課	634-8586	橿原市八木町１丁目１－18	ＴＥＬ ＦＡＸ	0744-47-3516 0744-24-9715

第6章　参考資料

鳥取県 倉吉市	建設部管理計画課管理調整係	682-8611	倉吉市葵町722	ＴＥＬ　0858-22-8174 ＦＡＸ　0858-22-8179
広島県 尾道市	都市部まちづくり推進課	722-8501	尾道市久保一丁目15番1号	ＴＥＬ　0848-38-9223 ＦＡＸ　0848-38-9295
山口県 萩市	土木建築部都市計画課	758-8555	萩市大字江向510番地	ＴＥＬ　0838-25-3647 ＦＡＸ　0838-25-4011
愛媛県 大洲市	建設部・都市整備課	795-8601	大洲市大洲690－1	ＴＥＬ　0893-24-1719 ＦＡＸ　0893-24-1736
愛媛県 宇和島市	都市整備課	798-8601	宇和島市曙町1番地	ＴＥＬ　0895-49-7027 ＦＡＸ　0895-25-3130
愛媛県 八幡浜市	建設課	796-0292	八幡浜市保内町宮内1番耕地260番地	ＴＥＬ　0894-22-3111 ＦＡＸ　0894-37-2646
愛媛県 内子町	総務課	795-3392	愛媛県喜多郡内子町平岡甲168番地	ＴＥＬ　0893-44-2111 ＦＡＸ　0893-44-4300
福岡県 大牟田市	都市整備部土木管理課	836-8666	大牟田市有明町2丁目3番地	ＴＥＬ　0944-41-2788 ＦＡＸ　0944-41-2795
福岡県 中間市	建設産業部都市計画課	809-8501	中間市中間一丁目1番1号	ＴＥＬ　093-246-6261 ＦＡＸ　093-244-1342
福岡県 宗像市	都市建設部維持管理課	811-3492	宗像市東郷1丁目1番1号	ＴＥＬ　0940-36-7471 ＦＡＸ　0940-37-1242
福岡県 太宰府市	都市整備部都市計画課	818-0198	太宰府市観世音寺1丁目1番1号	ＴＥＬ　092-921-2121 ＦＡＸ　092-928-7415
福岡県 福津市	都市整備部都市管理課	811-3293	福津市中央1丁目1番1号	ＴＥＬ　0940-62-5036 ＦＡＸ　0940-43-9005
佐賀県 佐賀市	都市デザイン課景観係	840-8501	佐賀市栄町1－1	ＴＥＬ　0952-40-7172 ＦＡＸ　0952-40-7387
長崎県 大村市	都市計画課	856-8686	大村市玖島1丁目25番地	ＴＥＬ　0957-53-4111 ＦＡＸ　0957-54-9595
長崎県 小値賀町	建設課建設管理班	857-4701	長崎県北松浦郡小値賀町笛吹郷2376－1	ＴＥＬ　0959-56-3111 ＦＡＸ　0959-56-4185
長崎県 松浦市	都市計画課	859-4598	松浦市志佐町里免365番地	ＴＥＬ　0956-72-1111 ＦＡＸ　0956-72-2292
鹿児島県 指宿市	都市整備課	891-0497	指宿市十町2424番地	ＴＥＬ　0993-22-2111 ＦＡＸ　0993-22-2160

屋外広告の知識　第五次改訂版
法令編

令和元年 5 月30日　第 1 刷発行
令和 7 年 3 月10日　第 8 刷発行

監　　修　　国土交通省都市局公園緑地・景観課
編　　集　　屋外広告行政研究会
発　　行　　株式会社ぎょうせい

〒136-8575　東京都江東区新木場 1-18-11
URL：https://gyosei.jp

フリーコール　0120-953-431
ぎょうせい　お問い合わせ　検索　https://gyosei.jp/inquiry/

〈検印省略〉

※乱丁，落丁本はお取り替えいたします。　　　印刷　ぎょうせいデジタル㈱
©2019　Printed in Japan
ISBN978- 4 -324-10652- 5
（5108521-00-000）
［略号：屋外広告法令（五訂）］

屋外広告の知識 デザイン編 【事例集】

広告景観

まち並み景観における屋外広告のあり方を世界の事例から考える

西川 潔【著】　　B5判・定価3,740円(税込)

内容見本(縮小)

- ●『屋外広告の知識　デザイン編』を監修している著者が、日本のみならず世界中で取材した優れた事例をオールカラーで紹介。
- ●屋外広告物とまち並み景観の好ましい関係に着目し、具体事例をキーワードごとに編集。
- ●道路や施設、土地固有の風土に関連した事例も紹介し、好ましい広告景観づくりの手引書。

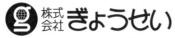
フリーコール
TEL：0120-953-431 [平日9〜17時] FAX：0120-953-495
https://shop.gyosei.jp　ぎょうせいオンラインショップ 検索

〒136-8575 東京都江東区新木場1-18-11